JIYU HEXIN SUYANG JIAOYU DE GAOZHONG HUAXUE
JIAOXUE SHEJI YU PINGJIA

# 基于核心素养教育的高中化学教学设计与评价

朱旋农 主编

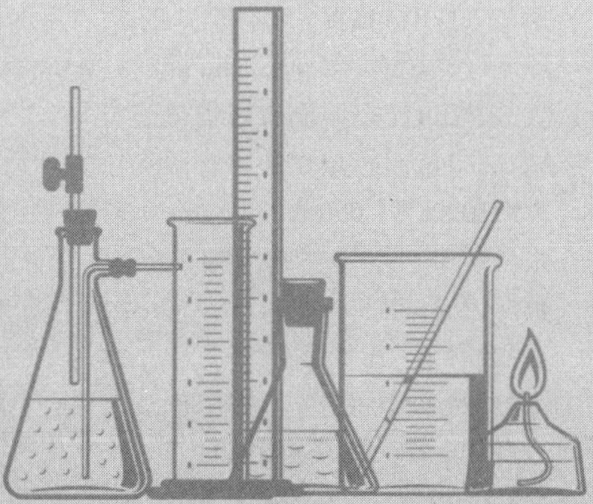

江苏大学出版社
JIANGSU UNIVERSITY PRESS
镇 江

**图书在版编目(CIP)数据**

基于核心素养教育的高中化学教学设计与评价 / 朱旋农主编. -- 镇江 : 江苏大学出版社, 2024. 10.
ISBN 978-7-5684-2304-5

Ⅰ. G633.82

中国国家版本馆 CIP 数据核字第 2024T2F325 号

**基于核心素养教育的高中化学教学设计与评价**

主　　编/朱旋农
责任编辑/许　睿
出版发行/江苏大学出版社
地　　址/江苏省镇江市京口区学府路 301 号(邮编：212013)
电　　话/0511-84446464(传真)
网　　址/http://press.ujs.edu.cn
排　　版/镇江市江东印刷有限责任公司
印　　刷/咸宁市印彩图文快印有限责任公司
开　　本/710 mm×1 000 mm　1/16
印　　张/19.25
字　　数/412 千字
版　　次/2024 年 10 月第 1 版
印　　次/2024 年 10 月第 1 次印刷
书　　号/ISBN 978-7-5684-2304-5
定　　价/56.00 元

如有印装质量问题请与本社营销部联系(电话：0511-84440882)

# 编委会

# 前言

本书是湖北省教育科学研究院“湖北省中小学学科课程与教学指导研究”项目中学化学课题组的研究成果。编写团队以《普通高中化学课程标准（2017年版2020年修订）》为纲领，深入挖掘人民教育出版社化学教材的育人价值，通过理论创新与实践探索的双轮驱动，构建核心素养导向的高中化学教学实施体系，致力于为一线教师提供既有理论深度又具实操性的专业指导。

全书采用“理论引领—实践指导—案例示范”的三维架构，分别对应教学概览、教学指导和教学示例三个组成部分。教学概览提供方向指引，教学指导构建实施路径，教学示例展现具体方法，这种“宏观-中观-微观”的系统设计，形成完整的教学指导闭环。

**“教学概览”**立足全球课程改革趋势，结合湖北省17个地市州、175所中学的实证调研，以核心素养为导向，构建化学学科育人目标体系，提出了基于核心素养教育在化学学科落地的策略，为教师把握课程改革方向提供全景式认知框架。

**“教学指导”**遵循素养进阶原则，以教科书的章节顺序为线索，将课程标准中的学业质量要求转化为可操作的教学策略。注重教材分析与学情研究，推动教与学的协同发展。特别强调教学评价，构建“知识基础—素养发展—行为表现”三维评价体系，实现“教、学、评”一体化。

**“教学示例”**精选必修和选择性必修课程中的23个典型示例（12教学案例+11评价范例）。教学案例遵循“目标—情境—活动—评价”的设计逻辑，聚焦学科核心概念与关键能力的培养，特别注重对教师活动的解读与学生行为的评价，充分体现了“教、学、评”一体化的新课程理念。评价案例兼顾基础和发展，选取学生在实验探究、教学活动和考试答题等方面的典型内容，从评价目的、情境分析、表现评价等方面生动呈现，创造性地运用评价的满意原则和加分原则，对教学过程的及时评价与调控，为教学实践提供范本。

本书凝聚高校课程专家、高中教研员和一线教学名师的集体智慧，历经多轮“设计—实践—反思—优化”的循环打磨。我们期待它能成为高中化学教师专业发展的实用指南，助力核心素养在化学课堂中生根发芽。本书仅为阶段性的研究成果，难免存在不足或瑕疵，恳请广大同仁批评指正，以便我们进一步修改和完善。

让我们携手同行，在化学教育的园地里精耕细作，为建设教育强国贡献化学教育人的智慧和力量！

本书编委会

二〇二四年九月

# 目录 CONTENTS

# 第一篇

# 教学概览

化学是在原子、分子水平上研究物质的组成、结构、性质、转化及其应用的一门基础学科，是人类认识和改造物质世界的主要方法和手段之一。化学是材料科学、生命科学、环境科学、能源科学和信息科学等现代科学技术的重要基础。化学是推动人类社会可持续发展的重要力量，在人们应对能源危机、环境污染、突发公共卫生事件等重大挑战中发挥着不可替代的作用。

# I 高中化学课程改革趋势

普通高中化学课程是以义务教育化学课程为基础的基础教育课程。本轮普通高中化学课程改革，始于2013年教育部启动的普通高中课程修订工作，是在对2003年颁布的《普通高中化学课程标准（实验）》实验情况进行广泛调研、全面了解国内普通高中化学课程实施状况、总结普通高中化学课程存在的问题、借鉴国外高中化学课程改革经验的基础上，对《普通高中化学课程标准（实验）》进行全面审视后做出的，旨在更好地发挥高中化学课程在落实立德树人根本任务中的独特价值和重要作用。

## 一、国外高中化学课程改革趋势

近年来，国际高中化学课程或科学教育改革，主要围绕课程目标、课程结构、课程内容、课程实施和课程评价诸方面展开，且不同的国家、地区改革的侧重点有所不同，其主要改革趋势和价值取向如下。

1. 课程目标突出科学素养

自20世纪60年代开始，国际科学教育不断丰富“科学素养”框架。1997年，经济合作与发展组织启动了“素养的界定与遴选：理论和概念基础”项目，该项目旨在提升学生的关键能力，培养学生的必备品格，并不断探索中小学的科学素养测评体系，该项目的数据已成为评价各国学生科学素养水平的重要参考。20世纪末，《美国国家科学教育标准》将科学素养作为其思想基础。进入21世纪后，各国围绕“核心素养”展开了一系列的探索和实践，基本实现将培养学生的科学素养融入中小学课程设计之中。

2. 课程结构实行模块设计

发达国家的高中化学教师在进行课程设计时，除了重视向学生传授基础知识，还会兼顾不同学生对课程学习的不同需求，不断优化课程结构，以“模块化”的方式进行设计，以便对化学学科学习有不同需求的学生选择相应模块修习，以彰显化学课程的选择性。此外，满足学生成长的个性需求，也是化学课程中对不同层次知识认知难易程度的一种梯层安排。例如，日本的高中化学课程采用了“必修+选修”课程结构；新加坡和俄罗斯为了满足学生的需求，则设置了与专业水平测试相匹配的化学课程层级结构。

3. 选取课程内容各有侧重

不同国家和地区的高中化学课程内容选择各具特色。有的侧重向学生传授基础理论，强调学术性，如印度以《高中化学课程纲要》为依据安排课程内容；有的突出实验探究，如美国的《社会中的化学》；还有部分国家和地区的高中化学课程广泛联系社会生产生活实际，注重选取与人文学科相结合的内容；等等。

4. 实验探究摆在突出位置

各国高中化学课程的指导思想和所选取的课程内容虽然不同，但他们都将化学实验教学特别是实验探究活动作为化学学科教学的重要手段。例如，德国的高中化学课程将化学实验和研究方法作为目标，并明确列出；印度的化学课程要求学生掌握实验技能，教师要注重培养学生运用实验解决实际问题的能力；英国的化学课程则将科学探究作为学生学习的核心内容。

5. 学习评价关注过程结果

各国高中化学课程的学业评价，除了强调课程目标、能力要求和课程内容之间的一致性外，还会重视过程性评价和终结性评价。如新加坡在 2016 年颁布的《高中化学课程大纲》中设置了“学习评价”体系，要求从过程性评价和终结性评价入手，着眼于目标的实现。部分国家和地区的化学课程标准还明确规定学生在每一个学习阶段，均应实现相对应的学习目标，并根据学生的学习情况检测课程内容学习的质量，如加拿大不列颠哥伦比亚省在 2006 年颁布的《11—12 年级化学课程标准》中，明确规定了学生学习 11 年级和 12 年级的化学课程的学习目标。

6. 化工技术纳入课程体系

将化学基本理论、原理与化学工程和技术共同纳入高中化学课程体系，是普遍趋势。如美国在 2011 年 7 月和 2013 年 4 月分别发布的《K-12 年级科学教育框架：实践、交叉观念和核心概念》和《新一代科学教育标准》均强调将科学、技术与工程实践同教学进行融合，这一教学思想及其后续进行的教学实践使不少国家在化学课程改革中融入工程设计和技术，形成继“科学探究”之后大力倡导的科学实践活动。

## 二、我国高中化学新课程改革趋势

《国务院办公厅关于新时代推进普通高中育人方式改革的指导意见》（以下简称《指导意见》）在优化课程实施、创新教学组织管理、加强学生发展指导等方面提出了重要的指导性意见。教育部在制定《普通高中化学课程标准（2017 年版 2020 年修订）》（以下简称《课程标准》）时依据《指导意见》，在充分吸收国际高中化学课程改革或科学教育改革的经验后，从课程目标、课程结构、课程内容等方面进行了全面优化，推进了普通高中新课程改革。

1. “重整”课程目标

《指导意见》指出：“按照教学计划循序渐进开展教学，提高课堂教学效率，培养学生学习能力，促进学生系统掌握各学科基础知识、基本技能、基本方法，培养适应终身发展和社会发展需要的正确价值观念、必备品格和关键能力。”为落实立德树人根本任务，《课程标准》制定了以培养和发展学生核心素养为重要特征的化学课程目标，这充分体现以人为本的基本教育理念，重视对核心概念的要求，强调三维目标的整合，关注化学学科核心素养在教学实践中的落实，强调化学学科核心素养、课程目标、课程内容标准和学业质量标准的紧密联系。

2. “三层”课程结构

《课程标准》设置了必修课程、选择性必修课程和选修课程“三层”（或三类）课程，赋予学生和学校更大的选择权与自主权，以适应学生多元发展需求。其中，必修课程是高中学生必修的课程，是为培养所有高中生科学素养基础而设计的课程；选择性必修课程是选修化学学科的学生全选全修的课程；选修课程供学生自由选择学习。

3. 重构内容体系

《课程标准》的必修课程内容精心选取了具有学科核心素养发展价值的核心知识，着力解决过去教学实践中出现的忽视学生实验等突出问题。选择性必修课程和选修课程充分考虑了学科核心素养的育人目标对课程内容的要求、与必修内容的衔接和学生深造的衔接等因素。此外，在《课程标准》的每个主题中还首次增加了“教学提示”和“学业要求”。

4. 优化教学过程

《指导意见》和《课程标准》要求，要积极探索基于情境、问题导向的互动式、启发式、探究式、体验式等课堂教学模式，注重加强课题研究、项目设计、研究性学习等跨学科综合性教学，认真开展验证性实验和探究性实验教学；提高作业设计质量，精心设计基础性作业，适当增加探究性、实践性、综合性作业；积极推广应用优秀教学成果，推进信息技术与教育教学深度融合，加强教学研究和指导。

5. 转变学习方式

《课程标准》将具有化学学科特质的科学观念、科学实践和科学思维作为发展化学学科核心素养的突破口，倡导真实而有意义的化学学习情境的创设，引导学生积极开展建构学习、探究学习和问题解决学习，以培养学生的创新精神和实践能力。

6. 改革学生评价

2020 年 10 月，中共中央、国务院印发《深化新时代教育评价改革总体方案》，强调改革学生评价，促进德智体美劳全面发展，要求：树立科学成才观念；完善德育评价；强化体育评价；改进美育评价；加强劳动教育评价；严格学业标准；深化考试招生制度改革。《课程标准》首次加入学业质量标准，强调学科核心素养的形成和发展，通过水平的划分评价学生在不同化学学习阶段的化学学科核心素养的达成情况，并依据学业质量标准，促进教、学、评的一致性和一体化的落实，培养学生的化学学科核心素养。

# Ⅱ 高中化学教学现状：以湖北省为例

为全面了解湖北省高中化学教学的依据，了解高中化学学科建设、教师教学情况，以及学生在化学学科核心素养等方面的发展状况，发现湖北省高中化学教学存在的问题，为发展学生核心素养体系下的课程改革提供针对性建议，湖北省中学化学教学指导委员会编制了湖北省高中化学教学现状调查系列问卷，于2017年10月在全省16个市州中分层抽取175所高中，对1474名高中化学教师、36477名高中生、175名高中化学备课组组长、1419名高中班主任从学校课程建设、师资力量、学情、家校合作、教学设计、教学实施、教学评价、教师专业发展等方面，全面开展了基于学科核心素养发展的湖北省高中化学教学现状的调查。

## 一、高中生化学学习现状

1. 化学学习动机良好

高中生化学学习动机良好，内部动机高于外部动机，学生的认知内驱力高于自我提高内驱力和附属内驱力。

2. 化学学习适应性表现欠佳

高中生化学学习适应性水平较低，具体表现为：对化学教师教学的适应较好，对化学课程的适应居中，对化学学习方法的适应最差。

3. 化学学习策略水平总体较低

由图1-2-1可知，高中生化学学习策略水平总体较低，其中环境管理策略、复述策略、努力管理策略、组织策略和监控策略相对较高，但精细加工策略和时间管理策略较为薄弱。

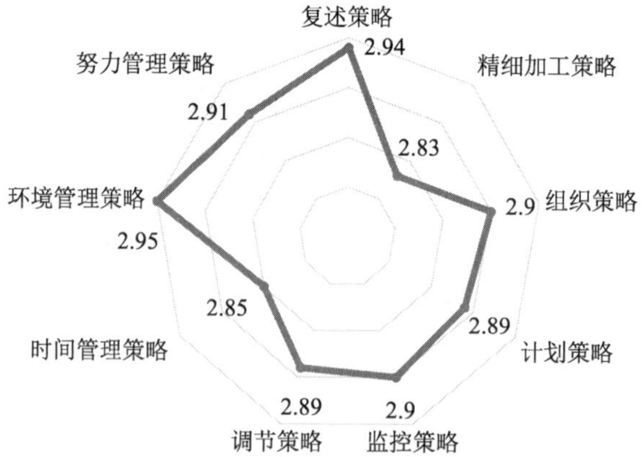


图1-2-1 高中生化学学习策略的自我评估

4. 化学学习自主性不强

高中生在学习上对教师有较大程度的依赖性，教师需要正确引导学生，提升学生的自主学习意识。在调查高中生化学学习过程中影响其学习效果的学习方式时，选择“听老师讲解”的学生比例高达 60.30%，说明多数学生还是更认同教师讲解的系统性与完整性，这正好就反映出学生对教师教学的依赖性。其次，54.13%的学生选择“先自学后练习再听讲解”，说明多数高中生能够认识到自主学习的重要性，但教师的讲解对高中生理清知识脉络、化解疑难困惑不可或缺。

5. 化学学科核心素养总体水平良好，但发展不均衡

高中生化学学科核心素养总体水平良好，但发展不均衡（见图 1-2-2），其中宏观辨识与微观探析素养水平最高，证据推理与模型认知素养水平最低，变化观念与平衡思想、科学精神与社会责任、科学探究与创新意识居中。化学学科核心素养的 5 个维度之间均呈显著正相关。

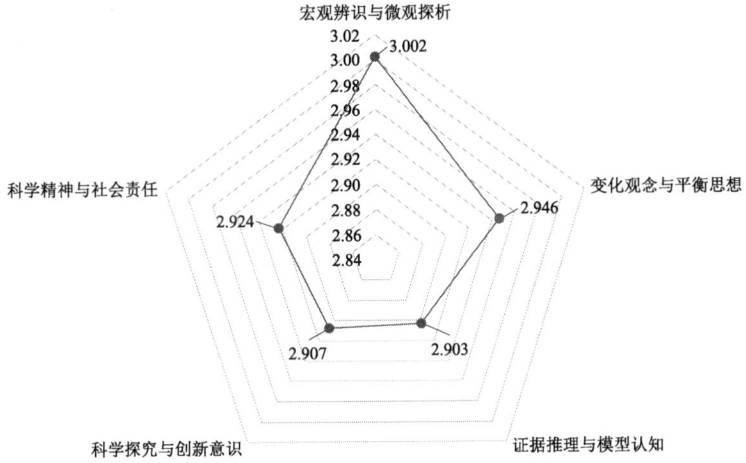


**图 1-2-2　高中生化学学科核心素养水平描述性统计**

男生化学学科核心素养表现普遍强于女生，年级、民族变量上存在差异但差异不显著。个人、家庭和学校三类因素均对高中生化学学科核心素养具有显著影响，其中个人维度为首要影响因素，其次为学校维度，家庭维度总体虽然影响程度不高，但是家庭经济状况对高中生化学学科核心素养的影响程度较高。由图 1-2-3 可知，化学学习策略、化学学习适应性、化学学习动机对高中生化学学科核心素养具有显著的正向预测作用，为强影响因素。在学生个人维度上，影响程度由高到低依次为化学学习策略、化学学习适应性、化学学习动机、课堂外学习化学的形式、课堂外每周学习化学时间、高考选考化学意愿、化学学习评价方式。在学校维度上，影响程度由高到低依次为化学教师教学方式、教材实验完成情况、化学实验室建设和配置、学校级别、学校所在行政区划、化学教师布置课外作业频率。在家庭维度上，影响程度由高到低依次为家庭经济状况、父亲主要职业、母

亲主要职业、家中主要生活照料者、是不是留守高中生、家中主要教育者。

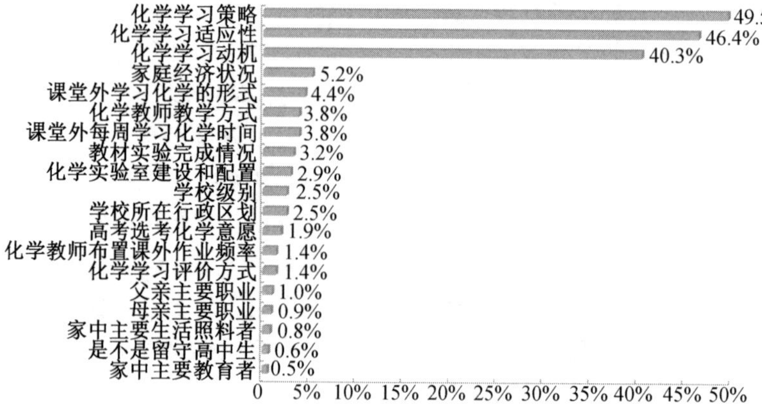


**图 1-2-3　高中生化学学科核心素养与影响因素的相关关系**

湖北省高中化学骨干教师及市县高中化学学科教研员预测的化学学科核心素养影响因素排序结果与实际调查结果存在差异，调查结果如表 1-2-1 所示。

**表 1-2-1　化学学科核心素养影响因素排序的实际调查结果与骨干教师预测结果对比**

| 化学学科核心影响因素 | 调查学生结果 | 教师预测结果 |
|---|---|---|
| 化学学习策略 | 1 | 2 |
| 化学学习适应性 | 2 | 3 |
| 化学学习动机 | 3 | 1 |
| 课堂外学习化学的形式 | 5 | 7 |
| 课堂外每周学习化学时间 | 6 | 6 |
| 高考选考化学意愿 | 12 | 5 |
| 化学学习评价方式 | 14 | 8 |
| 化学教师教学方式 | 7 | 4 |
| 教材实验完成情况 | 8 | 11 |
| 化学实验室建设和配置 | 9 | 10 |
| 学校级别 | 10 | 12 |
| 学校所在行政区划 | 11 | 15 |
| 化学教师布置课外作业频率 | 13 | 13 |
| 家庭经济状况 | 4 | 14 |
| 父亲主要职业 | 15 | 16 |

续表

| 化学学科核心影响因素 | 调查学生结果 | 教师预测结果 |
| --- | --- | --- |
| 母亲主要职业 | 16 | 17 |
| 家中主要生活照料者 | 17 | 18 |
| 是不是留守高中生 | 18 | 19 |
| 家中主要教育者 | 19 | 9 |

## 二、高中化学教学现状

1. 化学师资力量能满足教学需求

湖北省高中化学教师数量充足，学历基本达标，学历、年龄等结构要素较合理。化学教师对新课程理念的认识较高，在化学教学中以学生为主体，注重培养学生的化学学科思想、观念。

2. 化学实验室等基础设施的建设得到重视

大部分高中的化学实验室能满足 2 至 6 人一组的小组实验，且使用率较高。但开放性、数字化探究型实验室数量较少，少数学校常规实验室配置不全。化学实验教学中，学生自主进行实验的机会较少，学校实验教学管理和教师实验教学意识制约实验教学的落实。学校专职实验员配置不足，数字化实验室建设较为缓慢，且存在较为明显的城乡差异。

3. 从培养学生化学学科核心素养的需要出发，积极开展教学探索

在教学过程中能灵活使用多种教学方法，注重引导学生自主、合作和探究学习。调查结果显示，大部分的教师会采用问题讨论法（87.31%）、启发引导法（81.55%）、实验探究法（65.88%）、学案导学法（61.80%）和讲授法（66.62%）开展教学。这表明，大部分教师能够发挥学生在学习过程中的主体地位，同时发挥教师的主导作用。“复习旧课—激发动机—讲授新课—巩固练习—检查评价”模式最为常用（50.11%）。60%的教师平均每节课会安排 1~10 分钟的学生自主或合作学习时间，32%的教师会安排 11~20 分钟的自主或合作学习时间，这说明学生自主学习、合作学习已成为高中化学课堂教学的常态。

4. 教师缺乏对学生资源管理策略的指导

由图 1-2-4 可知，教师更重视对高中生进行高阶认知策略的指导，疏于对其进行资源管理策略的指导，尤其是资源管理策略中的环境管理策略和努力管理策略。教师对学生高阶认知策略，如组织策略和精细加工策略的指导也明显低于简单的复述策略的指导。

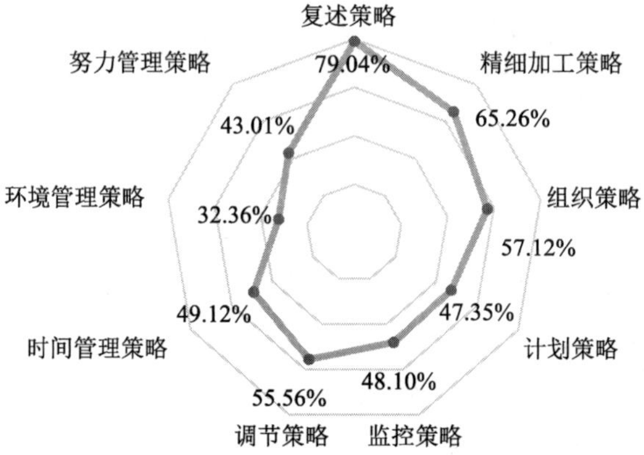


**图 1-2-4　教师引导学生采用的学习策略百分比**

5. 化学教学中注重开展多元评价

重视将过程性评价和终结性评价相结合，在采用纸笔测验的同时，能综合使用表现性评价和档案袋评价。

# Ⅲ 高中化学教学原则

高中化学教学是落实化学课程目标、培养学生化学学科核心素养、引导学生达成学业质量要求的基本途径。为优化教学过程，提高教学质量，落实立德树人根本任务，教师在化学教学中应遵循以下原则。

## 一、直观性原则

直观性原则指教师在教学中应通过引导学生观察实物、模型及其视频，或通过教师形象的语言描绘，使其获得所需的感性认识，增进其对学习材料或认知对象的理解与掌握。化学学科教学中会涉及许多实物、实验、模型及其视频，还有关于微观世界的许多模拟动画及视频，这些是贯彻直观性原则的一种方式。同时，教师将认知对象用语言做出生动、形象的描述及贴切的比喻，让学生在头脑中建构相应表象，是贯彻直观性原则的另一种方式。需要指出的是，部分描述微观世界的直观模拟动画与教师直观形象的语言相比，前者可能会固化学生的思维和想象，看似能够帮助学生轻松理解知识，实际却会对学生形象思维的发展产生负面影响，化学教师在教学时要注意这点。

## 二、启发性原则

启发性原则指教师在教学中应运用各种教学手段，激发学生学习的主动性、主体性，引导学生通过积极思考与探究，自觉地掌握学科知识，学会分析问题，养成学科核心素养。在高中化学教学中，教师通过化学实验、联系学生的生活经验和社会实际，创设和引入真实有价值的教学情境，运用设问、讲解、探究等方式，启发学生思考，启迪学生思维，引导学生主动提出问题、分析问题，并通过问题解决，培养学生的关联、转换、检验、评价等高阶思维能力。高中化学教学的全部学习内容，即关乎组成、结构、性质、转化及其应用的各个方面，理论上都可以设计出合适的情境、问题，以实现对学生学习的启发性引导。

贯彻启发性原则，其一，教师要充分调动学生内在的学习主动性；其二，教师提出的问题、讲解的知识要能够激活学生的思维，促进学生的学习和思维活动步步深入；其三，教师要在解决实际问题的过程中，通过启发使学生获取知识；其四，教师要发扬教学民主，让学生在宽松、愉悦的环境中，积极主动地开展学习活动。

## 三、巩固性原则

巩固性原则指教师要引导学生在理解知识的基础上，将知识、技能和方法牢固地掌握并保存在记忆中，并根据需要予以再现、运用和发展。贯彻巩固性原则必须紧扣其概念的内涵，有三项重要要求：一是理解，理解是巩固的基础，理解记忆比机械记忆对知识点的巩固效果更好。高中化学知识体系中，有许多需要学生深入理解的、抽象的内容，在教学中教师要帮助学生深入理解所学知识。二是记忆，记忆并长期保持是巩固的本质。记忆知识有多种方法，不同的人习惯于使用不同的记忆方法。以下三种记忆方法对多数学生都有效：适度重复（或反复）、画思维导图、讲给别人（或自己）听。教师在教学中，要通过适时组织复习、用思维导图使知识内容结构化、组织学生讨论等方法，强化学生对知识的记忆。三是应用，能够正确合理地再现、运用和发展所学，是检验巩固效果的尺子。教师在教学中要安排好练习、实习与训练任务，让学生在运用所学内容的过程中巩固所学的知识。

## 四、循序渐进原则

循序渐进原则指在教学中按照化学学科的逻辑系统和学生认知发展规律，使学生系统地掌握基础知识、基本技能，锻炼并形成严密的逻辑思维能力。化学课程知识体系本身就有严密的逻辑顺序，如结构决定性质、性质决定用途、性质影响制法；如化学反应的知识，先有常见的化学反应，然后总结化学反应的基本规律、基本类型，再研究化学反应发生的快慢与反应进行的程度，再反过来判断不常见的物质之间能否发生化学反应；等等。教师在教学中要依据教材编排体系、学校课时标准编写课程总计划、学期计划和课时计划，系统性地设计和组织教学；吃透和准确把握初中教材和教学内容安排，保证中学化学教学的连贯性；突出教学重点、突破教学难点、突围教学易混点，由浅入深、由易到难、由简到繁；在已有严谨的课堂预设的基础上，特别重视学生的课堂学习感受和课堂生成，灵活确定教学的推进速度，科学有序地开展教学。

## 五、因材施教原则

因材施教原则指教学要从学生的年龄特征、已有经验和认知能力的实际出发，尊重学生的个性特点和差异，选择科学的教学方法，安排合理的教学进度，设置深度和广度适宜的教学内容，使每个学生都能扬长避短，获得最佳发展。无论是“孔子施教，各因其材”，还是奥苏贝尔指出的“如果我不得不把全部教育心理学还原为一条原理的话，我将会说，影响学习最重要的因素是学习者已经知道了什么”，都强调的是教师要根据学生的原有知识状况进行教学。给教师的共同启示是，因材施教是教学活动必须遵循的基本原则。教学要根据学生智力和非智力因素方面的差异，针对学生不同的学习能力和水平，制定不同的教学目标，选择合适的教学方法，使每个学生都能取得进步。如在学习物质的检验时，对学习能力较弱的学生，教师可设计物质种类少、相互干扰少或无干扰的问题，便于学生理解和掌握解决此类问题的一般思路和基本方法；对学习能力较强的学生，教师可设计物质种类较多、相互干扰较多的问题，以便进一步提升学生多角度分析、推理解决问题的能力，同时培养学生思维的严谨性和批判性。

## 六、理论联系实际原则

理论联系实际原则指教学要以学习基础知识为主，从理论与实际的联系上去理解知识，重视学以致用，发展动手能力，领悟和认识化学学科知识及其思维方法的独特价值。要做到坚持理论和实际的结合与统一，学会用理论分析和解决“实际”，用“实际”认识和验证理论，使学生从理论和实际的结合中掌握知识，培养学生分析、解决实际问题的能力。教师在教学中要善于联系生活、生产和社会实际，让学生感受化学对人类社会发展的巨大贡献，充分认识化学学科对材料科学、生命科学、环境科学、能源科学和信息科学等现代科学技术的进步与发展所起的基础性作用。有两点值得注意：其一，贯彻理论联系实际的教学原则，对培养高中学生“科学探究与创新意识”特别是“科学精神与社会责任”的核心素养，具有极其重要的价值；其二，化学学科“实景课堂教学”在贯彻理论联系实际原则中具有重要价值。

# Ⅳ 高中化学教学策略

广义的教学策略既包括教的策略又包括学的策略，狭义的教学策略则专指教的策略，属于教学设计的有机组成部分，即在特定教学情境中为完成教学目标和适应学生认知需要而制订的教学程序计划和采取的教学实施措施。本书重点讨论教和学两个方面。

教学原则、教学策略、教学方法既相互联系又有区别，三者分别属于哲学层面（教育哲学）、规律层面（教育规律）和方法或操作层面（教育方法）的范畴。教学原则是制定教学策略和教学方法的准则；教学方法是贯彻教学原则和实现教学策略的手段；教学策略介于教学方法和教学原则之间，教学策略是比教学原则更具体、比教学方法更具概括性的教学规律的总结。

经典的教学策略包括：源于奥苏贝尔的有意义学习理论之“先行组织策略”；根据皮亚杰的研究建立起来之“认知发展策略”；源于布鲁纳等人的研究之“概念形成策略”；基于各种复杂行为的学习研究提出的“随机管理策略”；意在建立系列化、模式化的教学行为之“行为练习策略”；旨在教会学生改变行为方式的方法之“自我管理策略”；等等。

新课程改革背景下，高中化学课堂教学还应遵循下列六种策略来设计和组织教学。

## 一、激发学习兴趣

精选教学素材和应用案例，促进学生理解化学、体会化学科学对人类文明和社会发展的促进作用，激发学生学习化学的兴趣。如生活中使用的石油液化气、天然气等燃料，糖类、塑料、橡胶等石油化工产品，这些物质的性质、用途、来源和合成等都是学生感兴趣的内容，可激发其探究欲望。联系能源、材料、生命科学等相关领域学科发展过程中的重大事件，将它们作为教学的情境线索或活动素材，能使学生更好地体验化学作为基础学科对其他学科发展的重要价值。

联系生活问题，增加教学内容吸引力。加强物质组成、结构、性质等化学视角与真实情景素材之间的联系，尽量联系与学生生活密切相关的问题，培养学生对化学的学习兴趣，引导学生从化学的视角看待和解决实际问题。例如，在共价键教学时，可以将键能与紫外线对人体危害、防晒霜的原理相联系。同时，教学内容应注重引入具有时代性、前瞻性的生活情境素材，如功能高分子材料的研制、抗癌药物的设计等。

重视运用化学史内容，增强学生对化学历史发展过程的体验。教师在教学中应适当引入化学史内容，让学生了解化学知识与技能发展的来龙去脉，这样就不会使学生孤立地认识某一个理论模型，从而有助于学生更深入地理解学习内容，他们对化学家们的探索过程和研究方法也会有更多的体会。

## 二、“大单元”教学

高中化学教学必须服务于立德树人根本任务，必须服务于构筑学生学科核心素养的价值观念、必备知识和关键能力的培育，这是总目标更是“大目标”。显然，如此宏大的目标，不是仅靠一两节课就可以实现的，它需要在每一个“大单元”的教学和设计中，去充分体现和全面实现。因此，为了更好落实育人“大目标”，“大单元”教学设计和实施应需而生。

何为单元呢？崔允漷认为：第一，单元是课程、学习单位，不是知识点。第二，单元是以一个大问题或大任务来组织目标、情境、知识点等要素的，成为一个相对独立或完整的学习单位；第三，单元是进阶性的，体现从易到难、从简单到复杂的进阶过程；第四，单元是组合性的，一个学期至少需要两个单元。崔允漷还指出，新高考、新课标背景应该有“新教学”。新教学，新在哪里？其中有一点就是“素养本位的单元设计”。

结合高中化学教学实际，通常一个“模块”，如“有机化学基础”“物质结构与性质”等，分别就是一个“大单元”，而教材对应的每一章就是一个单元。对于“大单元”的教学，教师一定要先做好整体设计，在此基础上再做好分步实施的局部设计，以整体规定局部，以局部支撑整体。整体设计主要是定准宏观教学目标，包括价值观念、必备知识和关键能力，即紧盯核心素养，这就是“素养本位”；局部设计的重点在于找到实现分步渐进式的宏观目标的情境、手段、方法。强调“大单元”设计的另一价值，就是克服教师在传统教学设计和教学过程中，对“素养”与“情境”“手段”“方法”的顾此失彼和不着边际，实现相互支撑与相得益彰。

如何实现大单元教学设计与课堂教学设计的相互照应和以素养为本呢？我们以“有机化学基础”大单元设计为例。“有机化学基础”的大单元教学及其设计，必须涵盖化学学科五大核心素养的培养，即“科学探究与创新意识”素养的培养，如凯库勒发现苯分子结构的过程则独具价值；“宏观辨识与微观探析”素养的培养，如在所有有机物的结构和性质教与学的过程中都可以做出诠释；“变化观念与平衡思想”素养的培养，如酯化反应实验及教学均可体现；“证据推理与模型认知”素养的培养，如在有机物的官能团及其实验证明中则可以清楚认知；“科学精神与社会责任”的培养，如在有机物的应用、合成等知识的讲解和训练中，可以让学生充分体悟；等等。

化学学科“素养本位的单元设计”，其实就是一种以“大单元”为结构单位的结构化设计。它是以学生核心素养为本的理念，一个单元要对接一项或全部化学学科核心素养，明确学生应该“学会什么”，然后从“学生何以学会”出发，将高中化学知识或内容及关联结构化、认知逻辑结构化、核心概念结构化等进行结构化设计，让学生“能够学会”，最终实现学生核心素养的结构化生成。

每一个学习单元由素养目标、课时、情境、任务、知识点等组成，这些要素按某种需求和规范组织起来，可形成一个有结构的整体。开展“大单元”教学设计，教师应认真研读高中化学教材，弄清楚教材的逻辑、相应内容的课程标准要求、可利用的课程资源等，再结合本校学生的认知和心理发展水平的实际，将高中化学教材的教学内容分为若干单元，最后分配到各个学年、学期、周及课时来安排。

## 三、情境化教学

良好的教学情境，可以增强学生的学习动机，激活学生的思维，提高学生学习的专注度，缩短学生理解、学会相关学习内容的时间，增强学习内容掌握的牢固程度，有效促进学生化学学科核心素养的形成和发展。

情景化教学策略有效实施的逻辑起点是激发学生的思维。课堂教学中师生交互活动的本质是思维的交互，学生知识的建构和增长、能力的提升和增强、核心素养的养成和强化都以学生的思维活动为基础。课堂教学中，教师利用良好的教学情境，触发学生思考，让学生在思考中展开追问，在追问中发现问题、提出问题、解决问题，从而提升学生的思维能力、掌握正确的思维方法、形成良好的思维习惯和思维品质。

教学情景的设计有多种建构思路：情境设计要有“经典性”，可以参考课程标准中各主题所拟经典的“情境素材建议”栏目的内容设计；情境设计要有“生活性”，可以结合教师（或学生）的生活和工作经验设计；情境设计要有“社会性”，可以从社会进步出发或以社会关注点为背景设计；情境设计要有“发现性”，可以按照知识的发现、发展过程设计；情境设计要有“时代性”，可以依据课堂教学内容所关联的人类最新科研成果设计；等等。

## 四、探究性教学

整体规划实验探究教学，发挥典型实验探究活动的作用。教师应遵循探究能力形成和发展的规律来开展教学，对课程教学进行整体规划。教师在教学中，应发挥实验探究活动原型的作用，让学生理解其中的本质和原理，并基于原型活动概括、提炼进行不同类型实验探究活动的思路与方法，从而帮助学生形成迁移应用的能力。

选取真实的、有意义的、引发学生兴趣的探究问题，设置不同类型的化学探究任务，引导学生经历真实和丰富的实验与探究活动过程，积累活动经验，促进其探究能力的发展。

重视开展高水平的实验探究活动，改变学生在实验中注重动手但缺少思考的现状，强调高级思维过程。改变只让学生简单动手做实验的现状，应创造机会，鼓励学生自主发现和提出问题，做出有依据的假设，对实验现象和结果进行分析、比较、概括、解释、推理、建构模型等高级思维过程，在探究过程中经历发散、想象、创意、批判性思考等创新思维活动，促进学生“知、情、意、行”

的统一。

## 五、优化学习策略

学习策略指学习者在学习活动中所拥有的有效的程序、方法、技巧及调控方式，它既可以是内隐的规则系统，也可以是外显的操作程序与步骤。学习策略包括认知策略、元认知①策略和资源管理策略。

化学学习策略是决定学生化学学科学习效率、学业水平的关键因素，是影响高中生化学学科核心素养发展的重要因素。尤其是针对湖北省高中学生化学学习策略较为薄弱的现状，教师应高度重视对学生化学学习策略的培养与指导。

培养学生认知策略的常见方法包括：根据教学内容，合理地设置教学目标，告知学生教学目标；在教学过程中使用标示重点的线段或符号引起学生的注意，增加学习材料的独特性；做笔记摘录、列提纲、作示意图，使知识结构化；联系生活实际，帮助学生理解化学学科知识的价值。

培养学生元认知策略的常见方法包括：增强学生元认知知识的意识，帮助学生把握自身学习的特点，培养学生在化学学习中自觉有意识地进行自我调节；加强元认知知识的应用，让学生在问题情境中提高元认知水平；对学生元认知操作进行指导，指导学生对学习任务进行安排和规划。

培养学生资源管理策略的常见方法包括：统筹安排学习时间，高效利用最佳时间，灵活利用零碎时间；激发学生的内在动机、树立为掌握而学习的信念；帮助学生学会有效利用学习工具，如参考资料、工具书、图书馆等；鼓励学生与老师、同伴交流。

合理安排基于问题导向的探究性学习活动，对于帮助学生优化自我学习策略及培养学生化学学科核心素养，均具有重要价值。课堂教学中，常见的学习（组织）方式有三种，即自主学习、合作学习和探究学习，其中探究性学习活动的设计和组织最为复杂。教师在教学中应依据教学内容、教学目标、教学难易度及学生的认知发展特点，积极组织、指导学生开展探究性学习。探究性学习活动的开展步骤如下：首先，教师必须与学生一起共同确定和设计有科学探究价值并符合学生能力水平的问题；然后，教师组织学生从问题和假设出发，依据探究目的，设计探究方案，运用化学实验、调查等方法进行探究并最终提交学习报告；最后，教师在教学过程中应注重培养学生勤于实践、善于合作、敢于质疑、勇于创新的品质。

## 六、“教、学、评”一体化

教师在化学课堂教学中，应实施多维度、多方式、多主体的“教、学、评”一体化策略，充分发挥评价的“激励—导向”“反馈—调节”功能，使教学评价

---

① 张大均在《教育心理学》一书中指出，元认知是一种高级思维，是对学习中认知过程的主动监控，这些监控行为包括如何提出学习任务、监控理解过程，以及对完成任务的过程进行评价。笔者认为元认知是关于认知本身及自我认知的知识、意识、能力、监控及体验。

成为促进学生全面发展、形成化学学科核心素养的有力支撑。

教师应树立“素养为本”的化学学习评价观，紧密围绕化学学科核心素养的发展水平和化学学业质量标准，确定化学学习评价目标，注重过程性评价和终结性评价的有机结合，灵活运用活动性表现、纸笔测验和学习档案评价等多样化的评价方式，倡导学生自评、同伴互评和教师评价，开发体现化学学科核心素养的多样化、多形态的测评工具，建立以核心素养为导向的评价与反馈系统。在化学教学中应有效利用提问与点评、练习与作业、复习与考试等方式开展日常评价，实现“教、学、评”一体化教学。

# 第二篇

# 教学指导

普通高中化学课程，包括必修课程、选择性必修课程和选修课程。本书以《课程标准》和与之配套的人教版《普通高中教科书　化学》为依据编著。

必修课程是全体学生必须修习的课程，是高中学生发展的共同基础，是普通高中学业水平合格性考试的基本内容和要求。必修课程体现化学基本观念与发展趋势，促进全体学生化学学科核心素养的发展，以适应未来社会发展需求。必修课程共设置 5 个主题，分别是“化学科学与实验探究”“常见的无机物及其应用”“物质结构基础及化学反应规律”“简单的有机化合物及其应用”“化学与社会发展”。必修课程的主体结构见图 2-0-1。

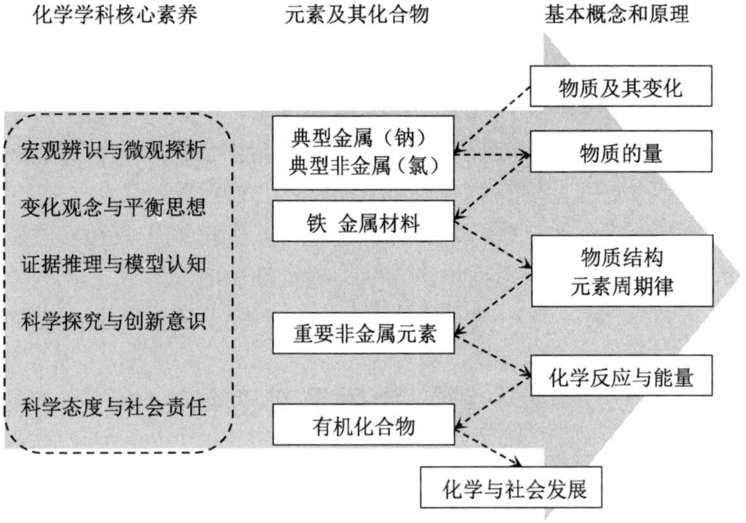


**图 2-0-1　必修课程的主体结构**

必修课程在高一年级开设，共计 4 学分，教学共需 72 学时。

普通高中选择性必修课程设置 3 个模块，供选考化学的学生修习，旨在促进全体学生在“宏观辨识与微观探析”“变化观念与平衡思想”“证据推理与模型认知”“科学探究与创新意识”“科学态度与社会责任”等化学学科核心素养的提升。

普通高中选择性必修课程包括“化学反应原理”“物质结构与性质”“有机化学基础”3 个模块，每个模块 2 学分，共计 6 学分，教学共需 108 学时。

# Ⅰ《化学（必修）第一册》

《化学（必修）第一册》主要涉及“化学科学与实验探究”“常见的无机物及其应用”“物质结构基础及化学反应规律”3个主题。教学内容共四章，分别为：第一章“物质及其变化”；第二章“海水中的重要元素——钠和氯”；第三章“铁　金属材料”；第四章“物质结构　元素周期律”。通过学习该册内容，学生可初步建立认识物质及其变化的两个重要视角——物质类别和元素价态，进而系统研究钠及其化合物、氯及其化合物和铁及其化合物，认识物质间的转化关系，解释和预测物质的性质，强化性质决定用途的观念；引入“物质的量”概念，从宏观与微观结合和定量的角度认识物质及其变化；认识元素性质及其递变规律，揭示化学反应的本质，逐步建立结构决定性质的观念。

《化学（必修）第一册》共2学分，在高一年级上学期开设，共36学时。

## 第一章　物质及其变化

### 一、学业要求

（1）能从组成和性质的角度对典型物质进行分类，建立认识和研究物质及其变化的常用的科学方法——分类法。

（2）能举例说明胶体的典型特征，从微观粒子尺寸和宏观性质的角度认识胶体，并能据此解释有关自然现象。

（3）以Ca、C为例，能从物质分类的角度写出从单质到盐的转化路径并能说出转化规律，能对常见单质、氧化物、酸、碱、盐之间的反应进行描述和符号表征。

（4）能用电离方程式表示常见酸、碱、盐的电离，能从离子视角建构电离的思维模型。

（5）通过分析酸、碱、盐之间反应的实验事实，从微观视角认识离子反应，归纳离子反应发生的条件；能正确书写常见反应的离子方程式。

（6）能利用电离、离子反应、氧化还原反应等概念对常见的反应进行分类和分析说明。

（7）能依据常见离子的特征反应，说出常见离子的检验方法。

（8）能从电子转移的微观视角说明氧化还原反应的本质，并能判断氧化剂和还原剂；能用双线桥法和单线桥法表示氧化还原反应中电子转移的方向和数目。

（9）掌握氧化还原反应和四种基本反应类型的关系等知识点。

（10）能基于反应特征现象和微观分析，设计常见物质制备、分离、提纯、检验等简单任务的方案。

（11）能从物质类别和元素价态变化的视角设计物质间的转化路径，建立各类物质的转化关系框架，并提炼不同类物质转化的一般思路和方法。

（12）能列举事实说明胶体、离子反应和氧化还原反应在生产、生活中的应用价值，体会化学科学在保护环境、保障人类健康、促进科技发展和传播社会文明等方面的作用和贡献。

## 二、内容分析

“物质及其变化”是化学研究的重要内容。本章共分三节：第一节“物质的分类及转化”是在初中学习了物质的简单分类后，根据物质的组成和性质介绍的同素异形体、酸性氧化物、碱性氧化物、分散系、胶体等重要基本概念，再次引入分类标准和系统学习物质的分类方法；第二节“离子反应”和第三节“氧化还原反应”是中学化学重要的知识点，将研究化学反应的视角从宏观拓展到微观：一是从宏观上根据化学反应前后物质的种类，以及反应物和生成物的类别，将化学反应分为四种基本反应类型；二是从微观上根据参加化学反应的微观粒子（离子或电子），引入离子反应和氧化还原反应，认识其反应的本质。教材将“物质及其变化”作为高中化学学习内容的开篇之章，是因为编者充分考虑到知识内容源于初中又高于初中，这样的编写安排有利于初中化学知识和高中化学知识的有机衔接，同时又有利于学生运用“分类”研究的方法提升对物质及其变化的认识水平，为后续元素及其化合物的学习奠定基础。

教材在栏目的设置上，除了设置演示实验、资料卡片、思考与讨论等栏目外，新增了“方法导引”、“化学与职业”和“科学史话”等栏目。“方法导引”介绍了分类和模型两种重要的科学方法，引导我们如何开展化学研究，如“分类”方法导引指出了分类的概念和分类研究的优势；“模型”将反映研究对象的本质特征形成一种概括性的描述或认识思路。“化学与职业”则是阐述学习化学后未来可从事的职业，反映了化学的学科价值和社会价值。“科学史话”揭示了化学学科的发展历程，学生从中可了解化学理论、原理等的认识过程，感受化学家的实践创新和科学精神，这能凸显化学史料的价值。

第一章栏目设置及使用建议如表 2-1-1 所示。

**表 2-1-1　第一章栏目设置及使用建议**

| 栏目名称 | 栏目内容 | 使用建议 | 页码 |
|---|---|---|---|
| 方法导引 | 分类 | 了解分类的概念和分类方法在研究物质及其变化规律中的重要作用 | P8 |
| 提示 | 与实验有关的图标及说明 | 熟悉实验安全标识，形成良好的实验习惯，树立安全意识 | P9 |

续表

| 栏目名称 | 栏目内容 | 使用建议 | 页码 |
| --- | --- | --- | --- |
| 【实验 1-1】 | 演示 Fe（OH）$_3$ 胶体制备及丁达尔效应实验 | 了解 Fe（OH）$_3$ 胶体的制备和检验方法，了解溶液与胶体的区分方法 | P9 |
| 资料卡片 | 丁达尔效应 | 简要介绍丁达尔效应产生的原因 | P10 |
| 思考与讨论 | 酸、碱、盐的主要化学性质的归纳 | 从分类的视角归纳酸、碱、盐的主要化学性质，理解分类在研究中的重要作用 | P10 |
| 思考与讨论 | 物质之间的转化关系及规律总结 | 从分类的视角归纳物质的转化规律：单质→氧化物→酸（或碱）→盐 | P11 |
| 化学与职业 | 化学科研工作者 | 介绍该职业及其研究领域，突显其对社会发展的重要作用，激发学生对化学的兴趣 | P12 |
| 练习与应用 | 本节内容的练习题 | 运用物质的分类及转化知识解决问题 | P12 |
| 【实验 1-2】 | 演示，试验物质的导电性 | 通过控制变量宏观辨识盐及其溶液的导电性，关注条件的变化 | P14 |
| 思考与讨论 | 电离方程式的书写及碱的本质 | 引导学生从电离角度微观探析碱的本质 | P17 |
| 方法导引 | 模型 | 体会模型在科学认识中的重要功能 | P17 |
| 【实验 1-3】 | 演示 $Na_2SO_4$ 溶液与 $BaCl_2$ 溶液的反应 | 从电离角度微观探析离子反应的本质 | P17 |
| 思考与讨论 | 化学方程式与离子方程式的比较 | 从宏观、微观、符号三重表征探讨离子反应的实质，建立离子反应的模型 | P19 |
| 练习与应用 | 本节内容的练习题 | 运用离子反应和电解质概念解决问题 | P20 |
| 思考与讨论 | 实例分析氧化还原反应。从得氧失氧角度认识氧化还原反应。从元素化合价升降的角度认识氧化还原反应。 | 从两个不同视角建立联系，拓展氧化还原反应的概念 | P22 |
| 科学史话 | 氧化还原反应概念的发展 | 正确认识和看待概念的发展历程及阶段性的特点，体会探索科学的艰辛 | P25 |
| 思考与讨论 | 汽车尾气 CO 和 NO 的催化氧化 | 介绍氧化还原反应的实际应用，体会氧化还原反应在物质转化中的应用价值和环境保护中的重要价值 | P26 |
| 练习与应用 | 本节内容的练习题 | 运用氧化还原反应的知识解决问题 | P27 |

续表

| 栏目名称 | 栏目内容 | 使用建议 | 页码 |
|---|---|---|---|
| 整理与提升 | 本章归纳总结 | 运用分类方法归纳学习物质及其变化，形成知识关联的结构化 | P29 |
| 复习与提高 | 本章知识内容练习题 | 运用物质分类、离子反应和氧化还原反应等知识解决问题 | P31 |

## 三、学情分析

从知识储备层面看，学生在初中时已学过物质的基本分类，从得氧、失氧的角度了解了氧化还原反应的概念，学习了溶液的组成，并且初步学习了常见单质、氧化物、酸、碱、盐之间的转化关系，这些知识储备为学生进一步学习物质的分类、了解分散系的概念和从离子、电子的角度认识离子反应与氧化还原反应的本质打下了坚实的基础。同时，这些知识储备也为后续系统研究元素化合物知识、水溶液中的离子反应与平衡、化学反应与能量等学习内容做好知识铺垫。

从心理发展层面看，初中化学学习主要基于宏观层面，高中化学学习则由宏观视角进入微观视角，揭示了化学反应的本质和规律。本章作为高中化学的开篇之章，是连接初中化学和高中化学的“桥梁”和“纽带”，在内容的安排上，概念原理的教学很好地体现了知识的螺旋上升，将“物质的量”这一学习难点内容分散在第二章中，符合学生的认知水平和心理条件，有利于减轻学生进入高中化学学习的压力和不适感，以维持学生学习化学的兴趣。

从学习方法层面看，启蒙阶段的初中化学，知识难度不高，学生对原理的理解要求不高，记忆、练习和复习备考是其采取的主要学习方法，因而他们在自我科学地安排时间、管理学习上有所欠缺，对教师的依赖性较强。学生进入高中后，化学学习内容增多并加深，如果学生仍沿用初中的学习方法，就会出现学习困难的状况。此时，教师要及时指导学生管理学习，合理分配时间，安排好预习、练习、复习等自主学习的时间。

## 四、教学建议

*1. 充分认识分类研究方法在化学教学中的重要作用*

本章的特点之一是概念多，如分散系、电离、电离方程式、离子反应、离子方程式、氧化还原反应、氧化剂和还原剂等，掌握这些核心概念是学好化学的重要基础，教师在教学中要注重核心概念之间的相互关系。

一是要重视运用分类方法建立各类物质的关系框架和典型元素物质系列模型。单质、氧化物、酸、碱、盐等概念是学生在初中阶段已学过的基本物质类别的概念，这些类别之间存在的相互关系，需要教师引导学生对典型元素的“单质—氧化物—碱（或酸）—盐”的转化路径有清晰的认识，进而帮助学生建立起五类物质之间的转化关系框图，充分运用分类方法，发现物质及其变化规律，预测物质的性质及可能发生的反应，逐步构建从物质类别预测物质的化学性质的思维方法。

二是要充分运用模型思维建立起电离、离子反应和氧化还原反应的概念模型。如教材为帮助学生更好地理解电离、离子反应概念，在呈现方式上，均是通过“实验”引入概念，将枯燥的概念学习建立在实验感性直观的基础上，有利于激发学生探究现象背后的本质，引导学生从宏观现象（实验证据）入手，在微观层面分析和推理（证据推理），认识物质导电性、溶液中电解质反应的本质特征（微观探析），建立电离、离子反应的概念模型，体会模型在解释化学现象、揭示现象的本质中所发挥的重要作用，从而培养化学学科核心素养。

2. *注重认识思路的结构化和显性化*

结构化是实现知识向素养转化的有效途径，结构化水平直接决定了素养发展水平。对氧化还原反应概念和原理的学习，体现了认识思路的结构化水平。教材以“得氧、失氧→元素化合价升降→电子转移”为线索，引导学生揭示氧化还原反应的本质，建构氧化还原反应概念的认识思路，并在章后的“整理与提升”中将氧化还原反应概念的认识思路从宏观视角（元素视角）和微观视角（电子视角）予以显性化，其教学设计的一般思路见图 2-1-1。

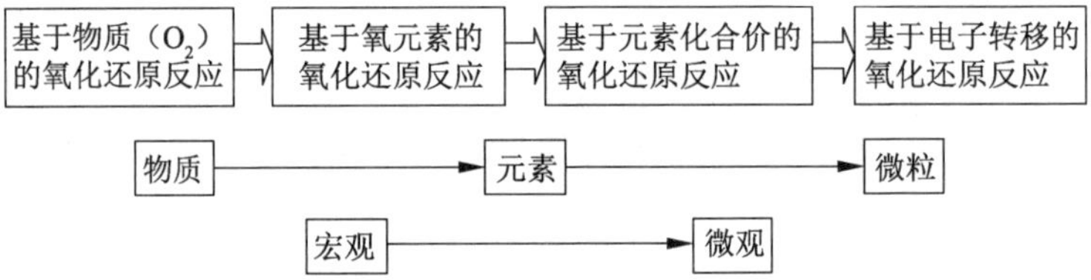


**图 2-1-1　氧化还原反应的教学设计思路图**

我们知道，元素化合价升降是氧化还原反应的表观特征，电子转移才是氧化还原反应的本质特征。教学中如何实现由表观特征的认识深入本质特征的认识？我们可以选取典型例证，从氧化还原反应概念的表观特征切入，剖析概念的实质，从而建构氧化还原反应这一化学核心概念的本质特征。同时，厘清氧化还原反应核心概念表观特征与本质特征之间的相互关系。

**案例：氧化还原反应的本质特征**

**【设问】**分析并判断 $2Na+Cl_2 \xlongequal{\triangle} 2NaCl$ 是不是氧化还原反应。

**【分析】**$2\overset{0}{Na}+\overset{0}{Cl_2} \xlongequal{\triangle} 2\overset{+1}{Na}\overset{-1}{Cl}$，有元素化合价的升降是氧化还原反应。

**【设问】**为什么 Na 和 $Cl_2$ 的化合价是 0 价，而 NaCl 中 Na 是+1 价、Cl 是−1 价呢？

**【分析】**化合价是元素之间相互化合时表现出来的性质，Na 和 $Cl_2$ 是单质，没有与其他元素化合，所以为 0 价；但对于 NaCl 来说：

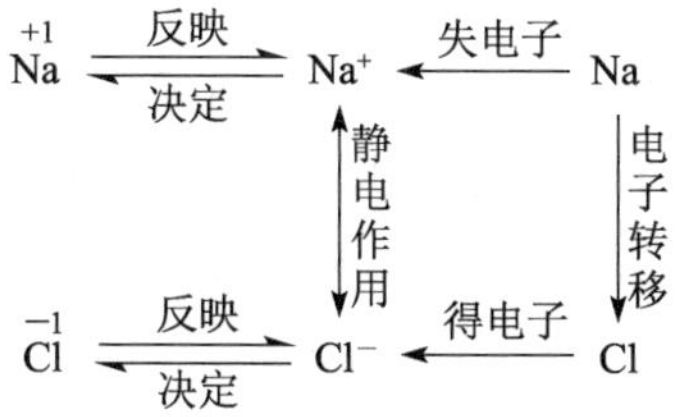


【概括】元素化合价符号与数值大小取决于原子中电子转移（得失或偏移）的方向和数目。

【提炼】氧化还原反应的本质是电子转移（得失或偏移），化合价升降只是表观特征。

【讨论】以 $H_2$ 还原 CuO 为例，归纳化合价升降、得失电子与物质性质之间的相互关系。

【归纳】

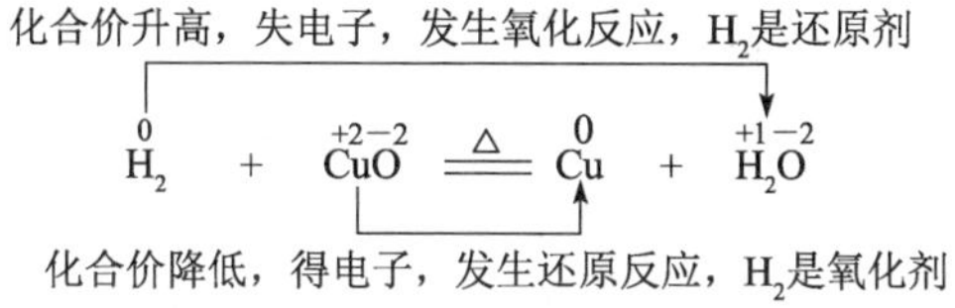


【设问】判断反应 $Zn+CuSO_4 = ZnSO_4+Cu$ 的氧化剂和还原剂，并指出该反应电子转移的方向。

【分析与实验】向 1 只烧杯中加入 1.0 mol/L $CuSO_4$ 溶液 30 mL，将连接导线与电流计的石墨棒和锌片插入 $CuSO_4$ 溶液，观察实验现象。

电流计指针发生偏转，电流从石墨棒流向锌片，说明电子从锌片转移到石墨棒上。

【提炼】氧化还原反应伴随着电子转移，电子由还原剂转移至氧化剂。

在此基础上，引导学生进一步从宏观（元素化合价）与微观（电子）、质（有化合价升降、有电子转移）与量（化合价升降或电子转移代数和为0）的视角揭示氧化还原反应的表观特征和本质特征，提炼出氧化还原反应的一般认识思路（如图 2-1-2 所示），帮助学生从元素视角和粒子视角初步建立起氧化还原反应的认识模型：

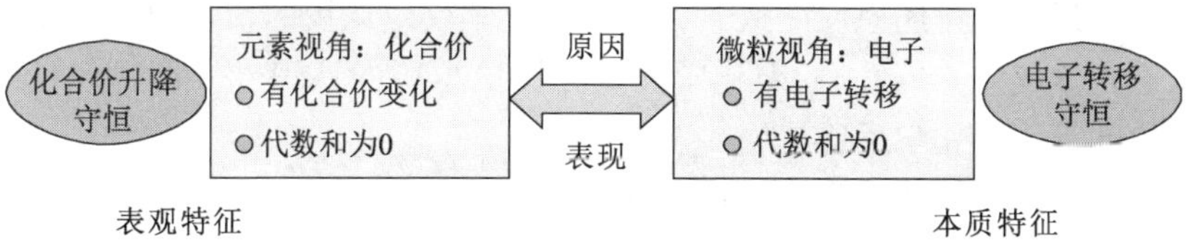


**图 2-1-2　氧化还原反应的认识视角**

通过建立认识模型（如图 2-1-3 所示），从不同的角度进一步加深学生对氧化还原反应的本质的认识，并用框图的形式使学生对这一认识思路结构化和显性化，学生就可以按此认识思路进行知识迁移，对大量的氧化还原反应进行判断，诊断并发展学生对氧化还原反应认识思路的结构化水平。

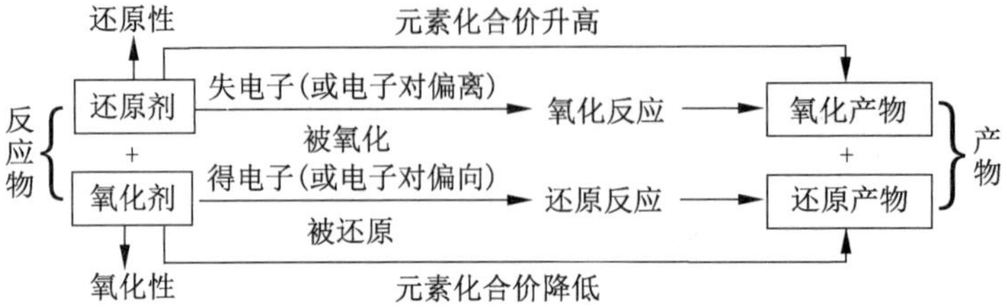


**图 2-1-3　氧化还原反应的认识思维模型图**

氧化还原反应的学习体现了学科的价值，主要体现在：

从转化的角度看，认识元素在物质中可以具有不同价态，可通过氧化还原反应实现含有不同价态元素的物质的相互转化。

从分类的角度看，能够建立对化学反应分类的新视角，特别是形成化学反应认识的新视角，能够更全面地认识物质的性质和转化。

从思维的角度看，对于相关的实际现象和问题的解释分析能力将得到进一步提高，使认识思维从低阶向高阶发展。

从应用的角度看，作为认识工具的氧化还原反应可提供能量，由此设计相应装置实现能量的转化（如电池技术的应用），凸显学科教学的应用价值和社会价值。

从辩证的角度看，氧化反应和还原反应作为对立的统一体，从电子的失和得、化合价的升和降、反应物的氧化性和还原性、氧化产物和还原产物，全面揭示了物质的对立统一规律。

教师在教学中将这一节的内容安排了 3 课时，目的就是帮助学生比较全面地认识氧化还原反应，氧化还原反应是高中重要的理论知识和应用知识，教师必须深度理解课标，忠实贯彻教材编写者的意图。

因此，新教材中“氧化还原反应”的内容，不仅仅要求学生掌握氧化还原反应的相关概念，更重要的是帮助学生在化学学科认识视角上获得以下发展：

第一，建立氧化还原反应概念，形成对化学反应认识的新视角（从电子转移角度认识化学反应），建立起对化学反应分类更本质的认识（从微观角度、元素化合价角度等认识化学反应）。

第二，通过对氧化性和还原性、氧化剂和还原剂概念的学习，学生建立认识物质性质的新角度（氧化性、还原性），建立物质分类的新角度（化学反应中的氧化剂、还原剂）。

第三，建立认识和研究物质氧化性或还原性的思路和方法（元素化合价角度），形成预测和验证物质氧化性、还原性的思路和方法。

第四，形成通过氧化还原反应方式分析制备物质、实现物质转化、实现能量转化的基本角度，建立分析物质应用价值的新思路。

如教学中要发展学生对第三条的认识，即“从元素化合价的角度，形成预测和验证物质氧化性、还原性的思路和方法”，对氧化还原反应概念的学习就不能止于辨析阶段，否则学生就难以脱离背诵记忆的学习模式。要让学生理解氧化还原反应概念并培养学生的思维能力，就必须引导学生根据氧化还原反应概念的关键特征进行推论演绎，得出相关的结论。

**案例：氧化还原反应的推论**

**【思考】** 根据下列物质中核心元素的常见化合价，判断该物质的氧化性或还原性。

$\underline{Fe}Cl_3$　　$K\underline{I}$　　$\underline{S}O_2$　　$H_2\underline{O}_2$

**【分析】** +3 价是 Fe 元素的高价态，所以 $FeCl_3$ 只具有氧化性；-1 价是 I 元素的最低价态，所以 KI 只具有还原性；而+4 价和-1 价分别是 S 和 O 元素的中间价态，所以 $SO_2$ 和 $H_2O_2$ 既具有氧化性又具有还原性。

**【提问】** $FeCl_3$ 与 KI 反应后的产物是什么？

**【分析预测】** $FeCl_3$ 中铁元素的化合价可由 $\overset{+3}{Fe}\rightarrow\overset{+2}{Fe}$，化合价降低，因此 $FeCl_3$ 具有氧化性；KI 中的碘元素可由 $\overset{-1}{I}\rightarrow\overset{0}{I}$，化合价升高，因此 KI 具有还原性。预测反应方程式为：$2FeCl_3+2KI=\!=\!=2FeCl_2+I_2+2KCl$

**【追问】** 如何检验预测是否正确？

**【实验设计】** 向 2 mL 1.0 mol/L $FeCl_3$ 溶液中滴加数滴 1.0 mol/L KI 溶液，观察现象；然后再滴加淀粉试液，观察现象。

实验现象：$FeCl_3$ 溶液由黄色变为棕黄色，滴加淀粉试液后变成蓝色。

实验结论：生成了单质 $I_2$。

通过对反应物元素价态的分析，预测元素价态可能发生的变化，判断其具有氧化性或还原性，进而推测氧化产物或还原产物，写出可能发生的化学反应方程式，最后通过实验加以验证，实现从理论推导到预测验证的统一，这突出了氧化还原反应理论指导的重要意义，能够真正帮助学生建立认识和研究物质氧化性或还原性的思路和方法。

*3. 充分发挥实验在教学中的重要作用*

化学是一门以实验为基础的学科，实验是化学的灵魂，也是化学的魅力所在。教学中，教师要充分发挥实验教学应有的本体论、认识论与方法论功能。如对分散系和胶体的教学，教材通过课堂现场制备 $Fe(OH)_3$ 胶体，并将制得的胶

体与 $CuSO_4$ 溶液进行对比实验，检验是否具有丁达尔现象，进而从粒径大小上揭示了溶液与胶体的本质区别。再如第二节【实验 1-2】试验物质的导电性实验，看似简单的一个实验，承载的功能却不容小觑。一是能帮助学生从初中学过的金属导电扩展到某些化合物在特定条件下的导电，多角度认识物质的导电性，引入电解质概念；二是从已学过的带电粒子电子的定向移动形成电流到猜想迁移到带电粒子离子的定向移动也能形成电流，引出电离的概念和电离方程式的书写，引导学生认识酸、碱的共同属性，为揭示电解质溶液导电的本质提供了实验证据。当然，为理解电解质在熔融状态下导电的直观感受，教师还可补充加热 NaOH、$KNO_3$ 等固体至熔融状态下导电的实验。教学中，教师要通过实验精心设计证据与推理、模型与解释、符号与表征等具有化学学科特质的系列活动，引导学生自主构建电离概念，彰显概念建构过程中的素养发展功能。

4. 紧密联系生产和生活实际，重视真实问题情境的创设

《课程标准》指出："真实、具体的问题情境是学生化学学科核心素养形成和发展的重要平台，为学生化学学科核心素养提供了真实的表现机会。因此，教师在教学中应重视创设真实且富有价值的问题情境，促进学生化学学科核心素养的形成和发展。"在化学教学中，知识因情境而具有活力。例如，学生在学习氧化还原反应后，如何理解氧化还原反应在生产和生活实际当中的应用？为凸显氧化还原反应的学科价值和社会价值，教材通过"思考与讨论"栏目，创设真实的 STSE 问题情境［STSE 是科学（Science）、技术（Technology）、社会（Society）、环境（Environment）的英文缩写］，提供了具有探究价值的情境素材。在"氧化还原反应"的教学中，教师可以提供有关"汽车尾气及其危害"的素材，使学生产生运用化学方法解决这一问题的欲望，提出"如何根据氧化还原原理对汽车尾气进行绿色化处理?"的问题，激发学生的探究兴趣，使学生从生活世界走进化学世界。在此基础上，进一步提出"什么是绿色化处理?""汽车尾气的主要成分有哪些?""运用氧化还原反应原理如何将有害物质转化为无毒无害物质、如何转化、转化需要哪些条件?"等，这些具体真实的问题解决任务，促使学生查阅文献、设计方案、讨论交流等，使他们在这类问题解决过程中体会化学的社会价值，从而提升自身的化学学科核心素养，增强环境保护的意识和学好化学造福人类的信念。

再如在学习电解质和电离概念时，教材结合生活常识创设情境并提出问题："给电器设备通电时，为什么湿手操作容易发生触电事故?"，引发学生思考。然后进行实验【实验 1-2】，引入电解质的概念。随后，教材基于【实验 1-2】提供的证据提出新问题："为什么 NaCl、$KNO_3$ 等电解质，在干燥时不导电，而溶于水或熔化后却能导电呢?"为此，教材结合"图 1-11 NaCl 固体在水中的溶解和形成水合离子示意图"中的三幅图片，从微观角度对新问题做出解释，在此基础上水到渠成地引入电解的概念。

教学中，教师要通过情境创设和问题解决，将所要讲授的知识、提升的素养融合在一起，结合生产、生活实际，开展情境教学，提高课堂教学效率。

本章课时分配建议如下：

第一节　物质的分类及转化　　　2 课时
第二节　离子反应　　　　　　　2 课时
第三节　氧化还原反应　　　　　3 课时
全章复习　　　　　　　　　　　1 课时

## 五、评价建议

### （一）核心知识评价

根据教科书章、节、点的知识分布，将核心知识及其对应的评价要求进行整合，形成核心知识评价细目表，见表 2-1-2。

**表 2-1-2　核心知识评价细目表**

| 节 | 知识单元 | 核心知识 | 评价要求 | | | |
|---|---|---|---|---|---|---|
| | | | 了解 | 理解 | 应用 | 评价 |
| 第一节<br>物质的分类及转化 | 物质的分类 | 根据物质的组成和性质分类 | | √ | | |
| | | 分散系及其分类 | | √ | | |
| | 物质的转化 | 酸、碱、盐的性质 | | | √ | |
| | | 物质的转化 | | | | √ |
| 第二节<br>离子反应 | 电解质的电离 | 电解质 | √ | | | |
| | | 电离、电离方程式 | | √ | | |
| | | 酸、碱、盐的概念 | | √ | | |
| | 离子反应 | 离子反应及离子方程式 | | √ | | |
| | | 离子反应发生的条件 | | | √ | |
| | | 物质的制备和分离、提纯和鉴定 | | | | √ |
| 第三节<br>氧化还原反应 | 氧化还原反应 | 定义及其表示方法（双线桥法） | √ | | | |
| | | 氧化还原反应的本质 | | √ | | |
| | | 与 4 种基本反应类型的关系 | | √ | | |
| | 氧化剂和还原剂 | 定义及其表示方法（单线桥法） | √ | | | |
| | 氧化还原反应的木体知识价值 | 对立统一辩证规律、守恒观、氧化还原观等 | | | √ | |
| | | 研究物质性质 | | | | √ |
| | | 物质转化与获得能量 | √ | | | |

### （二）学科素养评价

根据《课程标准》对学习本章内容后所应达到的素养水平要求，分别形成普通高中学业水平合格性考试和普通高中学业水平选择性考试的学科素养评价标准，如表 2-1-3 所示。

表 2-1-3　学科素养水平要求

| 节 | 合格考要求 | 选择考要求 |
|---|---|---|
| 第一节<br>物质的分类及转化 | 能从不同视角（组成和性质）对典型的物质进行分类；<br>能设计物质转化的方案；<br>能运用化学符号表征物质的变化 | 能根据物质的类别、组成说明或预测物质的性质，评估所做说明或预测的合理性；<br>能根据需要设计有关物质转化、分离提纯、性质应用等的综合实验方案 |
| 第二节<br>离子反应 | 能从构成物质的微粒说明常见物质的主要性质；<br>能运用化学符号表征物质的变化；<br>能说明化学变化的本质特征和变化规律 | 能根据物质的组成说明或预测物质的性质；<br>能选择简明、合理的表征方式描述和说明化学变化的本质和规律；<br>能正确书写常见的离子反应方程式 |
| 第三节<br>氧化还原反应 | 能从不同视角（氧化性和还原性）对典型的物质进行分类；<br>能以汽车尾气处理为例分析氧化还原反应在保护环境、保障人类健康、促进科技发展和社会文明等方面的价值和贡献 | 能根据物质的类别、组成说明或预测物质的性质，评估所做说明或预测的合理性；<br>能以氧化还原反应为例说明化学科学发展在环境保护、保障人类健康、促进科学技术发展等方面的重要作用 |

### （三）日常行为评价

1. 问答评价

教学中教师提问与学生理答是课堂最常用的互动方式，教师应精心设计问题，确保问题的有效性和学生问题回答的素养诊断价值。例如，“汽车尾气的主要成分有哪些?”“如何将有毒有害物质转化为无毒无害物质，并且应如何转化?转化需要哪些条件?”“如何根据氧化还原原理对汽车尾气进行绿色化处理?”等问题，教师应根据不同学生对问题的解答给予适当评价，引导学生进入学习境界。

2. 作业批改与反馈

教师在设计试题时，除了要重视核心知识的检验和巩固外，更应注意发挥课堂练习、课后作业和考试对于学生化学学科核心素养的诊断与发展功能。如学习氧化还原反应后，对教材第 26 页第 12 题，可增加一问：“为什么说高铁酸钠（$Na_2FeO_4$）是一种绿色消毒剂？它的绿色体现在哪里?”请学生查阅资料结合其消毒原理加以说明（也可改编成试题）。学生从氧化还原反应的角度认识高铁酸钠的消毒原理：$FeO_4^{2-}+4H_2O+3e^- \rightarrow Fe(OH)_3$（胶体）$+5OH^-$，对细菌氧化起到杀菌作用，同时还原产物 $Fe(OH)_3$ 胶体可以吸附杂质净水，不产生任何对人体有害的物质。这样处理，增加了原有题目的知识价值，学生可进一步体会氧化还原反应的应用价值，提升自身“科学态度与社会责任”的素养水平。

3. 小组活动评价

在粗盐的提纯实验中，采用小组合作的形式，先由各小组讨论设计实验方案如何除去粗食盐水中的杂质离子。教师从方法引导的层面对学生设计的方案进行评价。如先由小组分析粗盐水的组成，经过小组讨论后能否回答出要保留的离子和需要除去的杂质离子 $Mg^{2+}$、$Ca^{2+}$、$SO_4^{2-}$？要除去的杂质离子的性质有哪些？如何正确选择能使杂质离子转化为气体或沉淀的物质作为除杂试剂？如何除去因除杂试剂过量而引入的新的杂质离子？等等。将离子反应的应用与实际操作方案的设计结合起来，鼓励学生通过小组组内和组间交流、自评和互评等方式，反思自己方案的不足之处并加以完善，学生可通过小组讨论在智慧的碰撞中感受同伴互助的力量。

# 第二章　海水中的重要元素——钠和氯

## 一、学业要求

（1）能依据钠及其化合物、氯及其化合物和元素价态列举相应的典型代表物，并能利用电离、离子反应、氧化还原反应等概念对其进行分类和分析说明。

（2）能列举、描述、辨识含钠元素和氯元素典型物质的重要物理、化学性质及实验现象；能用化学方程式、离子方程式正确表示典型物质的主要化学性质。

（3）能从钠及其化合物、氯及其化合物的类别、元素价态的角度，依据复分解反应和氧化还原反应原理，预测含钠元素和氯元素典型物质的化学性质，设计实验进行初步验证，并能分析、解释有关实验现象，形成证据推理的意识。

（4）能利用含钠元素和氯元素的典型代表物的性质和反应，设计常见物质制备、分离、提纯、检验等简单任务的方案。

（5）能根据含 $Cl^-$ 的特征反应和干扰因素选取适当的检验试剂；能根据反应原理选取实验装置制取氯气，进一步掌握实验室制取气体的一般思路和方法。

（6）能从含钠元素和氯元素的物质类别和元素价态变化的视角说明物质的转化路径。认识物质及其转化在促进社会文明进步、自然资源综合利用和环境保护中的重要价值。

（7）能通过对典型金属元素钠及其化合物、典型非金属元素氯及其化合物的学习，逐步提炼研究物质性质的一般思路和方法。

（8）能根据含钠元素和氯元素物质的性质分析实验室、生产、生活及环境中的某些常见问题，说明妥善保存、合理使用化学品（如含氯消毒剂）的常见方法。

（9）能结合真实情境中的应用实例或通过实验探究（如呼吸面具或潜艇制氧、侯氏制碱法、氯水漂白、含氯消毒剂制备和使用等），说明常见的钠及其化合物和氯及其化合物在生产、生活中的应用，以及对社会发展的价值、对环境的影响，感受化学的应用价值。

（10）能有意识运用所学的知识或寻求相关证据参与社会性议题的讨论（如节日烟花焰火的燃放、自来水消毒剂的使用等）。

（11）能基于物质的量认识物质组成及其化学变化，运用物质的量、摩尔质量、气体摩尔体积、物质的量浓度之间的相互关系进行简单计算。

（12）能从定量的角度认识宏观物质和微观粒子的相互关系；能动手操作配制一定物质的量浓度的溶液，体会定量研究化学问题的意义。

## 二、内容分析

本章在学生学习了第一章“物质及其变化”之后，选取海洋中含量较高的典型金属元素钠和典型非金属元素氯，从物质分类和元素价态的视角再来系统学习这两种常见元素的单质及其化合物的性质和应用。本章共三节，第一节“钠及其化合物”是在初中学习了金属铁、镁与氧气反应的基础上，第一次系统研究单质钠及钠的氧化物（重点是过氧化钠）和钠盐（碳酸钠和碳酸氢钠）所具有的性质与应用。第二节“氯及其化合物”，则以氯气为主线，依次介绍氯气这种非金属单质的性质、用途、实验室制法及 $Cl^-$ 的检验等内容，氯气的化学性质着重介绍了与金属和非金属单质的反应、与水的反应、与碱的反应，其间穿插学习含氯化合物次氯酸、次氯酸盐的性质和用途。第三节是在前两节定性研究物质性质的基础上，引入一个新的物理量——物质的量，围绕物质的量这一中心概念，学习摩尔质量、气体摩尔体积和物质的量浓度等基本概念，让学生从定量的角度认识物质组成，通过物质的量搭建起宏观物质与微观粒子之间的联系。

教材在安排这些内容时，彰显了研究物质的一般思路和方法。首先体现在分类思想的应用上，这一点可以从前两节的标题“钠及其化合物”和“氯及其化合物”看出。在每一节中，又按照物质的分类、化学反应的分类来研究物质的性质和变化。其次体现在研究物质的类别顺序上，研究金属元素及其化合物遵循从“金属单质→金属氧化物→碱→盐”的顺序，研究非金属元素及其化合物遵循从“非金属单质→非金属氧化物→酸→盐”的顺序。最后体现在物质性质的顺序上，从物理性质到化学性质，再到物质的用途。这样编排教材内容显得结构清晰、层次分明、逻辑性强，很好地突出了第一章中分类思想的指导作用。

第二章栏目设置及使用建议如表 2-1-4 所示。

**表 2-1-4　第二章栏目设置及使用建议**

| 栏目名称 | 栏目内容 | 使用建议 | 页码 |
|---|---|---|---|
| 【实验 2-1】 | 切割钠并观察切面 | 演示，认识钠的物理性质和化学性质 | P34 |
| 【实验 2-2】 | 钠在空气中燃烧 | 演示，控制实验条件对产物的影响 | P35 |

续表

| 栏目名称 | 栏目内容 | 使用建议 | 页码 |
|---|---|---|---|
| 探究 | 钠与水的反应 | 从物质组成及元素价态预测和验证物质的性质 | P36 |
| 思考与讨论 | $Na_2O$ 和 $Na_2O_2$ 的色态比较；$Na_2O_2$ 与水反应的方程式 | 对比分析、迁移运用、符号表征 | P37 |
| 【实验 2-3】 | 过氧化钠与水反应 | 演示，认识产物的检验方法 | P37 |
| 【实验 2-4】 | $Na_2CO_3$ 和 $NaHCO_3$ 的溶解 | 演示，控制变量进行对比实验，认识其溶解性及溶解时的热现象、溶液的酸碱性 | P38 |
| 【实验 2-5】 | 加热 $Na_2CO_3$ 和 $NaHCO_3$ | 演示，控制变量对比实验，认识热稳定性 | P39 |
| 科学史话 | 侯德榜和侯氏制碱法 | 树立榜样，自强不息，增加民族自豪感 | P40 |
| 【实验 2-6】 | 焰色试验 | 演示，掌握元素的定性检验方法 | P40 |
| 资料卡片 | 一些金属元素的焰色 | 比较常见金属元素的焰色 | P41 |
| 研究与实践 | 了解纯碱的生产历史 | 认识化学工业发展过程中技术进步的重要性，体会建设生态文明的意义 | P42 |
| 练习与应用 | 钠及其化合物的练习题 | 巩固核心知识，强化关键能力，诊断学习效果 | P43 |
| 思考与讨论 | 氯元素发现的启示 | 体会科学研究的艰辛与科学家不懈探索的精神 | P44 |
| 资料卡片 | 氯气的命名 | 了解氯气名称的由来 | P44 |
| 【实验 2-7】 | 氢气在氯气中燃烧 | 演示，感知氯气与非金属单质的反应 | P45 |
| 思考与讨论 | 燃烧反应的新的认识 | 从燃烧的条件和本质拓展学生对燃烧概念的认识 | P45 |
| 思考与讨论 | 氯气应用于自来水的杀菌、消毒 | 关注化学品的使用安全，辩证看待和使用化学品 | P46 |
| 【实验 2-8】 | 干燥的氯气使有色鲜花变色 | 演示，控制变量进行对比实验，认识次氯酸的漂白性 | P46 |
| 科学·技术·社会 | 验证次氯酸光照分解产物的数字化实验 | 了解定量测试技术的发展及其在化学研究中的应用 | P48 |
| 思考与讨论 | 实验室制取氯气装置的确定 | 比较归纳制气装置选择的依据 | P49 |
| 方法导引 | 实验室中制取气体装置的设计 | 引导学生归纳提炼实验室制取气体的一般思路和方法 | P49 |
| 【实验 2-9】 | $Cl^-$的检验 | 学习 $Cl^-$的检验方法 | P49 |

续表

| 栏目名称 | 栏目内容 | 使用建议 | 页码 |
|---|---|---|---|
| 化学与职业 | 水质检验员 | 演示，认识水质检验员的工作性质、范围和意义 | P50 |
| 练习与应用 | 氯及其化合物的练习题 | 巩固核心知识，强化关键能力，诊断学习效果 | P51 |
| 资料卡片 | 国际单位制（SI）的 7 个基本单位 | 介绍常用的国际单位、名称、符号及其所对应的物理量 | P54 |
| 思考与讨论 | 相同条件下 1 mol 不同物质体积的比较 | 分析比较气、液、固三态物质体积的差异 | P56 |
| 资料卡片 | 容量瓶的使用 | 介绍容量瓶的构造、使用方法及注意事项 | P59 |
| 【实验 2-10】 | 演示，配制 100 mL 1.00 mol/L NaCl 溶液 | 演示容量瓶的使用及配制步骤 | P59 |
| 思考与讨论 | 实验误差成因分析 | 关注实验细节，规范实验操作 | P60 |
| 练习与应用 | 物质的量练习题 | 巩固核心知识，强化关键能力，诊断学习效果 | P61 |
| 整理与提升 | 本章归纳总结 | 整理提炼，实现核心知识结构化 | P62 |
| 复习与提高 | 本章复习题 | 开展形成性评价，检验学习效果 | P63 |
| 实验活动 1 | 配制一定物质的量浓度的溶液 | 练习容量瓶的使用方法和配制过程，加深对物质的量浓度概念的认识 | P65 |

## 三、学情分析

从知识储备层面上看，初中已学习了氧气和二氧化碳气体的实验室制备方法，已形成了实验室制取气体的一般思路和方法，即“三个确定”：确定制取气体的化学反应原理；确定制备气体时应采用的实验装置；确定如何验证制备的气体。上述实验室制备气体的一般思路和方法为学习第二章第二节中氯气的实验室制备方法做好了铺垫和衔接。在学习典型金属单质钠和典型非金属单质氯气的性质时，要联系对比初中已学过的金属镁、铁、铜等分别与氧气反应的条件和现象，从而比较钠单质性质的活泼性；联系对比初中已学过的非金属单质氧气分别与金属和非金属的反应，从物质类别和反应类型迁移到学习氯气的化学性质上来，这些看似知识的迁移，实则为高中学习研究物质的方法做好衔接准备。

从心理发展层面看，在学习第二章第三节“物质的量”时，由于物质的量及单位摩尔、摩尔质量、阿伏加德罗常数、气体摩尔体积和物质的量浓度等概念理论性强，内容抽象，概念多且相对集中，运用范围广，要让学生在短时间内高容量高强度接收和消化这些概念，是有一定困难的。尤其是这些概念之间的相互关系，学生不太容易熟练掌握，这也成为高中生学习化学过程中的一大分化点。因此，教师要根据学生的学习情况，在教学中一方面要注意控制难度，做好知识和能力的铺垫，循序渐进，另一方面要注意对学生进行心理疏导。

从学习方式层面看，“教师要紧紧围绕化学学科核心素养发展的关键环节，引导学生积极开展建构学习、探究学习和问题解决学习，促进学生化学学习方式的转变”。例如，基于以分类与概括、实验与探究、证据与推理为主要内容的钠元素和氯元素的单质及其典型化合物的性质的研究；基于思维模型与解释的实验室气体制备的一般思路与方法的教学；基于符号与表征的化学方程式或离子方程式的书写；等等。这些明显带有化学学科特质的学习思维活动，应结合具体的化学教学内容的特点和学生的实际情况，引导学生通过小组学习、实验探究、讨论交流等多样化方式解决实际问题。

## 四、教学建议

1. 重视研究物质性质基本程序和方法的教学

《课程标准》明确提出：“认识化学科学研究需要实证与推理，注重宏观与微观的联系；了解实验、假说、模型、比较和分类等方法在化学科学研究中的运用。”因此，教师要深刻领会教材编写者是如何将这些研究方法内嵌在教材内容之中的，明确教材编写意图。

实验是研究物质性质的重要方法。本章涉及常见典型元素及其化合物知识，在研究这些物质的性质时，教材安排了大量的实验来探究或验证物质的性质。这些实验看似简单，但其中蕴含着研究物质性质的基本程序和方法。

观察是一种有计划、有目的地运用感官考察研究对象的方法。在研究金属钠的物理性质，进行钠与水反应的实验中，同学们不仅要用感观去搜集信息，还要积极地思考并及时储存和处理所搜集的信息。除了可直接观察钠的颜色、状态外，钠的密度可通过钠与水反应浮于水面上来推测得到，甚至必须“剥开”其外衣才能一窥其“庐山真面目”；金属钠单质的“软”，则是通过用小刀切割来间接得出；钠与水反应的产物除了依据钠和水的元素组成及氧化还原反应推理外，还可以通过生成物的性质来予以验证。观察已从单纯的表象深入到对现象进行分析和综合，甚至可以借助数字仪器来进行更为细致的观察（如第二节中验证次氯酸光照分解产物的数字化实验）。

分类和比较也是研究物质性质时的常用方法。《课程标准》中“学业质量水平 2”（合格考要求）明确提出“能从不同视角对典型的物质及其主要变化进行分类”，“学业质量水平 4”（等级考要求）则进一步指明“能根据物质的类别、组成、微粒的结构、微粒间作用力等说明或预测物质的性质，评估所做说明或预测的合理性”。因此，在研究物质的性质时，可以先运用分类的方法总结各类物质的一般性质，并根据物质所属的类别对物质及其变化进行预测；可以运用比较的方法，认识各种物质性质之间的异同与内在联系。如在研究钠的物理性质时，其密度、硬度和熔点都是通过与参照物的比较得出相对大小而非精确值。学习钠的化学性质时，从钠原子结构（微粒的结构）入手，让学生感受原子结构与元素性质的关系。研究钠与氧气的反应则可以通过控制钠的反应条件得到不同产物，通过表 2-1-5 比较不同反应产物之中渗透控制变量的思想。

**表 2-1-5　金属钠在不同条件下的化学反应情况**

| 实验内容 | 实验现象 | 实验结论 | 不变量 | 变量 |
| --- | --- | --- | --- | --- |
| 金属钠在空气中放置 | | | | |
| 金属钠在空气中加热 | | | | |

再如对钠的两种氧化物氧化钠和过氧化钠性质的比较及钠的两种盐碳酸钠与碳酸氢钠性质的比较，都可以采用列表比较的方法，根据两种物质的类别、组成、微粒的结构、微粒间作用力甚至化合价等说明或预测物质的性质。

《化学（必修）第一册》第二章第一节对“钠及其化合物”的系统研究，体现了如图 2-1-4 所示研究物质性质的基本程序和方法：

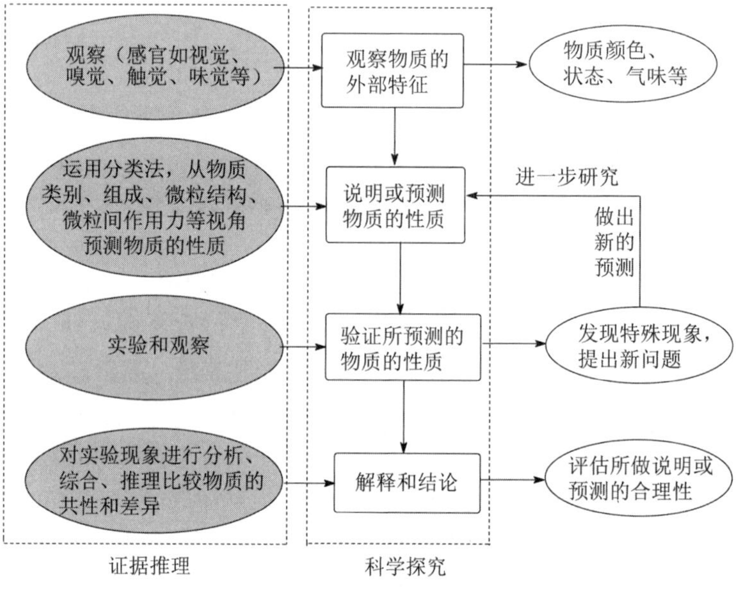


**图 2-1-4　研究物质性质的基本程序和方法**

2. 重视开展高水平的实验探究活动

对氯气与水的反应及成分的探究就是一例典型的高水平的实验探究活动。围绕这一探究可组织开展如下教学活动：

问题 1：在研究氯气的溶解性实验中，将新制的氯水放置一段时间后颜色会变浅，这说明氯气具有什么性质？

设计目的：从对实验现象的观察中获得氯气溶于水的证据。

问题 2：氯气能溶于水，氯气能与水发生反应吗？

设计目的：进一步提出带有一定思维深度的问题，有助于培养学生的问题意识，激发学生的探究欲望。

实验探究：完成《化学（必修）第一册》第43页【实验2-8】，建议实验中所使用的有色鲜花的颜色与有色纸条的颜色不同，防止颜色单一，不利于观察。值得说明的是，现有教材实验非常简洁，与旧教材相比，大大简化了实验装置，节省了氯气的用量，真正做到了装置简洁环保、现象对比清晰。

问题3：观察到什么实验现象？该实验能否获得氯气与水反应的结论？请说出你的分析推理过程。

设计目的：显然，完成该实验不是要学生简单获得事实性知识，而是要让学生分析对比实验，了解真正的实验设计目的，明确认识实验设计中控制变量和比较的方法，基于证据获得结论。为便于学生理解实验目的，教师设计可见表2-1-6。

**表2-1-6　氯气与水的反应实验记录表**

| 实验序号 | 实验现象 | 变量 | 设计实验的目的 |
|---|---|---|---|
| ① 干燥红色纸条 | | | |
| ② 在红色纸条上滴水润湿 | | | |
| ③ 将干燥红色纸条放入盛有干燥氯气的集气瓶中 | | | |
| ④ 将湿润红色纸条放入盛有干燥氯气的集气瓶中 | | | |
| ⑤ 将非红色鲜花放入盛有干燥氯气的集气瓶中 | | | |

实际上，【实验2-8】中存在多个对比小实验：②与①的对比，改变的变量是水，观察到的现象是红色纸条未褪色，说明水不能使红色纸条褪色；③与①的对比，可得出干燥氯气不能使红色纸条褪色；水或干燥氯气单独存在时都不能使干燥红色纸条褪色，因此设计实验④的目的，主要是用来说明溶解在水中的氯气能与水发生化学反应，生成新的物质，而新的物质使红色纸条褪色；设计实验⑤的目的则是要学生对比实验条件的异同，强化新物质的生成是造成有机色素褪色的内在原因。

问题4：氯气能与水反应生成新物质，请你预测生成物，并说出你预测的依据。

设计目的：预测不是毫无根据的胡思乱想，应该是建立在有理有据的推测之上。本问题意在引导学生从反应物氯气和水的元素组成及氧化还原反应的角度（有单质参加的反应一定是氧化还原反应）来推测生成物，能从元素观、守恒观和转化观等化学核心观念的视角分析化学反应，掌握问题的分析方法。

设计实验：再由学生小组讨论，围绕HCl的存在设计$H^+$和$Cl^-$的检验方案，继续探究。

值得说明的是，在检验溶液是否为酸碱性时可用酚酞，如在氯水中滴加几滴石蕊试液，可能不会看到溶液变红的现象，此时可改为在石蕊试液中滴加氯水，观察到石蕊试液先变红后褪色，变红说明氯水中存在 $H^+$，褪色则说明氯水中的某种生成物具有漂白性。从化合价升降守恒进一步推测此物质具有强氧化性，是一种含较高价态氯元素的物质。至此依据生成物的性质完成氯气与水反应产物的预测、实验验证和合理解释。

归纳总结：引导学生完成表 2-1-7，区分液氯和氯水的成分及性质。

**表 2-1-7　区分液氯和氯水的成分及性质**

| 项目 | 液氯 | 氯水 | |
|---|---|---|---|
| | 纯净物 | 混合物 | |
| | | 新制 | 久置 |
| 成分 | 只有 $Cl_2$ 分子 | 分子：$Cl_2$、HClO、$H_2O$<br>离子：$H^+$ $Cl^-$ $ClO^-$ | 分子：$H_2O$<br>离子：$H^+$ $Cl^-$ |
| 性质 | 有氧化性，<br>无酸性和漂白性 | 有酸性、强氧化性，能漂白，消毒，光照时 HClO 分解 | 只有酸性 |

整个探究过程中，渗透宏观辨识与微观探析、证据推理与模型认知、变化观念与守恒思想、科学探究与创新意识的培养，真正将培养学生的化学学科核心素养落实在课堂教学中。

拓展问题：用氯气消毒的自来水给金鱼换水时，常常要将放出的自来水先在阳光下暴晒一段时间或存放一段时间，你能说出其中的原因吗？

设计目的：首尾呼应，解决拓展问题，培养学生正确使用化学品的意识，提高学生解决实际问题的能力。

3. 选取真实有意义的、有趣的探究问题，有效突破教学难点

课堂教学中如何导入物质的量及其单位，设计的导入方法既合适又有趣，成为化学教师设计时首先需要考虑的问题。

在进行物质的量的教学时，采用问题情境式的导入，可以引发学生探究的兴趣。首先创设情境播放视频：一位卖早点的老板将积存多年的 600 多千克面额为 1 元的硬币存入银行，你能帮助银行柜员快速清点硬币吗？学生讨论得出：可以将硬币按照相同的高度一摞摞排列，数出一摞的硬币数目，然后乘以摞数，就可以得到硬币总数；可以称出 100 个硬币的质量，再称出所有硬币的总质量，用硬币的总重量除以 100 个硬币的重量，也能求得硬币的数目。针对学生讨论的方法追问学生从中能得到什么启示。学生很容易想到：当小的个体数目众多时，可以将它们聚集为较大整体，方便计量。此时教师可以继续提问生活中还有哪些类似的例子。学生可以联想到“箱”“打”“捆”等表示一定数量集合体的计量单位，进一步强化“化零为整”的集合思想。从学生日常生活经验出发，设计教学情境，为学生建构微观粒子的集合引出物质的量的单位“摩尔”做好铺垫，使学

生感受到化学与日常生活息息相关。当学生有了集合思想后，过渡到化学问题“猜一猜 18g 水里有多少个水分子？”学生猜测应该有很多个，成千上万个吧！到底有多少个呢？学生自然会联想到要以一个集体为单位来进行计量。此时，教师顺势提出化学上需要引入一个新的物理量，将可称量的宏观物质和看不见的微观粒子的数目联系起来。这个物理量就是物质的量。接着教师指导学生阅读教材上的资料卡片，明确物质的量的单位是摩尔，指出其中“物质的量”这个物理量就是用来联系微观粒子数跟可称量物质质量的纽带。那 1 mol 的物质到底含有多少个微粒呢？国际上规定，1 mol 粒子集合体所含的粒子数约为 $6.02\times10^{23}$ 个。这种铺垫性导入，让学生领会引入物质的量这一物理量的必要性，符合学生的学习思路，使学生借助生活经验进行横向迁移，较为容易地接受新的化学概念，有效突破教学难点。

需要说明的是，根据 2018 年第 26 届国际计量大会的决定，摩尔是用阿伏加德罗常数的固定值进行定义的。因此，新教材的表述修改为“国际上规定，1 mol 粒子集合体所含的粒子数约为 $6.02\times10^{23}$ 个”。这和 2007 年人教版《化学（必修）第一册》中 1 mol 粒子集合体所含的粒子数以 0.012 kg $^{12}C$ 中所含的碳原子数为基准的定义不同。根据科学出版社 2016 年出版的《化学名词》，教材的编写者在《化学（必修）第一册》中将“焰色反应”改为“焰色试验”等。类似的改动还有很多，这些都需要教师在教学中加以关注并予以落实。

4. 重视化学知识认识思路的结构化设计

《课程标准》指出：“化学教学内容的组织，应有利于促进学生从化学学科知识向化学学科核心素养的转化，而内容的结构化则是实现这种转化的关键。”作为内容结构化形式之一的认识思路的结构化，是对学科本原对物质及其变化的认识过程的一种概括，它是从具体的知识学习中抽象出来的，其核心是有序思维。而思维的过程实际上就是对信息的接收、加工、整合、储备和表达的过程，在此过程中，我们会逐渐形成分析和解决某个问题的一般思路和方法，即形成一般的思维模型结构，使化学学习在深度思维水平之上进行。清晰的思维模型，实际上就是将信息进行排序和规律化，进而降低信息的陌生度，让信息得到更好的传达并内化，真正做到举一反三，触类旁通。教师在教学中要帮助学生建立起分析问题的模型结构，逐步建构起解决一般问题的思维框架，进而形成认识思路的结构化。教学中重视化学知识认识思路的结构化设计，是提升学生化学知识结构化水平、培养和发展学生化学学科核心素养的重要保障。

如对氯及其化合物的教学，可引导学生从含氯物质的类别、元素价态的视角，依据复分解反应和氧化还原反应原理，预测物质的化学性质和变化，说明物质的转化路径。以物质类别为横坐标，以元素化合价为纵坐标，形成如图 2-1-5 所示的“氯元素化合价与含氯物质类别价类二维图”，既总结梳理所学知识，又为后续知识的学习留下生成空间，也为更多元素化合物知识的学习提供方法导引。

教师在化学教学中，一方面要尽可能从已有的知识结构的“生长点”中自然生成新知识，同步促进思维“有序生长”和“发散延伸”；另一方面要将新知识纳入已有知识网络中形成新的知识结构，为后续的学习预留更多的“新生长点”，形成“结点”更为丰富的元素化合物知识网络结构，有利于知识和思维的系统化、结构化、显性化和条理化。

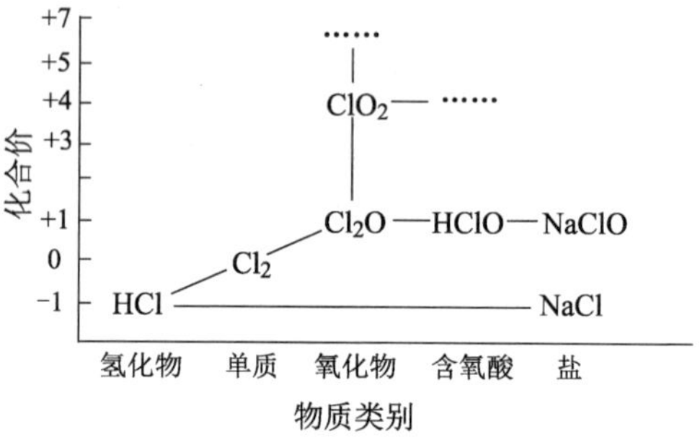


**图 2-1-5　氯元素化合价与含氯物质类别价类二维图**

例如，教材中氯气的实验室制法内容看似单薄，但紧随其后的“思考与讨论”栏目却蕴含有丰富的信息：一是从反应原理上看，氯气的实验室制法是“固-液”反应且需要加热，与初中相比，需要考虑气体制取的发生装置发生了变化；二是氯气是一种有毒的特殊气体，必须考虑尾气的处理，不能像初中那样“袖手旁观、置之不理”了，需要增加尾气的处理装置；三是浓盐酸具有挥发性，且反应条件为加热，所制得的氯气中含有氯化氢气体和水蒸气，如果考虑所制取氯气的纯度，还需要增加除杂装置。正是基于上述三点，教材又安排了“方法导引”，其目的一方面要学生掌握氯气的实验室制法，另一方面要将探究的重心转移到进一步升华气体制取的一般思路和方法上，从高中学习内容的要求上和深度学习所具备的思维上，进一步构建实验室制取气体的一般思维模型结构（如图 2-1-6 所示）。

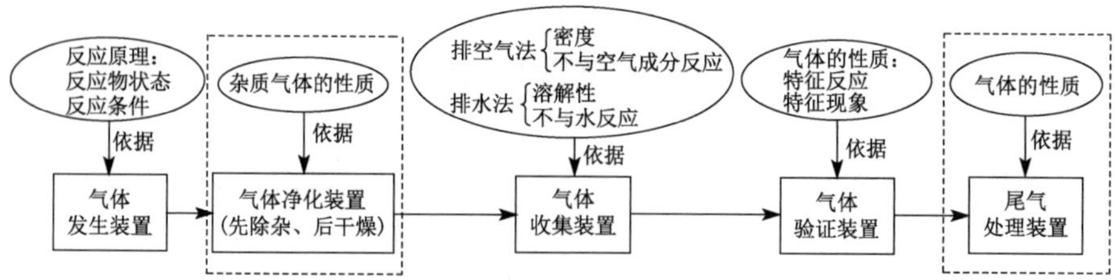


**图 2-1-6　实验室制取气体的一般思维模型结构**

上述制取气体的思维模型结构图，不仅包含了实验室制取气体的一般思路和方法，还考虑了气体实际制取过程中的净化和尾气的处理方法（虚线方框），将原来的“三个确定”适当拓展为“五个确定”（增加了确定气体的净化装置和尾气的处理装置)。经过这样的归纳整理和思维建模，更显思维的条理性、层次性、严密性和逻辑性。尤为重要的是，学生一旦掌握这种分析问题的思维模型，也就拥有了解决问题的一般方法。看似“浅显”的知识内容，经过这样的教学处理，课堂也就有了“深度”，有效促进了方法性知识的结构化教学。

本章课时分配建议如下：

| | |
|---|---|
| 第一节　钠及其化合物 | 2 课时 |
| 第二节　氯及其化合物 | 3 课时 |
| 第三节　物质的量 | 4 课时 |
| 实验活动 1　配制一定物质的量浓度的溶液 | 1 课时 |
| 全章复习 | 1 课时 |

## 五、评价建议

### (一) 核心知识评价

根据教科书章、节、点的知识分布，笔者将核心知识及其对应的评价要求进行整合，形成核心知识评价细目表，见表 2-1-8。

**表 2-1-8　核心知识评价细目表**

| 节 | 知识单元 | 核心知识 | 评价要求 | | | |
|---|---|---|---|---|---|---|
| | | | 了解 | 理解 | 应用 | 评价 |
| 第一节<br>钠及其化合物 | 活泼的金属单质——钠 | 钠的物理性质 | √ | | | |
| | | 钠的化学性质［与 $O_2$、$H_2O$ 的反应］ | | √ | | |
| | | 钠的贮存、钠着火的灭火方法 | | | √ | |
| | 钠的几种化合物 | 氧化钠和过氧化钠 | | √ | | |
| | | 碳酸钠和碳酸氢钠 | | √ | | |
| | 焰色试验 | 焰色试验操作方法、定性分析法 | | | √ | |
| 第二节<br>氯及其化合物 | 氯气的性质 | 氯元素的存在及发现 | √ | | | |
| | | 氯气与金属、非金属单质的反应 | | √ | | |
| | | 氯气与水的反应，次氯酸的强氧化性 | | √ | | |
| | | 氯气与碱的反应 | | √ | | |
| | | 自来水消毒、含氯消毒剂 | | | √ | |
| | 氯气的实验室制法 | 实验室制取氯气的原理、装置 | | √ | | |
| | | 气体制取的一般思路和方法 | | | | √ |
| | 氯离子的检验 | 氯离子检验原理及其操作、解释 | | √ | | |

续表

| 节 | 知识单元 | 核心知识 | 评价要求 | | | |
|---|---|---|---|---|---|---|
| | | | 了解 | 理解 | 应用 | 评价 |
| 第三节<br>物质的量 | 物质的量的单位——摩尔 | 物质的量、阿伏加德罗常数、摩尔质量 | | | √ | |
| | 气体摩尔体积 | 三个量之间的相互关系及其计算 | | | | √ |
| | | 概念 | √ | | | |
| | | 影响因素 | | √ | | |
| | 物质的量浓度 | 物质的量浓度 | | √ | | |
| | | 配制一定物质的量浓度的溶液 | | | √ | |
| | | 溶液的稀释及其计算 | | √ | | |
| 实验活动 1 | 配制一定物质的量浓度的溶液 | 配制 100 ml 1. 00mol/LNaCl 溶液；用 1. 00mol/LNaCl 溶液配制 100 mL 0. 50mol/LNaCl 溶液 | | | | √ |

## （二）学科素养评价

根据《课程标准》对学习本章内容后所应达到的素养水平要求，分别形成普通高中学业水平合格性考试和普通高中学业水平选择性考试的学科素养评价标准，如表 2-1-9 所示。

**表 2-1-9 核心知识评价细目表**

| 节 | 合格考要求 | 选择考要求 |
|---|---|---|
| 第一节<br>钠及其化合物 | 能从不同视角对典型的物质及其主要变化进行分类（钠及其氧化物和碳酸盐、碳酸氢盐）；<br>能从构成物质的微粒、化学键等方面说明常见物质 $Na_2O_2$、$Na_2CO_3$、$NaHCO_3$ 的主要性质，能分析物质性质与用途的关系；<br>能通过实验探究钠与水的反应，从物质的组成和氧化还原反应的视角，对生成物做出预测和假设，并基于实验事实得出结论 | 能根据物质的类别、组成、微粒的结构、微粒间作用力等说明或预测 Na、$Na_2O_2$、$Na_2CO_3$、$NaHCO_3$ 等物质的性质，评估所做说明或预测的合理性；<br>能设计实验方案完成钠及其主要化合物之间的相互转化；<br>能基于物质性质提出钠及其化合物在生产、生活和科学技术等方面应用的建议和意见 |
| 第二节<br>氯及其化合物 | 能从不同视角对典型的物质及其主要变化进行分类（$Cl_2$ 与单质、水、碱的反应）；<br>能从构成物质的微粒、化学键等方面说明常见物质 $Cl_2$、HClO 和次氯酸盐的主要性质，能分析物质性质与用途的关系；<br>能依据化学问题的需要，选择实验仪器、装置和试剂，完成 $Cl_2$、HCl 的制备、检验等实验 | 能根据物质的类别、组成、结构、微粒间作用力等说明或预测氯及其化合物的性质，评估所做说明或预测的合理性；<br>能根据化学反应原理预测氯及其化合物转化的产物，确定检验所做预测的证据；<br>能基于物质性质提出氯及其化合物在生产、生活和科学技术等方面应用的建议和意见 |

续表

| 节 | 合格考要求 | 选择考要求 |
| --- | --- | --- |
| 第三节<br>物质的量 | 了解物质的量的单位——摩尔（mol）、摩尔质量、气体摩尔体积、物质的量浓度、阿伏加德罗常数的含义；<br>理解摩尔（mol）是物质的量的基本单位，可用于进行简单的化学计算；<br>能结合实验或生产、生活中的实际数据，并应用物质的量计算物质的组成和物质转化过程中的质量关系 | 能基于物质的量的概念认识物质的组成及其化学变化；<br>能运用物质的量、摩尔质量、气体摩尔体积、物质的量浓度之间的相互关系进行简单计算；<br>能根据需要取用一定物质的量浓度的溶液，知道物质的量浓度在工农业生产中的运用 |
| 实验活动 1 | 练习容量瓶的使用方法；<br>练习配制一定物质量浓度的溶液；<br>加深对物质量浓度概念的认识 | 能根据实验需要熟练配制一定物质量浓度的溶液；<br>能合理地解释实验中的操作步骤；<br>能分析实验数据产生误差的原因 |

## （三）日常行为评价

1. 实验探究表现评价

实验探究表现评价主要评价学生在实验探究活动中的具体表现和成就，包括评价学生的实验探究方案、实验探究过程和实验探究结果等，通常采用观察学生独立或小组合作完成某个真实、具体的实验探究任务的方式进行。本章实验探究活动较多，除了教材规定学生必做的实验活动 1 外，还可将教材中钠与水反应的探究、碳酸钠与碳酸氢钠性质的比较探究，以及体现高阶思维活动的氯水成分的探究，都作为实验探究表现评价的重要素材。如对钠与水反应的探究，一是要对学生设计的实验方案的科学性、可行性和安全性进行评估；二是要关注学生开展科学探究的过程，观察学生的具体行为表现；三是要关注学生是否获得了正确的实验探究结果，能否认真完成实验探究报告。在实验探究中，可采用满意原则和加分原则评价，以区别评价不同水平层次的学生。有关评价的具体案例请参见实验活动 1“配制一定物质的量浓度的溶液”。

2. 课堂学习表现评价

课堂学习表现评价主要评价学生在课堂教学活动中的学习状态，包括学习行为、思维状态和目标达成情况等，通常采用课堂观察、课堂提问与点评、练习与作业、学生参与教学活动的表现记录、课后交流等方式进行。如探究钠与水的反应，对生成物的预测或猜想是否基于一定的理论依据（质量守恒定律、氧化还原理论），课堂上能否准确有序记录实验现象并思考这些现象背后的合理解释（体现了钠的何种性质），能否清晰、流畅表达自己的观点和见解，能否提出有探究价值的问题，课堂参与小组合作学习、与老师和同学平等对话交流等方面的具体表现，等等。

3. 形成性测验

如在学习第二章元素及其化合物前，可先根据学业要求或质量标准编制有关知识的简答题，检测学生对相关内容学习后的掌握状况，为教师精准施教提供依据。如在探究钠与水的反应产物时，在导学案中可设计如下问题：① 从物质类别上看，钠属于________，水属于________；② 如果钠与水能反应，你认为其反应类型是________，说出你判断的依据________；③ 由此预测钠与水反应的生成物可能为________，写出方程式________，并请对你的预测做进一步的解释和说明。这样设计问题的目的是引导学生有意从物质类别上发现钠是单质，若能与水反应则为氧化还原反应。那么依据氧化还原反应理论，就一定有元素化合价的升降，而钠元素化合价升高，则必有另一种元素化合价降低，从而推测化合价降低的元素只能为氢元素，氢元素由水中的+1 价变成 0 价，生成氢气。整个预测有根有据，理由充分，推理环环相扣，从认识思路的结构化上发展学生的核心素养。人教版新教材将该实验设计为探究实验，正是基于学生证据推理意识的培养。因此，教师在设计问题时要根据测试的对象、学习的阶段性和测试目标，注重内容的基础性、综合性和结构化，重点考查学生运用结构化知识、认识思路和核心观念解决化学实际问题的能力。

# 第三章　铁　金属材料

## 一、学业要求

（1）能依据物质类别和元素价态列举铁元素的典型代表物。

（2）能利用离子反应和氧化还原反应概念对铁及其化合物相关性质进行分类和分析说明。

（3）能列举、描述、辨识铁及其化合物重要的物理、化学性质及实验现象，能用化学方程式、离子方程式正确表示铁及其化合物的重要的化学性质。

（4）能从物质类别、元素价态的角度，依据复分解反应及氧化还原反应原理，预测铁及其化合物的性质与变化，设计实验进行初步验证，并能分析解释相关的实验现象。

（5）能利用铁及其化合物相关性质和反应，设计常见含铁物质的制备、分离、提纯、检验等简单任务的方案。

（6）能从物质类别和元素价态转化的角度说明物质的转化路径。

（7）能熟练掌握物质的量在化学方程式计算中的应用，根据题意列出方程并解出答案。

（8）能说明常见的金属材料对社会发展的价值和对环境的影响。

（9）能有意识地利用所学知识或寻求相关证据参与有关金属材料的社会性科学议题的讨论。

## 二、内容分析

本章教材在设计思路上，以同一种金属元素为线索，继续按照“单质—氧化物—氢氧化物—盐”的结构关系进行编排，这种集中处理的方法有利于帮助学生形成较为系统的知识结构。在内容处理上，以离子反应、氧化还原反应等概念和原理作基础；在内容选择上，十分注重知识的应用，例如，在第一节内容最后安排了“检验食品中的铁元素”，在本章最后安排“铁及其化合物的性质”学生实验活动；在栏目设置上，更加丰富多彩，全章有演示实验 5 个、实验活动 2 个、探究 1 个、研究与实践 1 个、思考与讨论 6 个、数据表格 1 个、方法导引 1 个，为拓宽学生的视野和知识面提供了生动丰富的素材，引导学生开展交流和实践，体会化学的社会价值。

第三章栏目设置及使用建议如表 2-1-10 所示。

**表 2-1-10　第三章栏目设置及使用建议**

| 栏目名称 | 栏目内容 | 使用建议 | 页码 |
|---|---|---|---|
| 思考与讨论 | 铁为什么有不同价态？ | 学生没有学习电子排布式，简单说明即可 | P69 |
| 思考与讨论 | 还原铁粉与水蒸气反应 | 利用实验探索化学性质、预测实验产物 | P70 |
| 资料卡片 | 人体中的铁元素 | 走进生活，拓宽视野 | P70 |
| 图片 | 外墙涂料 | 用生活情境建立对铁元素性质及其应用的感性认识 | P71 |
| 【实验 3-1】 | 演示，$Fe(OH)_3$ 和 $Fe(OH)_2$ 的生成 | 利用实验现象的对比，感知 $Fe(OH)_3$ 和 $Fe(OH)_2$ 的不同，并学会书写方程式 | P71 |
| 思考与讨论 | 实验室如何得到 $Fe(OH)_2$？ | 建立“结构决定性质”观点，利用已学知识归纳宏微性质 | P72 |
| 【实验 3-2】 | 演示，$Fe^{3+}$的检验 | 掌握 $Fe^{3+}$的检验方法，归纳常见离子的检验方法 | P72 |
| 【实验 3-3】 | 演示，$Fe^{3+}$ 与 $Fe^{2+}$ 的转化与验证 | 注意分析实验现象产生的原理 | P73 |
| 思考与讨论 | 铁三角的建立 | 搭建思维模型 | P73 |
| 方法导引 | 认识元素及其化合物性质的视角 | 建立“结构决定性质”观点，以及宏观现象与微观本质之间的联系 | P74 |
| 探究 | 利用覆铜板制作图案 | 利用多组实验探索铜的化学性质 | P74 |
| 研究与实践 | 检验食品中的铁元素 | 为学生解决在实验探究中可能遇到的问题提供相关资料、数据和方法思路等 | P76 |

续表

| 栏目名称 | 栏目内容 | 使用建议 | 页码 |
| --- | --- | --- | --- |
| 练习与应用 | 铁及其化合物练习题 | 巩固核心知识，强化关键能力，诊断学习效果 | P77 |
| 资料卡片 | 钢中合金元素的主要作用 | 认识合金的特征性质，学会分析处理表格信息 | P80 |
| 思考与讨论 | 为什么合金钢的成分不同，性能差异很大? | 强化“结构决定性质”的思想 | P80 |
| 化学与职业 | 测试工程师 | 了解测试工程师工作的性质、范围、价值，关注实际应用，强化社会责任 | P80 |
| 科学·技术·社会 | 超级钢 | 了解新型合金的用途，开阔学生的视野，培养科学精神与社会责任 | P81 |
| 资料卡片 | 铝制品的表面处理 | 了解铝制品表面的常用处理方式 | P81 |
| 【实验 3-4】 | 演示，铝片与盐酸反应 | 联系生活中的铝制品，增进理解 | P82 |
| 【实验 3-5】 | 演示，铝片与碱液反应 | 与【实验 3-4】对比分析，注意定量关系 | P82 |
| 科学·技术·社会 | 用途广泛的稀土金属 | 科普知识，进行爱国主义教育，增进社会责任感 | P84 |
| 练习与应用 | 金属材料练习题 | 巩固核心知识，强化关键能力，诊断学习效果 | P86 |
| 整理与提升 | 本章归纳总结 | 从物质类别和元素价态的视角认识物质间的转化关系，认识化学的价值 | P87 |
| 复习与提高 | 本章复习题 | 巩固核心知识，拓展应用，开展形成性评价，检验学习效果 | P88 |
| 实验活动 2 | 铁及其化合物的性质 | 注意实验前预习、课中实验、课后实验报告的整理 | P90 |

## 三、学情分析

从知识储备层面看，学生在初中已经初步学习过 Al、Cu、Fe、$Fe_3O_4$、$Fe_2O_3$、$Fe(OH)_3$、$FeCl_2$、$Al(OH)_3$ 等物质的主要性质与用途，第二章学习了钠及其化合物知识，生活中对铁及其化合物也有了初步的了解，但比较零散和粗浅。本章以铁及其化合物为代表，从物质结构、物理性质、化学性质、用途、制取等方面对铁进行系统学习，在此基础上介绍金属材料的有关知识，符合学生的认知特点，有利于学习和掌握知识，提高能力。

从心理发展层面看，由于铁是日常生活中常见的一种金属材料，并且学生在初中时也学习过铁的部分知识，加之学生在前面的章节刚学了非金属的知识，所以学生对铁及其化合物是一种熟悉而又陌生的感觉和一种急于了解的心态。从心理认知层面看，本章的学习有一个从日常了解到系统探究、从第二章重要的非金属到本章重要的金属的转变。教学中，教师要注意学生的已有知识和认知基础，做好教学衔接与过渡，在比较和迁移中完成知识建构。

从学习方式层面看，在前面章节中，学生能从物质分类的角度认识钠、氯及其化合物性质，能初步从氧化还原反应的角度认识化学反应，能从化合价升降判断该物质是氧化剂还是还原剂，能初步从元素化合价预测物质的氧化还原性。对于元素及其化合物的学习，实验探究是重要手段，因此本章要特别注重实验探究学习方法的培养。

## 四、教学建议

1. *以分类思想统整本章的教学设计*

从课程设计来看，必修模块是每个高中学生都要学的化学知识，目的是促进全体高中生形成最基本的科学素养，必须强调其基础地位。从必修模块的编排体系来看，它是以物质分类来整合教学内容的，系统分类的思想是必修教材编写的基本思想。第二章“海水中的重要元素——钠与氯”及本章都是按照“单质—氧化物—氢氧化物—盐”的顺序来编排的，以物质分类的思想来整合教学内容。通过提供实验事实、资料卡片等感性材料，采用分析、归纳的方法获得化学知识，这是在学习元素周期律之前的常用方式。

根据新授课化学知识在学习内容、学习方法和认知心理上的不同特征，本章内容新授课可以划分为三种课型，即：

事实学习——主要是元素化合物知识的学习（第一节的 2 个课时，第二节的第 1 课时）；

规则学习——主要是化学概念和化学原理（理论）的知识学习（例如第一节“认识元素化合物性质的视角”等）；

技能学习——化学用语、化学计算，以及化学实验等知识与技能的学习（第二节第 2 课时“物质的量在化学方程式计算中的应用”）。

不同的课型有各自特有的教学设计规律，教师要深入研究教材，把握本章新授课型与之相应的教学设计规律，并逐步将其上升到对教学规律的把握。本章元素化合物知识的教学设计，以大量叙述性材料为特征，它的学习是一种掌握事实的学习，学习时易于产生兴趣，却难于保持注意；易于理解，却难于记忆与应用。因此，本章元素化合物知识的教学设计与实践应符合下面三个方面的要求：一是要充分发挥元素观的重要作用，教学中要充分利用基础理论的指导作用（如氧化还原反应等理论），揭示知识内在规律与联系，见图 2-1-7；二是元素化合物教学要以实验为基础；三是元素化合物教学要尽可能紧密贴近生活、联系实际。

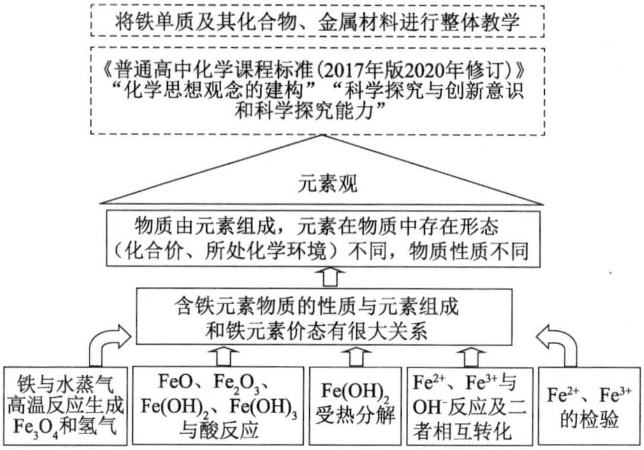


图 2-1-7　本章知识内在规律与联系示意图

2. 全面理解新课程标准理念，准确把握教学要求

本章有关金属及化合物的性质教学要明白合格考与选择考的要求。如第二节有关"铝和铝合金"性质教学中，对铝的氧化物、氢氧化铝的"两性"的能力要求较之原人教版教材明显降低。在教学中，教师应该保证所有的学生掌握好课程标准规定的最基本的内容，对学有余力的学生，可以在时间允许的情况下，对他们提出更高要求，以为他们更好地理解知识及后续学习预留空间，但这种对教材内容的弹性增补，前提是要先"保底"，且增补不能搞"一步到位"。

3. 切实落实"培养学习习惯"和"掌握化学用语"两大任务

任务之一：用好"任务驱动"，注重培养学生的化学学习习惯。叶圣陶先生曾说："凡是好的态度和好的方法，都要使它化为习惯。只有熟练得成了习惯，好的态度才能随时随地表现，好的方法才能随时随地应用。好像出于本能，一辈子受用不尽。"高中一年级化学教学处于初中、高中化学教学承上启下的重要阶段，教师在做好初高中化学教材衔接的同时，培养学生良好的学习与思维习惯也是一项重要的教学任务，这个任务同样是其他学科需要承担的重要教学任务，它是学生学习选修教材知识的基础。从化学学科特征来看，还要注重培养学生良好的实验习惯：①课前预习，认真阅读实验说明、理解实验目的、明确实验步骤和注意事项；②实验前检查实验仪器与药品是否齐全；③实验时按规定的步骤和方法进行操作，实事求是地做好记录；④实验完毕及时清洗仪器，整理实验台面；⑤实验结束后，认真撰写实验报告。从化学学科思维特点来看，本章着重培养的化学思维习惯主要包括：结构决定性质、守恒观、有序思维、一般与特殊、分类观等。

"任务驱动"教学策略就是教师或者学生根据教学目标要求提出"任务"，以完成具体的任务为线索，把教学内容巧妙地隐含在每个"任务"之中。以第三章第一节"铁的重要化合物"为例，"任务驱动"设计思路见图 2-1-8。

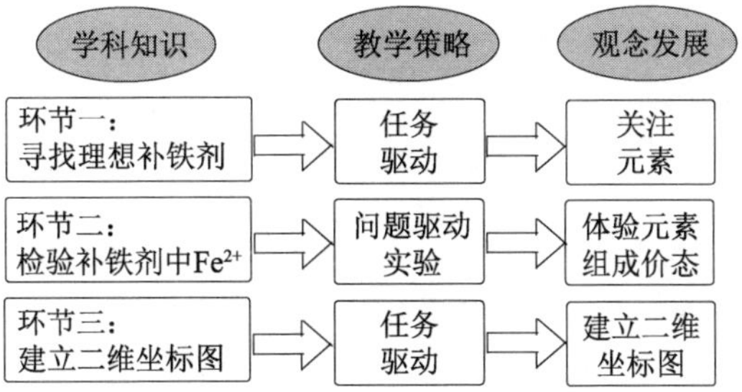


**图 2-1-8 “任务驱动”设计思路图**

建立物质价类二维图（如图 2-1-9 所示）：

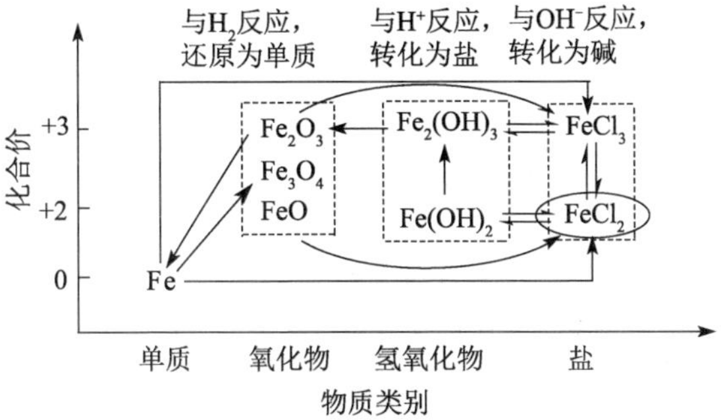


**图 2-1-9 铁元素化合价与含铁物质类别价类二维图**

任务之二：化学用语的落实是化学学习最重要的一项基础性工作。扎实落实化学用语不放松。部分学生认为“化学难学”，是因为他们并不清楚化学学科的特点，高中化学内容多、知识碎，有大量的实验结论，学生对部分知识在高中阶段只能知其然，而无法探究其所以然，需要依靠记忆。化学成绩优秀的学生，必定是准确记住了自己所学的每一种物质典型的物理性质、化学性质，并能写出相应的化学方程式，理解并掌握了几种常用的解题方法和基本的实验操作。

本章课时分配建议如下：

| | |
|---|---|
| 第一节　铁及其化合物 | 3 课时 |
| 第二节　金属材料 | 2 课时 |
| 实验活动 2　铁及其化合物的性质 | 1 课时 |
| 全章复习 | 1 课时 |

## 五、评价建议

### （一）核心知识评价

根据教科书章、节、点的知识分布，笔者将核心知识及其对应的评价要求进行整合，形成核心知识评价细目表，见表 2-1-11。

**表 2-1-11　核心知识评价细目表**

| 节 | 知识单元 | 核心知识 | 评价要求 | | | |
|---|---|---|---|---|---|---|
| | | | 了解 | 理解 | 应用 | 评价 |
| 第一节<br>铁及其化合物 | 铁的单质 | 单质铁具有还原性，在一定条件下单质铁能与非金属单质、酸和某些盐反应，从离子的角度来认识氧化还原反应，如铁与水蒸气的反应 | | √ | | |
| | 铁的重要化合物 | 铁的重要化合物的主要性质及应用 | | | √ | |
| | | $Fe^{2+}$、$Fe^{3+}$的检验方法及其相互转化 | | | | √ |
| | | Fe（OH）$_2$、Fe（OH）$_3$ 的制备方法 | | | √ | |
| 第二节<br>金属材料 | 铁合金 | 合金的特征性质 | √ | | | |
| | | 常见合金的分类、组成和用途 | | √ | | |
| | 铝和铝合金 | Al 与 $O_2$ 反应及 Al 与 NaOH 溶液反应的产物和本质 | | | √ | |
| | | 氧化铝的“两性” | | √ | | |
| | 新型合金 | 新型合金用途 | √ | | | |
| | | 稀土的成分与用途 | √ | | | |
| | 物质的量在化学方程式计算中的应用 | 以物质的量为中心的有关计算，化学计算的基本方法及技巧 | | | √ | |
| 实验活动 2 | 铁及其化合物的性质 | 铁单质、铁盐和亚铁盐的性质；以铁为例变价元素之间的转化关系 | | | | √ |

## （二）学科素养评价

根据《课程标准》对学习本章内容后所应达到的素养水平要求，分别形成普通高中学业水平合格性考试和普通高中学业水平选择性考试的学科素养评价标准，见表 2-1-12。

**表 2-1-12　学科素养水平要求**

| 节 | 合格考要求 | 选择考要求 |
|---|---|---|
| 第一节 铁及其化合物 | 了解铁及其化合物的性质及 $Fe^{2+}$ 与 $Fe^{3+}$ 的检验；<br>掌握铁及其化合物的有关实验探究的方法；<br>了解铁的主要用途，感受化学学科的社会价值 | Fe、$Fe^{2+}$ 与 $Fe^{3+}$ 的化学性质、$Fe^{2+}$ 与 $Fe^{3+}$ 的检验具有宏观辨识与微观探析的素养价值；<br>熟悉铁三角的转化关系，形成证据推理与模型认知的素养；<br>感受铁及其化合物对社会发展与建设的重要作用 |

续表

| 节 | 合格考要求 | 选择考要求 |
|---|---|---|
| 第二节 金属材料 | 了解常见的铁合金、铝合金和新型合金的性质和用途，能辨析金属单质与合金的区别和共同点；<br>感受化学学科对创造更多新材料以满足人类生活需要和促进科技发展的重要作用 | 通过物质分类的基本模型，理解单一金属与合金之间的异同，知道主要合金的性质与用途，形成性质决定用途的观念；<br>丰富对金属及金属合金多样性的认识，体会实验对认识和研究物质性质的重要作用 |
| 实验活动 2 | 通过实验检验铁单质、铁盐和亚铁盐的性质；<br>能基于实验证据建构以铁为例的变价元素之间的转化关系 | 能用所学知识和方法解决生产、生活中的简单化学问题；能够形成绿色化学理念 |

### （三）日常行为评价

1. 课堂表现性评价

针对本章内容，建议多开展小组合作学习。教师可以就“身边的金属元素”“建筑业中用到哪些金属材料”等为主题开展小组合作调查，从不同角度来丰富学生对金属材料的认识，强化性能决定用途的观点；也可以组织“金属材料的功与过”的辩论会，根据每一个小组的表现进行多方位的评价，不仅要评价学生在活动中对某些基本知识和基本技能的掌握情况，还要评价学生在活动中的情感态度、合作精神及创造性运用知识的综合能力。教师要引导小组之间开展相互评价，评价要客观，而且要以鼓励性评价为主，充分激发学生的化学学习兴趣。

2. 作业布置与批改

针对教材“练习与应用”部分，建议参加合格考的学生完成填空题与选择题，这些题对这批学生来说就是“必做题”；而参加选择考的学生需完成“练习与应用”“复习与提高”所有习题。此外，教师要给予及时、恰当的评价，不断优化学习方法，提高学习能力。

# 第四章　物质结构　元素周期律

## 一、学业要求

（1）能画出 1~20 号元素的原子结构示意图；能列举人类认识原子结构模型的主要演变过程；能说出元素、核素、同位素的含义，并进行简单计算。

（2）能描述元素周期表的结构，了解元素周期表的发现和发展过程；能说出元素周期律的含义；能结合有关资料说明元素周期律（表）对合成新物质、寻找新材料的指导作用。

（3）能判断简单离子化合物和共价化合物中的化学键类型；能说出简单分子的空间结构。

（4）能书写短周期元素原子、简单非金属单质、简单共价化合物、简单离子化合物的电子式，并能用电子式表示其形成过程。

（5）能认识化学键的断裂和形成是化学反应中物质变化的实质及能量变化的主要原因。

（6）能从物质的微观结构说明同主族元素（以碱金属元素和卤族元素为例，下同）性质具有相似性的原因，能解释同主族元素、同周期元素（以第三周期主族元素为例）性质具有递变性的原因。

（7）能基于理论或结合实验事实对元素在元素周期表中的位置、原子结构、元素性质间的关系进行推理论证，并据此构建“位”“构”“性”关系认知模型。

（8）能从原子、分子水平认识物质的组成、结构、性质和变化；能基于模型分析解释物质性质递变规律，并对陌生物质性质进行预测。

（9）能通过实验探究物质的性质和变化规律，能设计简单实验方案并顺利完成实验，能收集和表述实验证据，并基于实验事实得出结论。

（10）能分析化学学科在开发利用自然资源、合成新物质、促进科技发展等方面的价值和贡献。

（11）体会科学探究过程的艰辛和曲折，学习科学家的科学精神。

## 二、内容分析

本章是为了让学生在初中已经学习了原子结构、分子形成、重要元素及其化合物的知识，以及本册教材第二章、第三章学习了钠、氯、铁等元素及其化合物知识的基础上，系统学习原子结构、物质结构、元素周期表、元素周期律等知识，并为后续在学习中探索和研究元素化合物及化学反应原理打下理论基础。本章共三节。第一节“原子结构与元素周期表”包括原子结构、元素周期表、核素、元素的性质等内容，要求建构“位”“构”“性”的关系，能够根据元素在周期表中的位置和原子结构，分析、解释和预测陌生元素及其化合物的性质。第二节“元素周期律”是在第一节对碱金属元素、卤素的原子结构和性质的研究基础上，探究同周期元素的递变规律并建构元素周期律知识，了解元素周期表和元素周期律的应用，对“位”“构”“性”关系有更进一步的认识。第三节“化学键”主要学习化学键、离子键、共价键、离子化合物、共价化合物等概念（可简单介绍分子间作用力和氢键），引入电子式、结构式、分子结构模型，帮助学生从微观角度理解物质的形成过程，知道化学反应的过程，本质上就是旧化学键断裂和新化学键形成的过程。

本章的学习从原子结构开始，从原子结构的视角研究元素周期表和元素周期律，在原子结构的基础上建立化学键等概念，时刻体现结构决定性质的观念。教材还介绍了元素周期表和元素周期律的应用，并在课后习题中设置了相关研究活动，设计“实验活动 3　同周期、同主族元素性质的递变”对碱金属、卤素、第三周期元素等元素性质进行实验验证，这些内容的安排要求教师在教学活动中带领学生体验科学家的研究方法及过程，明确元素周期表和元素周期律的工具价值。

第四章栏目设置及使用建议如表 2-1-13 所示。

**表 2-1-13　第四章栏目设置及使用建议**

| 栏目名称 | 栏目内容 | 使用建议 | 页码 |
|---|---|---|---|
| 思考与讨论 | 原子核外电子排布规律 | 探究：原子核外电子排布规律 | P93 |
| 科学史话 | 原子结构模型的演变 | 认识原子结构模型的探究历程与各类模型的核心特征，体会科学探究永无止境的精神 | P94 |
| 思考与讨论 | 周期序数与原子核外电子层数的关系 | 对比分析找规律 | P95 |
| 信息搜索 | 了解同位素的应用 | 查找、搜集资料，了解放射性同位素在生产生活中的应用，体会化学的价值 | P97 |
| 化学与职业 | 科技考古研究人员 | 认识科技考古研究人员工作的性质、特点，了解化学方法在科技考古中的作用，认识科学与技术的相互关系 | P97 |
| 科学史话 | 元素周期表的发展 | 认识科学家前赴后继完善元素周期表和元素周期律的科学史实，体会科学家不断追求科学真理的精神 | P98 |
| 思考与讨论 | 碱金属元素的相似性和递变性 | 对比分析找规律 | P99 |
| 探究 | 碱金属化学性质的比较 | 通过比较反应的难易程度，推断碱金属元素化学性质的相似性和递变性 | P100 |
| 方法导引 | 预测 | 学习预测方法的操作与应用 | P102 |
| 思考与讨论 | 卤族元素的相似性和递变性 | 对比分析找规律 | P103 |
| 【实验 4-1】 | 卤素单质间的置换反应 | 演示，探究卤素单质间的置换反应 | P104 |
| 研究与实践 | 认识元素周期表 | 了解形式各异的元素周期表，加深对元素间的关系和其中蕴含的科学方法的认识。 | P105 |
| 练习与应用 | 原子结构与元素周期表一节的练习 | 强化核心概念，形成知识的结构化，检测学习效果 | P106 |
| 思考与讨论 | 原子核外电子排布、原子半径和化合价的周期性变化 | 对比分析找规律 | P108 |

续表

| 栏目名称 | 栏目内容 | 使用建议 | 页码 |
| --- | --- | --- | --- |
| 探究 | 第三周期元素性质的递变 | 通过比较元素最高价氧化物的水化物的性质，推断第三周期元素性质的递变性 | P109 |
| 科学史话 | 门捷列夫的预言 | 认识元素周期表的预测功能，理解元素周期表在化学研究中的价值 | P111 |
| 练习与应用 | 元素周期律一节的练习 | 强化核心概念，形成知识的结构化，检测学习效果 | P112 |
| 资料卡片 | 电子式 | 学习电子式的书写方法 | P113 |
| 资料卡片 | 分子间作用力 | 认识分子间作用力的含义及其主要应用 | P116 |
| 练习与应用 | 化学键一节的练习 | 强化核心概念，形成知识的结构化，检测学习效果 | P117 |
| 整理与提升 | 本章知识整理 | 整理核心知识，实现知识的结构化与认识思路的结构化 | P118 |
| 复习与提高 | 本章总复习题 | 巩固核心知识，强化关键能力，实现核心知识的结构化与认识思路的结构化，检验学习效果 | P120 |
| 实验活动 3 | 同周期、同主族元素性质的递变 | 验证同周期、同主族元素性质的递变规律，升华对原子结构与元素性质的关系及元素周期表（律）的认识 | P122 |

## 三、学情分析

从知识储备层面看，学生通过初中的学习，知道原子是由原子核和核外电子构成的，能正确书写一些常见元素的名称和符号，知道元素的简单分类，知道元素周期表的大体结构，能根据元素的原子序数在元素周期表中找到指定的元素，并会用元素周期表查找常见元素的相关信息。能够认识物质的微粒性，知道分子、原子、离子等都是构成物质的微粒，能用化学式表示某些常见物质的组成，能用微粒的观点解释某些常见的现象，知道原子可以结合成分子、同一元素的原子和离子可以互相转化，初步认识核外电子在化学反应中的作用。

从心理发展层面看，初中化学以结合生活现象探究理解为主，对学生知识掌握程度要求较低，学生对元素与原子结构的关系还没有更深的理解。由于没有形象直观的认知基础，学生在高中学习此部分内容时会觉得抽象，建议利用模型、信息化手段等开展宏微结合的教学，帮助学生理解比较抽象的微观概念。

从学习方式层面看，与初中相比，高中对原子结构和元素周期律知识的要求进一步拓宽和加深，建议引入新课时所学过的内容，充分利用教材中的各栏目指导学生利用类比法学习，重视理论推理，借助实验和事实分析，应用归纳法和演绎法，培养学生的逻辑思维能力。

## 四、教学建议

1. 注重运用实验事实、数据等证据素材引导学生建构规律

组织学生完成“思考与讨论”“研究与实践”等栏目任务、认真学习“方法导引”栏目知识，培养学生严谨求实的科学态度，提升证据推理素养。如在引导学生建构元素周期律时，在填写教材第 102 页“思考与讨论”栏目表格的基础上，可以让学生运用教材第 107~108 页表 4-5 的数据画出原子序数与原子半径关系图（如图 2-1-10 所示）、原子序数与主要化合价关系图（如图 2-1-11 所示）等，用直观的图形化表达和符号表征帮助学生建构规律。

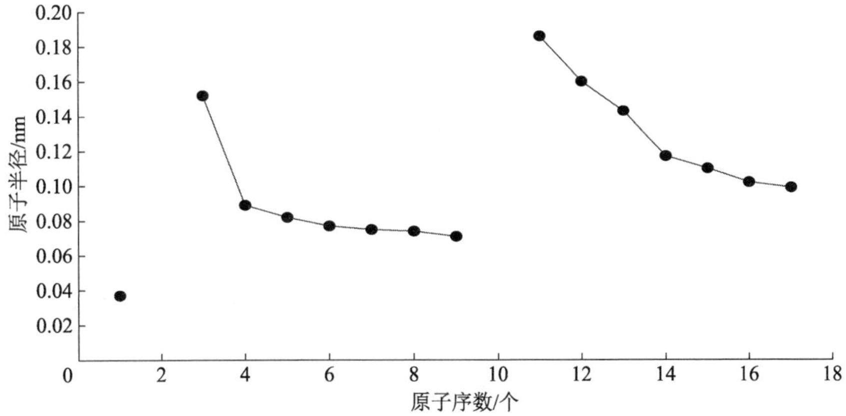


**图 2-1-10　原子序数与原子半径关系图**

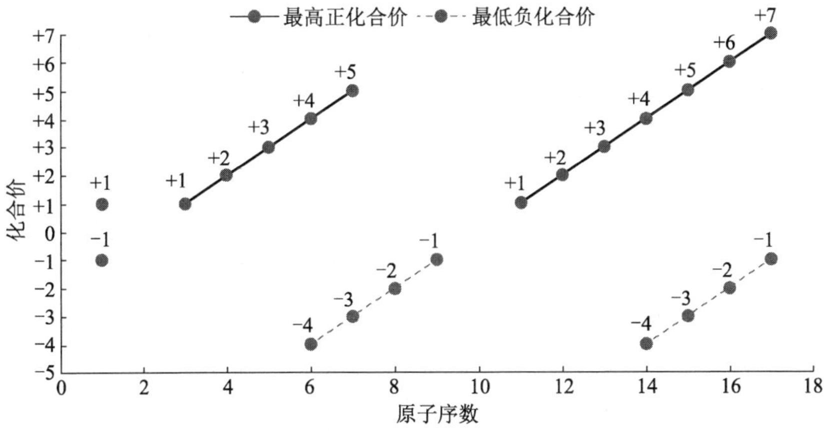


**图 2-1-11　原子序数与主要化合价关系图**

2. 精心组织学生开展推理预测、设计论证等活动

组织学生完成“探究”“实验”“实验活动”等栏目的实验，让学生在认识元素化合物性质的同时培养实验能力、提升科学探究素养。如在设计实验比较镁

和铝的金属性强弱时，建议先由学生自主设计实验方案，再让学生在小组内交流修改，经由教师审定后实施实验。

3. 重视通过符号表征以提升学生宏微结合能力

化学学科有着特定的符号表征体系，符号表征是提升学生宏观辨识和微观探析素养的有效方法，可以将抽象的问题具体化、微观的过程宏观化，建议教师重视符号表征的教学设计。如在设计用结构式表征分子结构的教学过程时，建议用好教材第 114 页的表 4-6，引导学生在学会用电子式表征分子结构的基础上，进一步学会用结构式表征分子结构，并可以补充讲授分子结构模型与结构式之间的关系，帮助学生更好地理解分子的空间构型。除了使用传统的球棍模型、比例模型等实物模型外，建议采用有效的信息技术手段激发学生的学习兴趣。

4. 建立对化学学科结构三角“位”“构”“性”关系的理解

帮助学生将化学键、元素“位”“构”“性”的关系等知识结构化，充分认识元素“位”“构”“性”之间的内在联系，通过对教学内容的结构化设计，提升学生的化学知识结构化水平，引导学生建立“位置关联结构、结构决定性质、性质反应结构”的化学学科观念。

5. 教学过程紧密联系科学发展史、生产生活实际

用好“元素周期律（表）的发现史料”“水的三态变化与水分解过程中能量变化的比较”等情境素材。组织学生认真学习“科学史话”“化学与职业”栏目，体会科学探究过程的艰辛和曲折，学习科学家的科学精神，提升科学态度与社会责任素养。如教材第 94 页“科学史话”栏目介绍了人类在探索原子结构模型的不同阶段所建构的不同模型，建议教师通过信息技术手段将此素材应用于教学中，这不仅能帮助学生更好地进行微观探析，还可以提升学生对模型的认知能力，更可以促进学生养成严谨求实的科学态度、崇尚科学真理的精神。

本章课时分配建议如下：

| | |
|---|---|
| 第一节　原子结构与元素周期表 | 4 课时 |
| 第二节　元素周期律 | 2 课时 |
| 第三节　化学键 | 2 课时 |
| 实验活动 3　同周期、同主族元素性质的递变 | 1 课时 |
| 本章复习 | 1 课时 |

## 五、评价建议

### （一）核心知识评价

根据教科书章、节、点的知识分布，笔者将核心知识及其对应的评价要求进行整合，形成核心知识评价细目表，如表 2-1-14 所示。

**表 2-1-14 核心知识评价细目表**

| 节 | 知识单元 | 核心知识 | 评价要求 | | | |
|---|---|---|---|---|---|---|
| | | | 了解 | 理解 | 应用 | 评价 |
| 第一节<br>原子结构与<br>元素周期表 | 原子结构 | 原子的构成 | √ | | | |
| | | 原子核外电子排布规律 | | | √ | |
| | | 1~20 号元素的原子结构示意图 | | | √ | |
| | 元素周期表 | 原子序数与原子结构的关系 | | √ | | |
| | | 原子结构与元素周期表的关系 | | √ | | |
| | | 元素周期表的结构及表示信息 | | √ | | |
| | 核素 | 元素、核素、同位素 | | √ | | |
| | | 重要的同位素及其用途 | √ | | | |
| | 原子结构与<br>元素的性质 | 碱金属元素的原子结构、单质及重要化合物的重要性质 | | | √ | |
| | | 卤族元素的原子结构、单质及重要化合物的重要性质 | | | √ | |
| | | 碱金属元素原子结构、单质及重要化合物性质的相似性和递变性 | | | √ | |
| | | 卤族元素原子结构、单质及重要化合物性质的相似性和递变性 | | | √ | |
| | | 碱金属元素和卤族元素的原子结构、元素性质，以及其在元素周期表中位置三者之间的关系 | | | | √ |
| 第二节<br>元素周期律 | 元素周期律 | 1~18 号元素的原子核外电子排布、原子半径和主要化合价的周期性变化 | | √ | | |
| | | 第三周期主族元素的原子结构、单质及其重要化合物的重要性质 | | | √ | |
| | | 第三周期主族元素的原子结构、单质及其重要化合物性质的递变性 | | | √ | |
| | | 第三周期主族元素的原子结构、元素性质及其在元素周期表中位置三者之间的关系 | | | | √ |
| | | 元素周期律的含义 | | √ | | |
| | 元素周期表和元素<br>周期律的应用 | 元素周期律在学习元素及其化合物知识及科学研究中的重要作用 | | | √ | |
| | | 元素周期表在学习元素及其化合物知识及科学研究中的重要作用 | | | √ | |
| | | 利用元素在元素周期表中的位置和原子结构，分析、预测、比较元素及其化合物的性质 | | | | √ |

续表

| 节 | 知识单元 | 核心知识 | 评价要求 | | | |
|---|---|---|---|---|---|---|
| | | | 了解 | 理解 | 应用 | 评价 |
| 第三节 化学键 | 离子键 | 离子键的概念及形成过程 | √ | | | |
| | | 判断简单离子化合物，并识别其中的化学键类型 | | | √ | |
| | | 用电子式表示简单离子化合物的形成过程 | | | √ | |
| | 共价键 | 共价键的概念及形成过程 | √ | | | |
| | | 判断简单共价化合物，并识别极性共价键和非极性共价键 | | | √ | |
| | | 用电子式表示简单非金属单质、共价化合物的形成过程 | | | √ | |
| | | 能写出简单分子的结构式并识别其空间结构模型 | | | √ | |
| | | 化学键的概念 | | √ | | |
| | | 旧化学键的断裂和新化学键的形成是化学反应中物质变化的实质及能量变化的主要原因 | | √ | | |
| 实验活动 3 | 同周期、同主族元素性质的递变 | 第三周期钠、镁、铝单质及其重要化合物性质的递变性 | | | | √ |
| | | 卤族元素氯、溴、碘单质及其重要化合物性质的递变性 | | | | √ |

## （二）学科素养评价

根据《课程标准》对学习本章内容后所应达到的素养水平要求，分别形成普通高中学业水平合格性考试和普通高中学业水平选择性考试的学科素养评价标准，如表 2-1-15 所示。

**表 2-1-15　学科素养水平要求**

| 节 | 合格考要求 | 选择考要求 |
|---|---|---|
| 第一节 原子结构与元素周期表 | 能用模型、符号等多种方式对物质结构进行综合表征；<br>知道原子结构与元素周期表的关系，知道主族元素在周期表中的位置与其主要性质的对应关系 | 能收集并运用数据、图表等多种方式描述实验证据，探索和发现规律；<br>熟练掌握并运用原子结构与元素周期表的关系——结构三角“位”“构”“性”关系，并将该关系用于解决具体问题 |

续表

| 节 | 合格考要求 | 选择考要求 |
| --- | --- | --- |
| 第二节<br>元素周期律 | 能描述元素周期律的含义，了解短周期元素和主族元素性质（核外电子排布、原子半径、主要化合价等）的递变规律；<br>能运用元素周期表，对短周期元素单质及其化合物的性质进行预测或推理 | 能理解元素周期律的含义，掌握短周期元素和主族元素性质（核外电子排布、原子半径、主要化合价、元素金属性、元素非金属性等）的变化规律；<br>能熟练运用元素周期表，对常见元素单质及其化合物的性质进行预测或推理；<br>能体会元素周期律的发现对人类生活和社会生产所作的贡献 |
| 第三节<br>化学键 | 能表述化学键（离子键、共价键）的概念；<br>能从微观角度解释或说明化学变化的本质特征——化学键的断裂或形成；<br>能运用化学符号表征化学键，知道关于化学键的特征数据的含义 | 能理解化学键（离子键、共价键）的含义，能从微观角度解释或说明化学变化的本质特征；<br>能熟练运用化学符号表征化学键，知道关于化学键的特征数据的含义；<br>能根据仪器分析的数据和图表推测简单物质组成微粒间的作用力 |
| 实验活动 3 | 能基于“绿色化学”理念设计实验方案，并根据实验方案完成实验，提交实验报告 | 能运用变量控制的方法探究并确定合适的反应条件，安全、顺利地完成实验；<br>能对实验方案、实验过程和实验结论进行评价，提出进一步探究的设想，并提交合理的实验报告 |

### （三）日常行为评价

1. 实验操作评价

从实验态度、实验基础知识、实验基本技能、实验合作、实验创新等多个维度诊断学生的科学探究素养。

例如，学生在完成“实验活动 3 探究同周期、同主族元素性质的递变”时，在实验态度方面，要求学生能够时刻注意实验安全，积极动手参与，严肃认真地进行实验；在实验基础知识方面，要求学生能正确辨识实验仪器、用品和试剂，能选择合适的实验仪器及装置完成实验，能用化学方程式、离子方程式表述实验原理；在实验基本技能方面，要求学生能根据实验方案规范操作，顺利完成实验，准确描述并记录实验现象；在实验合作方面，要求学生能够在分组实验中与其他同学合作完成实验，分工明确、沟通顺畅；在实验创新方面，要求学生能基于实验现象进行分析并得出结论，更高层次的要求是能对实验中的某些“异常”现象提出疑问并设计实验方案探究原因。

2. 拓展性作业评价

教师在设计课后作业时，不仅要设计知识检验性作业（即考查知识掌握程度的作业），也要重视设计一些活动类、调查类、观察类的拓展性作业，促进学生化学学习方式的转变，从能力与应用的角度激发学生学习化学的兴趣。例如，在学习元素周期表后，要求学生通过查阅资料、小组讨论及自我思考，自制不同形式的元素周期表并做讲解、展示，以进一步加深学生对原子结构、元素周期律的理解，体验科学家科学研究的过程，培养学生的创新意识，提高科学探究的能力。

3. 问答评价

问答评价要充分发挥诊断、激励和启发的功能。教师要提高问题的针对性和有效性，对学生的回答做出及时、客观、准确的评价。问答评价不仅是激发和调动学生学习积极性的重要方法，也是提高课堂教学质量的有效保证。例如，在完成教材第 109 页探究栏目“第三周期元素性质的递变”时，教师提问“如何比较同周期非金属元素硅、磷、硫、氯的非金属性?”如学生依据本页素材答出“比较其最高价氧化物对应的水化物（含氧酸）的酸性强弱”，则进一步要求学生完整回答出“最高价氧化物对应的水化物（含氧酸）的酸性越强，元素的非金属性越强，酸性从高到低为：$HClO_4>H_2SO_4>H_3PO_4>H_2SiO_3$，非金属性：Cl>S>P>Si”。如学生都答对，可评为满意。如学生依据本章前一节所学知识答出“通过 $Cl_2$、S、P、Si 单质之间的置换反应比较单质氧化性的强弱，单质的氧化性越强，元素的非金属性越强”“通过单质与氢气生成气态氢化物的难易程度比较，反应越容易发生，元素的非金属性越强”“通过单质与氢气生成的气态氢化物的稳定性判断，生成的气态氢化物越稳定，元素的非金属性越强”等，可加分。教师还可以适当补充其他实例，丰富学生的知识。例如，$Cl_2$ 与 Fe 反应生成铁元素的高价产物 $FeCl_3$，S 与 Fe 反应生成铁元素的低价产物 FeS，可说明单质氧化性为 $Cl_2>S$，元素非金属性为 Cl>S。

# Ⅱ《化学（必修）第二册》

《化学（必修）第二册》涉及“化学科学与实验探究”“常见无机物及其应用”“物质结构基础与化学反应规律”“简单有机物及其应用”和“化学与社会发展”等必修课程的五大主题，分别为第五章“化工生产中的重要非金属元素”、第六章“化学反应与能量”、第七章“有机化合物”和第八章“化学与可持续发展”等内容。第五章在元素周期律后编排典型的非金属元素的单质及化合物，有效实现了与《化学（必修）第一册》元素及其化合物的知识衔接，深化了学生对原子结构和元素周期律的理解；第六章从认识化学反应的基本角度出发，要求学生掌握物质变化和能量变化是化学反应的两大基本特征，促进学生形成基本观念；第七章“结构决定性质和用途”要求学生站在结构的视角，从微观层面初步认识有机化合物；第八章围绕自然资源开发、化学品使用和环境保护三个相互关联的社会性主题，展现了化学学科的应用价值，让学生在知识应用过程中掌握分析问题和解决问题的方法。

《化学（必修）第二册》共 2 学分，在高一年级下学期开设，共 36 学时。

## 第五章　化工生产中的重要非金属元素

### 一、学业要求

（1）能依据物质类别和元素价态列举 S、N、Si 元素的典型代表物。

（2）能利用离子反应、氧化还原反应等概念对 S、N、Si 元素代表物常见的反应分析说明，并对反应进行分类。

（3）能列举、描述、辨识 S、$SO_2$、$H_2SO_4$、$N_2$、NO、$NO_2$、$NH_3$、$HNO_3$、铵盐、$SiO_2$ 等重要的物理和化学性质及实验现象。

（4）能用化学方程式、离子方程式正确表示 S、N、Si 元素典型物质的主要化学性质。

（5）能从物质类别、元素价态的角度，依据复分解反应和氧化还原反应原理，预测 S、N、Si 元素物质的化学性质和变化，设计实验进行初步验证，并能分析、解释有关实验现象。

（6）能利用 S、$SO_2$、$H_2SO_4$、$N_2$、NO、$NO_2$、$NH_3$、$HNO_3$、铵盐、$SiO_2$ 等物质的性质和反应，设计如 $SO_2$ 与 $NH_3$ 的制备、粗盐的分离提纯、硫酸根离子的检验、喷泉实验等简单的实验。

（7）能从物质类别和元素价态变化的视角说明 S、N、Si 元素物质的转化，能设计含 S、N、Si 元素物质的转化路径。

（8）能根据物质的性质分析实验室、生产、生活及环境中的某些常见问题（如 $SO_2$、氮氧化物对大气的污染等）。

（9）能根据物质的性质说明妥善保存、合理使用化学品（铵盐、浓硫酸、硝酸、氨水、碱溶液等）的常见方法。

（10）能说明 S、N、Si 元素及其化合物的应用（如 $SO_2$、$NH_3$、$H_2SO_4$、$HNO_3$ 等）对社会发展的价值、对环境的影响。

（11）能有意识地运用所学的知识或寻求相关证据参与社会性议题的讨论（如酸雨和雾霾防治、水体保护、食品安全等）。

（12）能从材料组成的角度，对生活中常见的无机非金属材料进行分析，能根据使用要求选择合适的材料，明确使用注意事项。

（13）能通过条件控制等方法，遵循生态文明思想，实现环境保护与资源利用的和谐统一。

## 二、内容分析

第五章主要讨论硫、氮、硅等典型元素及其重要化合物的性质，被安排在第四章“物质结构　元素周期律”之后，是第二章、第三章常见无机物及其性质等知识的延续。这样安排内容的主要目的是通过对硫和氮等非金属元素的学习，帮助学生认识非金属元素及其化合物的基本思路和方法，了解物质间相互转化的规律，培养学生化学核心素养。

本章具有巩固离子反应、氧化还原反应等基础知识和物质结构、元素周期律等基本结构理论知识的作用。在第二章、第三章、第四章的基础上，本章进一步介绍元素化合物知识和研究方法，对元素族概念、元素性质的递变规律、元素周期表的结构有巩固提高作用，也为学生运用物质结构、元素周期律理论指导元素化合物知识的学习提供了素材和应用场景，有利于学生形成“结构决定性质，性质决定用途”的化学思想。

本章在内容上突出物质转化的主线，在知识安排上尽量使知识和用途相结合、理论和实际相结合、物质的重要性能与在利用中可能出现的负面作用相结合，从而使学生认识到常见无机物在生产生活中的应用及人类与环境的关系。例如，二氧化硅与硅酸盐产品的应用及发展，硫酸、硝酸和氨的性质及广泛用途，酸雨的形成与防治等，这些内容突出环境保护意识和绿色化学理念，不仅增强了学生的学习兴趣，而且培养了学生的科学精神与社会责任。

本章设计 8 个“实验”、5 个“思考与讨论”、1 个“探究”、1 个“研究与实践”、2 个“实验活动”，以及“练习与应用”“整理与提升”“复习与提高”等栏目，旨在激发学生的学习兴趣，增强学生的探究能力。

第五章设置栏目及使用建议如表 2-2-1 所示。

**表 2-2-1　第五章栏目设置及使用建议**

| 栏目名称 | 栏目内容 | 使用建议 | 页码 |
| --- | --- | --- | --- |
| 【实验 5-1】 | $SO_2$ 溶于水 | 适合课堂演示 | P3 |
| 【实验 5-2】 | $SO_2$ 的漂白作用 | 可演示可探究，注意控制品红浓度 | P4 |
| 资料卡片 | 食品中的 $SO_2$ | 紧密联系食品安全问题 | P4 |
| 【实验 5-3】 | 浓硫酸与 Cu 反应 | 操作复杂，适合教师演示 | P5 |
| 思考与讨论 | 浓、稀硫酸之比较 | 运用对比分析，提升分析问题的能力 | P6 |
| 资料卡片 | 硫酸盐 | 联系生产生活实际，扩宽知识视野 | P6 |
| 【实验 5-4】 | $SO_4^{2-}$、$CO_3^{2-}$ 与 $Ba^{2+}$ 反应 | 演示，探究 $SO_4^{2-}$ 的检验方法 | P6 |
| 思考与讨论 | 粗盐提纯 | 通过分析讨论，学生掌握提纯原理和方法 | P7 |
| 资料卡片 | 自然界中硫的存在与转化 | 联系自然，认识自然界中 S 的存在及转化 | P7 |
| 探究 | 不同价态含硫物质的转化 | 可小组讨论设计方案并展开探究 | P8 |
| 方法引导 | 化学实验设计 | 侧重于原理、流程等方法论方面的引导 | P9 |
| 化学与职业 | 化工工程师 | 从实际体验、职业认同、生涯规划方面组织 | P9 |
| 练习与应用 | 硫及其化合物练习题 | 强化核心概念，形成知识的结构化，检测学习效果 | P10 |
| 科学史话 | 合成氨 | 了解化学史实，认识化学对社会发展的贡献 | P12 |
| 【实验 5-5】 | $NO_2$ 溶于水 | 演示，注意培养观察与定量分析能力 | P13 |
| 思考与讨论 | $NO_x$ 转化为硝酸 | 联系实际，体现学以致用和节约环保理念 | P13 |
| 【实验 5-6】 | 喷泉实验 | 演示，突出实验的趣味性，激发兴趣，引发学生对现象背后原理的思考 | P13 |
| 【实验 5-7】 | $NH_4^+$ 的检验 | 演示，归纳总结 $NH_4^+$ 的检验方法 | P14 |
| 思考与讨论 | 实验室制氨气 | 总结拓展氨气制备的原理与方法 | P15 |
| 【实验 5-8】 | 浓、稀硝酸与 Cu 反应 | 演示，观察比较分析，要注意实验室的防护与通风 | P15 |
| 资料卡片 | 王水 | 拓展知识，激发兴趣 | P15 |
| 思考与讨论 | 工业制硝酸原理 | 从价态视角认识物质，突出归纳与应用 | P16 |

续表

| 栏目名称 | 栏目内容 | 使用建议 | 页码 |
|---|---|---|---|
| 研究与实践 | 测定雨水的 pH | 培养学生研究问题、解决问题的实践能力 | P17 |
| 练习与应用 | 氮及其化合物练习题 | 强化核心概念，形成知识的结构化，检测学习效果 | P18 |
| 资料卡片 | 硅酸盐的结构 | 培养学生的空间思维与空间认知能力 | P19 |
| 资料卡片 | 不同性能和用途的玻璃 | 了解化学的应用，形成与环境和谐共处的理念 | P20 |
| 资料卡片 | 高纯硅的制备 | 合理利用自然资源，增强社会责任感 | P22 |
| 科学·技术·社会 | 新型陶瓷 | 认识化学对社会发展的影响，培养学生的创新精神 | P23 |
| 练习与应用 | 无机非金属材料练习题 | 强化核心概念，形成知识的结构化，检测学习效果 | P25 |
| 整理与提升 | 物质的性质及转化、无机非金属材料 | 学生自主整理，小组交流 | P26 |
| 复习与提高 | 本章内容的复习巩固 | 限时独立作业 | P27 |
| 实验活动 4 | 用化学沉淀法去除粗盐中的杂质离子 | 学会去除粗盐中杂质离子的方法，掌握基本操作，认识化学方法在生产生活中的重要意义 | P29 |
| 实验活动 5 | 不同价态含硫物质的转化 | 加深对硫及其化合物性质的认识，构建化合价与物质种类关系的认知模型 | P30 |

## 三、学情分析

从知识储备层面看，学生在初中时已学习了一些具体的物质，如非金属单质氧气的性质和用途，碳单质及其氧化物的性质和用途等；在高一上学期第二章第二节学习了氯及其化合物的知识。这些知识都是让学生从单个元素的角度来认识物质的性质的，相对比较简单。同时，这些知识比较零散，学生尚未掌握系统的学习方法，无法从一类物质的角度认识此类物质的性质。因此，通过非金属元素与物质关系的研究，引导学生从元素观认识物质，通过研究不同的标准对物质进行分类，学生建立分类的观念；在分类的基础上，研究纯净物——单质、氧化物、氢化物、酸、碱、盐之间的相互关系。本主题内容的安排是对初中内容和高一年级上学期的内容进一步整合和延伸，为学生后续的学习打下坚实的基础。

从心理发展层面看，学生高一上学期基本上完成了初高中的衔接与过渡，思维日趋成熟。在学习化学时，学生仍感到新奇而有趣，教师在教学过程中要尽可能以实验为引导或联系学生日常生活经验，要做好浓硫酸脱水性之“发黑面包实验”、氨气溶解性之“喷泉实验”及“酸雨的 pH 测定”等实验活动；提出与其知识水平相接近的新颖有趣的问题，不断激发学生的好奇心和探究心，激发并培养学生学习化学的浓厚兴趣，从而形成强大的学习动力；注意宏观辨识和微观探析相结合，培养学生能力与素养。

高中阶段是辩证唯物主义世界观和人生观形成的关键时期，学生的自我意识大大增强，他们会根据自己的爱好、兴趣、特长，以及社会的发展需求设想自己的未来，并且具有自我实现的强烈愿望。如果学生对化学感兴趣，学得好，他可能会选择具有化学知识背景的专业，将其作为自己进入高等院校学习的志向。教师在教学中要利用好“化学与职业——化工工程师”这个内容板块给学生提供良好的职业导向。

从学习方式层面看，要转变学生的学习方式，改变过于强调接受学习、死记硬背、机械训练的现状，引导学生积极参与、乐于探索、勤于动手，培养学生获取新知识的能力、分析和解决问题的能力，以及交流合作的能力。

## 四、教学建议

1. 发挥核心概念对元素化合物学习的主导作用

教师要让学生形成“基于元素认知物质性质”的核心观念，建立研究物质性质的思路和方法，知道化学变化需要一定的条件并遵循一定的规律。培养学生“宏观辨识与微观探析”“变化与平衡思想”“证据推理与模型认知”的素养。

2. 充分运用实验观察和启迪思维的教学策略

教师要切实开展学生分组实验活动，注重引导学生进行性质预测、方案设计、归纳总结、表达解释等高水平的实验探究活动。例如，氨气的制备及性质、铵盐的性质、硝酸的性质、氮氧化物的性质与转化、二氧化硫的性质、浓硫酸的性质、溶液中 $NH_4^+$ 和 $SO_4^{2-}$ 等离子的检验、用化学沉淀法去除粗盐中的杂质等实验及探究活动。

3. 探索多样化的教学方式和学习途径

教师可基于硫、氮元素代表物的性质进行教学，基于元素化合价的变化和物质转化关系进行教学，基于综合问题解决进行主题式教学，基于网络媒体等现代教育技术开展混合式学习。教师也可开放实验室让学生进行自主实验探究，或者让学生从含硫、氮物质的性质及转化的视角分析酸雨和雾霾的成因、危害与防治等并开展调查与交流讨论。

一要创设化学问题情境，激发兴趣，促进学生自主学习。教师在进行教学时，充分发挥化学实验的功能，尽可能让学生边学边实验，在实际应用中学习化学知识，从中体验到成功的喜悦。

二要开展各种探究活动，促进学生探究学习。可布置适量的查找资料任务，培养学生收集和处理信息的能力。例如，让学生收集有关大气污染的资料。以课本中的探究活动为载体，培养学生的动手实践能力，引发研究性学习。例如，雨水的 pH 测定。

三要改变个体单一学习的局面，促进合作学习。合理组建学习小组，小组成员之间相互关心、相互辅导。合作学习的任务最好是中等难度的、问题解决途径及结论有多种的，能使不同层次的学生参与到合作学习中，从中获得成功感。例如，将“粗盐的提纯实验”作为合作实验，共同完成实验报告。教师要参与到小组活动中，并及时对学生活动进行评价、指导和调控。

四要关注学生学习风格的差异，促进个性化学习。充分考虑学生的情绪、兴趣、偏好，针对学生偏爱的学习方式进行教学。要关注学生成就动机的差异和智力的差异，适时调整教学进度，优化教学内容，促进学生个性发展。

4. 注重对知识进行归纳整合，使其系统化、结构化

本章所涉及的物质较多，各物质在社会生产和日常生活中的关联程度是有差别的，因课程标准要求不同，教材会用不同的方式呈现不同的物质。例如，对二氧化硫和硫酸的介绍较为全面，对硫单质的介绍较为简单。因此，教师在教学时可从相关知识内在联系出发，建立物质的关系图，使知识系统化、结构化，便于学生掌握。

5. 紧密联系生产和生活实际，创设丰富多样的真实问题情境

例如，火山喷发中含硫物质的转化；“雷雨发庄稼”；氮的循环与氮的固定；工业合成氨、制硫酸、制硝酸；氮肥的生产与合理使用；食品中适量添加二氧化硫的作用（去色、杀菌、抗氧化）；氨气泄漏的处理；酸雨的成因与防治；汽车尾气的处理；以硅元素为主的传统无机非金属材料及新型无机非金属材料；等等。帮助学生深刻认识化学学科对创造更多物质财富和精神财富、满足人民日益增长的美好生活需要的重要贡献，体会物质性质及其变化在促进社会可持续发展方面的应用，发展学生的辩证思维水平，培养“科学精神与社会责任”的素养。

本章课时分配建议如下：

| | |
|---|---|
| 第一节　硫及其化合物 | 3 课时 |
| 第二节　氮及其化合物 | 3 课时 |
| 第三节　无机非金属材料 | 1 课时 |
| 实验活动 4　用化学沉淀法去除粗盐中的杂质离子 | 1 课时 |
| 实验活动 5　不同价态含硫物质的转化 | 1 课时 |
| 本章复习 | 1 课时 |

## 五、评价建议

### （一）核心知识评价

根据教科书章、节、点的知识分布，笔者将核心知识及其对应的评价要求进行整合，形成核心知识评价细目表，如表 2-2-2 所示。

**表 2-2-2　核心知识评价细目表**

| 节 | 知识单元 | 核心知识 | 评价要求 | | | |
|---|---|---|---|---|---|---|
| | | | 了解 | 理解 | 应用 | 评价 |
| 第一节<br>硫及其<br>化合物 | 硫和二氧化硫 | 硫和二氧化硫的物理性质 | √ | | | |
| | | 硫和二氧化硫的化学性质 | | √ | | |
| | | 可逆反应、亚硫酸 | √ | | | |
| | | $SO_2$ 与 HClO 漂白作用的区别 | | | √ | |
| | | 食品中的二氧化硫 | | | | √ |
| | 硫酸 | 工业制硫酸的原理与流程 | | | | √ |
| | | 浓硫酸的氧化性 | | | √ | |
| | | 浓硫酸的脱水性和吸水性 | √ | | | |
| | | 常见硫酸盐及其应用 | | | √ | |
| | 硫酸根离子的检验 | 硫酸根离子的检验方法 | | | √ | |
| | | 粗盐提纯的原理与方案 | | | | √ |
| | 不同价态含硫物质的转化 | 自然界中硫的存在 | √ | | | |
| | | 不同价态含硫物质的转化 | | | √ | |
| | | 化学实验设计的方法导引 | | | | √ |
| 第二节<br>氮及其<br>化合物 | 氮气与氮的固定 | 氮气的结构与性质 | | √ | | |
| | | 氮元素的存在与氮的固定 | √ | | | |
| | NO 和 $NO_2$ | NO 和 $NO_2$ 的性质与转化 | | | √ | |
| | 氨和铵盐 | 氨气、氨水的性质 | | √ | | |
| | | 氨气的实验室制法 | | | √ | |
| | | 铵盐的性质 | | √ | | |
| | 硝酸 | 硝酸的物理性质与保存方法 | √ | | | |
| | | 硝酸的化学性质 | | | √ | |
| | | 金属的钝化 | √ | | | |
| | | 工业制硝酸的原理与流程 | | | | √ |
| | 酸雨及防治 | $SO_2$、$NO_x$ 对大气的污染及防治 | | | | √ |
| | | 雨水的 pII 测定 | | | √ | |

续表

| 节 | 知识单元 | 核心知识 | 评价要求 | | | |
|---|---|---|---|---|---|---|
| | | | 了解 | 理解 | 应用 | 评价 |
| 第三节<br>无机非金属材料 | 硅酸盐材料 | 陶瓷、玻璃、水泥 | √ | | | |
| | | 硅元素在自然界的存在 | √ | | | |
| | 新型无机非金属材料 | 高纯硅的制备原理与流程 | | √ | | |
| | | 二氧化硅制品的主要用途 | √ | | | |
| | | 新型陶瓷的性能与应用 | √ | | | |
| | | 碳纳米材料的应用 | √ | | | |
| 实验活动4 | 用化学沉淀法去除粗盐中的杂质离子 | 化学方法在物质分离提纯中的作用 | | √ | | |
| | | 去除粗盐中 $Ca^{2+}$、$Mg^{2+}$、$SO_4^{2-}$ 的原理 | | | √ | |
| | | 溶解、过滤、蒸发等操作 | | | | √ |
| 实验活动5 | 不同价态含硫物质的转化 | 加深对硫及其化合物性质的认识 | | √ | | |
| | | 实现不同价态含硫物质的转化 | | | | √ |

## （二）学科素养评价

根据《课程标准》对学习本章内容后所应达到的素养水平要求，分别形成普通高中学业水平合格性考试和普通高中学业水平选择性考试的学科素养评价标准，如表2-2-3所示。

**表2-2-3　学科素养评价细目表**

| 节 | 学科素养水平要求 | |
|---|---|---|
| | 合格考要求 | 选择考要求 |
| 第一节<br>硫及其化合物 | 以硫及其化合物为例，认识化学变化是有条件的，认识化学变化的多样性和复杂性；<br>能运用化学符号表征硫及其化合物的有关化学变化；<br>能设计硫及其化合物之间相互转化的方案，并依据方案进行实验探究；<br>掌握酸雨形成的原理和防治方法 | 能以硫及其化合物为例，理解化学变化是有条件的，认识化学变化的多样性和复杂性，并能完成符号表征；<br>能设计硫及其化合物之间相互转化的方案，完成实验方案并对方案进行评价和优化；<br>具有安全意识，能运用所学的化学知识和方法分析讨论生产、生活中简单的化学问题（如环境保护、食品安全等），认识化学科学对社会可持续发展的贡献 |

续表

| 节 | 学科素养水平要求 | |
|---|---|---|
| | 合格考要求 | 选择考要求 |
| 第二节<br>氮及其化合物 | 以氮及其化合物为例，认识化学变化是有条件的，认识化学变化的多样性和复杂性；<br>能运用化学符号表征氮及其化合物的有关化学变化；<br>能对简单化学问题的解决提出可能的假设，依据假设设计实验方案；<br>具有“绿色化学”观念，能运用所学知识分析和探讨某些化学过程对人类健康、社会可持续发展可能带来的双重影响 | 能以氮及其化合物为例，理解化学变化是有条件的，认识化学变化的多样性和复杂性，并能完成符号表征；<br>能设计氮及其化合物之间相互转化的方案，并对方案进行评价；<br>能根据文献和实际需要提出探究课题（如酸雨的 pH 测定），根据假设提出多种探究方案，评价和优化方案，能用数据、图表、符号等处理实验信息，感受环境保护的重要意义 |
| 第三节<br>无机非金属材料 | 以无机非金属材料为例说明化学对人类文明的贡献，主动关注与资源开发、环境保护等有关的社会热点问题，形成与环境和谐共处、合理利用自然资源的观念；<br>能运用所学知识分析和探讨某些化学材料对人类健康、社会可持续发展可能带来的双重影响 | 能以无机非金属材料为例，理解无机非金属材料对人类文明的贡献，主动关注与资源开发、环境保护等有关的社会热点问题，形成与自然环境和谐共处、合理利用自然资源的观念；<br>能针对无机化工材料生产工艺设计中存在的问题，提出处理或解决问题的具体方案，在实践中体验“科学态度与社会责任” |
| 实验活动 4<br>用化学沉淀法去除粗盐中的杂质离子 | 能依据粗盐可能有的杂质离子设计除杂实验方案，组装实验仪器，与同学合作完成溶解、过滤、蒸发、结晶等实验操作，提交合格的实验报告；<br>能运用实验证据，基于实验事实得出结论，提出自己的看法 | 能根据酸碱盐溶解性表和实际需要提出综合性的粗盐提纯方案，并对方案进行评价和优化；<br>能用流程图表处理实验信息；<br>能对实验中的“异常”现象进行反思改进，提交完整的实验报告 |
| 实验活动 5<br>不同价态含硫物质的转化 | 能从氧化还原的视角分析不同价态含硫物质的转化途径；<br>能用所给的试剂和实验器材与同学合作完成相应的转化实验，提交合格的实验报告 | 能设计出多种实现不同价态含硫物质的转化方案，并对方案进行评价和优化；<br>能选择恰当试剂和器材独立完成相应的转化实验，能及时处理实验中出现的问题，有控制试剂用量、节约药品、防止污染和实验安全意识，提交完整的实验报告 |

## （三）日常行为评价

### 1. 课堂提问与点评

教学中教师提问与学生回答是课堂最常用的互动方式，教师应精心设计问题，确保问题的有效性和学生问题回答的素养诊断价值。例如，$SO_2$ 与 HClO 的漂白原理有何不同？$SO_2$ 有毒为什么还能存在于葡萄酒中？如何治理空气污染？这些具体的问题，能促使学生查阅文献、设计方案、实验探究，并在问题解决的过程中培养学生的化学学科素养，增强生态文明的意识，深刻体会化学学科的社会价值。

在课堂即时评价时也可运用“满意原则”和“加分原则”进行，这样便于操作。比如，对实验参与的积极和投入程度，实验操作的规范性和实验现象表述的完整性、科学性等方面，可通过学生的动手操作与回答检测学生的动手能力和对知识的理解能力，对于达到一定标准要求的可评为满意，对于达到较高要求的可加分，以区别评价不同水平层次的学生。如能列举、描述、辨识氮和硫元素及其化合物重要的物理性质、化学性质及实验现象，能用化学方程式、离子方程式正确表示物质的主要化学性质，可评为满意；能从物质类别、元素价态的角度，依据复分解反应和氧化还原反应原理，预测氮硫元素及其化合物的化学性质和变化，可评为满意；能设计实验进行初步验证，并能分析、解释有关实验现象，可加分。

2. 练习、作业与考试评价

教师在设计试题时，除了要重视核心知识的检验和巩固外，更应注意发挥课堂练习、课后作业和考试对于学生化学学科核心素养的诊断与发展功能。例如，学生在学习硫酸根离子的检验后，教师可设计测试题：检验 $SO_4^{2-}$ 时如何排除 $CO_3^{2-}$、$SO_3^{2-}$ 等的干扰？这样可以提升学生的“宏观辨识与微观探析”素养水平。

# 第六章　化学反应与能量

## 一、学业要求

（1）认识物质具有能量，认识吸热反应与放热反应，了解化学反应体系能量改变与化学键的断裂和形成有关。

（2）认识化学键的断裂和形成是化学反应中物质变化的实质及能量变化的主要原因。

（3）知道化学反应可以实现化学能与其他能量形式的转化，以原电池为例认识化学能可以转化为电能。

（4）从氧化还原反应的角度初步认识原电池的工作原理，能够正确认识原电池的构成要素，初步建立对原电池的认知模型。

（5）体会提高燃料的燃烧效率、开发高能清洁燃料和研制新型电池的重要性。

（6）体会从限度和快慢两个方面去认识和调控化学反应的重要性。

（7）了解可逆反应的含义，知道可逆反应在一定条件下能达到化学平衡状态。

（8）知道化学反应平均速率的表示方法，通过实验探究影响化学反应速率的因素。

（9）认识化学变化是有条件的，学习运用变量控制方法研究化学反应，了解控制反应条件在生产和科学研究中的作用。

## 二、内容分析

化学反应与能量变化是化学研究的重要内容。本章从能量的角度来研究化学变化的原因、化学反应速率的快慢、化学反应限度的大小，以及如何利用化学反应中的能量，化学反应背后的“道理”，正是化学的学科特征。

本章分为两节，第一节“化学反应与能量变化”，引导学生从能量变化的角度来看待化学反应，化学能可以转化为热能和光能，也能直接转化为电能，然后顺理成章地介绍原电池装置。第二节“化学反应的速率与限度”，介绍化学反应速率的概念及影响因素（外因），进而从化学反应的正反应速率与逆反应速率变化的角度，介绍化学的平衡状态及建立过程，对学生的平衡思想进行启蒙培育。本章内容将研究化学反应的视角从静态拓展到动态，使学生能初步建立变化观念与平衡思想。

第六章栏目设置及使用建议如表 2-2-4 所示。

**表 2-2-4　第六章栏目设置及使用建议**

| 栏目名称 | 栏目内容 | 使用建议 | 页码 |
| --- | --- | --- | --- |
| 【实验 6-1】 | 盐酸与镁反应前后溶液的温度变化 | 演示实验，帮助学生建立直观印象：化学反应伴随着吸热或放热现象 | P32 |
| 【实验 6-2】 | 化学反应吸热使烧杯与木片间的水凝结成冰 | | P33 |
| 资料卡片 | 2022 年我国能源消费总量和构成 | 了解我国能源消费的总量和结构特点 | P35 |
| 思考与讨论 | 从不同角度提出使用传统化石能源的想法和建议 | 引导学生从各自关心的领域出发，结合自己的兴趣与特长，进行思考与讨论 | P35 |
| 信息搜索 | 利用互联网、图书馆等资源收集相关信息 | 同上述“思考与讨论”结合起来搜索信息 | P35 |
| 【实验 6-3】 | 铜锌原电池实验 | 演示实验，建立对 Cu-Zn 原电池的直观印象，初步建立原电池模型 | P36 |
| 探究 | 简易电池的设计与制作 | 应用原电池模型设计与制作电池 | P37 |

续表

| 栏目名称 | 栏目内容 | 使用建议 | 页码 |
| --- | --- | --- | --- |
| 信息搜索 | 利用互联网、图书馆等资源调查了解不同类型电池的性能、结构、特点、应用范围及发展历史，结合发展前景理解发展新型电池的意义 | 了解电池的发展历程，体会化学科学的应用价值 | P38 |
| 科学·技术·社会 | 发展中的燃料电池 | 结合前一节的相关知识（我国能源消费总量和构成特点）进行介绍，了解燃料电池在能量转化率等方面的巨大优势 | P39 |
| 化学与职业 | 电池研发人员 | 结合电池行业的发展前景介绍电池研发人员工作的性质、范围、价值，树立科技兴国的观念与献身科技事业的理想 | P39 |
| 研究与实践 | 了解车用能源 | 从资源有效利用、环境保护、生活品质提升及我国工业化发展等多种角度引导学生思考与研究 | P40 |
| 练习与应用 | 化学反应与能量变化练习题 | 强化核心概念，形成知识的结构化，检测学习效果 | P41 |
| 思考与讨论 | 快慢差别很大的化学变化 | 启发学生从日常生活中寻找更多的相关例子，从生活经验感知化学反应速率 | P42 |
| 探究 | 影响化学反应速率的因素 | 利用这个实验探究活动进行方案的对比与优化，帮助学生形成控制实验条件的意识与能力 | P43 |
| 方法导引 | 变量控制 | 与“实验探究活动 2”结合起来，明确变量控制的定义、操作方法与应用 | P45 |
| 思考与讨论 | 几个调控反应速率的措施与实验 | 结合实际例子有意识地引导学生建立“思维模型” | P45 |
| 科学·技术·社会 | 神奇的催化剂 | 引导学生认识催化剂的作用与发展 | P46 |
| 思考与讨论 | 如何通过调控燃烧反应的条件来提高燃烧效率 | 提供线索或材料，让学生充分思考与讨论 | P48 |
| 科学史话 | 炼铁高炉尾气之谜 | 可作为《化学反应的限度》的情境素材 | P48 |
| 练习与应用 | 化学反应的速率与限度练习题 | 强化核心概念，形成知识体系，检测学习效果 | P49 |
| 整理与提升 | 从能量变化、化学反应速率和限度的视角认识化学反应 | 学生自主整理，小组交流 | P52 |

续表

| 栏目名称 | 栏目内容 | 使用建议 | 页码 |
|---|---|---|---|
| 复习与提高 | 本章内容的复习与巩固 | 限时独立作业 | P53 |
| 实验活动 6 | 化学能转化为电能 | 运用原电池模型制作原电池，体会化学的应用价值 | P56 |
| 实验活动 7 | 化学反应速率的影响因素 | 认识浓度、温度和催化剂对化学反应速率的影响，注重培养学生的变化观念 | P57 |

## 三、学情分析

从知识储备层面看，学生完成了中学阶段大部分无机内容的学习，积累了比较丰富的化学反应与能量变化素材，而且完成了化学键内容的学习，具备了从化学键的断裂与生成的角度理解化学反应伴随能量变化的基础。学生在物理课的学习中已经建立“能量守恒”的观念，可以很好地理解能量形式的转化，而且已经基本掌握氧化还原反应的本质是电子转移，具备学习、理解原电池原理及应用的基础。学生已经积累了足够的生活常识和中学化学中常见的典型反应，能够很好地理解影响化学反应的外部因素，如温度、浓度、催化剂和压强等，具备进一步学习化学平衡状态的本质及特征的认识基础。

从心理发展层面看，从关注化学反应中相关物质质量、体积、物质的量等，到关注化学反应中能量的变化，既有“质量”，又有“能量”，是认识论的进步与发展，如图 2-2-1 所示。从氧化还原反应到铜锌原电池，再到常见电池，既是认知模型的建立、方法的迁移，又强调对生活的关注与社会责任。从知道反应的快慢，到定量研究化学反应速率；从了解可逆反应，到运用反应速率的知识和化学键相关知识理解化学平衡状态，逐渐揭示化学反应的本质和规律。本章作为高中化学“化学反应原理”的开篇，是探究、解释、预测各种反应和现象的“本源”。在内容的安排上，概念原理的教学很好地体现了化学知识的螺旋上升，本章必修内容要求比较符合学生的认知水平和心理水平，有利于减轻学生进入高中化学学习的压力和不适感，激发学生化学学习的兴趣。

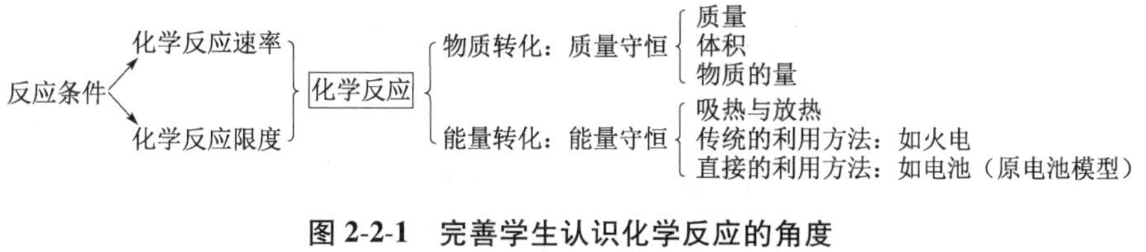


**图 2-2-1　完善学生认识化学反应的角度**

从学习方式层面看，本章强调对认知模型的提炼与完善，如从化学键断裂与生成的角度理解伴随化学反应的能量变化，原电池原理，“条件控制”原则在探究多因素问题中的应用，定量研究可逆反应等。学生要及时调整学习方式和方法，建立并完善符合要求的认知模型，不断提升学习效率。

## 四、教学建议

1. 深刻理解化学概念的内涵

本章化学概念较多，而且含义极为丰富。理解这些概念或原理所蕴含的丰富内涵，才能够真正使我们设计的教学不仅可以满足学生的需求，也能很好地实现核心知识结构化与认识思路的条理化，有助于学生未来的发展。比如，这一部分内容里必修与选修的关系，中学化学课程部分与大学化学的关系。如果不加以澄清，很可能在不经意间就犯了原则性错误。例如，为了引入化学平衡的概念，教师用某商场单位时间进入的人数与出去的人数相等这个“生活常识”解释化学平衡。因为平衡体系是热力学原理封闭体系（与环境没有物质交换只有能量交换的体系），所以这样的“生活常识”并不合适。再如，恒压条件下封闭体系的 $\Delta H$ 才与“反应热”在数值上相等，教师在讲授此知识的时候有没有加以必要的区分呢？化学反应速率属于动力学研究范畴，而化学平衡属于热力学研究范畴，用正、逆反应速率相等来引入化学平衡，原本就是受限于学生的认知水平不得已而为之的权宜之计，切不可作为唯一正确的角度和结论。还有，电子的运动是受电势差影响的，而电势差不仅存在于“氧化剂”和“还原剂”之间，浓度的差异和温度的不同，也会影响“氧化性”或“还原性”强弱，所以有“浓差电池”与“温差电池”等，其对应的化学专业名词是电极电位与过电位，并且有定量的计算方法（能斯特方程等）。虽然这里可能根本不用跟学生介绍得这么清楚，但是教师对这部分相关学科结构与学科课程结构的关系有正确理解显然是非常必要的。

2. 找准必修部分内容的定位，提高教学设计的针对性

可以从五个维度初步认识本章内容：① 定性到定量；② 静态到动态；③ 宏观到微观；④ 孤立到关联；⑤ 单因素到多因素等。例如化学反应速率，就是由定性的快与慢到定量的表征方式；从宏观能测量的浓度、体积等出发，到微观的粒子碰撞（尽管这里没有介绍碰撞理论，但教材第 45 页图 6-16 有示意说明）。必修部分主要涉及的是定性（简单定量）、静态（平衡状态但不涉及平衡移动）、宏观（易观测的指标，如浓度、体积、质量等）、单因素的孤立变化系统。可参考图 2-2-2 解构教材内容的五个维度，来帮助我们准确定位。

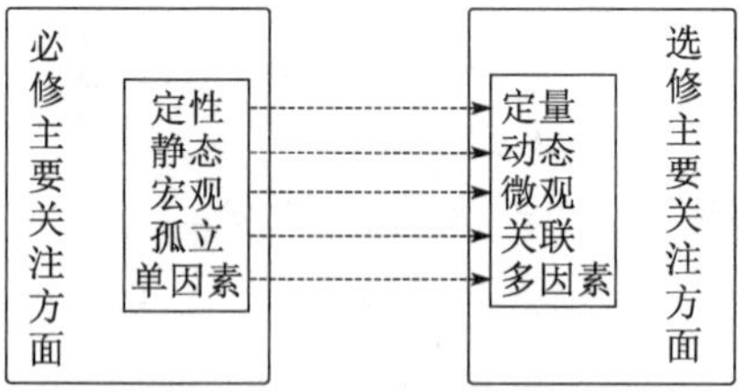


图 2-2-2　解构教材内容的五个维度

本章不但概念比较多，而且比较抽象，学生要形成这些概念，仅通过背诵是不可能实现的，教师需要通过创设问题情境来激发学生的认知冲突，从而帮助学生从根源上真正理解掌握这些概念。以化学反应速率为例，学生通过物理的学习已经有了速度和速率的概念，也积累了不少关于化学反应快慢的具体素材，如硫粉分别在纯氧中和空气中燃烧，催化剂能提升化学反应速率等，但还未将化学反应的快慢上升为研究对象，进行概念化、定量化表述和相关因素的研究，更是尚未开展影响因素的探讨，因此学生起点层级处于前结构水平。针对化学反应速率这个概念，提出一个问题：将课本上关于化学反应速率概念的描述换成“单位时间内反应物物质的量的减少或生成物物质的量的增加”行不行？对于“初学者”来说，难以确定，这也恰好给了学生充分思考的时间和空间，通过思考、交流、对比、反思，结合简单的实验，就能帮助学生从“前结构水平”顺利过渡到“单一结构水平”。

*3. 充分发挥实验在教学中的重要作用，提高学生的探究水平和学习能力*

教学中，教师要充分发挥实验教学应有的功能，与教材中的“探究”“方法引导”“思考与讨论”“科学史话”“化学与职业”等栏目或活动结合起来，精心设计教学环节，或注重利用实验事实、数据等证据素材，帮助学生转变迷思概念；或紧密联系生产生活实际，创设真实的问题情境，组织学生开展实验探究、说明论证、分析解释等活动；借助实验探究活动激发、保护、发扬学生的好奇心与求知欲，锻炼、提高学生的探究水平和学习能力。如教材第 43 页的“探究”与第 45 页的“方法导引”和“思考与讨论”三个栏目就可以整合起来，大致整合思路见图 2-2-3。

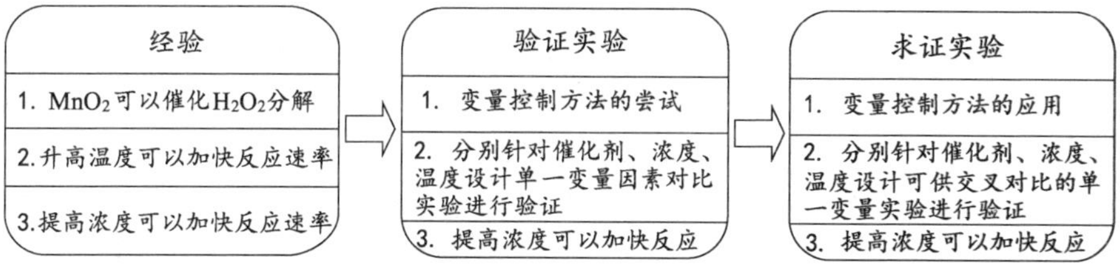


**图 2-2-3 影响反应速率的因素的探究**

从“经验”到“验证实验”比较容易理解，就是将经验与教材实验方案的提示结合起来，运用变量控制的方法，设计单一变量因素对比实验进行验证，见表 2-2-5 至表 2-2-7。

表 2-2-5　催化剂对反应速率的影响

| 试管编号 | 试剂 | 催化剂 | 现象 |
| --- | --- | --- | --- |
| A | 2 mL 5%双氧水+2~3 滴洗涤剂 | $MnO_2$ | |
| B | | 2~3 滴 0.5 mol/L $FeCl_3$ 溶液 | |
| C | | 不加 | |

表 2-2-6　浓度对反应速率的影响

| 试管编号 | 试剂 | 催化剂 | 现象 |
| --- | --- | --- | --- |
| A | 2 mL 5%双氧水+2~3 滴洗涤剂 | 2~3 滴 0.5 mol/L $FeCl_3$ 溶液 | |
| B | 2 mL 12%双氧水+2~3 滴洗涤剂 | | |

表 2-2-7　温度对反应速率的影响

| 试管编号 | 试剂 | 是否水浴加热 | 现象 |
| --- | --- | --- | --- |
| A | 2 mL 5%双氧水+2~3 滴洗涤剂 | 是 | |
| B | | 否 | |

看得出来，这种设计已经达到 SOLO 分类理论中分类评价层次的“多点结构水平”，那么“求证实验”的目的是什么呢？难道是想深入“关联结构水平”？其实是希望能激发学生的内在探究动机，从而进一步应用实验方法进行真正的“探究”。科学结论都是“有待完善的手稿”，而科学方法、探究能力与钻研精神才是更具有生命力的。所以，可以提出问题：“同学们已经很好地预测了浓度、温度、催化剂对化学反应速率的影响，而且已经通过实验加以验证。那么浓度、温度、催化剂这些因素，对化学反应速率的影响孰大孰小呢？请大家设计实验进行探究比较。”这个问题显然超出学生的实际水平，学生最后给出的实验方案（见表 2-2-8）或结论（先两两对比，再进行总结得到结论）也未必严谨，但学生可以从他们不断调整的实验方案中，获得有益的感性体验和启示，尤其是思考及交流讨论过程中高涨的探究动机，以及富有个性的创新设计，这都会给他们带来全新的学习体验。即使学生在探究分析过程中出现一些偏差，教师也可以通过适时的分析和说明，对学生的偏差加以弥补和修正。

表 2-2-8　探究比较影响双氧水分解反应速率的因素

| 试管编号 | 试剂 | 催化剂 | 水浴温度 | 现象 |
| --- | --- | --- | --- | --- |
| A | 2 mL 5%双氧水+2~3 滴洗涤剂 | 无 | 10℃ | |
| B | 2 mL 5%双氧水+2~3 滴洗涤剂 | 无 | 60℃ | |
| C | 2 mL 10%双氧水+2~3 滴洗涤剂 | 无 | 10℃ | |

续表

| 试管编号 | 试剂 | 催化剂 | 水浴温度 | 现象 |
|---|---|---|---|---|
| D | 2 mL 10%双氧水+2~3 滴洗涤剂 | 无 | 60℃ | |
| E | 2 mL 10%双氧水+2~3 滴洗涤剂 | $MnO_2$ | 10℃ | |
| F | 2 mL 5%双氧水+2~3 滴洗涤剂 | $MnO_2$ | 10℃ | |

4. 紧密联系生产和生活实际，重视真实问题情境的创设

本章教学中应重视创设真实且富有价值的问题情境，促进学生化学学科核心素养的形成和发展。例如，在学习“化学反应与热能”后，如何理解“化学反应与热能”相关知识在生产和生活实际中的应用？为凸显“化学反应与热能”相关知识的学科价值和社会价值，教材通过“思考与讨论”栏目，创设了真实的 STSE 问题情境，提供了具有探究价值的情境素材。教师在“化学反应与热能”相关知识的教学中，可以结合学生在互联网上搜索到的“近 10 年我国每年能源消费总量和能源矿产储量的数据及变化”，使学生体会社会发展与能源需求的密切关系，体会节能的重要性和必要性。同时向学生提供有关“煤和石油等燃料对空气的污染”和“如果不使用轻质燃料又会对现代社会的生产和生活产生严重影响”的素材，使学生从不同角度，提出自己的想法或建议，并参与小组讨论。最终学生将发现，化学方法是解决这些矛盾或问题的最基本、最重要的途径。不论是煤或石油等燃料的充分利用，还是作为加工重要化工原料的基本物质；不论是新能源的开发、利用，还是污染的治理与污染物的转化，都离不开化学和技术的发展与应用。学生在学习过程中会自然形成一种意识和习惯，那就是一旦有了问题，就会产生运用化学方法解决这一问题的欲望。这些具体真实的问题解决任务，促使学生查阅文献、设计方案、讨论交流等，并在这样的问题解决过程中体会化学科学的社会价值，从而提升学生的化学学科核心素养，增强环境保护的意识和坚定学好化学造福人类的理想信念。教师在教学中，要通过创设情境和解决问题，将所要讲授的知识、提升的化学学科核心素养融合在一起，以提高课堂教学效率。

本章课时分配建议如下：

| | |
|---|---|
| 第一节　化学反应与能量变化 | 2 课时 |
| 第二节　化学反应的速率与限度 | 2 课时 |
| 实验活动 6　化学能转化成电能 | 1 课时 |
| 实验活动 7　化学反应速率的影响因素 | 1 课时 |
| 全章复习 | 2 课时 |

## 五、评价建议

### （一）核心知识评价

根据教科书章、节、点的知识分布，笔者将核心知识及其对应的评价要求进

行整合，形成核心知识评价细目表，如表 2-2-9 所示。

**表 2-2-9　核心知识评价细目表**

| 节 | 知识单元 | 核心知识 | 评价要求 | | | |
|---|---|---|---|---|---|---|
| | | | 了解 | 理解 | 应用 | 评价 |
| 第一节<br>化学反应<br>与能量变化 | 化学反应与热能 | 吸热反应和放热反应 | √ | | | |
| | | 化学反应体系能量变化与化学键的断裂和形成有关 | | √ | | |
| | 化学反应与电能 | 从物质及能量变化的角度评价燃料的使用价值 | | | | √ |
| | | 原电池 | | √ | | |
| | | 原电池原理 | | | √ | |
| | | 化学电源对提高生活质量的重要意义 | | | | √ |
| 第二节<br>化学反应的<br>速率和限度 | 化学反应速率 | 反应速率的概念 | | √ | | |
| | | 影响反应速率的因素 | | | √ | |
| | | 探究影响反应速率的因素 | | | √ | |
| | 化学平衡 | 可逆反应 | | √ | | |
| | | 化学平衡本质及特征 | | √ | | |
| | | 反应条件可以改变化学平衡状态 | √ | | | |
| | 化学反应<br>条件的控制 | 化学反应条件控制的意义 | | √ | | |
| | | 化学反应条件控制的原则 | | √ | | |
| 实验活动 6 | 化学能转化成<br>电能 | 原电池形成的条件 | | | | √ |
| 实验活动 7 | 化学反应<br>速率的影响因素 | 化学反应速率的影响因素 | | | | √ |

## （二）学科素养评价

根据《课程标准》对学习本章内容后所应达到的素养水平要求，分别形成普通高中学业水平合格性考试和普通高中学业水平选择性考试的学科素养评价标准，如表 2-2-10 所示。

表 2-2-10 学科素养水平要求

| 节 | 合格考要求 | 选择考要求 |
|---|---|---|
| 第一节<br>化学反应<br>与能量变化 | 能说明化学变化中的能量转化；能设计简单实验区别吸热反应和放热反应；<br>能从化学键的断裂与生成的角度分析化学反应中能量变化的原因；<br>能分析化学科学在开发利用能源、保护环境、促进科技发展等方面的价值和贡献；<br>能从能量守恒的角度理解化学能直接转化为电能；能从氧化还原反应的角度理解原电池原理；<br>能主动关注并参与有关能源开发、使用等议题的讨论；<br>能设计简单对比水果电池的实验方案，运用适当的方法控制反应条件（电极材料和电解质溶液）顺利完成实验，并基于实验得出结论 | 能结合生产和生活实际问题情境说明化学变化中能量转化；<br>能运用化学原理和方法解释生产、生活中与能量转化、利用相关的一些实际问题；<br>能分析某些能源转化、能源利用过程中对社会和环境可能发生的影响，提出有实用价值的建议 |
| 第二节<br>化学反应的<br>速率和限度 | 能分析化学反应速率的主要影响因素；能运用“变量控制”设计思路设计简单的实验方案探究影响化学反应速率的主要因素，并基于实验得出合理结论；<br>能从化学反应速率的角度理解食品保存条件要求与保质期规定，关注改变反应速率的方法在生活中的应用；<br>理解可逆反应“不能进行到底”的特点；理解化学平衡状态的本质和特征；<br>能从化学反应限度的角度认识化学反应；<br>能用简单图像表征正、逆反应速率在化学平衡状态建立过程中的变化；能识别简单图像含义，并能进行简单的定量分析；<br>能从化学反应速率和限度的视角全面认识化学反应；能理解工业生产控制化学反应条件的原则；<br>能从化学反应“质”（物质转化）和“能”（能量转化）两方面来全面评价生产、生活中简单的例子，探索“绿色化学”思想实现的途径 | 能从调控反应速率、提高反应转化率等方面综合分析反应的条件，提出有效控制反应条件的措施；<br>能运用变量控制的方法设计探究化学反应的主要影响因素的方案，并能安全、顺利地完成实验；<br>能对实验方案、实验过程和实验结论进行评价，提出进一步探究的设想 |

## （三）日常行为评价

### 1. 课堂提问与点评

教学中教师提问与学生理答是课堂最常用的互动方式，教师应精心设计问题，确保问题的有效性和学生问题回答的诊断价值。例如，“通过调查了解电池的发展历史，结合其发展前景，谈谈研发新型电池的意义。”“为提高燃料的燃烧效率，应如何调控燃烧反应的条件?”“通过了解近 10 年我国每年的能源消费总量和能源矿产储量的数据变化及趋势，能否从社会不同人群的角度，提出想法和建议?”等，这些具体的问题促使学生查阅文献、设计方案、实验探究，在解决问题的过程中培养学生的化学学科核心素养，增强学生的生态文明意识，体会化学科学的社会价值。另外，教师在教学时要注重评价学生思维的深度，尤其是思维的逻辑性、迁移性和批判性等。例如，在“探究影响化学反应速率的因素”的活动中，教师有意逐渐模糊具体探究方案，从而使学生有机会进行探究方案的设计、优化和评价，让学生在教师评价、学生互评过程中，真正“学会”设计探究方案，将“科学探究与创新意识”的培养工作落在实处。

2. 练习与作业

教师在设计试题时，除了要重视核心知识的检验和巩固外，更应注意发挥课堂练习和课后作业对于学生化学学科核心素养的诊断与发展功能。如教材第55页第10题能帮助学生从不同角度对化学平衡状态建立过程进行表征，还可增加一组问题：“能否把 $n-t$ 图像转化为 $c-t$ 图像?所得图像两条线的斜率为什么不同?有什么化学含义?”并与教材第47页图6-18和第49页第4题中的图像进行对比，从不同的角度再理解正、逆反应速率在化学平衡状态建立过程中的变化。这样处理，增加了原有题目的知识价值，促使学生进一步体会概念的内涵，提升学生“证据推理与模型认知”的素养水平。

# 第七章　有机化合物

## 一、学业要求

（1）能辨识常见有机化合物分子中的碳骨架和官能团。

（2）能概括常见有机化合物中碳原子的成键类型。

（3）能描述甲烷、乙烯、乙炔的分子结构特征，并能搭建甲烷和乙烷的立体模型。

（4）知道同分异构现象广泛存在于有机化合物中，能写出丁烷和戊烷的同分异构体。

（5）能描述甲烷、乙烯、乙醇、乙酸的主要化学性质及相应性质实验的现象，能书写相关的反应式，能利用这些物质的主要性质进行鉴别。

（6）能辨识常见的有机化合物类别、官能团。

（7）能列举高分子、油脂、糖类、蛋白质等有机化合物在生产、生活中的重要用途，并结合这些物质的主要性质进行简单说明。

（8）能辨析几种重要的有机化学反应类型（取代反应、加成反应、氧化反应、酯化反应、聚合反应）。

（9）能从有机化合物及其性质的角度对有关能源、材料、饮食、健康、环境等实际问题进行分析、讨论和评价。

（10）能妥善保存、合理使用常见有机化学品。

## 二、内容分析

本章旨在帮助全体高中学生认识简单的有机化合物及其应用。教材比较全面地介绍了乙烯、乙醇、乙酸的存在、组成、结构、主要性质及其应用，结合实例初步建立有机化学反应类型（取代反应、氧化反应、加成反应、聚合反应等）的概念，增加了官能团的概念，列表呈现常见的有机化合物类别、官能团（碳碳双键、碳碳三键、碳卤键、羟基、醛基、羧基、酯基等）和代表物。教材通过“实验活动 8”搭建甲烷、乙烷、乙烯、乙炔球棍模型，引导学生认识有机化合物中碳原子的成键特点（单键、双键、三键）、主要类型（链状、环状），以及分子的立体结构。教材选取甲烷、苯、油脂、糖类、蛋白质等高分子化合物与实际应用密切相关的主要知识，旨在帮助学生认识有机化合物在生产生活和社会发展中的重要应用。

第七章栏目设置及使用建议如表 2-2-11 所示。

**表 2-2-11　第七章栏目设置及使用建议**

| 栏目名称 | 栏目内容 | 使用建议 | 页码 |
|---|---|---|---|
| 思考与讨论 | 碳骨架 | 认识碳原子的成键类型 | P61 |
| 资料卡片 | 使用模型研究物质结构 | 化微观为宏观的认识思路 | P61 |
| 思考与讨论 | 烷烃分子结构模型 | 递进式认识烷烃的分子组成和结构特点 | P62 |
| 思考与讨论 | 烷烃性质的预测 | 用日常生活情境建立感性认识 | P63 |
| 资料卡片 | 煤矿的安全生产 | 分析煤矿爆炸事故起因、安防措施及其原理 | P64 |
| 【实验 7-1】 | 甲烷的取代反应 | 演示，控制实验条件进行对比实验 | P64 |
| 练习与应用 | 认识有机化合物练习题 | 巩固对烷烃结构、性质的认识，了解其在生产生活中的应用 | P66 |
| 【实验 7-2】 | 乙烯的氧化反应 | 演示，比较乙烯的两种氧化还原反应的现象及其本质 | P67 |
| 【实验 7-3】 | 乙烯的加成反应 | 演示，通过乙烯与 $Br_2$ 的加成反应，认识加成反应的特点及定义，并总结乙烯的鉴别方法 | P68 |
| 信息搜索 | 乙烯作为植物生长的调节剂 | 通过对生活实例的观察，进一步查阅资料、讨论原理 | P69 |
| 探究 | 烃的分子结构 | 通过宏观表征和符号表征认识烃的分子结构 | P70 |
| 科学史话 | 芳香族化合物与苯 | 通过科学家的研究历程知道有机物认识的一般思路，初步了解苯及芳香族化合物 | P71 |

续表

| 栏目名称 | 栏目内容 | 使用建议 | 页码 |
|---|---|---|---|
| 思考与讨论 | 常见材料 | 利用图示或表格将常见材料的知识进行结构化整理 | P75 |
| 科学·技术·社会 | 黏合剂和涂料 | 拓展有机高分子材料应用的知识 | P75 |
| 练习与应用 | 乙烯与有机高分子材料练习题 | 巩固对乙烯结构及性质的认识，了解有机高分子材料的应用 | P76 |
| 【实验 7-4】 | 乙醇与钠反应 | 演示，对比钠与水的反应，指导操作，观察现象 | P77 |
| 【实验 7-5】 | 乙醇的氧化反应 | 演示，乙醇氧化反应的实验操作及现象观察 | P78 |
| 资料卡片 | 认识酒类 | 了解各类酒中的乙醇含量、乙醇在人体内作用的机理 | P79 |
| 思考与讨论 | 探究醋酸酸性 | 讨论、设计实验方案，探究醋酸酸性 | P80 |
| 【实验 7-6】 | 乙酸乙酯的制备 | 演示，研讨操作步骤，实施精细操作 | P80 |
| 方法导引 | 认识有机化合物的一般思路 | 建立官能团意识，嵌入“结构决定性质”观念 | P81 |
| 练习与应用 | 乙醇和乙酸的练习题 | 巩固对乙醇和乙酸的结构、性质的认识 | P82 |
| 【实验 7-7】 | 葡萄糖的还原性 | 演示，检验葡萄糖（醛基）的两种基本操作方法 | P84 |
| 资料卡片 | 葡萄糖特征反应生理表现 | 感受化学学科的社会价值 | P84 |
| 【实验 7-8】 | 淀粉的性质 | 演示，淀粉的检验、淀粉水解程度的定性检验 | P84 |
| 信息搜索 | 我国酿酒和制醋法 | 弘扬中华优秀传统文化与学习化学知识完美结合 | P85 |
| 思考与讨论 | 氨基酸的结构特点 | 从结构决定性质视角分析问题 | P85 |
| 【实验 7-9】 | 蛋白质的性质 | 演示，探究蛋白质变性和检验的方法 | P86 |
| 思考与讨论 | 蛋白质变性的应用 | 感受化学学科的社会价值 | P86 |
| 资料卡片 | 油脂的保护 | 从不饱和键角度认识油脂变性的原因及保护措施 | P87 |
| 科学·技术·社会 | 奶油 | 化学让生活更美好 | P88 |

续表

| 栏目名称 | 栏目内容 | 使用建议 | 页码 |
|---|---|---|---|
| 化学与职业 | 营养师 | 激励学生学习化学、投身化学事业 | P88 |
| 研究与实践 | 了解食品中的有机化合物 | 引导学生开展探究学习、书写调查报告 | P89 |
| 练习与应用 | 基本营养物质练习题 | 巩固对基本营养物质的结构及性质的认识 | P90 |
| 整理与提升 | 有机化合物总结 | 结构—性质—转化—用途 | P91 |
| 复习与提高 | 有机化合物练习题 | 巩固对有机化合物的结构、性质及转化的认识 | P93 |
| 实验活动 8 | 搭建球棍模型认识有机化合物分子结构的特点 | 与 P70“探究　烃的分子结构”融合教学 | P95 |
| 实验活动 9 | 乙醇、乙酸的主要性质 | 结合第三节，进行边讲边实验教学 | P96 |

## 三、学情分析

从知识储备层面看，学生通过对初中化学的学习，对有机物有了常识性的了解，知道有机物是含碳的化合物。学生通过初中化学第五单元“课题 2　原子的结构”学习，认识了碳原子核外电子排布的特征；通过人教版《化学（必修）第一册》第四章的学习，学生对化学键有了初步的认识，为在本章中认识有机化合物碳原子的成键特点、价键类型及简单有机化合物分子的空间结构提供了必备条件。学生通过初中化学第七单元“课题 2　燃料的合理利用与开发”，初步了解甲烷和乙醇的物理性质和可燃性，为在本章深入认识甲烷、乙烯、乙醇和乙酸提供了应有的基础。学生通过初中化学第十二单元“课题 1　人类重要的营养物质”“课题 3　有机合成材料”学习，初步认识了糖类、蛋白质、油脂和有机合成材料，为学习本章有机高分子材料、基本营养物质提供了较高的起点。

从心理发展层面看，必修模块的有机化学内容是以典型有机物学习为切入点的，学生从心理上更容易接受；让学生在初中有机物具有宏观辨识的基础上，能从物质结构的微观视角对有机物有更深层次的认识；教材选取甲烷（天然气主要成分）、乙烯（塑料制品原料）、乙醇（酒的主要成分）、乙酸（醋的主要成分）、糖、油脂、蛋白质等与生活密切联系的物质，使学生感到熟悉、亲切，并且有浓厚的学习兴趣。同时本章涉及的化学物质较多，学生难以记忆清晰；概念密集，学生难以辨识明了；结构多样，学生难以理解透彻。

从学习方式层面看，学生已经形成了宏观辨识与微观探析的基本素养，建立了“结构决定性质”“性质决定用途”的基本观念。学生已经掌握了物质分类的基本方法，教材提供了从官能团视角去认识不同有机物和不同有机反应类型的典型代表物。学生已经具备了积极参与“实验活动”“思考与讨论”“探究”“整理与提升”“复习与提高”等栏目的能力与兴趣，保障了学习活动的高效性。

## 四、教学建议

本章从碳原子的成键特点建立有机化合物的空间结构模型是难点，认识乙烯、乙醇和乙酸的空间结构、性质、反应式的书写，以及由此建立取代反应、加成反应、聚合反应等反应类型概念和官能团概念是重点。

1. 挖掘教材和课程标准中的素材，创设真实而有意义的教学情境

真实具体的问题情境是学生化学学科核心素养形成和发展的重要平台。把“知识内容”转化成“学习任务”是难点，情境素材的重要价值是形成驱动性任务引导学生学习、促进学生的学科素养发展。好的情境素材能够吸引学生主动学习，能够引发学生的认知冲突、挑战学生的认识角度，能够针对学生的认知障碍丰富学生的认识思路、帮助学生形成认识方法等。教学情境创设要遵循“依据教学目标”“源于生产生活”“契合认知水平”“激发学科思维”等原则。

利用新课标中“情境素材建议”。教师在教学中要根据教学内容，结合《课程标准》中“情境素材建议”，选择适当的教学情境，激发学生学习兴趣，激励学生积极思考，并引导学生利用所学知识解决日常生活中的实际问题。

利用生产生活实际创设教学情境。有机化合物在我们日常生活中具有广泛的应用，从生产生活实际中天然气、催熟剂、酒精、食醋、油脂、糖类、蛋白质等的应用情境开展教学，从官能团的角度对这些物质的主要性质进行简单分析，并对常见有机化学品的使用与保存，以及有关能源、材料、饮食、健康、环境等实际问题进行分析、讨论和评价。

2. 利用教材中设置的栏目，组织多元化的学习活动

化学学习活动指学生在教师的指导下，为顺利地完成化学学习任务而采取的一系列学习步骤。化学学习活动中往往需要采取一系列步骤，这一系列步骤实际上就是一系列的学习行为，于是化学学习活动具有多维性。本章教材中设置了极为丰富的栏目，教师应充分利用、指导并组织学生开展多元化的学习活动。

一是利用栏目组织一般学习过程。利用“思考与讨论”进行预习和问答活动，利用“练习与应用”进行练习和作业活动，利用“整理与提升”“复习与提高”进行复习与考试活动。

二是利用栏目组织科学认识过程。通过“信息搜索”“资料卡片”“实验 m-n”“科学史话”“科学 · 技术 · 社会”“化学与职业”等，进行查阅、调查、实验和观察等活动，并使用表格化、框图化、符号化进行资料整理活动；通过“研究与实践”“实验活动”“方法引导”“探究”等，开展建立模型、科学抽象、提出假设和验证假设，得出规律和结论的活动。

3. 准确把握好教学标高，架好初中化学与高中化学的桥梁

根据《课程标准》和学时要求，本章主要选取的典型代表物如下。

- 有机化合物
  - 烃
    - 甲烷（$CH_4$）
    - 乙烯（$C_2H_4$）
  - 烃的衍生物
    - 乙醇（$CH_3CH_2OH$）
    - 乙酸（$CH_3COOH$）
  - 糖类、蛋白质、油脂

教师在教学中一方面不要随意扩充代表物，不要将乙炔、苯、乙醛等纳入教学内容；另一方面不要盲目扩充代表物的性质和内容，尽量不涉及类物质的性质（烷烃除外）。教师只需要让学生识别教材中所列举的官能团，知道“官能团对有机物的性质具有决定作用，含有相同官能团的有机物在性质上具有相似之处”。注意从结构的角度适当深化学生对甲烷、乙烯、乙醇、乙酸的认识，理解三类基本营养物质的特征反应，了解高分子材料在生产和日常生活中具有广泛的应用，建立有机物“（组成）结构—性质—用途”的认识关系。

教师在教学中需要让学生了解同系物的概念，了解有机物具有同分异构现象，能书写丁烷和戊烷的同分异构体，能对简单有机物命名，使学生了解学习和研究有机物的一般方法，能够对主要代表物的结构和性质进行三重表征（宏观表征、微观表征和符号表征），形成一定的分析和解决问题的能力，为学习高中化学选择性必修 3 提供必要的知识储备。

本章课时分配建议如下：

| | |
|---|---|
| 第一节　认识有机化合物 | 2 课时 |
| 第二节　乙烯与有机高分子材料<br>实验活动 8　搭建球棍模型认识有机化合物分子结构的特点 | 3 课时 |
| 第三节　乙醇与乙酸 | 2 课时 |
| 第四节　基本营养物质 | 2 课时 |
| 实验活动 9　乙醇、乙酸的主要性质 | 1 课时 |
| 全章复习 | 1 课时 |

## 五、评价建议

### （一）核心知识评价

根据教科书章、节、点的知识分布，将核心知识及其对应的评价要求进行整合，形成核心知识评价细目表，如表 2-2-12 所示。

**表 2-2-12　核心知识评价细目表**

| 节 | 知识单元 | 核心知识 | 评价要求 | | | |
|---|---|---|---|---|---|---|
| | | | 了解 | 理解 | 应用 | 评价 |
| 第一节<br>认识有机化合物 | 有机化合物中碳原子的成键特点 | 碳原子之间可以形成单键、双键或三键 | | √ | | |
| | | 碳骨架含有链状结构和环状结构 | | √ | | |
| | 烷烃 | 烷烃的结构、定义、通式和同系物的概念 | √ | | | |
| | | 简单烷烃的命名 | | √ | | |
| | | 同分异构现象和同分异构体 | | | | √ |
| | | 烷烃的物理性质和化学性质 | | √ | | |
| | | 甲烷的取代反应 | | | √ | |
| | | 有机物的通性 | | √ | | |
| 第二节<br>乙烯与有机高分子材料 | 乙烯 | 乙烯的用途 | √ | | | |
| | | 乙烯的分子结构 | | √ | | |
| | | 乙烯的物理性质 | √ | | | |
| | | 乙烯的化学性质 | | | | √ |
| | | 聚合物的有关概念 | √ | | | |
| | 烃 | 烃的概念及其分类 | | √ | | |
| | | 烃的分子结构 | | √ | | |
| | 有机高分子材料 | 高分子材料的分类、性能及主要用途 | √ | | | |
| 第三节<br>乙醇与乙酸 | 乙醇 | 乙醇的分子结构、物理性质 | | √ | | |
| | | 乙醇的化学性质 | | | | √ |
| | 乙酸 | 乙酸的物理性质 | √ | | | |
| | | 乙酸的化学性质 | | | | √ |
| | | 酯的性质 | | | √ | |
| | 官能团与有机化合物的分类 | 常见有机化合物类别、官能团和代表物 | | √ | | |
| | | 认识有机化合物的一般思路 | | | √ | |
| 第四节<br>基本营养物质 | 糖类 | 常见糖类物质的类别、特点、代表物的性质和应用 | | √ | | |
| | 蛋白质 | 常见氨基酸的结构和性质 | √ | | | |
| | | 蛋白质的性质和应用 | | √ | | |
| | 油脂 | 油脂的结构特点、性质和应用 | √ | | | |

续表

| 节 | 知识单元 | 核心知识 | 评价要求 | | | |
|---|---|---|---|---|---|---|
| | | | 了解 | 理解 | 应用 | 评价 |
| 实验活动 8 | 搭建球棍模型认识有机化合物分子结构的特点 | 有机化合物分子结构的特点 | | | | √ |
| 实验活动 9 | 乙醇、乙酸的主要性质 | 乙醇、乙酸的主要性质 | | | | √ |

## （二）学科素养评价

根据《课程标准》对学习本章内容后所应达到的素养水平要求，分别形成普通高中学业水平合格性考试和普通高中学业水平选择性考试的学科素养评价标准，如表 2-2-13 所示。

**表 2-2-13　学科素养评价细目表**

| 节 | 合格考要求 | 选择考要求 |
|---|---|---|
| 第一节<br>认识有机化合物 | 能从原子结构视角说明碳原子的成键特点；<br>能从不同视角对烷烃主要变化进行分类；<br>能运用化学符号表征甲烷的取代反应；<br>能分析化学科学在开发利用天然气、沼气、煤层气和可燃冰等自然资源方面的重要作用 | 能根据烷烃的组成、结构特点、微粒间作用力说明烷烃的性质；<br>能从宏观与微观的角度分析和表征同分异构现象；<br>能结合烷烃说明化学科学发展在自然资源利用、材料合成、促进科学技术发展等方面的重要作用 |
| 第二节<br>乙烯与有机<br>高分子材料 | 能从不同视角对乙烯主要变化进行分类；<br>能从碳碳双键说明乙烯的主要性质，能分析乙烯性质与用途的关系；<br>能运用化学符号表征乙烯的加成反应；<br>能设计实验室鉴别乙烷和乙烯的实验；<br>能从构成物质的分子式、化学键、官能团等方面说明不同烃类的结构特点；<br>能分析化学科学在开发利用自然资源、合成新物质和社会文明等方面的价值和贡献；<br>了解加聚反应在化工生产中遵循“绿色化学”思想的重要性 | 能从碳碳双键官能团的角度预测物质的性质，能基于其性质提出物质在生产、生活和科学技术等方面应用的建议和意见；<br>能基于“绿色化学”理念设计有机化合物合成的方案，并对方案进行评价和优化；<br>能结合烯烃说明化学科学发展在自然资源利用、材料合成、促进科学技术发展等方面的重要作用 |

续表

| 节 | 合格考要求 | 选择考要求 |
|---|---|---|
| 第三节<br>乙醇与乙酸 | 能从不同视角对乙醇和乙酸主要变化进行分类；<br>能从羟基和羧基两种不同官能团说明乙醇和乙酸的主要性质，能分析性质与用途的关系；<br>能根据官能团对常见有机物分类；<br>能设计乙酸乙酯制备的实验方案，运用适当的方法控制反应条件并顺利进行实验；<br>能从化学视角理解食品安全法律法规，关注乙醇和乙酸在生产、生活中应用可能产生的负面影响 | 能从官能团视角对物质及其变化进行分析和推断；<br>能基于“绿色化学”理念设计有机化合物合成的方案，并对方案进行评价和优化；<br>能依据“绿色化学”思想分析某些化学产品生产和应用中存在的问题，提出处理或解决化学问题的方案 |
| 第四节<br>基本营养物质 | 能从不同视角对糖类、蛋白质和油脂的主要变化进行分类；<br>能从构成物质的分子式、组成、化学键、官能团等方面说明常见物质的主要性质，能分析物质性质与用途的关系；<br>能设计简单实验鉴别不同的糖类、蛋白质和油脂；<br>能从化学视角理解食品安全法律法规，关注基本营养物质在生产、生活中应用可能产生的负面影响 | 能根据物质的类别、组成、微粒的结构、微粒间作用力等说明或预测物质的性质；<br>能对多糖的水解实验方案、实验过程和实验结论进行评价，提出进一步探究的设想；<br>能说明化学科学发展在自然资源利用、材料合成、环境保护、保障人类健康、促进科学技术发展等方面的重要作用 |
| 实验活动 8 | 能通过搭建球棍模型分析甲烷、乙烷、乙烯、乙炔的组成、化学键、官能团及空间结构 | 通过对比分析认识不饱和度问题 |
| 实验活动 9 | 能通过实验强化对乙醇、乙酸主要性质的认识；<br>探究乙酸乙酯制备的实验装置和实验方法的设计，能运用适当的方法控制反应条件并顺利进行实验 | 能通过乙醇催化氧化的实验过程，推断其反应机理；<br>能对乙酸乙酯制备的实验方案、实验过程和实验结论进行评价，并能提出通过萃取分离产品的方法 |

## （三）日常行为评价

### 1. 课堂提问

课堂是教学的主阵地，提问、回答、点评是课堂活动的主要方式。教师在设问时应结合班级学情，所提问题尽可能面向全体学生；教师要创设有价值的情境，激发学生参与学习的兴趣；教师要注重知识之间的相互衔接，促进学生深化认识和理解。对学生的表现评价可以从如下几个方面进行：能踊跃发言，有条理地表达自己的意见，解决问题的过程清楚，用语规范；认真听讲；具有批判精神，思维活跃，敢于质疑，勇于钻研难题，善于表达自己的想法；积极参与小组讨论，诚恳表述自己的观点，虚心听取别人的意见，与组内成员共同探究、解决问题。例如，在乙烯的导入环节，设问：乙烯分子式为 $C_2H_4$，它与乙烷的分子式有何不同？根据有机化合物中碳原子的成键特点，乙烯结构具有怎样的特点？你是否能基于乙烷的球棍模型拼接出乙烯的结构？你预测乙烯会表现出什么样的化学性质？通过这一系列问题及活动对学生进行满意和加分等级评价。例如最后一问，学生若回答乙烯能燃烧生成二氧化碳和水，可评为满意；学生若回答因为其含碳量比乙烷高而能产生黑烟，可加分；学生若回答乙烯与某些物质反应使碳碳双键可以断裂一根或两根，可加分；学生若回答乙烯和乙烷一样可以发生取代反应，教师则引导学生一起开展实验探究。

2. 实验操作评价

在学生试验中要强化实验安全意识，准备好必要的实验用品，与学生探究并形成切实的实验操作步骤，巡视学生实验过程，及时纠正学生操作的规范性，认识如何有效处理实验安全事故等。在本章中“实验活动 8”“实验活动 9”都具有很强的操作性，同时也可以将【实验 7-2】和【实验 7-3】在实验室开展“边讲边实验”的教学。例如乙酸乙酯的制备实验，能按照教科书第 80 页图 7-22 装配实验装置，可评为满意，若装置装配美观，可加分，能主动检查气密性，可加分；取 3 mL 乙醇使用滴管，可评为满意，使用倾倒方法可加分；滴加 2 mL 浓硫酸和 2 mL 乙酸操作正确，可评为满意，能够控制滴加速度且边滴边振荡，可加分；能将试管倾斜加入几片碎瓷片再慢慢直立试管，可评为满意，否则要予以指正；能移动酒精灯使试管均匀受热后集中于试管底部小火加热，可评为满意，否则要予以指正；能观察左边试管的沸腾状况，移动酒精灯且注意观察右边试管中的现象，可评为满意，否则要予以指正；实验结束先取下盛有饱和碳酸钠溶液的试管再熄灭酒精灯，可评为满意，否则要予以指正；能振荡盛有饱和碳酸钠溶液的试管、静置并观察记录现象，可评为满意；学生提出通过分液的方法将乙酸乙酯分离，可加分。

# 第八章 化学与可持续发展

## 一、学业要求

（1）能总结金属冶炼的一般原理和方法；能判断常见金属的冶炼方法。

（2）通过冶炼铝的成本计算，认识废旧金属的回收和再利用是开发和利用金属资源的重要途径，辩证地看待资源使用的利弊及其对环境和社会的影响，树立珍惜资源、节约资源、爱惜环境和保护环境的意识，能对资源开发利用的方案进行评价。

（3）能以海水资源中氯化钠为原料制取其他化工产品，能书写出转化的化学方程式，能构建物质间的转化关系图。

（4）能依据海水提溴的工艺流程写出主要反应的离子方程式，形成工业上物质提取物质的一般思路和方法。

（5）能对煤的干馏、液化和气化从原理、主要反应、产品及用途上进行对比；对石油的分馏、裂化和裂解从目的、原理、主要原料、主要产品和主要变化类型上进行对比；认识化学方法在能源开发中的作用和贡献，感受化学科学在生产、生活中的应用价值。

（6）能对干馏、蒸馏、分馏三个概念进行区别和联系。

（7）能从土壤酸碱性、农作物营养状况、化肥本身的性质三个方面理解化肥施用时考虑的因素，了解化肥施用时的注意事项及过量施用对水体和土壤产生的影响。

（8）能认识农药大量使用对环境的污染和对人体健康的危害；会分析 DDT 到 DDE 分子结构的变化导致性质的变化。

（9）能分析化学在发展工农业生产、创建良好生态等方面的应用价值；辩证地看待化肥、农药施用的利弊及其对环境和社会的影响。

（10）能认识化学在促进人类健康方面的重大贡献，在化学品使用、食品与药品安全等方面树立自觉遵守有关法律、法规的意识。

（11）能列举和分析大气、水体与土壤的常见污染物及其危害，能说明常见污染的成因和防治措施的化学原理，能结合具体的污染问题设计简单的防治方案。

（12）通过酸雨防治和污水处理两种典型的环境防治案例，认识化学在治理污染和保护环境中的重要作用，认识到人类对环境治理的责任，树立“绿色化学”的观念。

## 二、内容分析

化学科学是社会发展非常重要的推动力量，资源、环境、医药、健康、材料等社会发展的不同方面都有着化学科学的贡献，但人类同时也面临着化学发展所造成的严重的环境危机。本章内容围绕着“化学与可持续发展”这一主题展开，共分为三节。第一节“自然资源的开发利用”以金属矿物、海水、化石燃料开发利用为例，让学生了解化学在资源开发利用中的地位和作用，以及伴随这一过程产生的环境问题。第二节“化学品的合理使用”以化肥、农药的合理施用、合理用药和安全使用食品添加剂为例，让学生认识化学品在农业生产、在人体营养与健康中的重要作用，体会生态系统中人与自然“你中有我，我中有你”的紧密联系。第三节“环境保护与绿色化学”以资源开发利用中保护资源、保护环境为例，让学生认识自然界中人类始终面临着需要协调的问题。坚持可持续发展，树立“绿色化学”的观念为当前化学的应用与发展指明了方向。教材按照“产品源于自然，归于自然”的物质转化过程安排教学内容，从资源的利用、生产到产品的使用、消费，再到资源、环境保护，将化学品生命周期的循环链条完整呈现，使本章主题的内涵更加丰富、全面，更加突出学生作为使用者和消费者的角色，有利于教学过程贴近工业生产和个人生活实际，进一步提高学生在教学和实践中的参与程度。

本章在栏目设置上，除了传统的“资料卡片”“思考与讨论”“整理与提升”外，在“科学·技术·社会”“化学与职业”“研究与实践”等栏目里融入了当代新发展理念、贴近学生生活情趣的实例。“科学·技术·社会”告诉我们化学科学在生产、生活中的应用价值，以及其对人类文明作出的伟大贡献；“化学与职业”则是阐述学习化学后可从事的未来职业，反映了化学的学科价值和社会价值；“研究与实践”让学生体会学习生活中的化学，用化学指导生活，感悟化学的魅力和价值，培养学生的实践能力。

第八章栏目设置及使用建议如表 2-2-14 所示。

**表 2-2-14　第八章栏目设置及使用建议**

| 栏目名称 | 栏目内容 | 使用建议 | 页码 |
| --- | --- | --- | --- |
| 资料卡片 | 自然资源与可持续发展 | 了解资源种类和可持续发展的目标 | P98 |
| 思考与讨论 | 铝的生产原理及消耗 | 看图对比，计算成本，认识节约资源、保护环境的重要性 | P99 |
| 资料卡片 | 海水中的化学元素 | 介绍海洋是巨大的自然资源宝库 | P100 |
| 思考与讨论 | 海水提溴的工艺流程 | 认识自然资源提取物质的一般思路和方法 | P101 |
| 信息搜索 | 海水淡化、海水制盐、海水提溴 | 了解海水资源的综合利用 | P101 |
| 资料卡片 | 天然气水合物 | 了解可燃冰，认识高效清洁能源 | P103 |
| 科学·技术·社会 | 生物质资源的利用 | 了解生物质资源 | P105 |
| 练习与应用 | 自然资源的开发利用练习题 | 检测反馈，及时评价 | P105 |
| 科学·技术·社会 | 滴滴涕的功与过 | 了解 DDT 到 DDE 的转变，辩证看待农药使用的利弊和其对环境、社会的影响 | P108 |
| 思考与讨论 | 农业生产中是否应该继续施用化肥和农药 | 提前布置学生准备开展辩论赛 | P109 |
| 资料卡片 | 处方药与非处方药 | 简单介绍，学会区分 | P109 |
| 思考与讨论 | 查阅药品包装及说明书 | 投影展示、介绍学生收集的药品说明书 | P110 |
| 科学·技术·社会 | 化学与药物设计、合成 | 适当补充研究过程，感受药物研究的神奇与艰辛 | P111 |

续表

| 栏目名称 | 栏目内容 | 使用建议 | 页码 |
|---|---|---|---|
| 思考与讨论 | 如何看待“零添加”“绝不含防腐剂”的说法 | 组织讨论，明辨是非 | P112 |
| 信息搜索 | 认识食品添加剂 | 正确看待食品添加剂 | P114 |
| 资料卡片 | 食品添加剂的使用 | 整合讲解添加剂的功与过，培养食品安全的责任意识 | P114 |
| 研究与实践 | 豆腐的制作 | 学生分组提前准备，当堂完成实验，感受化学的应用价值 | P115 |
| 练习与应用 | 化学品的合理使用练习题 | 知识检测，增强科学、安全、有效、合理使用化学品的意识 | P116 |
| 思考与讨论 | 废气、废水的治理 | 播放中央环境督导组拍摄的废气、废水排放及处理的视频，从环保视角体会“绿色化学”观念 | P119 |
| 思考与讨论 | 乙烯制环氧乙烷 | 通过计算比较两种生产工艺的原子利用率，列举原子利用率100%的化学反应类型，理解绿色发展理念 | P120 |
| 科学·技术·社会 | 人工光合作用 | 体会新技术广阔应用的发展前景 | P120 |
| 化学与职业 | 环境保护工程师 | 了解环境保护工程师工作的性质、区域范围及社会价值，为学生的职业规划提供参考 | P121 |
| 练习与应用 | 环境保护与绿色化学练习题 | 知识检测，增强环保意识，树立绿色化学理念 | P121 |
| 整理与提升 | 自然资源的开发利用、化学品的合理使用、环境保护与绿色化学 | 学生自主整理，小组讨论 | P123 |
| 复习与提高 | 化学与可持续发展练习题 | 限时独立作业，集体讨论，及时评价 | P124 |

## 三、学情分析

从知识储备层面看，学生通过学习初中化学的知识，已掌握了部分基础内容，例如：利用还原剂一氧化碳、氢气、碳单质与金属氧化物在加热或高温条件下反应，将金属还原出来；冶炼铁的原理，初步建立用还原剂从金属氧化物中获取金属单质的方法；海水制盐的原理；化肥、农药的元素组成和物质类型；硫、氮及其化合物的性质，硫和氮的氧化物是大气污染物的主要成分；等等。上述知识的储备为本章进一步学习资源的开发利用、化学品合理使用、环境保护等内容做好了知识的铺垫，利于学生进行知识梳理和归纳。

从心理发展层面看，本章学习的新知识不多，难度适中，重点在使学生体会化学在自然资源综合利用、资源保护和环境保护中的重要作用，能关注各类化学品在生产生活中对人类健康和生态环境产生的影响，学会辩证、全面地看待人与自然协调发展中的问题，进一步提升学生科学精神和社会责任、证据推理和模型认知等学科核心素养。

从学习方式层面看，在本章学习中学生需要对所学知识进行复习、归纳并应用，强化对化学与可持续发展关系的认识。在日常教学中，教师可引导学生自学，要求学生提前预习并查阅资料，鼓励学生参与小组实践合作交流、辩论、汇报，促进学生从被动的接受式学习向积极主动的多样化学习方式转变，促进学生从重视理解和记忆知识向重视知识获取过程的理解和应用转变。

## 四、教学建议

### 1. 注重对已学知识的整合复现，构建分析化学与社会发展问题的基本思路

初中教材中介绍了金属的冶炼、金属资源的保护、海水制盐原理、燃料的合理利用和开发、化学肥料等知识，这些内容的学习为本章打下了重要的基础，教师在教学中要重视初高中相关内容的衔接和整合，让学生学到新知的同时对旧知进行梳理，教师要将“单一知识传授”的教学方式转变为“培养学生分析问题的能力”的教学方式。

一是从具体物质性质的教学转向实际问题分析思路的建构。物质的性质和变化是各领域实际问题的核心要点，但并不应该成为教学的起点和唯一目的。在本章，教师可以将“金属元素在自然界中的存在”与“寻找资源”这一目的相结合，体现这一知识在资源开发方面的价值。分析化学与社会发展问题需要社会视角和化学视角的相互联系和转换。例如通过金属矿物的开发利用教学，将资源的开发利用概括为寻找资源、明确产物、选择转化路径等过程。

二是通过解释或解决简单的实际问题，巩固分析视角和思路。初步建立某种社会发展实际问题的分析视角和思路后，应结合相关的案例进行迁移，应用思路进行分析或解决问题，以巩固和调整已有的思路。以学生为主，教师重点关注其分析的角度和路径。例如在学习金属矿物的开发利用后，可由学生分析“海水资源中溴和碘的开发利用”问题，以便应用、巩固并发展上述分析的视角和思路。

### 2. 基于学生已有的生活经验，创设真实有意义的情境教学，培养学生的科学素养

根据《课程标准》的建议，不同教学内容的情境和素材的选择倾向也应有所不同。例如，对“结合实例认识化学原理、化工技术对于节能环保、清洁生产、清洁能源等产业发展的重要性”的要求，以人类使用能源的历史阶段为线索，讲述从石油、煤等燃料的净化处理及其他新能源的使用中来获得更清洁的能源。对“体会化学科学发展对于药物合成的重要意义”，可选择中外医药合成中最新的、对人类发展具有突出贡献的药物，如青霉素的发明、屠呦呦团队对青蒿

素的研究等。

3. 结合不同形式的综合实践活动，精心设计主题活动

综合实践活动以主题活动的形式开展教学，每个主题活动的具体方式可根据需要采取以下多种方式进行。

（1）参观

根据课题需要，结合教学进度，组织学生参观相关的公共场馆或工厂，如当地的科技馆、博物馆、污水处理厂、金属冶炼厂、食品厂等，聆听专业人员的讲解，像食品厂这种危险度不高的场所，还可以提供学生亲自动手操作的实践活动，结合课题交流，获得相关知识。

（2）科普宣传

结合课程内容依据实际情况，开展班级或校园的科普宣传活动，通过宣传海报、视频或演讲，展示动手实践的作品，凸显化学在健康、材料、能源、环境等方面的实际应用，树立自觉遵守国家关于化学品应用、化工生产、环境保护、食品与药品安全等方面的法律法规的意识。

（3）科学实践

在讲授相关内容时适当补充可行性实验，由教师演示或学生分组实验。例如在介绍金属冶炼方法时，可增加铝热反应；讲解煤的综合利用时可做煤的干馏的演示实验；学生参与豆腐制作的实践活动；等等。

本章课时分配建议如下：

| | | |
|---|---|---|
| 第一节 | 自然资源的开发利用 | 3 课时 |
| 第二节 | 化学品的合理使用 | 2 课时 |
| 第三节 | 环境保护与绿色化学 | 1 课时 |
| 本章复习 | | 1 课时 |

## 五、评价建议

### （一）核心知识评价

本章知识根据教科书章、节、点的知识分布，将核心知识及其对应的评价要求进行整合，形成核心知识评价细目表，如表 2-2-15 所示。

### （二）学科素养评价

根据《课程标准》对学习本章内容后所应达到的素养水平要求，分别形成普通高中学业水平合格性考试和普通高中学业水平选择性考试的学科素养评价标准，如表 2-2-16 所示。

表 2-2-15　核心知识评价细目表

| 节 | 知识单元 | 核心知识 | 评价要求 | | | |
|---|---|---|---|---|---|---|
| | | | 了解 | 理解 | 应用 | 评价 |
| 第一节<br>自然资源的开发利用 | 金属矿物的开发利用 | 金属冶炼原理 | | | √ | |
| | | 合理开发和利用金属资源的重要性和必要性 | √ | | | |
| | 海水资源的开发利用 | 以海水为原料生产其他产品 | | √ | | |
| | | 海水提溴工艺 | | | | √ |
| | 煤、石油和天然气的综合利用 | 化石燃料的成分 | √ | | | |
| | | 煤的干馏、气化、液化 | √ | | | |
| | | 石油的分馏、裂化、裂解 | √ | | | |
| 第二节<br>化学品的合理使用 | 化肥、农药的合理施用 | 化肥、农药施用的利和弊 | | √ | | |
| | | 滴滴涕的功与过 | | √ | | |
| | 合理用药 | 滥用药的危害 | | | √ | |
| | 安全使用食品添加剂 | 常用添加剂的分类 | √ | | | |
| | | 常见的添加剂 | √ | | | |
| 第三节<br>环境保护与绿色化学 | 化学与环境保护 | 废气来源及危害 | | √ | | |
| | | 污水处理方法 | | | | √ |
| | 绿色化学 | 绿色化学的内涵 | | | | √ |

表 2-2-16　学科素养水平要求

| 节 | 合格考要求 | 选择考要求 |
|---|---|---|
| 第一节<br>自然资源的开发利用 | 能判断常见金属的冶炼方法；<br>能认识废旧金属的回收利用是开发利用金属资源的重要途径；<br>能书写以氯化钠为原料制取其他化工产品的化学方程式；<br>能从原理、主要反应、产品及用途上初步了解煤的干馏、液化和气化；从目的、原理、主要原料、主要产品和主要变化类型上初步了解石油的分馏、裂化和裂解；<br>能区别干馏、蒸馏、分馏；<br>了解化肥施用时的考虑因素、注意事项；<br>能认识化学品不合理使用时给人类带来的危害；<br>能列举大气、水体、土壤的常见污染和危害 | 能从氧化还原反应原理构建金属冶炼的思维模型；<br>能对资源的开发利用和能源的使用方案进行评价；<br>能从化学的角度构建物质间的转化关系，分析从资源到产品的转化途径；<br>能认识化学方法在资源开发利用中的作用；<br>能辩证地看待资源利用的利弊；<br>能说明化学科学发展在自然资源利用、环境保护、促进科学技术发展等方面的重要作用；<br>能分析化学科学在自然资源利用方面的价值和贡献 |

续表

| 节 | 合格考要求 | 选择考要求 |
|---|---|---|
| 第二节<br>化学品的合理使用 | 能通过讨论 DDT 的功与过，正确看待化肥和农药的合理施用；<br>能通过阿司匹林制备的学习，了解药物合成的一般思路和方法；<br>知道常见食品添加剂及其种类，了解食品添加剂使用的注意事项 | 能运用化学原理和方法对解决生产和生活中的热点问题提出创造性的建议；<br>能了解药物合成的一般思路和方法；<br>能根据物质的组成推测物质的性质，根据性质推测物质的用途；<br>能对化学技术推广应用和化学品使用进行分析和风险评估 |
| 第三节<br>环境保护与<br>绿色化学 | 能列举常见的大气、水体、土壤的污染物及其危害，了解环境污染的主要原因；<br>了解污水处理过程与原理，硫酸型酸雨形成过程和石灰法脱硫的具体方法；<br>了解化工生产中遵循“绿色化学”思想的重要性 | 能分析化学科学在保护环境方面的价值和贡献；<br>能依据“绿色化学”思想分析某些化学产品生产和应用中存在的问题，提出处理或解决化学问题的方案 |

## （三）日常行为评价

### 1. 实验操作评价

学生分组开展《化学（必修）第二册》第 115 页“研究与实践”中的“豆腐制作”。学生分组，小组内部协作制定出合理完整的实验方案，可评为满意；小组成员准备好充足的实验用品，可评为满意；小组成员实验中配合默契，每位成员动手参与，可评为满意；做出的豆腐有形有味，可加分；实验结束，小组汇报实验前期准备、实施过程、实验现象及结果，条理清晰，描述清楚，能清理实验桌面与实验用品，可加分。

本章涉及生产生活实际内容多，实践活动多，其中具体知识的讲解较少，主要是引导学生形成正确的认识和观念。对学生的学习评价应该以活动表现评价为主，注重过程性评价和结果性评价的有机结合。例如，学生在收集和查阅化肥、农药、药品的信息时是否积极主动；组织辩论赛时学生是否主动参与；小组内部是否主动团结其他同学，听取其他同学的意见和建议；学生发表观点时是否条理清晰、证据充足；学生能否对他人提出的观点或方案提出改进性的建议。

### 2. 小组活动评价

学生大多数在课堂内完成学习任务，本章中给学生设计社会实践活动，通过学生在活动中的参与次数多少、时间长短、任务执行力、组长的领导力等方面来进行评价。如在带领学生参观金属冶炼厂、食品加工厂时，首先是自由分组并推选组长，主动担任组长的学生可评为满意；学生是否主动提出设想和建议，提出合理想法的可评为满意；认真观察、积极思考、动手动脑查阅资料，能提出问题和解决方案的学生可加分。

# Ⅲ《化学（选择性必修1）化学反应原理》

化学反应原理模块将从化学反应与能量、化学反应的方向、限度和速率，以及水溶液中的离子反应与平衡等方面，探索化学反应的规律及其应用。教材内容分为四章，分别为第一章“化学反应的热效应”、第二章“化学反应速率与化学平衡”、第三章“水溶液中的离子反应与平衡”和第四章“化学反应与电能”。通过本课程模块的学习，教师可引导学生进一步认识化学变化所遵循的基本原理，初步形成关于物质变化的科学观念；帮助学生了解化学反应中能量转化所遵循的规律，认识到化学反应原理对科学技术和人类社会文明所起的重要作用；促进学生“变化观念与平衡思想”“证据推理与模型认知”“科学探究与创新意识”等化学学科核心素养的发展。

“化学反应原理”模块共2学分、36课时。

## 第一章 化学反应的热效应

### 一、学业要求

（1）能辨识化学反应中能量转化的形式，能分析化学变化中吸收或释放能量的原因，能解释化学反应中能量变化的本质。

（2）能理解内能、焓变、反应热、燃烧热与中和反应反应热的含义。

（3）能认识热化学方程式的意义，并能用热化学方程式表示反应中的能量变化。

（4）能利用化学反应方程式进行焓变的简单计算，能运用反应焓变合理选择和利用化学反应。

（5）能从能量角度理解盖斯定律的意义，能运用盖斯定律设计化学反应的物质和能量变化关系，并建立能量变化的认知模型。

（6）能完成中和反应反应热的测定实验，并能分析、解释有关实验现象，提出实验优化方案或改进措施。

（7）能综合考虑化学变化中的物质变化、能量变化来分析、解决实际问题（如煤炭的综合利用等）。

（8）能举例说明化学在解决能源危机中的作用，能分析能源的利用对自然环境和社会发展的影响，感受化学的应用价值。

## 二、内容分析

“化学反应的热效应”是关于物质与能量转化的重要内容。从知识进阶的角度分析，在必修课本中学生认识了化学能可以转化为热能，认识了化学键的断裂与形成是化学变化中能量变化的主要原因，了解了吸热反应和放热反应与化学键键能的关系。而本章内容是在必修课程基础上的深化，将从定量角度厘清反应热与化学键键能的关系，并学会物质变化和能量变化的正确表征与计算。本章共分两节，第一节“反应热”在必修课程基础上，进一步探究了反应热的测定方法，学习了反应前后体系的内能（符号为 $U$）及焓（符号为 $H$）与物质键能的定量关系，学习运用热化学方程式表征物质和能量变化，进一步学习了与燃料品质有关的燃烧热的概念和表征方法。第二节“反应热的计算”在学习盖斯定律的本质和意义的基础上，促使学生认识能量与反应途径的关系，建立完整的物质变化与能量变化的认知模型，并进一步学习了物质变化过程中的能量计算。

教材在安排这些内容时，遵循了学生的认知规律，从必修课程的定性认识到本章内容的理论建构、定量计算，达成了学生能力的螺旋式发展和提升。教材先从宏观探究反应热的测定，再深入微观探析能量变化的本质，进一步构建物质与能量变化的思维模型，充分彰显了理论建构的一般思路和方法，并促使学生体会化学反应中能量变化的社会价值。

第一章栏目设置及使用建议如表 2-3-1 所示。

**表 2-3-1　第一章栏目设置及使用建议**

| 栏目名称 | 栏目内容 | 使用建议 | 页码 |
|---|---|---|---|
| 探究 | 中和反应反应热的测定 | 探究测定中和反应的反应热，明确测定方法及注意事项，培养学生的数据分析和处理能力 | P5 |
| 资料卡片 | $\Delta H$ 的单位中“$mol^{-1}$”的含义 | 明确 $\Delta H$ 与化学方程式的对应关系 | P10 |
| 科学·技术·社会 | 重要的体内能源——脂肪 | 了解人体内脂肪的重要生理功能 | P11 |
| 研究与实践 | 了解火箭推进剂 | 了解火箭推进剂发展的历史、现状及趋势，体会化学反应中能量变化的重要价值 | P12 |
| 练习与应用 | 第一节习题 | 作业反馈，及时评价 | P13 |
| 科学史话 | 热化学研究的先驱——盖斯 | 树立榜样，激发学生的科学探究的意识 | P16 |
| 练习与应用 | 第二节习题 | 作业反馈，及时评价 | P19 |
| 整理与提升 | 本章知识归纳总结 | 提炼并结构化核心知识 | P20 |
| 复习与提高 | 全章训练 | 作业反馈，及时评价 | P21 |

## 三、学情分析

从知识储备层面上看，学生已完成必修课程中“物质结构基础及化学反应规律”的学习，认识了化学键的断裂和形成是化学反应中物质变化的实质及能量变化的主要原因，认识了物质具有能量，认识了吸热反应与放热反应，了解了化学反应体系能量改变与化学键的断裂和形成有关，知道了化学反应可以使化学能转化为其他能量形式。

从心理发展层面看，学生具备了一定的实验观察、思维和自学能力，但分析推理和抽象思维能力有待提高。当学生学习选择性必修教材中的知识时，学习难度迅速加大，学生会进入知识和能力进阶的瓶颈期，会产生不同程度的压力甚至焦虑。教师在教学中要注意控制难度，循序渐进，要关注学生知识的掌握程度和学习情绪，注意学生心理调节的及时性和有效性。

从学习方式层面看，进入选择性必修课程后，知识的传授由“是什么”向“为什么”转变，教学过程中教师要指导学生预习新课、查漏补缺，做好知识的温故知新。教学方式上由于学科组合特点，出现了走班教学机制，要指导学生科学安排学习时间，以达成培养学生良好习惯的目的。

## 四、教学建议

### 1. 关注知识内容进阶，促进能力螺旋发展

在必修阶段对化学反应与能量变化的学业要求是“能举出吸热反应和放热反应的实例，能分析化学变化中能量吸收或释放的原因”。在选择性必修阶段对化学反应的热效应的学业要求是“能辨识化学反应中的能量转化形式，能解释化学反应中能量变化的本质；能进行反应焓变的简单计算，能用热化学方程式表示反应中的能量变化，能运用反应焓变合理选择和利用化学反应；能举例说明化学在化解能源危机时所发挥的重要作用，能分析能源的利用对自然环境和社会发展的影响”。

从不同阶段的学业要求分析来看，在知识内容上，必修模块关注事实问题的辨识和定性分析，选择性必修模块关注问题本质的溯源，既要求学生从键能角度解释能量变化的本质，又要求学生能定量计算化学反应过程中的能量变化；既要求学生掌握物质和能量变化的符号表征，又要求学生知晓如何利用反应焓变合理选择化学反应，使能源得到合理地利用并服务于社会的发展。

教学过程中，结合具体实例（如氢气与氧气反应生成气态水和液态水释放能量不同）激发学生认知冲突，发展学生基于内能及内能的变化认识物质所具有的能量和化学反应中能量变化的本质，体会焓变概念的价值，并理解热化学方程式的书写规则。在学生能力培养方面，要强化从定性分析到定量表达的提升，能对化学变化进行描述和符号表征。

### 2. 注重核心知识掌握，巧设问题化解疑难

概念的理解和掌握，对于学生能力的发展至关重要。在焓变概念的教学过程

中，教师可依次设置下列问题。

问题1：化学反应的特征和本质是什么？

问题2：凡是有能量变化的过程都是化学变化吗？

问题3：化学反应的 $\Delta H$ 与反应物、生成物的总能量有什么关系？

问题4：化学反应的 $\Delta H$ 与反应物、生成物的键能关系是什么？

通过问题的设置，帮助学生理解内能、焓和焓变的概念，理解吸热反应和放热反应的本质；培养学生对问题关注的多维度意识，焓变概念的理解既可从宏观关注物质的总能量变化，又可从微观关注物质内部化学键的变化。

在中和反应反应热的测定实验中，针对实验数据与理论数据的差异性认识，可设计以下问题，为学生的知识归纳提供思维的角度。

问题1：酸碱中和反应时，氢氧化钠溶液能分步多次加入量热计中吗？

问题2：能用金属搅拌棒替代玻璃搅拌棒吗？

问题3：为什么要用水将温度计上的酸冲洗并擦干再测量氢氧化钠溶液的温度？

通过问题的设置，使学生明确反应热测定实验中，能量损耗是误差产生的关键因素，并引导学生分析归纳减少实验误差的方法，培养学生的科学探究和创新意识。

3. 重视认知模型建立，提高焓变本质认识

《课程标准》提出"发展学生基于内能及内能的变化认识物质所具有的能量和化学反应中能量变化的本质"，针对这一要求，教师在教学中可利用图2-3-1，帮助学生理解焓变与反应物、生成物的能量关系，建立模型 $\Delta H=E$（生成物）—$E$（反应物）。

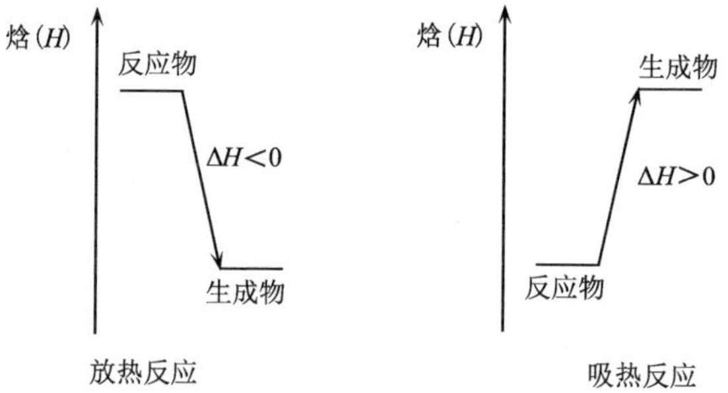


**图2-3-1　化学反应中焓的变化示意图**

为了达成对化学反应中能量变化本质的认识，教师在教学中可利用图2-3-2，帮助学生理解焓变与反应物、生成物的键能关系，建立模型 $\Delta H=\sum$反应物键能—$\sum$生成物键能。

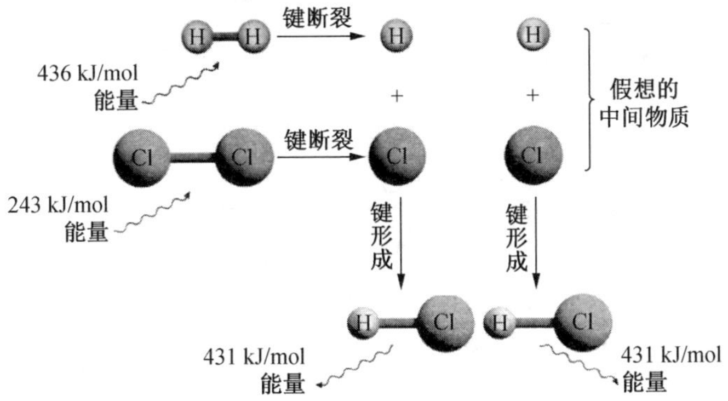


**图 2-3-2 $H_2$（g）+$Cl_2$（g）══2HCl（g）的能量变化示意图**

4. 重视真实情境使用，关注学科素养发展

情境是围绕某一特定主题事实，以文字、数据、图表等方式，为设计问题任务、达成目标而呈现信息的载体。教师可利用“附录Ⅰ：某些物质的燃烧热”数据，引导学生了解家庭使用的煤气、天然气、液化石油气、煤等燃料的热能利用效率，讨论燃料选择的依据，并提出提高能源利用率的合理化建议；利用“研究与实践：了解火箭推进剂”，引导学生查阅资料，了解火箭推进剂的主要成分，培养学生分析和解决问题的能力，认识能源的利用对社会发展的影响，彰显化学的学科价值。

教学活动中，可充分利用教材中的“探究”“研究与实践”“科学史话”等栏目，开展多样化的教学实践，全面提升学生“宏观辨识与微观探析”“证据推理与模型认知”“平衡思想和变化观念”“科学探究与创新意识”“科学态度与社会责任”等方面的化学学科核心素养。

本章课时分配建议如下：

| | |
|---|---|
| 第一节　反应热 | 3 课时 |
| 第二节　反应热的计算 | 2 课时 |
| 全章复习 | 1 课时 |

## 五、评价建议

### （一）核心知识评价

根据教科书章、节、点的知识分布，将核心知识及其对应的评价要求进行整合，形成核心知识评价细目表，如表 2-3-2 所示。

表 2-3-2　核心知识评价细目表

| 节 | 知识单元 | 核心知识 | 评价要求 | | | |
|---|---|---|---|---|---|---|
| | | | 了解 | 理解 | 应用 | 评价 |
| 第一节<br>反应热 | 反应热焓变 | 反应热的定义 | √ | | | |
| | | 中和反应反应热的测定 | | | √ | |
| | | 体系、内能和焓的概念 | | √ | | |
| | | 反应热与化学键断裂、形成的计算 | | | √ | |
| | 热化学方程式 | 热化学方程式的定义 | √ | | | |
| | | 热化学方程式的书写 | | | | √ |
| | 燃烧热 | 燃烧热的定义 | | √ | | |
| | | 燃烧热化学方程式的书写 | | | √ | |
| 第二节<br>反应热的<br>计算 | 盖斯定律 | 盖斯定律的含义 | √ | | | |
| | | 利用盖斯定律计算未知反应的反应热 | | | √ | |
| | 反应热的计算 | 计算化学反应放出的热量 | | | | √ |

## （二）学科素养评价

根据《课程标准》对学习本章内容后所应达到的素养水平要求，分别形成普通高中学业水平合格性考试和普通高中学业水平选择性考试的学科素养评价标准，如表 2-3-3 所示。

表 2-3-3　学科素养评价细目表

| 节 | 合格考要求 | 选择考要求 |
|---|---|---|
| 第一节<br>反应热 | 能分析化学反应中能量吸收或释放的原因；<br>能说明化学变化中的质量关系和能量转化；<br>认识能源是人类生存和发展的基础，了解化学在解决能源危机中的作用；<br>能列举事实说明化学对人类文明的伟大贡献，主动关心与环境保护、资源开发等有关的社会热点问题 | 能定量分析化学变化的热效应；<br>能从宏观与微观、定性与定量等角度对物质变化中的能量转化进行分析和表征；<br>能根据燃料的品质，提出物质在生产、生活和科学技术等方面应用的建议和意见；<br>尊重科学伦理道德，能依据“绿色化学”思想和科学伦理对某一个化学过程进行分析，权衡利弊，做出合理的决策 |

续表

| 节 | 合格考要求 | 选择考要求 |
|---|---|---|
| 第二节<br>反应热的计算 | 能运用化学符号表征物质的变化，能说明化学变化的本质特征和变化规律；<br>能从宏观和微观结合上收集证据，能理解化学反应中表示能量变化的认知模型；<br>了解能量的多少取决于反应物和生成物的质量；<br>能分析能源的利用对自然环境和社会发展的影响，能综合考虑化学变化中的物质变化和能量变化来分析、解决实际问题 | 能进行反应焓变的简单计算；<br>能运用反应焓变合理选择和利用化学反应；<br>能从定性和定量上搜集证据；<br>能认识物质及其变化的理论模型和研究对象之间的异同，能对模型和原型的关系进行评价以改进模型；<br>能定量计算燃料燃烧放出的热量，依据化学变化中能量转化的原理，提出利用化学变化实现能量储存和释放的有实用价值的建议；<br>能针对某些化学工艺设计存在的各种问题，提出处理或解决问题的具体方案 |

### （三）日常行为评价

1. 作业批改

教师在设计练习和作业时，应充分关注核心知识的落实，发挥试题的诊断功能和能力发展功能。例如，在学习了反应热之后，向学生布置教科书第 13 页第 5 题时，教师可让学生以小论文的形式完成，改变简单的作业形式，通过让学生撰写论文，培养学生主动关心社会与环境、资源开发等相关热点问题。在作业完成过程中，学生通过计算相同质量氢气、甲烷、乙醇完全燃烧放出的热量，达成《课程标准》中“能进行反应焓变的简单计算，能用热化学方程式表示反应中的能量变化，能运用反应焓变合理选择和利用化学反应”的学业要求。通过了解氢能在利用过程中需解决的技术难题，帮助学生达成“科学态度和社会责任”的学科素养要求。

2. 小组活动评价

探究活动是化学课堂中常见的一种教学形式，我们可利用教材提供的素材或者选择与教学相关的探究活动，培养学生的探究能力。在进行实验探究活动之前，教师应充分预设实验操作中可能出现的实验现象，设计好对活动评价的角度和问题。例如，在进行“中和反应反应热的测定”的探究实验中，我们可预设评价的角度进行教学评价与调控：

① 液体量取、温度测量等实验操作的规范。

② 实验操作中物质的用量、溶液加入方式的选择。

③ 定量实验中数据处理的要求（偏差较大的数据应舍弃）。

④ 学生计算能力的培养。

3. 问答评价

教师在教学中可根据学生自主参与的程度、学生课堂表现的优秀程度，对于达到一定标准要求的可评为满意，对于达到较高要求的可加分，以区别评价不同水平层次的学生。例如，教师在“反应热”的课堂教学中，可设计如下问答评价：

① 能辨识化学反应中的能量转化形式，可评为满意；能解释化学反应中能量变化的本质，可加分。

② 能进行反应焓变的简单计算，能用热化学方程式表示反应中的能量变化，可评为满意；能运用反应焓变合理选择和利用化学反应，可加分。

③ 能举例说明化学在解决能源危机中的重要作用，可评为满意；能分析能源的利用对自然环境和社会发展的影响，可加分。

④ 能基于化学反应的本质来解释和说明化学反应中的物质与能量转化，可评为满意；能从物质与能量变化的角度、STSE 角度选择和评价燃料，可加分。

# 第二章　化学反应速率与化学平衡

## 一、学业要求

（1）能准确理解化学反应速率的概念，能简单计算化学反应速率；能描述化学反应速率的测量方法，能比较化学反应速率的快慢。

（2）能说出反应活化能和有效碰撞的含义，能用基元反应和反应历程微观解释外部条件对化学反应速率的影响。

（3）能认识可逆反应和不可逆反应，能判断化学平衡状态；能知道自发过程和自发反应，能了解焓判据和熵判据。

（4）能进行化学反应速率和化学平衡的影响因素的实验探究，能归纳外界条件对化学反应速率和化学平衡影响的变化规律。

（5）能计算化学平衡常数和转化率。

（6）能进行化学反应速率和化学平衡的图像分析。

（7）能利用平衡常数和浓度商的关系判断化学反应是否达到平衡及平衡移动的方向。

（8）能运用浓度、压强、温度对化学平衡的影响规律，推测平衡移动方向及浓度、转化率等相关物理量的变化，能讨论化学反应条件的选择和优化。

（9）能通过实验探究分析不同组分浓度改变对化学反应速率的影响，能用一定的理论模型说明改变外界条件对化学反应速率所产生的影响。

（10）能运用温度、浓度、压强和催化剂对化学反应速率的影响规律解释生产、生活、实验室中的实际问题，能讨论化学反应条件的选择和优化。

（11）能针对典型案例，从限度、速率、能耗等多角度综合调控化学反应，培养学生“绿色化学”的观念和辩证思维的能力。

## 二、内容分析

本章知识是在学习了化学反应与能量、物质结构、元素周期律等知识的基础上学习的中学化学重要理论之一，有助于学生充分理解以前所学的元素化合物知识及化学反应，后续将学习的电离平衡和水解平衡实际上是化学平衡知识的拓展和延续，因此它还是后一章内容学习的基础。本章共分四节，是按照如下顺序安排的：化学反应速率→化学平衡→化学反应的方向→化学反应的调控。

第一节是在必修二学习了化学反应速率的基础上再一次进行的理论学习，系统介绍化学反应速率的表示方法和测定化学反应速率的简单方法。通过实验探究，学生了解了温度、浓度、压强和催化剂对化学反应速率的影响，知道了化学反应是有反应历程的，增加了认识基元反应和反应历程以及活化能对化学反应速率的影响。通过实验和理论分析，学生由感性认识上升到理性认识，体现宏观辨识与微观探析的化学学科核心素养。第二节由于有了化学反应速率的知识做基础，学生可以通过实验及相应的“思考与讨论”“资料卡片”“方法导引”等栏目，得出正确的结论，形成化学学科的思维方法，培养变化观念与平衡思想，形成证据推理和模型认知的思维方法。通过实验探究，学生可了解浓度、压强、温度对化学平衡状态的影响。第三节在认识了可逆反应和自然界自发现象的基础上讨论化学反应进行的方向。让学生知道化学反应是有方向的，知道化学反应的方向与反应的焓变和熵变有关，对化学反应的实质有更多的领悟，了解决定反应进行方向的因素不是单一的焓变，熵变也是其中之一，要用复合判据来判断化学反应的方向，从而形成认识化学反应的科学态度。第四节通过实际工业生产的研究，认识化学反应速率和化学平衡的综合调控在生产、生活和科学研究中的重要作用。让学生知道催化剂可以改变反应历程，对调控化学反应速率具有重要意义；同时要学会全面思考问题，兼顾各种条件的相互影响，如浓度对平衡和速率的影响，高压对平衡的影响及对设备材料的要求，在比较中趋利避害，取得最优化的条件。此外，引导学生学习分析具体反应的特点，如反应物的聚集状态、气体的体积变化、能量变化等，进而利用所学理论知识进行合理选择。由此使学生了解化学理论对于生产实际的指导作用，培养其科学探究精神和创新意识，以及社会责任。

第二章栏目设置及使用建议如表 2-3-4 所示。

**表 2-3-4　第二章栏目设置及使用建议**

| 栏目名称 | 栏目内容 | 使用建议 | 页码 |
|---|---|---|---|
| 探究 | 定性和定量研究影响化学反应速率的因素 | 演示，认识定量实验和定性实验的区别及控制实验条件的方法 | P26 |
| 思考与讨论 | 碰撞理论的应用 | 体会利用碰撞理论解释化学问题的一般思路 | P28 |

续表

| 栏目名称 | 栏目内容 | 使用建议 | 页码 |
| --- | --- | --- | --- |
| 科学·技术·社会 | 飞秒化学 | 了解研究化学反应机理的新方法 | P30 |
| 练习与应用 | 第一节习题 | 课堂完成选择题，其余题目课外完成 | P30 |
| 方法导引 | 图像分析 | 了解利用数学工具分析化学问题的一般思路 | P33 |
| 【实验 2-1】 | 浓度对化学平衡的影响 | 演示，认识浓度对化学平衡的影响 | P36 |
| 思考与讨论 | 生成物、反应物浓度的改变对化学平衡的影响 | 归纳反应物、生成物浓度影响化学平衡的规律，形成理论基础 | P37 |
| 【实验 2-2】 | 压强对化学平衡的影响 | 演示，压强改变对化学平衡的影响 | P38 |
| 思考与讨论 | 气体参加的反应压强对平衡的影响 | 归纳有气体参加的反应压强对化学平衡影响的几种情形，形成一般思路 | P38 |
| 【实验 2-3】 | 温度对化学平衡的影响 | 演示，认识化学平衡移动与温度变化的关系 | P39 |
| 科学史话 | 勒夏特列 | 感受化学理论研究对实际化工生产的影响 | P40 |
| 研究与实践 | 了解汽车尾气的治理 | 认识化学技术进步的重要性，体会建设生态文明的意义，增强自觉遵守法规、保护生态环境的意识和责任 | P41 |
| 练习与应用 | 第二节习题 | 课外完成，教师及时评价 | P42 |
| 资料卡片 | 自由能与化学反应的方向 | 了解判断化学反应方向的方法 | P45 |
| 练习与应用 | 第三节习题 | 课堂完成，教师及时评价 | P45 |
| 思考与讨论 | 合成氨 | 从合成氨的生产实际了解利用外部条件调控化学反应的方法和思路 | P46 |
| 科学·技术·社会 | 合成氨——实验室研究与工业化生产 | 了解合成氨研究的历史，认识化工生产与人类进步的密切关系 | P49 |
| 练习与应用 | 第四节习题 | 课堂完成与课外完成结合 | P51 |
| 整理与提升 | 本章归纳总结 | 提炼网格化核心知识 | P52 |
| 复习与提高 | 本章习题 | 课外完成，教师及时评价 | P53 |
| 实验活动 1 | 探究影响化学平衡移动的因素 | 学生动手实验，了解浓度、温度对化学平衡的影响 | P55 |

## 三、学情分析

从知识储备层面上看，学生已学习了必修课程中化学反应的速率和限度，已初步建立了化学反应速率、可逆反应的概念，对影响化学反应速率的条件和化学反应限度有了初步的了解。已初步学会通过实验探究影响化学反应速率的因素，知道运用变量控制法定性研究化学反应，推测外界条件对化学反应速率的影响。但选择性必修课程中化学反应原理模块的“化学反应速率和化学平衡”内容更加抽象，理论性更强，而且从定性走向定量，并融入其他模块知识，综合性较强，学习难度更大，学生普遍会感到有一定的困难。教师要根据学情，控制好进度，循序渐进。教师在教学中，可多利用信息技术、数字资源呈现内容，运用多种手段激发学生兴趣，给学生留足讨论时间，尽可能使内容深入浅出，通俗易懂。

从心理发展层面看，虽然学生已经初步学习了化学反应速率和限度，有了一定的基础，但是面对抽象的内容和理论分析，他们依然有着较大的学习压力和难度。因此，教师要根据学生实际学习控制难度，多分析学生在现实生活中见到的实际问题，对实际问题进行简化处理，分解复杂内容，简化理论模型，做好知识和能力的准备。

从学习方式层面看，进入高二后，学生既面临着新课程的学习，同时又面临着合格性考试的压力，对学生计划安排自己学习时间的要求更高。目前大多数学校所实行的走班制，使学生课间不得不奔波于不同的学科教室，从某种程度上也减弱了学科教师对学生纪律、作业的监管，更多地要求学生自我管理，自主学习。

## 四、教学建议

第一，教师要准确把握课程标准要求，不过分拓展教学内容。教师可以利用思维导图，帮助学生建构知识体系并建立思维模型（见图 2-3-3）。教师在引导学生经历化学平衡常数模型建构的过程中可结合具体实例，促使学生体会化学平衡常数在判断平衡状态、平衡移动方向等方面的作用；教师可通过交流讨论活动，帮助学生形成基于浓度商和化学平衡常数的比较，分析等温条件下平衡移动问题的基本思路，并结合具体实例，使学生认识到化学反应是有历程的；教师可结合具体数据，使学生认识到活化能对化学反应速率的影响；教师可通过组织学生讨论外部条件对化学反应速率影响的原因，引导学生体会理论模型建构的过程。化学反应原理教材内容理论性强，内容抽象，学生对抽象理论只能机械记忆，不能深入地探究其原理；他们通常能形成有限的知识网络，但不能把握知识之间的内在联系，不能建立思维模型。而思维导图的应用能够帮助学生打开记忆，归纳知识，使知识系统化，同时还能够激发学生的学习研究兴趣，帮助学生更好地分析、归纳和比较相关的理论知识，建立全局的思维模型，分析解决好实际问题。

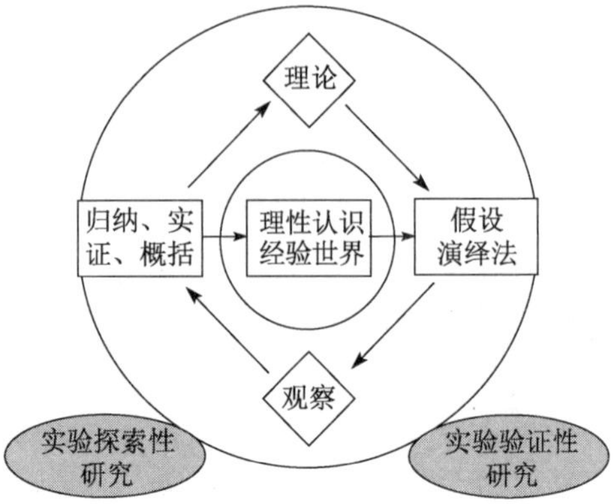


**图 2-3-3　理论模型建构的思维过程**

第二，教师要发挥实验探究的启迪功能，帮助学生突破教学重点和难点。教师可组织学生开展“化学反应速率测定”“外界条件对化学反应速率影响”等实验活动，形成并发展变量控制的实验思想；在开展“外界条件对化学平衡影响”的实验探究活动中，培养学生演绎推理、系统假设等思维能力。例如：在【实验探究】定性和定量研究影响化学反应速率因素的实验教学中，教师通过提供必要的实验用品和学生已知的实验原理，让学生设计实验验证浓度、温度、催化剂对化学反应速率的影响，归纳总结出相关结论；引导学生分析结论，指出在科学研究中，对于多因素（多变量）的问题，常常采用只改变其中的某一个因素，控制其他因素不变的研究方法，使多因素的问题变成几个单因素的问题分别加以研究，最后再将几个单因素问题的研究结果进行综合。这种变量控制的方法是科学探究中常用的方法。例如，以上探究在比较不同温度对化学反应速率的影响时，控制浓度和其他影响因素相同；比较不同浓度对化学反应速率的影响时，则控制温度和其他影响因素相同；最后综合得出影响化学反应速率的多种因素。教师也可以采用边讲边实验的方式，增加学生的动手机会，加深其对知识的理解。

第三，教师要调动、利用学生已有的知识储备，联系生产、生活实际，拓宽学生视野。结合生产实例，教师可组织学生开展关于反应条件的选择与优化的讨论，促使学生形成从限度、速率、能耗等多角度综合调控化学反应的基本思路，发展学生“绿色化学”的观念和辩证思维的能力。教师在教学中要注意联系实际，这不仅能激发学生的兴趣，帮助学生理解，还可以拓宽学生视野，开阔思路，综合运用化学及其他学科的知识分析解决有关问题。对于影响化学反应速率因素的教学，教师可联系生活创设问题情境，如食物放冰箱保存、工业生产中将固体原料粉碎等例子展开教学；对于化学反应的限度、化学平衡状态的教学，教师应联系工业生产中怎样提高生产率、提高生产效益的问题展开教学。要促进学生“变化观念与平衡思想”“证据推理与模型认知”“科学探究与创新意识”“科学态度与社会责任”等化学学科核心素养的发展。

建议采用如下模式进行教学：

情境设疑 → 阅读思考 → 讨论交流 → 实验验证 → 教师点评 → 归纳总结 → 讨论交流

第四，教师要充分挖掘和利用好教材中的情境素材。《课程标准》指出："真实、具体的问题情境是学生化学学科核心素养形成和发展的重要平台。"教科书提供了生产、生活、科技、化学史等多方面的情境素材，将知识内容、活动过程融入情境之中，体现认知活动和思维的过程，有利于教师创设教学情境。其他情境素材建议：汽车安全气囊的膨胀、食物的腐败等生活中与化学反应速率有关的现象；化学反应存在限度的证据，如高炉炼铁，氯化铁与碘化钾的反应，氯气与水的反应等；催化剂在调控化学反应速率中的作用，如燃料电池、工业制硫酸、汽车尾气处理等反应中催化剂的作用；不同催化剂对淀粉水解速率的影响，温度改变和活化能改变对化学反应速率的影响数据；等等。教师可以在课前收集整理给学有兴趣的学生，并指导学生进行研究性学习。

第五，教师要开展高水平的实验探究活动，加强量化实验研究。例如，为证明浓度对反应速率的影响，可以设计如下实验：取两支试管，各加入 4 mL 0.01 mol/L $KMnO_4$ 酸性溶液，分别向其中加入 0.1 mol/L、0.2 mol/L $H_2C_2O_4$ 溶液各 2 mL，记录溶液褪色所需的时间。实验的反应方程式为：

$$5H_2C_2O_4+2KMnO_4+3H_2SO_4 = 2MnSO_4+K_2SO_4+10CO_2\uparrow+8H_2O$$

实验显示草酸浓度增大，反应速率增大；实验过程颜色复杂，且褪色先缓慢，后逐渐加快，学生不容易得到和化学反应速率理论一致的结论。因此，数字化实验既可以加深学生对相关知识的理解，又可以激发学生的学习兴趣。首先提出问题：为什么反应速率先慢后快？

学生猜想：

（一）可能是反应放热，体系温度升高导致反应速率加快。

（二）可能是反应生成的某种物质起到催化作用，导致反应速率明显加快。

学生思考：怎样验证猜想（一）？如何验证猜想（二）？

教师介绍：有一种色度计传感器可以随时记录分析溶液的颜色变化。温度传感器可以实时记录溶液的温度。学生根据教师提供的仪器设计实验方案写出实验步骤。

实验仪器：电脑、iDislab 数字化实验系统软件、数据采集器，色度计传感器，温度传感器、注射器。

实验试剂：0.01 mol/L $KMnO_4$ 溶液，1.2 mol/L $H_2SO_4$ 溶液，$H_2C_2O_4$ 溶液（浓度分别为 0.2、0.3、0.4、0.6、0.8 mol/L），0.01 mol/L $K_2SO_4$ 溶液，0.02 mol/L $MnSO_4$ 溶液。

实验步骤：

Ⅰ. 用容量瓶，按照不同要求配制所需要的试剂。

Ⅱ. 温度传感器监测反应过程中体系温度变化情况，验证猜想（一）。

Ⅲ. 做空白对照实验，用色度计监测溶液光透过率随反应进行的变化曲线。

Ⅳ. 保持其他条件不变，加入一定量 $K_2SO_4$ 或 $MnSO_4$ 后，用色度计监测溶液光透过率变化情况，验证猜想（二）。

学生根据实验结果可以得出相关结论，将数字化实验技术较多地应用于第二课堂和学生的研究性学习，可以培养学生的探究思维，激发学习兴趣。培养学生利用数字化实验技术获取、分析和处理信息的能力，让学生获得适应未来信息社会需要的创新能力、动手操作能力和思维想象能力。

本章课时分配建议如下：

第一节　化学反应速率　　3 课时
第二节　化学平衡　　3 课时
第三节　化学反应的方向　　1 课时
第四节　化学反应的调控　　1 课时
实验活动 1　探究影响化学平衡移动的因素　　1 课时
全章复习　　1 课时

## 五、评价建议

### （一）核心知识评价

根据教科书章、节、点的知识分布，将核心知识及其对应的评价要求进行整合，形成核心知识评价细目表，见表 2-3-5。

**表 2-3-5　核心知识评价细目表**

| 节 | 知识单元 | 核心知识 | 评价要求 | | | |
|---|---|---|---|---|---|---|
| | | | 了解 | 理解 | 应用 | 评价 |
| 第一节 化学反应速率 | 化学反应速率的概念及计算 | 化学反应速率的概念及表示方法 | | √ | | |
| | | 化学反应速率的简单计算 | | | √ | |
| | | 化学反应速率的测量 | | | √ | |
| | | 比较化学反应速率的大小 | | | √ | |
| | 化学反应速率的影响因素 | 活化能，基元反应 | | √ | | |
| | | 有效碰撞 | √ | | | |
| | | 影响因素的实验探究 | | √ | | |
| | | 外界条件对化学反应速率影响的微观解释和变化规律 | | | | √ |
| | 化学反应速率图像分析 | 化学反应速率的图像 | | √ | | |

续表

| 节 | 知识单元 | 核心知识 | 评价要求 | | | |
|---|---|---|---|---|---|---|
| | | | 了解 | 理解 | 应用 | 评价 |
| 第二节<br>化学平衡 | 化学平衡状态 | 可逆反应与不可逆反应 | √ | | | |
| | | 化学平衡状态 | √ | | | |
| | | 化学平衡状态的判断 | | | √ | |
| | 化学平衡的移动 | 化学平衡的移动特征 | | √ | | |
| | | 外界条件对化学平衡影响的实验探究 | | √ | | |
| | | 化学平衡移动的变化规律 | | | | √ |
| | | 勒夏特列原理 | | √ | | |
| | 化学平衡的计算 | 化学平衡常数 | | | | √ |
| | | 平衡转化率和产率 | | | √ | |
| | | 等效平衡 | | | √ | |
| | 化学平衡图像分析 | 化学平衡图像分析 | | | | √ |
| 第三节<br>化学反应的方向 | 化学反应方向判据 | 自发过程和自发反应 | √ | | | |
| | | 焓判据 | √ | | | |
| | | 熵判据 | √ | | | |
| | | 复合判据 | | √ | | |
| 第四节<br>化学反应的调控 | 工业合成氨 | 反应条件的选择 | | | √ | |
| 实验活动 1 | 探究影响化学平衡移动的因素 | 探究浓度、温度和压强对化学平衡的影响 | | | | √ |

## （二）学科素养评价

根据《课程标准》对学习本章内容后所应达到的素养水平要求，分别形成普通高中学业水平合格性考试和普通高中学业水平选择性考试的学科素养评价标准，见表 2-3-6。

表 2-3-6　学科素养水平要求

| 节 | 合格考要求 | 选择考要求 |
| --- | --- | --- |
| 第一节<br>化学反应速率 | 能从定性和定量结合上收集证据；<br>能根据实验现象归纳化学反应速率的影响因素；<br>能归纳图像变化的共性和特征 | 能通过定性分析和定量计算推出合理的结论；<br>能根据文献和实际需要提出综合性的探究课题，根据假设提出多种探究方案，评价和优化方案；<br>能根据绿色化学思想和科学伦理，对某一个化学过程进行分析，权衡利弊，做出合理的决策；<br>能针对某些化学工艺设计中存在的各种问题，提出处理和解决问题的具体方法 |
| 第二节<br>化学平衡 | 能运用动态平衡的观点看待和分析化学变化；<br>能根据观察和实验获得的现象与数据概括化学平衡移动规律；<br>能从宏观和微观结合上收集证据，能依据证据从不同的视角分析问题，推出合理的结论；<br>能理解描述和表示化学中常见的认知模型，指出模型表示的具体含义 | 能用数据、图表、符号等处理实验信息；<br>能运用化学反应原理分析影响化学变化的因素，能运用变量控制的方法研究化学反应；<br>能对复杂的化学问题情境中的关键要素进行分析，并建构相应的模型；<br>能选择不同的模型综合解释或者解决复杂的化学问题 |
| 第三节<br>化学反应的方向 | 能运用化学计量单位定量分析化学反应方向 | 能从不同的视角认识化学变化的多样性，运用对立统一的思想和定性定量结合的方法揭示化学变化的本质特征 |
| 第四节<br>化学反应的调控 | 能运用所学的知识分析和探讨某些化学过程对社会可持续发展可能带来的双重影响 | 能运用化学变化的规律分析说明生产生活实际中的化学变化 |

## （三）日常行为评价

### 1. 实验探究表现评价

实验探究是一种重要的科学实践活动，是化学学科核心素养的构成要素之一。教师应依据“科学探究与创新意识”素养发展水平和学业等级性质量标准，结合学生的认知发展特点，精心设计实验探究活动，有效地组织和实施实验探究教学。实验探究活动应紧密结合具体的化学知识的教学进行。例如，实验活动 1 中探究影响化学平衡移动因素的实验，一是要对学生实验操作的规范性、科学性、可行性进行评价；二是要关注学生开展科学探究的过程，观察学生的具体行为表现，如实验设计、实验操作、数据收集、分析论证等；三是要关注学生是否获得了正确的实验探究结果，能否认真完成实验探究报告。在实验探究中，可采用满意原则和加分原则评价，以区别评价不同水平层次的学生。

2. 交流讨论评价

在新时代背景下，对课堂教学的要求要有所转变，要充分体现学生的主体地位。通过交流讨论活动及其评价可以引导学生相互学习，把不同学生的观点进行对照比较，从而概括出能代表知识发展脉络的有一定逻辑行为的结论。教师对学生的交流讨论行为可以用下面的方式进行评价。对完成学案、展示成果、交流讨论、发现问题、探究问题、质疑答疑、主动合作等学习行为进行激励性评价，以激发学生自觉学习的原动力；对于有创新性成果展示、敢于质疑积极发言的学生要引导好，保护激励学生的学习积极性；对于表现一般的学生要从知识结构、学习方法上进行辅导，使全体学生共同进步，培养他们的学科核心素养。

3. 作业批改评价

作业能反映学生课后学习的成果，是诊断学生知识、学科核心素养形成的重要依据，是判断学生课后学习状况的凭证。教师可以采用集中点评、个别交流等方式进行评价。例如教材第 31 页第 7 题，可以从计算结果、单位运用、结论的提出这几个方面对学生的表现分别进行评价。教师在布置该作业时可增加一问："分析化学反应速率的图像时，应该注意哪几方面？请查阅资料，结合所学知识加以说明。"学生可从以下几个方面来认识反应速率的图像：一看起点，分清反应物和生成物，浓度减小的是反应物，浓度增大的是生成物；二看变化趋势，分清正反应和逆反应，分清放热反应和吸热反应；三看终点，分清消耗浓度和增加浓度，反应物的消耗浓度和生成物的增加浓度之比等于反应方程式中各物质的化学计量数之比；四看速率时间曲线图，看清曲线是连续的还是跳跃的，分清"渐变"和"突变"，"大变"和"小变"。这样处理，增加了原有题目的知识价值，能让学生进一步体会化学反应速率的应用价值，提升他们的科学态度与社会责任的素养水平。

# 第三章　水溶液中的离子反应与平衡

## 一、学业要求

（1）能从电离、离子反应、化学平衡的角度认识电解质水溶液的组成、性质和反应。

（2）能依据"变化观念与平衡思想"认识弱电解质在水溶液中存在电离平衡，并能用化学用语正确表示水溶液中的离子反应与平衡，理解电离平衡常数的含义。

（3）能认识水的电离，知道水是一种极弱的电解质；能在离子视角建构电离思维模型的基础上，了解一定温度下水的离子积是常数。

（4）能根据实验现象、数据等证据素材，形成认识水溶液中离子反应与平衡的基本思路。

（5）能认识溶液的酸碱性及 pH，并能进行溶液 pH 的简单计算和掌握正确测定溶液 pH 的方法。

（6）能检测调控溶液的酸碱性，能选择实例说明溶液 pH 的调控在工农业生产和科学研究中的应用，体会定量研究对于化学科学的重要作用。

（7）能认识盐类水解的原理，并能从内因与外因全面分析影响盐类水解的主要因素。

（8）能用动态平衡的观点认识难溶电解质在水溶液中存在沉淀溶解平衡。

（9）能了解沉淀的生成、溶解与转化，能对难溶电解质的溶解进行描述和符号表征。

（10）能从宏观和微观相结合的视角分析水溶液中的离子反应与平衡在物质检测、化学反应规律研究、物质转化中的应用，让学生感受到化学源于生活，感受化学的应用价值。

（11）能通过对电离平衡、水解平衡、沉淀溶解平衡的证明及平衡移动的分析，形成并发展微粒观、平衡观和守恒观；能说明上述平衡的典型特征，并能据此解释有关自然现象。

（12）能综合运用离子反应、化学平衡原理，结合自然现象、生活问题和生产实际，开展分析解释、方案设计等活动，认识水溶液中的离子反应与平衡对生产、生活和社会发展的作用。

## 二、内容分析

本章主要内容是应用化学平衡理论，探讨水溶液中离子间的相互作用。本章共分四节，第一节“电离平衡”是学生继学习化学平衡后，再一次从静态到动态认识化学变化，通过“电离平衡建立”“电离平衡特征”等知识原理的构建，建立“变化观念与平衡思想”，并为后续认识溶解与结晶平衡、水解平衡、酸碱平衡等奠定基础。第二节“水的电离和溶液的 pH”，介绍水的电离及溶液 pH 的简单计算，并了解溶液 pH 调控的重要应用和酸碱中和滴定实验；通过对水溶液中各种离子行为的分析，进一步深化学生对弱电解质电离平衡的认识。第三节“盐类的水解”是高中化学教学中的核心概念，涉及电解质电离、微粒之间相互作用、化学平衡的移动、溶液酸碱性的界定等综合知识的运用，是化学平衡学习的延伸与拓展。第四节“沉淀溶解平衡”包括沉淀溶解平衡及其应用，涉及沉淀的生成、溶解和转化等，承载着从微观、动态、平衡的角度深入认识物质性质、转化及化学反应的功能与价值，有助于学生理解难溶电解质溶于水及其变化的微观本质，进一步丰富和完善其对离子反应的理解。整章以平衡观为主统筹教学，重点在于让学生理解电离、水解、沉淀溶解三大平衡体系及其应用。

教材在栏目的设置上，除了“演示实验”“科学探究”“资料卡片”“思考与讨论”外，新增了“方法导引”“科学・技术・社会”“研究与实践”等栏目。“方法导引”中“电解质溶液中的电荷守恒与元素质量守恒”告诉我们如何运用宏微结合，用微粒观从化学平衡原理解释盐类水解的微观本质；“定性分析与定量分析”告诉我们研究物质的基本方法，引导我们如何确定物质的成分，测定物质中各成分的含量。用定性和定量分析来开展化学研究，有利于学生基于证据进行分析推理，依据物质及其变化的信息构建模型，建立解决化学问题的思维框架。“科学·技术·社会”栏目通过介绍血液的酸碱平衡、氟化物预防龋齿等案例，运用化学平衡移动的原理解决生活中的实际问题，让学生感受到化学来源于生活，凸显化学的学科价值。“研究与实践”通过查阅资料和现场参观，让学生了解水处理过程中所涉及的化学原理，认识水溶液中的离子反应与平衡在生产、生活中的应用，增强安全用水的意识，体会化学的价值。

第三章栏目设置及使用建议见表 2-3-7。

**表 2-3-7　第三章栏目设置及使用建议**

| 栏目名称 | 栏目内容 | 使用建议 | 页码 |
|---|---|---|---|
| 【实验 3-1】 | 同浓度盐酸、醋酸与镁条的反应实验 | 演示，帮助学生建立强弱电解质的概念 | P58 |
| 【实验 3-2】 | 碳酸钠溶液与醋酸的反应实验 | 演示，了解电离常数的大小与弱电解质相对强弱之间的关系 | P61 |
| 思考与讨论 | 镁与盐酸、醋酸反应时气体压强的变化实验 | 引导学生学会比较弱电解质之间的相对强弱 | P61 |
| 练习与应用 | 第一节习题 | 发展学生的认识，增强其解决实际问题的能力 | P62 |
| 思考与讨论 | 用化学平衡原理分析水的电离平衡受外部条件的影响 | 学生从平衡移动的视角研究外部条件的改变对水的电离平衡的影响 | P64 |
| 资料卡片 | pH 试纸和 pH 计 | 引导学生了解测定和调控 pH 对生产生活的重要影响 | P65 |
| 科学·技术·社会 | 血液的酸碱平衡 | 介绍血液的正常 pH 范围，凸显其对生理活动的重要作用，激发学生学习化学的兴趣 | P67 |
| 资料卡片 | 酸碱指示剂的变色范围 | 通过变色范围的宏观辨识，引导学生关注几种常见的指示剂 | P68 |
| 方法导引 | 定性分析与定量分析 | 引导学生掌握科学探究的方法 | P69 |
| 练习与应用 | 第二节习题 | 促进学生对概念的理解，形成观念性的认识 | P70 |
| 探究 | 盐溶液的酸碱性 | 让学生对盐溶液酸碱性形成规律性认识 | P71 |
| 思考与讨论 | 盐溶液呈现不同酸碱性的原因 | 引导学生从宏观、微观、符号三重表征探讨盐类水解的实质，建立盐类水解的模型 | P72 |

续表

| 栏目名称 | 栏目内容 | 使用建议 | 页码 |
|---|---|---|---|
| 思考与讨论 | 分析 $CH_3COONa$ 溶液呈碱性的原因 | 引导学生在两个不同的反应之间找到相同点，拓展盐类水解的概念 | P73 |
| 方法导引 | 电解质溶液中的电荷守恒与元素质量守恒 | 实例分析电解质溶液中离子的相互关系，找出计算和比较离子浓度大小的依据 | P74 |
| 探究 | 反应条件对氯化铁水解平衡的影响 | 正确认识和看待盐类水解的可逆，总结浓度、温度对盐类水解平衡的影响 | P75 |
| 资料卡片 | 盐的水解常数 | 介绍水解平衡常数、水的离子积和电离平衡常数三者的关系 | P77 |
| 练习与应用 | 第三节习题 | 让学生体会盐类水解的实质，帮助学生转化已有的认识和概念 | P78 |
| 思考与讨论 | 难溶电解质在水中是否完全不能溶解 | 帮助学生更深入了解难溶电解质的溶解平衡 | P79 |
| 资料卡片 | 几种电解质的溶解度 | 帮助学生了解不同的电解质在水中的溶解度差别很大 | P79 |
| 思考与讨论 | 沉淀的生成 | 引导学生学会利用沉淀的生成来分离或者除去某种离子 | P82 |
| 【实验 3-3】 | 氢氧化镁的溶解 | 引导学生认识到沉淀的溶解就是沉淀溶解平衡的建立和移动过程 | P82 |
| 思考与讨论 | 沉淀的溶解 | 让学生真正理解几种促使沉淀溶解的基本方法 | P82 |
| 【实验 3-4】 | 氯化银转化为硫化银 | 演示，辅助学生从溶解平衡的角度具体分析沉淀的转化 | P83 |
| 【实验 3-5】 | 氯化镁转化为氢氧化铁 | 演示，辅助学生从溶解平衡的角度具体分析沉淀的转化 | P83 |
| 科学·技术·社会 | 氟化物预防龋齿的化学原理 | 引导学生了解沉淀的转化在生活中的重要意义 | P85 |
| 研究与实践 | 了解水处理过程中的化学原理 | 让学生认识水溶液中的离子反应与平衡在生产生活中的应用 | P86 |
| 练习与应用 | 第四节习题 | 发展学生的认识，增强其观念性认识和体验性认识 | P87 |
| 整理与提升 | 本章知识总结和方法小结 | 强化核心知识，重视化学反应原理的归纳过程，突出核心知识的应用价值 | P88 |

续表

| 栏目名称 | 栏目内容 | 使用建议 | 页码 |
| --- | --- | --- | --- |
| 复习与提高 | 本章习题巩固 | 利用习题采用归纳法得到一般性结论，运用演绎法推理判断，从而深化对原理的本质认识 | P89 |
| 实验活动 2 | 强酸与强碱的中和滴定 | 形成并发展变量控制的实验思想，发展学生的演绎推理、系统假设等思维能力 | P91 |
| 实验活动 3 | 盐类水解的应用 | 加深对盐类水解原理的认识，了解盐类水解的广泛应用，体会化学的价值 | P94 |

## 三、学情分析

从知识储备层面上看，学生已初步了解化学反应速率与化学反应限度的知识，知道可逆反应存在限度。学生往往把“化学平衡”“电离平衡”“水解平衡”“沉淀溶解平衡”当成四个独立的知识点分别学习，并没有把这些知识有机地结合在一起。本章理论性较强，难度较高，教师在教学中要抓住“平衡”的核心思想，强化理解，突破难点。

从心理发展层面看，学生具备了一定的实验观察和自学能力，但分析推理、抽象思维能力有待提升。当学习难度升高时，学生会进入瓶颈期，产生压力和焦虑。大多数学生希望能够将所学理论运用于生活中的实际情况，但由于缺乏相关知识或知识掌握不牢固，学生无法自信地将化学应用于生活，反而在学习中容易被一些错误信息干扰。因此，教师在教学中要注意控制难度，循序渐进。

从学习方式层面看，进入选择性必修课程后，选课走班步入正轨，查漏补缺、预习新课等方面亟待教师的有效指导。教师一方面可为学生提供相关资料，帮助学生理解课程内容；另一方面教师在运用已学知识分析、推导新知识的过程中，通过搭设“小台阶”，减小理论学习的“坡度”，降低学习难度，给学生留出自主学习的时间和空间。

## 四、教学建议

### 1. 注意与初中和高中必修内容的衔接，增强知识的逻辑性

教师要充分利用前面已教授的知识，理论推理与实验探究相结合，分析并依次推出新知识点（概念），使知识点之间环环相扣。全章四节内容可分为两条知识链：一是与弱电解质相关的电离平衡，包括 1~3 节，它们在知识的认识水平上是渐进的，前一节是后一节的基础和铺垫；二是沉淀溶解平衡，它被安排在第 4 节，它的知识基础是初中的溶解度和高中必修中的化学平衡理论。教师通过对电离平衡、水解平衡、沉淀溶解平衡等平衡存在的证明及平衡移动的分析，帮助学生树立相应的微粒观、平衡观和守恒观；关注水溶液体系的特点，结合实验现

象、数据等证据素材，引导学生形成认识水溶液中离子反应与平衡的基本思路。

2. 体现平衡观和转化观，建立起电离平衡、水解平衡、沉淀溶解平衡的概念模型

教材要求学生选用合适的实验方法探究常见盐类水溶液的酸碱性（宏观辨识），联系电离理论、水的电离和溶液酸碱性概念，探究构成盐类的各种微粒在水溶液中的相互作用和变化，建立盐类水解的概念（微观探析）。根据盐类的组成与其对应水溶液的酸碱性，对常见盐类进行分类和表征（证据推理），建立起结构化和显性化知识，促进学生思维迁移（模型认知）。通过让学生书写电解质溶液中的守恒关系、解释宏观现象等具体任务探寻学生对水溶液体系认识的障碍点，以进一步明确教学重点和难点。

在探寻“外界条件对水解平衡的影响”时，借助一些精确的实验方法（例如手持技术等），通过 pH 传感器的数据和图像等可视化的实验结果，分析盐类水解平衡的建立和变化，探究影响盐类水解的内因和外因，解释和预测盐类水解在生产、生活实际中的应用（变化观念和平衡思想）。

3. 重视实验探究与理论分析，体现理论的指导性

本章的理论性比较强。本章的理论分析穿插了一定量的实验、科学探究、思考与交流，或验证推理，或引导探究和分析，使理论分析丰富、生动起来，同时也促使学生主动参与其中，使之在习得科学知识的同时，也培养了逻辑思维能力，获得了科学探究的体验。

本章的实验及探究活动可从如下方面考虑：测定溶液的 pH；强酸与强碱的中和滴定；探究促进或抑制氯化铁的水解；盐类水解的应用；沉淀的转化。在组织学生开展实验探究活动时，注意实验前的分析预测和对实验现象的分析解释，对假设预测、实验方案、实验结论进行完整论证，发展学生“宏观辨识与微观探析”的化学学科核心素养，培养系统思维能力。

教材注重了平衡内容的深度和广度，“资料卡片”栏目提供了一些与正文内容紧密相连的更深入的知识，如 pH 试纸和 pH 计、酸碱指示剂的变色范围、几种电解质的溶解度等。“思考与讨论”栏目要求学生查阅资料后交流讨论 $K_w$ 的定义和应用；讨论盐溶液呈酸性、中性或碱性的原因；讨论含氟牙膏预防龋齿的化学原理，提出牙膏加氟需要注意的问题。“研究与实践”环节则要求学生查阅资料后讨论水溶液中的离子平衡在化工生产中的应用。

4. 注重理论联系实际，体现化学学科的社会价值

本章内容涉及的应用知识丰富，覆盖面大，呈现形式多样。在 2~4 节的正文中均有一定篇幅的应用内容，在“科学 · 技术 · 社会”等栏目及问题的引出中，教材多处以不同方式涉及了相关知识的应用。

教师在教学中应该充分利用情境素材，使得学生在学习时能层层深入。例如：同浓度盐酸、醋酸与镁条的反应；不同盐溶液的酸碱性；泡沫灭火器；碘化

铅悬浊液静置后的上层清液中碘离子的检验；氯化银与碘化银、硫化锌与硫化银、氢氧化镁与氢氧化铁沉淀的转化；钡盐中毒与解毒。

这些内容不再局限于简单的事实介绍，而是侧重于应用所学知识对实际问题进行理论分析或技能实践，结合自然现象（如海水的酸碱性及其变化）、生活问题的解决（如明矾净水）、生产实际（如矿石中有效成分的提取），组织学生开展分析解释、方案设计等活动，促进学生认识水溶液中的离子反应与平衡对生产、生活和社会发展的作用。学生在探究中形成学科观念和结构化知识，体现了化学课程在帮助学生形成未来发展需要的正确价值观念、必备品格和关键能力中所发挥的重要作用。

本章课时分配建议如下：

| | |
|---|---|
| 第一节　电离平衡 | 2 课时 |
| 第二节　水的电离和溶液的 pH | 2 课时 |
| 第三节　盐类的水解 | 2 课时 |
| 第四节　沉淀溶解平衡 | 2 课时 |
| 实验活动 2　强酸与强碱的中和滴定 | 1 课时 |
| 实验活动 3　盐类水解的应用 | 1 课时 |
| 全章复习 | 1 课时 |

## 五、评价建议

### （一）核心知识评价

根据教科书章、节、点的知识分布，将核心知识及其对应的评价要求进行整合，形成核心知识评价细目表，见表 2-3-8。

**表 2-3-8　核心知识评价细目表**

| 节 | 知识单元 | 核心知识 | 评价要求 | | | |
|---|---|---|---|---|---|---|
| | | | 了解 | 理解 | 应用 | 评价 |
| 第一节<br>电离平衡 | 强电解质和弱电解质 | 根据物质的组成和性质分类 | | √ | | |
| | | 电解质及其分类 | | √ | | |
| | 弱电解质的电离平衡 | 电离平衡的表征（电离度） | √ | | | |
| | | 弱电解质电离平衡的特征 | | √ | | |
| | | 影响电离平衡的条件 | | | √ | |
| | | 判断弱电解质的电离平衡 | | | √ | |
| | 电离平衡常数 | 电离常数表达式的意义 | √ | | | |
| | | 影响电离常数大小的因素 | | √ | | |
| | | $K_{电离}$与弱电解质相对强弱的关系 | | | | √ |
| | | 比较多元弱酸（或弱碱）的酸性（或碱性）的相对强弱 | | | √ | |

续表

| 节 | 知识单元 | 核心知识 | 评价要求 | | | |
|---|---|---|---|---|---|---|
| | | | 了解 | 理解 | 应用 | 评价 |
| 第二节 水的电离和溶液的 pH | 水的电离 | 水的离子积常数的推导 | | √ | | |
| | | 外界条件对水的电离平衡的影响 | | | √ | |
| | $c$（$H^+$）、pH 与溶液酸碱性的关系 | pH 的定义 | √ | | | |
| | | pH 与溶液酸碱性的关系 | | √ | | |
| | | 有关溶液 pH 的简单计算 | | | √ | |
| | | 测定 pH 的方法 | | | √ | |
| | | pH 的应用 | | | √ | |
| | 酸碱中和滴定 | 酸碱中和滴定的原理 | | √ | | |
| | | 酸碱中和滴定的实验操作 | | | | √ |
| | | 在工农业生产和科学研究中的应用 | | | √ | |
| 第三节 盐类的水解 | 盐类的水解 | 盐类水解的规律和原因 | | √ | | |
| | 影响盐类水解的因素 | 影响盐类水解的内因和外因 | | | √ | |
| | 盐类水解的应用 | 在工农业生产、生活中的广泛应用 | | | √ | |
| | | 在化学实验中的典型应用 | | | √ | |
| 第四节 沉淀溶解平衡 | 沉淀溶解平衡 | 影响沉淀溶解平衡的因素 | | √ | | |
| | | 溶度积常数 $K_{sp}$ 的计算 | | | | √ |
| | 沉淀溶解平衡的应用 | 沉淀的生成、溶解、转化 | | | √ | |
| | | 在生产、科研和环保等领域的广泛应用 | | | √ | |

## （二）学科素养评价

根据《课程标准》对学习本章内容后所应达到的素养水平要求，分别形成普通高中学业水平合格性考试和普通高中学业水平选择性考试的学科素养评价标准，见表 2-3-9。

**表 2-3-9　学科素养水平要求**

| 节 | 合格考要求 | 选择考要求 |
|---|---|---|
| 第一节 电离平衡 | 能用化学用语正确表示水溶液中的离子反应与平衡；<br>能通过实验证明水溶液中存在的离子平衡；<br>能举例说明离子反应与平衡在生产、生活中的应用 | 能理解电解质在水溶液中的行为；<br>能从电离、离子反应、化学平衡的角度认识电解质水溶液的组成、性质和反应；<br>能认识弱电解质在水溶液中存在电离平衡，能了解电离平衡常数的含义和酸碱电离理论 |

续表

| 节 | 合格考要求 | 选择考要求 |
|---|---|---|
| 第二节<br>水的电离和<br>溶液的 pH | 能认识水的电离，了解水的离子积常数；<br>能进行溶液 pH 的简单计算；<br>能正确测定溶液的 pH；<br>能调控溶液的酸碱性，知道溶液 pH 的调控在工农业生产和科学研究中的重要作用 | 能从电离、离子反应、化学平衡的角度分析溶液的性质，如溶液的酸碱性、导电性等；<br>能掌握测定溶液 pH 的方法；<br>能分析溶液 pH 的调控在工农业生产和科学研究中发挥了重要作用 |
| 第三节<br>盐类的水解 | 能认识盐类水解的原理和影响盐类水解的主要因素；<br>能举例说明盐类水解在生产、生活中的应用 | 能理解和综合运用离子反应和盐类水解的原理；<br>能归纳影响盐类水解程度的主要因素；<br>能提出盐类水解原理在生产、生活和科学技术等方面应用的建议和意见 |
| 第四节<br>沉淀溶解平衡 | 能认识难溶电解质在水溶液中存在沉淀溶解平衡；<br>能了解沉淀的生成、溶解与转化 | 能描述沉淀溶解平衡，知道沉淀转化的本质；<br>能分析和解决实际生产与生活中涉及沉淀溶解平衡的实际问题 |

### （三）日常行为评价

1. 实验操作评价

化学学科核心素养的落实，重在课堂。教师可以设计探究性实验操作评价标准，从假设、方案、探究过程、结论、反思五个角度对学生的化学实际操作能力进行评价。如在“沉淀溶解平衡”教学过程中的实验环节，向 $Mg(OH)_2$ 悬浊液中加入 $CH_3COONH_4$ 进行平衡移动方向、$Mg^{2+}$ 浓度和 $OH^-$ 浓度变化的分析时，针对部分学生“$CH_3COONH_4$ 水解呈中性，因此 $Mg(OH)_2$ 的溶解平衡不移动”的“异常”观点，可让学生立刻动手进行实验、验证假设。探究 $Mg(OH)_2$ 悬浊液中加入 $CH_3COONH_4$ 的现象，可做如下实验：取用少量的 NaOH 溶液与过量的 $MgSO_4$ 溶液制备出一定量的 $Mg(OH)_2$ 悬浊液，向其中滴加 $CH_3COONH_4$ 浓溶液，沉淀立即溶解，现象非常明显。教师在教学中根据学生在实验中的表现进行即时评价，并适时调整教学策略。

2. 小组活动评价

以学习小组为单位开展的活动探究给每位学生提供了一个应用、检验、改进学习结果的平台，个人需要在组内汇报自己的实验方案和实验结果，接受其他组员的质疑和评价，理论联系实际，吸收借鉴别人经验，改进、完善自己的思维方式。如探究“如何利用实验证明醋酸是一种弱电解质”时，针对小组成员的丰富多彩的探究方式和小组成员之间的方法比较、优化后，可采用激励性评价，针对学生小组活动表现不同，教师可以给予他们学时不同的“星级”评价，在课末还可评选“集体智慧奖”“配合默契奖”等。这样生动有效的评价，让小组呈现出互动、互助、互勉、互进的局面，能有效促进学生参与交流合作，提升学生的学习积极性，培养学生的核心素养。

# 第四章　化学反应与电能

## 一、学业要求

（1）能分析、解释原电池的工作原理；能列举常见的化学电源，并能利用相关信息分析化学电源的工作原理。

（2）能设计简单的原电池，如能应用电化学原理制作简单的燃料电池，探究常见的化学电源。

（3）能分析、解释电解池的工作原理，并能设计简单的电解池和探究简单的电镀实验。

（4）能综合考虑应用电化学知识来分析、解决实际问题，如新型电池的开发等；能分析化学电源和电解在实现物质和能量转化中的实际意义及其重要应用。

（5）能辩证地看待能源使用的利弊，并能举例说明电能的利用对自然环境和社会发展的影响。

（6）能充分利用铜锌双液原电池、铅蓄电池、氢氧燃料电池、电解熔融氯化钠和电解饱和食盐水等案例素材，开展分析解释、推论预测、设计评价等学习活动，建立对电化学过程的系统分析思路，完成对电化学本质的认识。

（7）能通过案例对比分析，转变偏差认识，形成包含电极反应、电极材料、离子导体、电子导体的电化学体系的认知模型和证据推理的意识。

（8）能基于物质的量认识分析电极反应及附近区域的反应，并能进行有关电化学的简单计算。

（9）能从定量的角度认识电化学反应中物质和能量的转化，体会定量研究电化学问题的意义。

（10）能利用电化学原理解释金属腐蚀现象，知道金属腐蚀的危害，能选择并设计防腐措施。

（11）能结合真实情境中的应用实例或通过实验探究（如制作燃料电池、探究锌锰干电池、电解饱和食盐水、简单的电镀实验、吸氧腐蚀、暖贴的设计），说明电化学在生产、生活中的应用，以及电化学对社会发展的价值、对环境的影响，感受电化学的应用价值。

（12）能有意识地运用所学的知识或寻求相关证据参与社会性议题的讨论（如讨论电镀工业对环境造成的影响，讨论电池工作原理、生产工艺和回收价值等）。

## 二、内容分析

“化学反应与电能”是关于能量转化的重要内容。从知识进阶的角度分析，在必修课程中以单液原电池为例，学生已经认识化学能可以转化为电能，已从氧化还原反应的角度初步认识原电池的工作原理，深切体会到研制新型电池的重要性。而本章内容是在必修课程基础上的深化。从知识结构的角度分析，本章和第一章密切相关，本章讨论的是能量转化中化学能和电能的相互转化，将组织学生进一步开展设计能量转化路径和装置等活动，形成合理利用化学反应中能量变化的意识和思路。

本章共分三节，第一节“原电池”是在必修模块学习了单液电池后，进一步学习双液电池，体会盐桥的本质与作用；第二节“电解池”是在研究化学能转变为电能的基础上反过来研究电能转变为化学能，加深学生对原电池和电解池工作原理的认识，促使学生认识到电极反应、电极材料、离子导体、电子导体是电化学体系的四大基本要素，建立完整的电化学认知模型；第三节“金属的腐蚀与防护”是发展学生对原电池和电解池工作原理的应用，体现出电化学的学科价值和社会价值。教材在安排这些内容时，彰显了理论建构的一般思路和方法：首先体现了理论和实践的统一，第一节、第二节的教材编写思路均是先建构相关理论再探讨相关应用，第三节则是对原电池和电解池工作原理的综合利用；其次均体现了由个别到一般的建构思路，通过经典的铜锌原电池到各种化学电源，从电解氯化铜溶液装置到电镀、电解精炼、电冶金等各种电解装置，从铁钉腐蚀到金属电化学腐蚀种类和原理。总之，体现了由个别实例到一般规律，又从一般规律回到具体应用的教学思路。

第四章栏目设置及使用建议见表 2-3-10。

**表 2-3-10　第四章栏目设置及使用建议**

| 栏目名称 | 栏目内容 | 使用建议 | 页码 |
|---|---|---|---|
| 【实验 4-1】 | 锌铜双液原电池装置及实验 | 演示，观察锌铜双液原电池的反应现象 | P96 |
| 思考与讨论 | 讨论锌铜双液原电池的工作原理 | 分析锌铜双液原电池中的电极反应，以及电子和离子的运动方向 | P96 |
| 思考与讨论 | 绘制讨论原电池工作原理的示意图 | 讨论原电池构成、电极反应发生区域、电子和离子的运动方向 | P97 |
| 方法导引 | 化学方程式中的变化与守恒 | 引导学生建立化学变化中的守恒观念 | P97 |
| 资料卡片 | 锂离子电池 | 了解常见的化学电源锂离子电池的工作原理，感受化学应用的价值 | P99 |
| 思考与讨论 | 讨论氢氧燃料电池 | 了解氢氧燃料电池的原理，激发学生的兴趣 | P100 |

续表

| 栏目名称 | 栏目内容 | 使用建议 | 页码 |
|---|---|---|---|
| 科学史话 | 历史上第一个化学电源 | 认识科学的发展历程，体会创新的艰辛 | P101 |
| 练习与应用 | 第一节习题 | 作业反馈，教师及时评价 | P102 |
| 【实验 4-2】 | 电解氯化铜溶液 | 演示，认识电解的工作原理 | P104 |
| 思考与讨论 | 绘制讨论电解池工作原理的示意图 | 讨论电解池构成、电极反应发生区域、电子和离子的运动方向 | P105 |
| 方法导引 | 电化学过程的系统思想与方法 | 引导学生归纳提炼电化学过程的一般思路和方法 | P106 |
| 资料卡片 | 电解与元素的发现 | 体会电解方法在元素发现中的重要价值及其对科学发展的意义 | P109 |
| 资料卡片 | 电有机合成 | 体会新的技术方法对生产发展的意义 | P109 |
| 练习与应用 | 第二节习题 | 作业反馈，教师及时评价 | P110 |
| 【实验 4-3】 | 吸氧腐蚀实验 | 演示，认识吸氧腐蚀的条件和现象 | P112 |
| 思考与讨论 | 分析白铁皮和马口铁的腐蚀情况 | 体会金属腐蚀的危害，能选择并设计防腐措施 | P113 |
| 【实验 4-4】 | 牺牲阳极法实验 | 演示，认识牺牲阳极法的现象和反应 | P114 |
| 资料卡片 | $Fe^{2+}$的检验 | 介绍 $Fe^{2+}$ 检验的常用方法及特征现象 | P115 |
| 思考与讨论 | 讨论牺牲阳极法和外加电流法的区别及要求 | 认识牺牲阳极法和外加电流法的电化学原理 | P115 |
| 研究与实践 | 暖贴的设计和制作 | 认识电化学的应用，培养学生分析和解决实际问题的能力 | P116 |
| 练习与应用 | 第三节习题 | 作业反馈，教师及时评价 | P117 |
| 整理与提升 | 本章归纳总结 | 学生自我整理并在小组或班级交流 | P118 |
| 复习与提高 | 全章训练 | 作业反馈，教师及时评价 | P119 |
| 实验活动 4 | 简单的电镀实验 | 了解电镀的原理，认识电解原理及其在工业生产中的应用 | P122 |
| 实验活动 5 | 制作简单的燃料电池 | 理解燃料电池的工作原理，设计和制作氢氧燃料电池 | P123 |

## 三、学情分析

从知识储备层面上看，学生已完成必修课程中“物质结构基础及化学反应规律”，已经能从氧化还原反应的角度初步认识原电池的工作原理。但选择性必修课程中化学反应原理模块更加抽象和系统，而且是从正逆两个方向探讨化学能与电能的相互转化，并结合生活和生产实际加以应用，情境综合性较强，学生会感到有一定的困难。教师要根据学情，温故知新，积极引导，做好知识进阶的衔接教学。

从心理发展层面看，学生具备了一定的实验观察、思维和自学能力，但分析推理和抽象思维能力有待提高，尤其是设计创新能力亟待培养。随着学习难度迅速提高，学生会进入瓶颈期，会产生不同程度的压力甚至焦虑。教师在教学中要注意控制难度，循序渐进，同时注意心理疏导，合理引导，加强对学生学习兴趣和学习毅力的培养。

从学习方式层面看，由于已进入选择性必修课程一段时间，学生应总结科学安排时间、自我管理学习的经验和教训，进一步做好自我调整，教师则应及时指导帮助学生渡过瓶颈期。

## 四、教学建议

1. 注重知识进阶，加强必修和选择性必修的衔接教学

从不同学习阶段的学业要求来看，必修阶段对学生电化学要求如下：能举出化学能转化为电能的实例；能辨识简单原电池的构成要素；能分析简单原电池的工作原理；能举例说明化学电源对提高生活质量的重要意义。

在选择性必修阶段的学业要求则为：能分析、解释原电池和电解池的工作原理，能设计简单的原电池和电解池；能列举常见的化学电源，并能利用相关信息分析化学电源的工作原理；能利用电化学原理解释金属腐蚀现象，选择并设计防腐措施。

通过分析以上不同阶段的学业要求，不难发现必修模块只基于实验事实讨论化学能转化为电能，而选择性必修模块不仅讨论化学能转化为电能即电池工作原理，还讨论电能转化为化学能即电解工作原理，深入讨论了电化学的应用与价值。必修模块只定性讨论化学能与电能的转化，而选择性必修模块将进行电化学的能量和物质的定量计算。

因此，教师进行本章教学时应注意区别不同学习阶段的学业要求，做好教学内容衔接工作，在必修模块基础上进一步帮助学生丰富、深化对化学能与电能相互转化的认识，帮助学生建立更系统的电化学认识模型，并基于电化学模型分析各种实用电池的工作原理及工业上的电解过程。

2. 重视建立电化学认识模型，提高学生对电化学本质的认识

《课程标准》提出：“发展学生对原电池和电解池工作原理的认识，转变偏差认识，促使学生认识到电极反应、电极材料、离子导体、电子导体是电化学体系的基本要素，建立对电化学过程的系统分析思路，提高学生对电化学本质的认识。”这一要求是针对过去教学中常用的电池三要素模型存在的局限性而修改的。

在三要素模型中，活泼性不同的电极未能反映电池的氧化还原本质，且在许多实际电池（如氢氧燃料电池）中是不需要的；电解质溶液也有局限性，因为熔融电解质、固体电解质、质子交换膜都可作为离子通道。因此，《课程标准》将三要素模型修正为电极反应、电极材料、离子导体、电子导体四要素模型，这更能反映电池工作原理的本质。同时，三要素模型也适用于电解的工作原理，更具有通用性。教师应充分利用铜锌原电池、铅蓄电池、氢氧燃料电池、电解熔融氯化钠和电解饱和食盐水等案例素材，组织学生开展分析解释、推论预测、设计评价等学习活动，促使学生建立电化学系统的分析思路，培养学生“证据推理与模型认知”的化学学科核心素养。

3. 教学中应创设真实情境，帮助学生形成分析和解决真实问题的思路

原《课程标准》中有“能写出电极反应和电池反应方程式”的陈述，2020年修订后的《课程标准》在学业要求中陈述为“能分析、解释原电池和电解池的工作原理，能设计简单的原电池和电解池”。与之类似，关于化学电源、金属腐蚀等内容，也都强调“分析”和“设计”。因此，教师应充分挖掘和用好教材中的情境素材，选取真实的、有意义的、引发学生兴趣的问题，重视开展高水平的实验探究活动。本主题相关的学生必做实验有两项：简单的电镀实验；制作简单的燃料电池。选取这两项实验主要是考虑实验活动的真实应用情境。在现行教材和教学中，电解氯化铜、电解饱和氯化钠溶液是电解的重要实验，使用盐桥的双液电池都是电池的重要实验，但在2020年修订《课程标准》时都未入选必做实验。其原因就是强调其实际应用价值。如在实验中为钥匙等金属部件镀上镀层，不仅可帮助学生体会实验原理的实际应用价值，还兼具趣味性，有利于激发学生的学习兴趣。制作一个简单的燃料电池，既具有实际应用价值，又符合新能源技术发展的方向。

4. 重视运用直观手段，关注学生的认识发展

化学反应原理比较抽象，应关注学生的认识发展过程。一方面，教师可通过实验、图像、表格、多媒体课件、录像等常见的直观教学手段，将化学原理具体化、形象化、直观化；另一方面，教师也可以给学生布置绘制数据曲线、微观图示并用于解释宏观现象和反应规律的任务，以外显学生的已有认识和认知障碍，启发学生的思维，帮助他们完成由感性认识向理性认识的飞跃。课本中“思考与讨论”栏目就要求学生绘制原电池和电解池工作原理的示意图，并进行讨论。另外教师还可用动画模拟讨论原电池和电解池工作中电子和离子的运动过程。这些手段对于有效突破难点，以及提升学生“宏观辨识与微观探析”和“证据推理与模型认知”等化学学科核心素养有重要意义。

5. 设计多样化教学活动，关注学科核心素养培养

教材在栏目的设置上，除了传统的“演示实验”“资料卡片”“思考与讨论”外，新增了“方法导引”“研究与实践”“科学史话”等栏目。本章“方法导

引”引导我们建立守恒观念和掌握电化学的系统思想与方法；“研究与实践”则是通过“暖贴的设计和制作”培养学生分析和解决实际问题的能力；“科学史话”揭示了化学电源的发展历程，从中可知晓电化学原理等的认识过程，感受化学家的实践创新和科学精神，突显化学的史料价值。

教师可充分利用教材各种栏目的设置，设计实验探究、小组讨论、项目式学习、科学史教育等多样化教学活动，全面提升学生“宏观辨识与微观探析”“变化观念与平衡思想”“证据推理与模型认知”“科学探究与创新意识”和“科学态度与社会责任”等化学学科核心素养。

本章课时分配建议如下：

第一节　原电池　　2 课时
第二节　电解池　　2 课时
第三节　金属的腐蚀与防护　　2 课时
实验活动 4　简单的电镀实验　　1 课时
实验活动 5　制作简单的燃料电池　　1 课时
全章复习　　1 课时

## 五、评价建议

### （一）核心知识评价

根据教科书章、节、点的知识分布，将核心知识及其对应的评价要求进行整合，形成核心知识评价细目表，如表 2-3-11 所示。

**表 2-3-11　核心知识评价细目表**

| 节 | 知识单元 | 核心知识 | 评价要求 | | | |
|---|---|---|---|---|---|---|
| | | | 了解 | 理解 | 应用 | 评价 |
| 第一节 原电池 | 原电池的工作原理 | 原电池的构成及反应 | | | √ | |
| | | 盐桥的作用与闭合通路 | √ | | | |
| | 化学电源 | 一次电池 | | | √ | |
| | | 二次电池 | | | √ | |
| | | 燃料电池 | | | √ | |
| 第二节 电解池 | 电解原理 | 电解池的构成及反应 | | | | √ |
| | | 放电顺序 | | | √ | |
| | | 电子和离子的运动 | | √ | | |
| | 电解原理的应用 | 氯碱工业 | | | | √ |
| | | 电镀 | | | √ | |
| | | 电冶金 | | | √ | |

续表

| 节 | 知识单元 | 核心知识 | 评价要求 | | | |
|---|---|---|---|---|---|---|
| | | | 了解 | 理解 | 应用 | 评价 |
| 第三节<br>金属的腐蚀与防护 | 金属的腐蚀 | 析氢腐蚀 | | √ | | |
| | | 吸氧腐蚀 | | √ | | |
| | 金属的防护 | 改变金属材料的组成 | √ | | | |
| | | 金属表面覆盖保护层 | √ | | | |
| | | 电化学保护法 | | | √ | |
| 实验活动 4 | 简单的电镀实验 | 为铁制镀件镀上镀层 | | | √ | |
| 实验活动 5 | 制作简单的燃料电池 | 简单氢氧燃料电池的制作和探究 | | | | √ |

## （二）学科素养评价

根据《课程标准》对学习本章内容后所应达到的素养水平要求，分别形成普通高中学业水平合格性考试和普通高中学业水平选择性考试的学科素养评价标准，如表 2-3-12 所示。

**表 2-3-12　学科素养水平要求**

| 节 | 合格考要求 | 选择考要求 |
|---|---|---|
| 第一节<br>原电池 | 能从能量转换的宏观角度分析原电池原理并完成相应的符号表征；<br>能归纳比较不同种类化学电源的异同并完成相应的符号表征 | 能从宏观与微观结合的视角认识原电池体系；<br>能认识到电极反应、电极材料、离子导体、电子导体是电化学体系的基本要素，建立原电池的系统认知模型；<br>能设计不同情境下的原电池装置并分析解释设计不同情境的新型电池 |
| 第二节<br>电解池 | 能从能量转换的宏观角度分析电解池原理并完成相应的符号表征；<br>能通过电解在生产和生活中的应用认识化学对人类文明的伟大贡献，关注能源开发等有关的社会热点问题 | 能从正逆两个方向认识电化学体系的基本要素；<br>能应用电解池的认知模型设计电解池装置；<br>能结合情境综合分析解释不同的电解装置 |
| 第三节<br>金属的腐蚀与防护 | 了解金属的腐蚀原理，能正确认识和选择金属的防护措施；<br>能根据实验现象归纳金属的腐蚀类型，并完成相应的符号表征 | 能利用电化学认知模型解释金属腐蚀速率的不同并用符号正确表征腐蚀过程；<br>能从不同视角认识、解释金属腐蚀的多样性，能从不同视角认识和设计金属的防护措施 |

续表

| 节 | 合格考要求 | 选择考要求 |
| --- | --- | --- |
| 实验活动 4 | 了解电镀原理，完成简单的电镀实验 | 能利用电镀原理设计电镀实验；<br>能查阅资料和设计控制变量的实验，认识工业生产中提高电镀质量的方法 |
| 实验活动 5 | 了解燃料电池原理，制作简单的燃料电池 | 能利用燃料电池原理设计燃料电池；<br>能从正逆两个方向分析比较燃料电池原理和电解原理 |

## （三）日常行为评价

### 1. 问答评价

教学中教师提问与学生回答是课堂最常用的互动方式，教师应精心设计问题，确保问题的有效性和学生问题回答的素养诊断价值。例如，本章第一节“原电池”是学生在必修模块学习了单液电池后，进一步学习双液电池的设计，教师可问学生“单液原电池的电池效率不高的原因是什么?”此问对学生的回答，可分两个层次进行评价。学生如仅仅从避免副反应发生这一点来回答，教师要及时提醒学生还有其他的分析视角，并从能量转化效率深入说明副反应的弊病。学生如能将电极附近电荷不能平衡和副反应发生两个因素结合起来分析，可评为满意；学生若能进一步通过分析得出提高电池效率的方法，可加分。

### 2. 实验操作评价

实验操作评价包括评价学生的实验探究方案、实验探究过程和实验探究结果等，课堂上教师可自行设计方案，也可按已有方案完成，通常会采用观察学生独立或小组合作完成某个真实具体的实验探究任务的方式。本章第一节“原电池”中会有如下实验探究：① 用导线将已打磨好的锌片、铜片分别与电流表连接。② 将锌片、铜片插入对应溶液的烧杯中，然后闭合开关，观察现象。③ 用饱和氯化钾溶液浸泡过的海绵连接两烧杯中的溶液，并用温度计测溶液有无温度变化，观察现象并如实记录。④ 实验结束后，将电极从电解液中取出，用滤纸擦干。由于本实验是按已有方案完成，教师要观察学生在探究过程中的具体行为表现，还要关注学生是否获得了正确的探究结果，另外要关注学生是否认真完成实验探究报告。学生如能完成方案并获得正确的探究结果，可评价为满意；学生若还能认真完成实验探究报告并提出改进提高实验效率方案，可加分。

### 3. 档案袋评价

档案袋评价是学生综合素质评价的有机组成部分，是对学生进行质性评价的一种方法。它通过记录学生的各种行为表现、学习过程、学习成果，来反映学生学习、生活、思想方面的进步过程、努力程度等。如本章“研究与实践”中的“暖贴的设计和制作”活动中学生合作实验探究的积极程度、查阅化学资料的数量与质量、提出问题的创新性及完成的作品质量等，都是档案袋评价的重要内容和依据。教师可从多角度建立电子档案类评价，并及时收集、整理学生写的小论文、制作的手抄报等。教师也可将实验报告、实验图片、视频等资料进行整理并入档。

# Ⅳ《化学（选择性必修 2）物质结构与性质》

本课程模块将从原子、分子水平上认识物质构成的规律，以微粒之间不同的作用力为线索，侧重研究不同类型物质的有关性质。教材的编排遵循物质结构由低到高发展的层次顺序，即体现“原子结构→分子结构→晶体结构→配合物和超分子”的化学学科逻辑，进一步丰富学生物质结构的知识，提高学生分析问题和解决问题的能力，让学生了解研究物质结构的基本方法与实验手段。学生通过本课程模块的学习，可提升对物质结构的基本认识，深入理解物质的结构与性质之间的关系，发展“宏观辨识与微观探析”“证据推理与模型认知”“科学探究与创新意识”等化学学科核心素养。

教材内容包括“原子结构与元素的性质”“微粒间的相互作用与物质的性质”“研究物质结构的方法与价值”3 个主题，分别通过第一章“原子结构与性质”、第二章“分子结构与性质”、第三章“晶体结构与性质”来呈现。

“物质结构与性质”模块共 2 个学分，在高二年级开设，共 36 学时。

## 第一章　原子结构与性质

### 一、学业要求

（1）能说明微观粒子的运动状态与宏观物体运动特点的差异。

（2）知道基态、激发态的含义；知道原子核外电子的跃迁及吸收、吸收光谱、发射光谱；能说明原子光谱在物质结构研究中的作用。

（3）知道原子核外电子的能层、能级分布及其能量关系；能根据构造原理认识原子的核外电子排布规律。

（4）能描述元素原子核外电子的运动状态（能层、能级、电子云与原子轨道、电子自旋）。

（5）能结合能量最低原理、泡利不相容原理、洪特规则熟练书写 1~36 号元素和主族元素基态原子的核外电子排布式（简化电子排布式）、（价电子）电子排布式、（价电子）轨道表示式，并理解其含义。

（6）掌握原子半径的变化规律；能从电子排布的角度对这一规律进行解释。

（7）能表达元素电离能、电负性的含义；能描述主族元素第一电离能、电负性变化的一般规律；能从电子排布的角度对这一规律进行解释。

（8）能说明电负性大小与原子在化合物中吸引电子能力的关系；能利用电负性数据判断元素的金属性与非金属性的强弱；推测化学键的极性；通过查阅有关元素的电负性资料，解释元素的“对角线”规则，并举例说明。

（9）能从原子的价电子数目和价电子排布的角度解释元素周期表的划分区域、周期和族的依据；认识原子结构与元素周期系的本质关系——“位”“构”“性”；能列举元素周期律（表）的应用价值。

（10）能说明建构思维模型在人类认识原子结构过程中的重要作用；能论证证据与模型建立及其发展过程中的关系；能简要说明原子核外电子运动规律的理论探究对研究元素性质及其变化规律的意义；能欣赏物质结构的依据及其理论发展对化学学科发展的贡献。

## 二、内容分析

化学是在原子、分子水平上研究物质的组成、结构、性质、转化及其应用的自然科学。原子结构的知识是研究化学问题的基础，特别是为元素周期律找到了理论依据。本章分为两节，第一节“原子结构”是在学生已有知识的基础上，引入核外电子的能层和能级的概念，给出每一能层有几个能级，每一能级最多可以容纳几个电子，分析各能级的能量顺序。有了能层和能级的概念，依据光谱学事实，可直接提出构造原理，教师根据构造原理就可以进行电子排布式的教学。通过电子排布式的教学，学生可进一步深入认识原子核外电子的能级高低顺序，以及基态原子中核外电子的排布遵循能量最低原理、泡利不相容原理和洪特规则（两原理一规则），进而掌握1~36号元素和主族元素基态原子核外电子的排布及不同的表达方式。通过这些核心知识的学习，学生可初步了解核外电子运动模型的历史发展过程，认识核外电子运动的量子力学特点，知道电子运动的能量状态具有量子化的特征（能量不连续），电子不仅可以处在不同的能层，还可以处于不同的能级，在一定条件下会发生激发与跃迁。同时学生可知道电子的运动状态（空间分布及能量）可通过原子轨道和电子云模型来描述（轨道是用来描述在一定能层和能级上具有一定取向的电子云，也可以理解为电子在核外空间概率密度较大的区域），即知道原子核外电子运动状态的量子力学模型。完成本节学习后，学生能从两条线描述核外电子运动状态（能层与能级；电子云与原子轨道、电子自旋）。

在第二节“原子结构与元素的性质”中，教师首先通过3张有重要历史意义的周期表引出学生最熟悉的门捷列夫长式元素周期表，帮助学生进一步认识构造原理、电子排布式对元素周期表编排原则的深刻影响，在了解元素周期律内涵的基础上提出元素周期系的概念。通过“探究”栏目中再探元素周期表的8个问题，教师可要求学生从更高阶的视角来进一步认识元素周期表的结构（纵列、族、分区、金属与非金属分界线、非金属的三角区、镧系和锕系的隐藏）。同时“思考与讨论”栏目对元素周期表中的特殊情况——对角线规则、第一周期结构均有涉及。在第二节中，由于元素周期律的内涵比较广泛，教材重点讨论了原子半径、电离能和电负性的周期性变化规律，即通过深入地学习认识到原子半径、主要化合价、金属性、非金属性、第一电离能、电负性等元素性质的周期性变化是原子核外电子排布呈现周期性变化导致元素性质呈现周期性变化的结果。通过对元素性质的认识从定性发展到定量的高阶思维阶段，学生可进一步体会元素周期律（表）的应用价值。

本章教材设置的栏目有：思考与讨论（8 个）；科学史话（3 个）；资料卡片（2 个）；探究（2 个）；练习与应用（2 个）；整理与提升（1 个）；复习与提高（1 个）。除此以外，教材还使用了多元化的图形、各种表格，其中引入了 4 张著名科学家的图像，通过这些形式，学生可以更全面地了解著名科学家的故事，并以此激发自身对科学知识的兴趣，有利于产生可持续学习的动力。

第一章栏目设置及使用建议如表 2-4-1 所示。

**表 2-4-1　第一章栏目设置及使用建议**

| 栏目名称 | 栏目内容 | 使用建议 | 页码 |
|---|---|---|---|
| 思考与讨论 | 能层与能级的关系；掌握判断方式 | 了解能层与能级的关系；掌握能量、数量及符号表达方式 | P7 |
| 思考与讨论 | 稀有气体原子结构的特点；电子排布式、简化的电子排布式、价电子排布式；元素的化合价与原子结构的关系 | 通过书写基态原子的电子排布式，深化对原子结构的认识，总结重要的规律（价电子排布式），掌握化学用语 | P11 |
| 科学史话 | 离散的谱线 | 体会原子结构的理论假设（构造原理）与原子光谱实验的联系，聚焦证据推理、模型认知的核心素养 | P11 |
| 资料卡片 | 电子自旋 | 依据原子光谱现象，发现对原子结构模型认识的偏差，进一步体会科学家完善原子结构理论的历程 | P15 |
| 思考与讨论 | 判断原子结构中轨道表示式的正误 | 培养运用规范的化学用语表达化学思想的学科素养 | P16 |
| 思考与讨论 | 判断基态原子结构两种表达方式、价电子表达方式的正误 | 培养运用规范的化学用语表达化学思想的学科素养 | P16 |
| 练习与应用 | 第一节习题 | 明确规律，准确运用，规范表达，及时评价 | P17 |
| 科学史话 | 三张有重要历史意义的周期表 | 体会科学家排列元素周期表的智慧：构建“位—构—性”的结构化认识思路 | P18 |
| 思考与讨论 | 怎样将图 1-17 变成教材里的长式周期表 | 分组讨论，分享成果 | P20 |

续表

| 栏目名称 | 栏目内容 | 使用建议 | 页码 |
|---|---|---|---|
| 探究 | 再探元素周期表 | 引导学生体会编排长式周期表的故事：① 小组提问；② 大屏分享；③ 抢答比赛；④ 计分评价 | P21 |
| 思考与讨论 | 对角线规则中的相关元素 | 课前布置，课中展示，课后运用；体会周期表里隐藏着的结构与性质的关系 | P22 |
| 思考与讨论 | 周期表中原子半径的周期性变化规律 | 提供主族元素原子半径数据，有各种图示（模型图、曲线图、柱状图等）呈现规律性变化 | P23 |
| 资料卡片 | 元素的第一电离能的周期性 | 探讨为什么 B、Al、O、S 等元素的电离能比它们左边元素的电离能低，而使 Li-Ne 和 Na-Ar 的电离能呈现锯齿状变化的原因：① 原子结构的特点；② 电离能数据及变化趋势 | P24 |
| 思考与讨论 | 电离能与金属活泼性、化合价的联系 | 基于对数据的分析判断，找到金属元素电离能与金属化学特性关系的依据 | P24 |
| 探究 | 元素的电负性变化趋势 | 收集第二周期、第三周期、第ⅠA 族、第ⅦA 族的电负性数据；绘制变化图；比较分析变化趋势及其原因，定量表达金属性、非金属性的含义 | P26 |
| 科学史话 | 稀有气体及其化合物的发现 | 课前分组；课中代表展示 PPT 并发言；引导学生体会化学家们的伟大贡献；课后交一张 A4 纸篇幅手绘化学小报 | P26 |
| 练习与应用 | 第二节习题；另完成调查报告“元素周期表的科学价值” | 明确规律，准确运用，规范表达，及时评价 | P28 |
| 整理与提升 | 从新情景下原子结构理论的认识角度，进行归纳总结提升 | 构建知识体系，提升学科素养 | P30 |
| 复习与提高 | 全章训练题 | 考查必备知识，测评关键能力 | P31 |

## 三、学情分析

从知识储备层面上看，初中化学、人教版《化学（必修）第一册》第四章的教学，已为本章的深入学习与提高奠定了必备的知识结构基础。人教版《化学

（选择性必修 2）物质结构与性质》第一章与必修第一册第四章相比，所涉及原子结构的理论深度、广度明显加深和拓宽。本章为了避免与过去知识的雷同，重点突出了原子结构的量子力学模型的建立过程、基于原子光谱得到的基态原子的电子排布式，以及构造原理，进一步研究核外电子的能级排布（能量最低原理、泡利不相容原理、洪特规则）。通过“科学史话”，学生可了解元素周期系的概念，进而从更高阶的视角研究门捷列夫元素周期表，建立元素“位”“构”“性”三者的深层联系，丰富元素周期表在过渡元素等领域的应用价值。

从心理发展层面看，高二学生学习人教版《化学（选择性必修 2）物质结构与性质》时，面对能层、能级中的各种符号、基态、激发态、原子光谱、构造原理、电子云、原子轨道、电子自旋等陌生的知识，既有获取新知识的喜悦和兴奋，也会遇到学习困惑，且会产生不同程度的不适应、不习惯，容易产生学习心理上的畏难情绪。教师在教学中要注意控制容量和难度，精选课本素材，特别是要关注原子结构知识的逻辑性安排，不要一步到位地拓展加深，同时注意积极有效的心理暗示，让学生在思维有序的发展过程中学习掌握新的理论。

从学习方式层面看，若学生仍沿用简单的记忆学法，容易出现疲劳烦躁的状况。教师要指导学生管理学习时间，合理分配好听课、练习、归纳等自我消化调整的时间。教师要根据学情充分激发和保持学生学习的兴趣，做好知识和能力的铺垫。针对概念多、数据多、图表多、概念新的特点，教师要灵活运用逻辑推理法、抽象思维法、总结归纳法组织理论知识的教学，逐步优化本章的知识结构，不断提升学生的空间想象能力、分析推理能力、模型认知能力，使学生在原子水平上认识物质构成的规律，能运用原子结构的知识解释一些化学现象，让学生体验“宏观辨识与微观探析”“证据推理与模型认知”等化学学科核心素养的提升过程。

## 四、教学建议

人教版《化学（必修）第一册》第四章“物质结构 元素周期律”解决的是核外电子排布“是什么”规律的问题，人教版《化学（选择性必修 2）物质结构与性质》第一章第一节的内容则要帮助学生解决核外电子排布规律“为什么”的问题。把原子结构示意图与电子排布式的教学有机结合渗透起来，精准衔接，可以丰富学生对原子结构体系的认知。人教版《化学（选择性必修 2）物质结构与性质》第一章第一节教学要帮助学生理解能层、能级、电子云、原子轨道及分布、最大容纳电子数、电子自旋、基态原子、基态离子、激发态原子、激发态离子、原子的吸收光谱、原子的发射光谱等全新的概念。构造原理的教学，需突出能量决定的高度。为帮助学生熟练运用构造原理图，教师可形象地将构造原理图比作“回形针图”，重点放在书写应用上。学生需熟练掌握原子序数 1 ~ 36 号元素和主族元素原子的电子排布式、简化电子排布式、价电子排布式、价电子轨道表示式等化学用语。

本章第二节内容从认识体会3张有重要历史意义的周期表出发，比较系统而深入地介绍了元素周期系、元素周期表及元素周期律，让学生在更高阶的层次上像科学家一样依据构造原理去认识原子结构与元素周期表排布的关系，去寻找解释原子结构与元素性质发生周期性变化的原因。对于原子半径、第一电离能、电负性等知识，教师可使用多样化的图表进行教学，加深学生对元素周期律、元素周期表及元素“位”“构”“性”三者关系的理解。教学中教师通过对元素周期律等问题的探究和对图表的分析解读，培养学生的信息加工能力、逻辑思维能力和归纳演绎表达能力等。同时探究过程中学生的质疑、讨论、抽象和概括等活动，使学生的发展不仅仅停留在智能方面，更使之在方法论、情感态度等领域获得多方面的发展。

1. 整合各类教学资源，智慧呈现内容，构建原子结构模型，顺利进入高阶思维（目标是能从4个方面描述原子核外电子的运动状态）

关注学生在必修阶段对原子结构、元素性质和元素周期律（表）的已有认识，利用氢原子和多电子原子光谱所产生的复杂现象，引导学生反思已有理论模型的局限，修正已有的理论模型，建立新的原子结构模型，丰富其内涵，培养学生的空间想象能力。借助“科学史话”的故事和素材多角度展示人类对微观的原子结构的认识过程，促进学生对科学本质的理解。教师备课时，可以认真研读高中物理教材中氢原子光谱、原子的能级结构等量子力学内容，以丰富化学教学的科学性、全面性。

用“问题—猜测—思考—讨论—小结”的方式学习能层、能级、构造原理和电子排布式。充分利用教材中“思考与讨论”栏目的逻辑性设计来有序推进教学，通过书写电子排布式，帮助学生体会模型和理论之间的逻辑关系。

用“问题—解决—应用”的方式学习原子基态、激发态、原子光谱。利用电脑视频展示日常生活中的光现象（激光笔的指示、武汉长江大桥两岸LED灯光秀、节日燃放的焰火等）；理解这些光现象产生的原因；引导学生从原子中电子跃迁变化的角度去认识光产生的原因；联系原子的电子排布式所遵循的构造原理来理解原子的基态、激发态与电子跃迁的概念，并运用这些概念来解释光谱产生的原因，举例说明光谱分析的应用。原子基态、激发态、原子光谱等知识的呈现思路见图2-4-1：

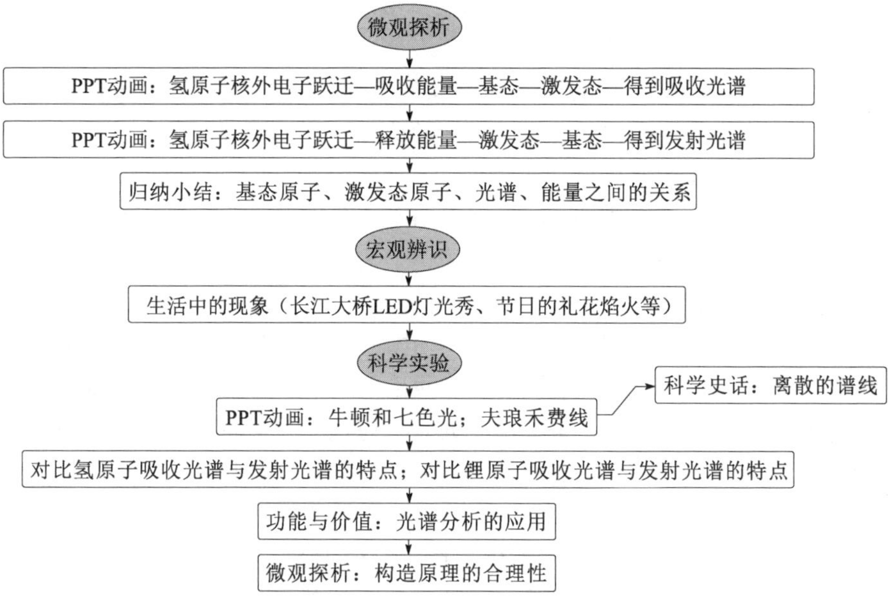


**图 2-4-1　原子基态、激发态、原子光谱等知识的呈现思路**

用“问题—探究—理解”的方式学习电子云、原子轨道、泡利不相容原理、洪特规则、能量最低原理。设计表格对比核外电子运动和宏观物体运动的区别；要求学生描述电子在原子核外的运动；了解玻尔模型到量子力学模型的发展过程；把电子云、电子云轮廓图、电子云轮廓图形状、电子云轮廓图取向、原子轨道这些新概念层层递进、有序演绎出来，最终归纳出人教版《化学（选择性必修 2）物质结构与性质》第 14 页的表 1–2。在这些概念的支撑下，逐步完成泡利不相容原理、洪特规则、能量最低原理的教学。充分利用轨道表示式的书写，帮助学生体会基态原子核外电子的运动状态、激发态原子核外电子的运动状态，为此人教版《化学（选择性必修 2）物质结构与性质》在第 16 页“思考与讨论”栏目里设计了 5 个问题。充分利用信息化教学手段，可有效帮助学生理解与掌握新知识，而这需要教师准备资源及资源共享，例如电子云模型、原子轨道模型的立体表达和平面表达等。

2. *充分利用模型认知，有效融合四线设计（情景线—知识线—活动线—方法线），重组迁移必备知识，强化提升关键能力*

向学生提供原子半径、第一电离能、电负性等数据，引导学生讨论原子序数与核外电子排布的关系，让学生自主发现变化规律，建构元素周期律（表）模型，并利用模型分析和解释一些常见元素的性质。

用“研读教材—再次探究—发现规律”的方式学习原子结构与元素周期表的关系。列表研读对比 3 张元素周期表（3 张元素周期表设计的依据、共同点、不同点）；根据构造原理研判周期与能级、周期元素数目的关系，能推测并画出左侧对齐的周期表；引导学生画出现在使用的长式周期表；通过“探究”栏目完成 8 个问题，从而全面解决学生对周期表分周期、分族、分区等智慧结构编排的深刻认识，例如周期表中的同族和同周期元素体现的是元素之间联系的同一性，但各个元素本质还有差异性。元素周期律和元素周期表就是个性与共性关系发展集大成的重要化学成果。

用数据转化为图像（如折线图、柱状图、散点图、股价图、条形图、组合图）的问题解决方式学习原子半径、电离能、电负性变化的规律。指导学生分析找出同周期、同主族原子半径的变化规律的原因。在电离能教学中，帮助学生理解“气态”“基态”“电中性”“失去一个电子”等关键词。通过人教版《化学（选择性必修 2）物质结构与性质》第 23 页的图 1-22 列举 Li—Ne、Na—Ar 第一电离能数值，找出元素的第一电离能与元素金属性、非金属性的关系，以及元素第一电离能发生周期性变化的规律（通过第 24 页的资料卡片，注意分析同周期电离能“波峰波谷”图的变化及原因）。通过“思考与讨论”栏目，完成最外层电子数和主要化合价推断。根据第 25 页图 1-23 的分析，找出元素电负性发生周期性变化的规律，以及元素电负性与元素性质间的关系。通过第 26 页的“探究”完成元素电负性变化趋势图（如柱状图），并与图 1-22 比较差别，分析原因。

创新设计作业：用三维坐标系体现元素周期表中原子半径的变化示意图；用三维坐标系体现部分主族元素第一电离能的变化示意图；用创新思维的方式丰富学生对数据的理解表达能力。

电负性是原子在分子中吸引键合电子的能力，能够较好地反映和预测元素的性质，利用电负性数据可定量判断元素的金属性、非金属性的强弱，推测化学键的极性，判断化学键类型（见图 2-4-2）。

个性化作业：用三维坐标系表达元素周期表中鲍林数据元素电负性示意图（周期、电负性数据、原子序数）。

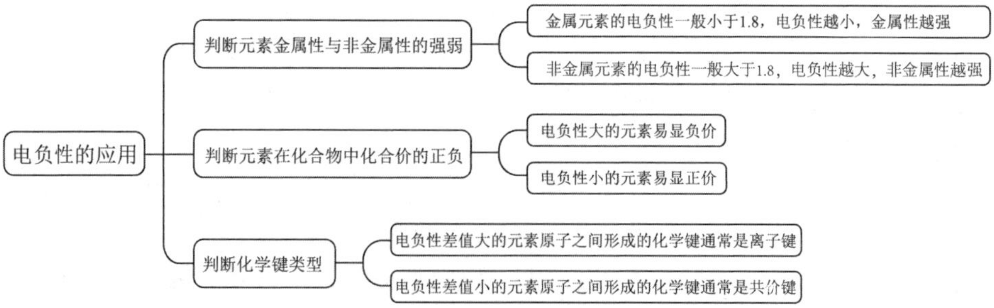


**图 2-4-2　元素电负性的应用判据**

注重帮助学生建立基于“位”“构”“性”关系的系统思维框架，提高学生分析和解决问题的能力及逻辑推理能力。除学科知识外，要充分利用教材提供的栏目素材，创造性地培养学生掌握科学方法、形成科学态度，以利于激发学生的

学习兴趣和提升学生的核心素养。(附："位""构""性"关系的系统思维框架图见图 2-4-3)

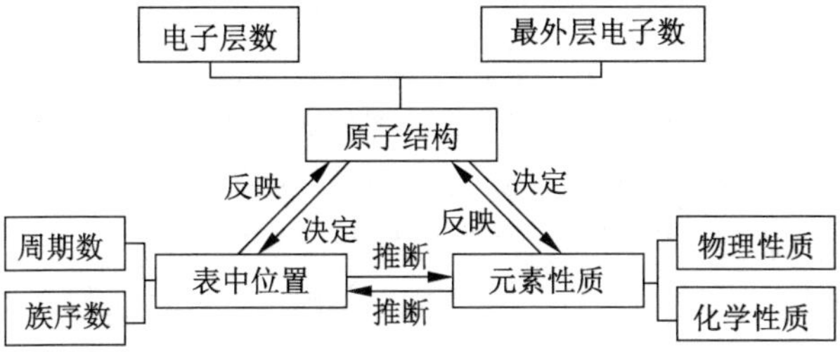


**图 2-4-3 "位""构""性"关系的系统思维框架图**

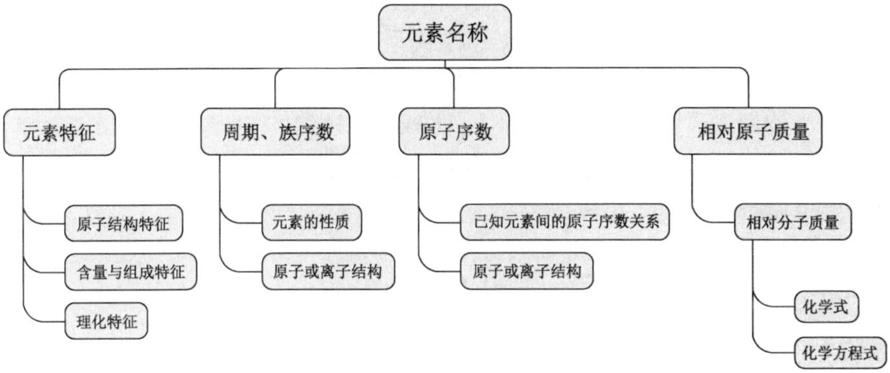


**图 2-4-4 元素的基本要素图**

创新作业：用二维坐标系图示原子结构与性质的关系（原子序数⟺原子核外电子排布⟺原子半径⟺电负性与电离能⟺元素金属性和非金属性）。

设计思路：以第四周期主族元素为例（坐标要素自己考虑）。

参考答案：横坐标——原子序数；纵坐标——简化电子排布式、原子半径数据、电负性数据、第一电离能数据、金属性比较、非金属性比较。

设计意义：学生自己总结提升核心观念——结构决定性质，性质反映结构。

逆向思维：如果有人提供这样的坐标关系，你能分析出有意义的结论吗？

模型方法是重要的科学研究方法，模型认知是高中化学课程标准中的学科核心素养之一。本章涉及的实物模型或思维拓展模型可能有：

概念模型。化学概念模型形式上属于文字或者符号描述模型，本质上属于理论模型，其内涵是将化学现象或者化学事实抽象归纳，揭示化学学科本质特征的理性知识，例如化学常用的元素符号、元素的基本要素图（如图 2-4-4 所示）、电子排布式、轨道表示式、电离能、电负性等。

结构模型。化学结构模型属于实物模型和图形表示模型，是普遍认同的模型，也是传统意义上的模型，在化学学科中应用广泛。这类模型最接近于模型的本意——比例模型，即根据对象的外形和结构特征，按比例放大或者缩小。其具体内涵是将物质、装置等抽象的、复杂的结构（如电子云、原子轨道，鲍林近似能级图、原子轨道能级顺序、徐光宪 $n+0.7l$ 规则等）用简单易懂的方式展示出来，便于解释研究对象内部结构的相对关系、功能和工作机制等。化学结构模型主要包括物质结构模型和装置结构模型，本教材使用了大量的模型来解释原子、分子、晶体结构，阐释不同结构之间的关系及其功能。

过程模型。化学过程模型属于理论模型和思维模型的结合体，其内涵是用图形图像表示反应或生产过程中某个物理量的变化过程或者某元素的存在形式（状态）的转化过程，主要包括反应量化模型、物质转化模型。

复杂模型。该类模型是理论模型、实物模型和思维模型的复合体，如在物质结构模型的基础上建立的某些物理量之间的定量关系。理想气体模型就属于复杂模型。化学中的元素周期表也是基于思维模型和实物基础上的复杂模型，其包含了大量的物质结构和性质等信息。

原子结构模型。在学生学习的不同时期，接触到的知识主要有汤姆孙模型、卢瑟福原子模型、玻尔原子模型、现代电子云模型等。也有专家认为原子结构模型的教学可以把古典原子论称为哲学原子论（只是一种哲学思辨，没有实在的依据），把道尔顿原子论称为化学原子论（由定律推理出的实在的微粒模型），把汤姆孙模型、卢瑟福原子模型、玻尔原子模型、现代电子云模型等统称为物理原子模型（包含电子、原子核、电子分层分级排布、电子云等，都是由物理学家发现和提出的）。原子结构模型的发展就可以简化为哲学原子、化学原子和物理原子三个宏大的发展阶段，也可以归纳为想象思辨、证据推理、间接证明，直接看到几个发展历程。原子结构模型的发展过程实际上就是不断解释已知、不断调整"姿态"、适应新发现并提出新模型的过程。由于化学课程更多地关注与元素化合物化学性质关系密切的核外电子排布，结合中学生的认知特点，在教学和考试中主要从构造原理的角度考查核外电子排布情况，因而以往的考试要求是让学生写出原子结构示意图。2017 年版的《课程标准》规定对原子结构的考查方式大多是让学生以轨道表示式或者电子排布式表示核外电子排布情况，近年的高考化学试卷中均对该模型进行了考查。"电子云及原子轨道"模型学习流程图见图 2-4-5。

《化学（选择性必修 2）物质结构与性质》第一章情景素材见表 2-4-2。

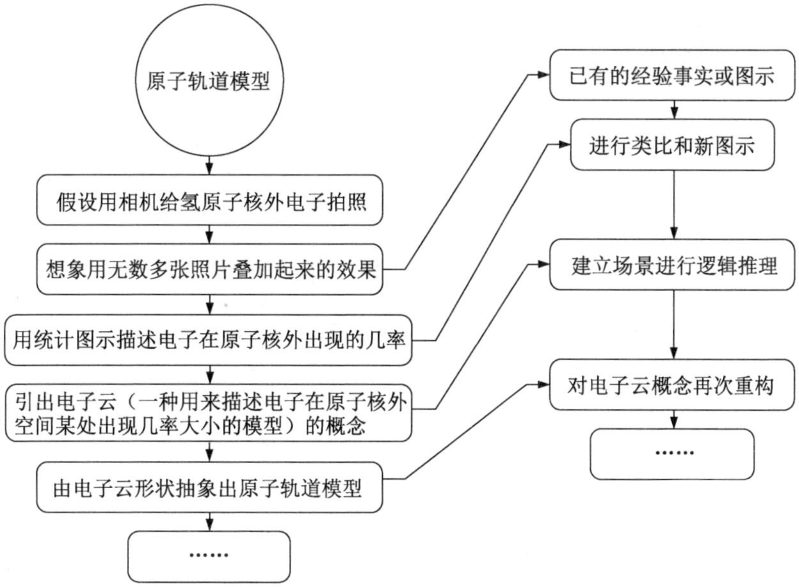


图 2-4-5 “电子云及原子轨道”模型学习流程图

表 2-4-2 选择性必修 2 第一章情境素材

| 情境素材内容 | 呈现方式 | 呈现目的 |
|---|---|---|
| 金刚石上排列 H、F 原子 | 扫描隧道电子显微镜图片 | 深入原子水平科学研究的真实应用 |
| 玻尔 | 照片 | 了解玻尔在原子结构理论中的伟大贡献 |
| 激光笔、LED 灯、节日焰火 | 图片 | 了解呈现的颜色与原子结构的关系，以及电子跃迁的实际应用 |
| 锂、氦、汞原子光谱 | 图片 | 了解光谱分析的实际应用 |
| 离散的谱线 | 科学史话 | 了解构造原理的事实依据 |
| 氢原子的线状光谱与玻尔模型 | 正文 | 了解渗透量子力学理论 |
| 电子云轮廓图 | 图片 | 了解电子云与原子轨道的形状、取向 |
| 泡利 | 照片 | 了解泡利在原子结构理论中的伟大贡献 |
| 门捷列夫、维尔纳、玻尔周期表 | 科学史话 | 了解多样化的周期表，以及周期表排布形成过程中的故事 |
| 左侧对齐的周期表 | 思考与讨论 | 自己寻找结构特点，完成当代形式的周期表设计 |
| 再探元素周期表 | 探究 | 探究对周期表一系列新的认识 |

续表

| 情境素材内容 | 呈现方式 | 呈现目的 |
|---|---|---|
| 对角线规则 | 思考与讨论 | 了解周期表中隐含对角线规则的内容 |
| 主族原子半径 | 图片 | 了解原子半径周期性变化的形象化表达 |
| 元素的第一电离能 | 二维数据图 | 了解元素的第一电离能变化的形象化表达。 |
| 钠镁铝多级电离能 | 数据表格 | 分析数据突变与化合价的关系 |
| 鲍林及电负性手稿 | 图片 | 了解鲍林对电负性数据研究的痕迹和突出贡献 |
| 电负性数据 | 图片、探究 | 绘制电负性变化趋势图，探究分析原因 |
| 稀有气体及其化合物的发现 | 科学史话 | 介绍稀有气体及化合物发现的过程 |

3. 站位原子分子水平，整体布局单元教学，展现化学无穷魅力，发展学生核心素养

学生从开始学化学就接触原子，对原子的认知是由感性到理性、由简单到复杂、由片面到全面和由定性到定量的过程，在肯定与否定、继承与修正中前行，这也是科学理论形成所必须经历的伟大过程。学生在学习本章之后，教师需引导其认真反思体会，这点对学生科学素养的提升很有必要。因此，这需要教师在化学是在原子、分子等微观粒子构成的水平上研究物质的组成、结构、性质、转化、制备和应用的自然科学的角度对第一章原子结构做单元整体教学设计。本章聚焦的观念是“结构决定性质”，充分体现“证据推理与模型认知”素养，系统培养“宏观辨识与微观探析”素养。整体设计的框架（仅供参考）：怎样认识原子？→怎样认识元素？→怎样认识物质？→怎样认识世界？

认识过程的三条线：

理论线：怎样认识原子？（微观—符号）→怎样排列元素？（微观—宏观）→元素周期表与原子结构的关系（宏观—微观—符号）→微观探析的乐趣。

证据线：怎样认识元素？（归纳梳理已知物质性质）→元素的性质有什么规律？（金属性、非金属性）→元素周期律（位—构—性）→宏观辨识的角度。

方法线：物质与元素有什么关系？（例如：面对 As 元素，你能想到哪些信息？）→认识元素周期律（位—构—性）→认识物质（类别、通性、特性）→体现元素周期表、元素周期律的应用价值（催化剂、半导体、医药、农药、光电磁材料等）。

最后，教师引导学生将所学的内容归纳整理成“原子结构与性质的概念图”，将碎片化知识整理提升到知识关联结构化、认识思路结构化、核心观念结构化和学科思维素养化的高度。

本章课时分配建议如下：

第一节　原子结构　　4 课时

第二节　原子结构与元素的性质　　4 课时

全章复习　　3 课时

## 五、评价建议

### （一）核心知识评价

本章知识根据教科书章、节、点的知识分布，将核心知识及其对应的评价要求进行整合，形成核心知识评价细目表，如表 2-4-3 所示。

**表 2-4-3　核心知识评价细目表**

| 节 | 知识单元 | 核心知识 | 评价要求 | | | |
|---|---|---|---|---|---|---|
| | | | 了解 | 理解 | 应用 | 评价 |
| 第一节<br>原子结构 | 能层与能级 | 能层、能级 | | √ | | |
| | 基态与激发态原子光谱 | 基态原子、激发态原子、原子光谱产生的原因、光谱分析 | √ | | | |
| | 构造原理与电子排布式 | 电子排布式、简化电子排布式、价电子排布式 | | | √ | |
| | 电子云与原子轨道 | 电子云、原子轨道名称、数目及其电子云轮廓图 | | √ | | |
| | 泡利原理、洪特规则、能量最低原理 | 三大原理的内涵、电子排布轨道表示式、电子的运动状态 | | | | √ |
| 第二节<br>原子结构与元素的性质 | 原子结构与元素周期表 | 元素周期系、元素周期表；构造原理与元素周期表的联系、元素周期表的分区、分族、周期 | | | √ | |
| | 元素周期律 | 原子半径、第一电离能、电负性；对角线规则 | | | √ | |

### （二）学科素养评价

根据《课程标准》对学习本章内容后所应达到的素养水平要求，分别形成选修合格要求和普通高中学业水平选择性考试的学科素养评价标准，如表 2-4-4 所示。

表 2-4-4 学科素养评价细目表

| 节 | 学科素养水平要求 | |
|---|---|---|
| | 选修合格要求 | 选择考要求 |
| 第一节<br>原子结构 | 能用符号正确表达能层与能级 | 理解原子核外电子的能层、能级分布与能量的关系，能用符号准确表征出来 |
| | 能分析基态、激发态与原子光谱三者之间的关系，关注物理或化学变化中的能量变化 | 通过科学史话培养实验探究意识、科学精神与社会责任素养；<br>科学解释光谱现象，应用光谱分析元素类别 |
| | 依据构造原理，能正确书写原子、离子的电子排布式、简化电子排布式、价电子排布式 | 能根据构造原理认知原子的核外电子排布，并能对原子、离子的核外电子排布进行综合表征 |
| | 能区别电子云与原子轨道两者的关系 | 能采用模型、符号、电子云轮廓图等多种方式对不同能层的能级、原子轨道进行表征；<br>能用量子力学模型描述核外电子的运动状态 |
| | 熟练运用泡利原理、洪特规则、能量最低原理三大原理，书写 1~36 号及主族元素的电子排布式、轨道表示式 | 能采用模型、符号、轮廓图等多种方式对原子结构及其变化进行综合表征 |
| 第二节<br>原子结构与元素的性质 | 能从原子结构视角说明门捷列夫周期表分区、分周期、分族使用的合理性 | 通过科学史话培养证据推理、模型认知、科学精神等学科素养 |
| | 能用数据、图表、符号等描述元素性质的递变规律——元素周期律 | 理解并综合运用“位”“构”“性”之间的关系进行分析比较；<br>通过科学史话培养变化观念、创新意识、科学精神等学科素养；<br>利用电负性预测物质结构与性质，提出解决问题的方案 |

## （三）日常行为评价

1. 课堂提问与点评

例如，学习电负性后，可以利用电负性分析与预测甲醛的性质：① 能正确表述甲醛中碳氧双键、碳氢单键的电荷分布，可评为满意。② 能正确表述甲醛的化学反应类型（氧化反应、加成反应、缩聚反应），并预测共价键断裂之处，可评为满意。③ 能分析人体吸入甲醛的危害、甲醛能浸泡标本的原因；能指出甲醛分子中的羰基与蛋白质分子中的氨基先发生加成反应，后发生脱水消去反应，可加分。④ 能利用胺类衍生物、酚类化合物可以与甲醛反应生成稳定的化合物来除去甲醛，正确者可加分。这些具体的任务还可以促使学生查阅文献、设计方案、实验探究，在解决问题的过程中发展学生的化学学科素养，增强生态文明的意识，深刻体会电负性模型的功能价值与化学科学的社会价值。

2. 个性化作业评价

教师在设计习题时，除了要重视核心知识的检验和巩固外，更应注意发挥课堂练习、课后个性化作业对于学生化学学科核心素养的诊断与发展功能。例如，学习元素周期表后，可在个性化作业中向学生提供扇形、螺壳式、天坛式、城楼形立体、梯形、平面螺旋式、塔表式等形式的周期表，帮助学生在陌生环境中迁移对周期表结构的深刻认识（能够表达完整者可评为满意），同时鼓励其设计新形式的周期表（能够创新设计者可加分）。这样的处理方式不仅能丰富原有的知识容量，还能引导学生进一步体会元素周期表的周期性排布规律及应用价值，提升学生“科学探究和创新意识”的素养水平。

3. 档案袋评价

档案袋评价是学生综合素质评价的有机组成部分，是对学生进行质性评价的一种方法。它通过打卡记录学生的各种行为表现、学习过程、学习成果，反映学生学习、生活、思想方面的进步过程、努力程度等。如课堂上参与讨论和回答问题的积极程度，课前查阅化学资料后的成果分享（原子结构模型发展思维路径图、手绘科学家事迹化学小报、实验视频展示等），课后进行结构模型实物制作、归纳提炼知识板块内容、创造性完成化学个性化作业，以及主动提出问题的猜想意识、参与化学活动的表现及获奖情况等，都是档案袋评价的重要内容和依据。

# 第二章　分子结构与性质

## 一、学业要求

（1）能认识共价键的本质和特征；能识别分子中的 σ 键与 π 键；能用符号表征共价键。

（2）能用键能和键长比较共价键的强弱；能认识到共价键越强，分子结构越牢固。

（3）能知道分子结构可以通过分子光谱（如红外光谱）、晶体 X 射线衍射等技术进行测定，体会现代实验技术跨学科应用的价值。

（4）能了解价层电子对互斥模型和杂化轨道理论的基本观点，能用其预测和解释常见简单分子的空间结构和中心原子的杂化类型。

（5）能利用元素电负性判断键的极性；能根据分了的空间结构特点和分子中键的极性来判断分子的极性，并据此对分子的一些典型性质及其应用做出解释，如分子的手性、一些物质的溶解性等。

（6）能根据分子的组成和空间结构特点来判断分子的手性，通过具体的实例了解分子的手性对药物研究的意义。

（7）知道分子间存在作用力，并能说出分子间作用力的主要类型；了解范德华力与分子的极性及相对分子质量间关系的规律。

（8）能理解氢键的本质、形成条件，能用符号表征氢键；知道氢键主要存在于分子间，也可以存在于分子内。

（9）能区别范德华力、氢键、共价键，知道共价键比分子间作用力强。

（10）能用共价键强弱解释分子的化学稳定性；能用键能分析化学变化中能量变化的本质原因并进行简单的计算；能基于键的极性分析和比较简单有机羧酸的酸性强弱。

（11）能用范德华力、氢键解释一些物质的溶解性、熔点和沸点等；知道"相似相溶"规则。

（12）能在分子的结构与性质间建立起结构化的认识思路，加深对"结构决定性质"观念的认识，提升宏观辨识与微观探析的能力。

（13）能从微粒的空间排布及其相互作用的角度对生产、生活、科学研究中的简单案例进行分析，举例说明物质结构研究的应用价值，如化学反应中能量变化的本质及其在生产、生活中的应用，氢键对于生命的重大意义。

## 二、内容分析

本章内容基于分子结构分析物质（或分子）的性质，是位—构—性关系的一部分，也是本册教材的重点和难点。本章内容分为三节，其中第一、二节基于第一章原子结构介绍分子结构，描述了原子是通过什么作用构成分子的，以及构成分子的原子在空间是如何分布的，从而使学生从两个方面对分子结构已有的认识（分子由原子构成）获得进阶；第三节介绍分子结构与物质性质间的联系。全章体现了"结构决定性质"的化学学科观点，凸显了"宏观辨识与微观探析""证据推理与模型认知"等化学学科核心素养。

第一节"共价键"结合《化学（选择性必修2）物质结构与性质》第一章有关电子云和原子轨道等知识，进一步介绍了共价键形成的本质及其主要类型（σ键和π键），以及键参数（键能、键长和键角），从定性和定量两个角度对必修课程中学习的共价键概念进行了深化，学生能够基于原子轨道的重叠从定性角度认识共价键的方向性，能基于键能和键长从定量角度比较共价键的强弱，从而实现对分子结构认识的第一步进阶。

第二节"分子的空间结构"在共价键概念的基础上进一步探究构成分子的这些原子在空间中是如何分布的（即分子的空间结构），从而实现对分子结构认识的第二步进阶，内容主要涉及两个理论——"价层电子对互斥模型"和"杂化轨道理论"，前者从理论上对分子空间结构进行预测，后者则从理论上解释原因。需要特别说明的是，《化学（选择性必修2）物质结构与性质》在描述分子中原子的空间分布时统一使用的表述是"分子的空间结构"，对比以前教材或教学中诸如"分子的立体构型""分子的立体结构""分子的空间构型"等表述进行了规范。第二节是第二章学习的难点，因为内容抽象，需要展开空间想象，对学生的思维水平要求较高。

第三节“分子结构与物质的性质”介绍了两个作用力“范德华力”和“氢键”，以及分子（或物质）的一些性质。重点突出了这些性质与分子间的相互作用、分子间的结构的关联，如：根据共价键概念、分子的空间结构介绍了键的极性和分子的极性；根据化学键、分子的极性等概念介绍了范德华力的特点及其对物质性质的影响；根据电负性的概念介绍了氢键的特点及其对物质性质的影响；根据极性分子和非极性分子的概念介绍了“相似相溶”规则；根据分子中共价键（ O—H ）的极性解释了羧酸分子的酸性强弱；根据分子的空间结构特点介绍了手性分子等。这些知识点之间的联系有助于学生实现对本章内容的结构化认知。

教材设置了丰富的栏目引导学生探究学习、合作学习和自主学习，以转变学生的学习方式。“探究（1 个）”“思考与讨论（7 个）”栏目引导学生探究学习和合作学习，加深其对共价键本质、分子结构与物质性质间关联的认识；“研究与实践（1 个）”栏目引导学生积极实践，激发学生的创新意识；“资料卡片（5 个）”“科学·技术·社会（5 个）”“科学史话（1 个）”栏目引导学生自主学习，拓宽学生视野，同时加深学生对化学学科价值的认识。

第二章栏目设置及使用建议如表 2-4-5 所示。

**表 2-4-5　第二章栏目设置及使用建议**

| 栏目名称 | 栏目内容 | 使用建议 | 页码 |
|---|---|---|---|
| 探究 | 共价键 | 识别分子中 σ 键和 π 键；认识电负性差异对所形成化学键类型的影响 | P36 |
| 思考与讨论 | 键能、键长对分子的化学性质的影响 | 认识键能、键长与分子稳定性的关系 | P38 |
| 资料卡片 | 共价半径 | 分别从同周期和同主族角度比较共价半径；基于键长概念简单了解共价半径的含义 | P39 |
| 练习与应用 | 第一节习题 | 明确规律，准确运用，规范表达，及时评价 | P39 |
| 科学·技术·社会 | 用质谱法测定分子的相对分子质量 | 了解新成就，感受现代实验技术——质谱法对化学研究的意义 | P42 |
| 资料卡片 | 一些分子的空间结构模型 | 感受分子空间结构的多样性 | P44 |
| 思考与讨论 | 确定主族元素价电子数和其最多能接受的电子数 | 认识元素在周期表中的位置与其价电子数间的关系 | P45 |

续表

| 栏目名称 | 栏目内容 | 使用建议 | 页码 |
|---|---|---|---|
| 思考与讨论 | 确定 $BF_3$、$NH_4^+$ 和 $SO_3^{2-}$ 的 VSEPR 模型和它们的空间结构 | 形成运用价层电子对互斥模型预测分子或离子的空间结构的思路 | P47 |
| 思考与讨论 | 确定 $BF_3$ 和 $H_3O^+$ 的中心原子的杂化轨道类型 | 形成确定分子或离子的中心原子杂化类型的思路 | P49 |
| 研究与实践 | 制作分子的空间结构模型 | 动手制作并展示交流 | P49 |
| 练习与应用 | 第二节习题 | 明确规律，准确运用，规范表达，及时评价 | P50 |
| 思考与讨论 | 判断分子的极性 | 总结判断分子极性的思路和规律 | P52 |
| 资料卡片 | 臭氧是极性分子 | 了解臭氧分子的微弱极性 | P53 |
| 科学·技术·社会 | 表面活性剂和细胞膜 | 了解新成就——分子的自组装（双分子膜），亲水基团和疏水基团及其应用 | P53 |
| 思考与讨论 | 举例讨论分子结构对化学性质的影响 | 强化结构决定性质的学科观点 | P54 |
| 科学·技术·社会 | 分子结构修饰与分子的性质 | 了解新成就——分子修饰，强化结构决定性质的学科观点，感受化学学科价值 | P55 |
| 思考与讨论 | 解释卤素单质从 $F_2$ ~ $I_2$ 的熔点和沸点的变化 | 认识相对分子质量对范德华力大小的影响规律 | P56 |
| 科学·技术·社会 | 壁虎与范德华力 | 了解新成就，感受计算机模拟科学研究的意义 | P56 |
| 资料卡片 | 某些氢键的键能和键长 | 了解氢键强弱，认识到氢键不是化学键 | P58 |
| 科学·技术·社会 | 生物大分子中的氢键 | 了解新成就，体会氢键对生命的意义 | P58 |
| 思考与讨论 | 分子的极性与物质的溶解性 | 演示和对比，认识氢键、分子极性对物质溶解性的影响 | P59 |
| 资料卡片 | 气体的溶解度 | 了解气体的溶解度大小与分子极性、氢键、化学反应等因素有关 | P60 |
| 科学史话 | 巴斯德与手性 | 了解手性异构，感受研究分子结构的意义 | P61 |
| 练习与应用 | 第三节习题 | 明确规律，准确运用，规范表达，及时评价 | P62 |
| 整理与提升 | 本章知识归纳 | 构建知识体系，提升学科素养 | P64 |
| 复习与提高 | 全章训练题 | 考查必备知识，测评关键能力 | P65 |

## 三、学情分析

从知识储备层面看，其一，通过对初中学段化学内容的学习，学生形成了物质是由微粒构成的、分子是由原子构成的认识，存在弄清原子依靠什么作用构成分子、分子又是依靠什么作用构成物质的学习动机，这有利于激发学生探究共价键、范德华力、氢键等微粒间相互作用的热情；其二，在人教版《化学（必修）第一册》中，学生已经学习了元素周期律和化学键的知识，认识到物质的结构和性质之间存在密切联系，在头脑中已经形成了“结构决定性质”的基本认识，且逐步形成了宏微结合分析问题的视角，这与本章内容的核心及教材的编写思路一致，是学生学习本章内容的重要基础；其三，在本模块第一章“原子结构与性质”的学习中，学生认识了电子云和原子轨道等概念模型，这正是现代共价键理论的基础。

从心理发展层面看，学生之所以选择学习本册教材，说明其具有较好的理科学习基础，且对化学学习兴趣较高，也不会畏难，这是本章教学的积极心理因素。但毕竟本章知识有两大难点：一是理论性和抽象性太强，如共价键理论、杂化轨道理论、价层电子对互斥模型；二是需要学生拥有丰富的空间想象能力，如分子的空间结构、分子的极性和手性等知识都需要学生展开丰富的空间想象。这两点对学生的学习必然带来较大的挑战。若只是运用单一的教学手段，灌输枯燥的理论知识，必然会给学生的学习造成困难，使学生逐渐丧失学习兴趣。因此，教学时要关注学生的认知规律，多设计一些小组活动，促进学生交流合作，增强学生信心。同时，教师要注重知识的结构化教学设计，使学生实现化学知识逐步向化学学科核心素养转化。此外，教师要熟悉并准确把握各具体内容的学业水平要求，不随意拓展和加深。

从学习方式层面看，学生在高中化学必修第一册和第二册教材内容（较多元素化合物）的学习中，习惯了以直观、具体的实验现象为基础，侧重从宏观视角分析问题的认知方式。本章教材在教学资源上虽然没有安排化学实验，却有两个特点：一是使用了大量的图形、图表、图像等形式展现数据、模型等；二是用多种栏目形式提供了丰富的化学史料、STSE 问题情境等方面的学习素材。学生在学习时要充分利用这些资源。同时，本章研究的对象涉及分子的微观结构，需要学生发挥抽象思维能力和空间想象能力，因此必然会使学生的学习和认知方式发生变化，这就是化抽象为形象和宏微结合的认识视角。

## 四、教学建议

### 1. 注重知识发展逻辑，建立合理教学思路，促进知识结构化

“化学教学内容的组织，应有利于促进学生从化学学科知识向化学学科核心素养的转化，而内容的结构化则是实现这种转化的关键。”要实现内容的结构化，教师在进行教学设计时，不仅要明确教材的内容结构（见上面的内容解析部分），还应充分领会教材每节、每个知识点（课时）内容的编写思路，弄清知识

发展的逻辑，然后结合学生实际学习情况建立合理的教学思路。

在全章层面，教材编写思路十分明确，突出了从结构（第一节、第二节）到性质（第三节）的知识发展逻辑，有助于实现全章知识的结构化，强化“结构决定性质”的化学学科观点，提升学生“宏观辨识与微观探析”水平。

在节层面，教材的编写思路同样渗透着一定的知识发展的逻辑，进行教学设计时要深入领会并遵循这种逻辑，帮助学生实现对知识的结构化认识，从而促进学生化学学科素养的提升。本章第二节“分子的空间结构”教学思路图见图 2-4-6。

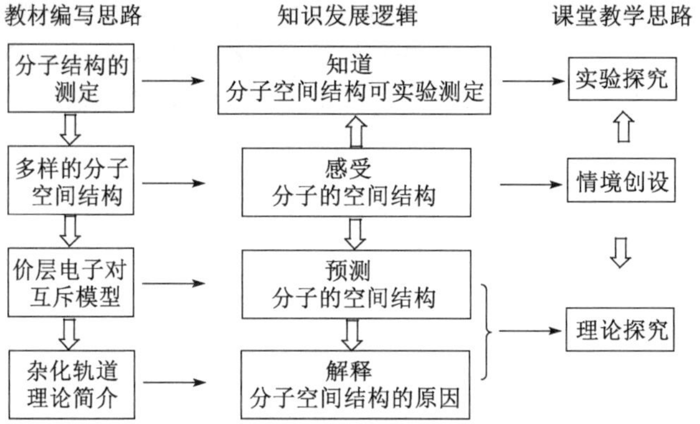


**图 2-4-6　“分子的空间结构”教学思路图**

在具体的知识点层面同样如此。例如教材第二节的知识点之一“价层电子对互斥模型”，教材编写思路遵循了如图 2-4-7 所示的知识发展逻辑。

**图 2-4-7　“价层电子对互斥模型”的知识发展逻辑**

以上的线索无疑有助于学生在运用该理论预测分子或离子空间结构时形成结构化的认识思路。

2. 善于创设真实的问题情境，以问题解决的模式开展教学

《课程标准》在强调素养为本的教学时，倡导课堂教学要注重创设真实的问题情境。本章教材无论在整章层面、每节层面，还是在具体知识点层面（课时层面），都体现出该特点，章的引言部分、节或具体知识点文本开头部分都给出了相应的情境素材。有价值的教学情境一定是内含化学学科问题的情境的，教师在教学时应善于充分运用教材提供的信息和数据，或选择学生熟悉的生活中的现象，将其作为宏观证据，并以此创设教学情境，引发学生的认知冲突，进而将冲突上升为问题，然后引导并组织学生进行问题解决式的探究活动，在解决问题时发现新的知识和建构认知模型，培养学生“证据推理和模型认知”核心素养。

问题就是一节课前进的方向，是课堂教学中教师主导作用最重要的体现。在

具体知识点的课堂教学中，应积极实践问题解决的课堂教学模式。例如，在进行杂化轨道理论教学时，可以充分利用教材中呈现的数据作为证据：甲烷分子中4个C—H键键长相同，H—C—H的键角均为109°28′。然而学生已有的认知是这样的，碳原子的4个价层轨道是3个相互垂直的2p轨道和1个球形的2s轨道，且4个轨道中只有2个2p轨道为单电子。面对教材提供的证据，学生必然会产生困惑，其一是共价键的数目，2个单电子怎么可能形成4个C—H共价键；其二是C—H键间的键角，相互垂直的2p轨道跟氢原子的1s原子轨道重叠，H—C—H的键角怎么会是109°28′。这样，因证据产生认知冲突，教学时可将这种冲突及时上升为问题情境：中心碳原子与氢原子成键时，其价层4个原子轨道会因氢原子的靠近产生变化吗？产生了什么样的变化？进而开展杂化轨道理论的教学。学生在课堂学习中经历了获取和加工证据、发现问题和明确问题主要矛盾的过程，为接下来的假设和探究活动的开展指明了方向，且能较好地激发学生探究的动力。

3. 注重以表格形式进行整理，在对比中加深对知识的理解

本章知识点较多，在结构部分，主要涉及三种作用（共价键、氢键、范德华力）、两种理论（价层电子对互斥模型、杂化轨道理论）；在性质部分，主要涉及分子的稳定性、分子的极性、分子的手性、羧酸分子的酸性、物质的溶解性和物质的熔点和沸点等。学生在学习过程中虽然已初步形成了结构决定性质的观点，但在具体分析某种性质与结构间的对应关联时容易陷入混淆，难以实现认识思路的结构化。此外，对知识点本身的认识理解容易进入误区或难以深入，比如对氢键的认识。教学中，可采用表格对比的方式帮助学生厘清认识。

一是要充分运用好教材提供的表格素材，准确理解其设置意图，发挥其功能。本章教材设置了较多的表格（见表2-4-6），引导学生进行对比和归纳，从中提升认识、提炼规律、形成观念（结构决定性质）或实现认识思路的结构化。

**表2-4-6　选择性必修2第二章教材中的表格素材**

| 编号 | 标题 | 目的 |
|---|---|---|
| 表2-1 | 某些共价键的键能 | 提升认识、提炼规律 |
| 表2-2 | 某些共价键的键长 | 提升认识、提炼规律 |
| 资料卡片 | 常见元素的共价半径 | 提升认识、提炼规律 |
| 表2-3 | 几种分子或离子的中心原子上的孤电子对数 | 实现认识思路的结构化 |
| 表2-4 | 根据价层电子对互斥模型对几种分子或离子的空间结构的推测 | 实现认识思路的结构化 |
| 表2-5 | VSEPR模型与中心原子的杂化轨道类型 | 实现认识思路的结构化 |
| 研究与实践 | 用橡皮泥或黏土和牙签等材料制作下列分子的空间结构模型 | 提升认识 |

续表

| 编号 | 标题 | 目的 |
| --- | --- | --- |
| 表 2-6 | 不同羧酸的 $pK_a$ | 提升认识、提炼规律、形成结构决定性质的观念 |
| 表 2-7 | 某些分子间的范德华力 | 提炼规律 |
| 表 2-8 | 卤素单质的熔点和沸点 | 实现认识思路的结构化、形成结构决定性质的观念 |
| 表 2-9 | 某些氢键的键能和键长 | 提升认识 |
| 表 2-10 | 气体的溶解度 | 提炼规律、形成结构决定性质的观念 |

二是要根据学生的学习表现引导学生创建表格进行对比整理，让学生在整理中厘清对知识的认识并实现知识的结构化。例如，对微粒间的作用（共价键、范德华力、氢键）可从强弱、特征、存在何种微粒间、影响物质性质的方面等以表格形式进行对比，以帮助学生加深对微粒间作用本质的认识，以及对微粒间的相互作用和物质性质间联系的认识，培养学生“宏观辨识与微观探析”核心素养。共价键、范德华力、氢键的比较如表 2-4-7 所示。

**表 2-4-7　共价键、范德华力、氢键的比较**

| 分类 | 共价键 | 氢键 | 范德华力 |
| --- | --- | --- | --- |
| 强弱 | 共价键>氢键>范德华力 | | |
| 存在 | 原子间 | 分子间或分子内 | 分子间 |
| 特征 | 饱和性、方向性 | 饱和性、方向性 | 无饱和性、无方向性 |
| 影响 | 化学性质，如分子的稳定性、羧酸的酸性 | 物理性质，如物质的溶解性、熔点和沸点 | 物理性质，如物质的溶解性、熔点和沸点 |

4. 化抽象为形象，帮助学生突破学习难点

一是重视运用直观模型。借助实物模型、计算机模拟、微视频等多种直观手段，模拟共价键形成的微观过程、搭建分子的球棍模型、展现分子的空间结构等，降低教学内容的抽象性，帮助学生进行空间想象，促进学生对相关内容的理解和认识。例如：在共价键一节，教材在“探究”栏目“共价键”中给出了乙烷、乙烯和乙炔的球棍模型和比例模型，就是用化形象为抽象的方式帮助学生认识共价键的本质，并加深学生对 σ 键和 π 键区别的认识；在分子的空间结构一节，教材设置了“研究与实践”栏目“用橡皮泥或黏土和牙签等材料制作下列分子的空间结构模型”，首先以直观模型帮助学生展开空间想象，然后再由形象上升到抽象，这不仅促进了学生对中心原子杂化类型与分子空间结构间关联的理解，同时也培养了学生的抽象思维能力。

二是注意挖掘和运用教材图示提供的信息。在文本介绍的基础上，教材特别

运用图示的形式呈现了丰富的信息，这些图示直观、简洁而生动，更有利于学生理解知识，教师在教学时应注意将文本和图示二者进行充分的结合。例如“杂化轨道理论简介”部分，杂化轨道理论是学生学习本章的难点，教材在文本部分对该理论的介绍并不多，理论的核心观点主要是借助图形（教材第 48 页）的形式呈现的，如：中心原子中发生杂化的轨道一般是能量相近的价层轨道；杂化不会引起轨道数目的变化；杂化会引起轨道能量的变化，杂化轨道的能量介于参与杂化轨道的能量之间；杂化还会引起轨道形状的变化（图中显示杂化轨道的电子云主要集中在某一个方向上）；等等。从图中挖掘出这些信息，再将这些信息与文本结合起来，杂化轨道理论的核心观点就基本清晰了。接下来，学生很容易基于杂化轨道的这种形状特点，充分认识轨道杂化理论的意义，并利用其进行解释。如：由于电子云的集中，杂化轨道成键时，电子云重叠程度会更大，形成的共价键更强，成键时释放的能量更多；由于电子云的集中，中心原子的不同杂化轨道的电子云集中的部分彼此强烈排斥而尽可能远离，从而对分子的空间结构产生决定性影响。因此，在日常化学教学中，教师要深入领会教材使用这些图形和文本的编写意图，充分挖掘和运用好图中的信息。

*5. 注重 STSE 教学，以知识的功能价值激发学生学习兴趣*

本章内容理论性太强，学起来很枯燥，教学中教师要重视课堂的生活性，积极关注 STSE 和跨学科融合，使学生充分认识本章知识的功能与价值，产生浓厚的学习兴趣。本章教材通过正文、科学·技术·社会、资料卡片等多种形式提供了这方面的素材，《课程标准》中建议的有关共价键的情境素材也通过“情境素材建议（《化学（选择性必修 2）物质结构与性质》第 41~42 页）”形式进行了素材补充。教师在进行教学设计时，应注意领会这些素材的呈现目的，结合学生实际学习情况合理选择使用。例如第一节共价键，《课程标准》中建议的有关共价键的情境素材见表 2-4-8。

**表 2-4-8 《课程标准》中建议的有关共价键的情境素材**

| 情境素材 | 呈现目的 |
|---|---|
| 价键理论的发展 | 了解知识的本质和发展史，激发学生的探究热情和敢于质疑的精神 |
| 用 σ 键和 π 键的知识解释氮分子的稳定性 | 强化结构决定性质的学科观点，促进知识的结构化 |
| 蛋白质分子的重要化学键的键能与紫外线能量的关系 | 增强课堂生活性，提升学生对化学学科价值的认识水平（学科水平、社会水平） |
| 防晒霜防晒的原理 | |

教师进行教学设计时，还可在教材和课程标准提供的素材之外寻找内涵更丰富、针对性更强和启发性更大的 STSE 情境素材、化学史素材和跨学科融合的素材等，在充分体现化学学科价值和激发学生学习兴趣的同时，转变学生的学习方

式，增强学生的社会责任感。

此外，还应注重开展小组合作的学习方式，使学生在合作学习中增强信心，突破难关。

本章课时分配建议如下：

第一节　共价键　　2 课时
第二节　分子的空间结构　　3 课时
第三节　分子结构与物质的性质　　3 课时
全章复习　　3 课时

## 五、评价建议

### (一) 核心知识评价

根据教科书章、节、点的知识分布，将核心知识及其对应的评价要求进行整合，形成核心知识评价细目表，如表 2-4-9 所示。

**表 2-4-9　核心知识评价细目表**

| 节 | 知识单元 | 核心知识 | 评价要求 | | | |
|---|---|---|---|---|---|---|
| | | | 了解 | 理解 | 应用 | 评价 |
| 第一节 共价键 | 共价键 | σ 键、π 键 | | | √ | |
| | 键参数 | 键能、键长、键角 | | | √ | |
| 第二节 分子的空间结构 | 分子结构的测定 | 红外光谱、X 射线衍射、质谱等 | √ | | | |
| | 多样的分子空间结构 | 认识多样的分子空间结构 | | | √ | |
| | 价层电子对互斥模型 | 用价层电子对互斥模型预测常见分子的空间结构 | | | √ | |
| | 杂化轨道理论简介 | 用杂化轨道理论解释常见分子的空间结构 | | | | √ |
| 第三节 分子结构与物质的性质 | 共价键的极性 | 键的极性与分子的极性 | | √ | | |
| | | 键的极性与物质的化学性质 | | | √ | |
| | 分子间作用力 | 范德华力对物质性质的影响 | | | | √ |
| | | 氢键对物质性质的影响 | | | √ | |
| | | 溶解性 | | | | |
| | 分子的手性 | 认识手性分子 | | √ | | |

### (二) 学科素养评价

根据《课程标准》对学习本章内容后所应达到的素养水平要求，分别形成选修合格要求和普通高中学业水平选择性考试的学科素养评价标准，如表 2-4-10 所示。

表 2-4-10　学科素养评价细目表

| 节 | 学科素养水平要求 | |
|---|---|---|
| | 选修合格要求 | 选择考要求 |
| 第一节<br>共价键 | 能认识共价键的本质、特征；<br>能用化学符号表征共价键；<br>能了解共价键有不同的成键形式 | 能基于共价键本质和键参数，分别从定性和定量视角比较分子的稳定性；<br>能用键能分析化学变化中吸收或释放能量的本质原因；<br>能加深对结构决定性质观点的认识 |
| 第二节<br>分子的空间结构 | 知道分子具有一定的空间结构；<br>知道分子结构可以通过波谱、晶体 X 射线衍射等技术进行测定；<br>知道分子的空间结构并从理论上进行预测和解释 | 能认识到分子空间结构与分子稳定性有关；<br>能判断某些微粒的中心原子轨道杂化类型；<br>能根据价层电子对互斥模型和杂化轨道理论预测与分析某些分子和离子的空间结构，并建构认识模型 |
| 第三节<br>分子结构与物质的性质 | 能判断共价键的极性和简单分子的极性；<br>知道分子间存在范德华力，并知道范德华力与分子的极性和相对分子质量相关；<br>知道“相似相溶”这一溶解性规律和手性异构现象 | 能在分子结构、分子间作用力（含氢键）与物质的性质间建立结构化的认识思路；<br>能根据共价键的极性分析比较有机羧酸的酸性强弱等化学性质；<br>能基于分子极性、氢键和范德华力等分析物质的溶解性、熔点和沸点等物理性质；<br>能通过生产、生活和科学研究实例认识到研究物质结构的价值 |

## （三）日常行为评价

### 1. 问答评价

本章内容的抽象性较强，问答形式可使学生的思维可视化，有利于对学生的学习水平做出客观准确的评价。提问时可以选择给定角度、提示角度或学生自由选择角度的不同进行设问，以达到不同的诊断效果。例如：举例说明如何判断分子是极性分子还是非极性分子？这是一个没有给定和提示思考角度的问题，诊断性更强。对学生的回答，可分两个层次进行评价，学生在判断分子的极性时，若单纯从分子中键的极性来判断分子的极性，应及时纠正，若能将分子中键的极性和分子的空间结构两个因素结合起来分析，可评为满意；学生若能进一步通过一些案例进行分析，最终归纳出判断分子是否具有极性的认知模型（即“分子中键的极性的向量和是否为 0，或者分子中正负电荷的重心是否重合”），可加分。

### 2. 作业批改

《国务院办公厅关于新时代推进普通高中育人方式改革的指导意见》（国办发〔2019〕29 号）中明确提出：“提高作业设计质量，精心设计基础性作业，适当增加探究性、实践性、综合性作业。”本章教材内容侧重理论介绍，实践性不强，教材在栏目配置上也没有设置实验探究活动。为了提升诊断的效果，教师在设计作业与练习时，可适当增加实验探究方面的内容。例如，在“键的极性对化学性质的影响”这一节作业设计中，可增加这样的题目：① 请写出甲酸和乙酸分子的结构简式并判断分别是几元酸；② 从分子结构比较甲酸与乙酸酸性的强弱；③ 设计实证方案。增加此类题的目的就是当学生能够用理论推断出结论时，进一步诊断学生的实验探究能力，从而将理论与实践结合起来进行评价。对学生作业的表现，可分两个层次进行评价：若能正确写出甲酸和乙酸的结构简式，判断它们都是一元酸，并能通过—$CH_3$ 的斥电效应，推断出 HCOOH 分子中—O—H 键极性比 $CH_3COOH$ 分子中—O—H 极性大，进而推断出 HCOOH 的酸性比 $CH_3COOH$ 酸性强，可评为满意；若能基于化学原理进一步设计出合理的实证方案，且现象明显、结论可靠，可加分。

3. 小组活动评价

活动是课堂教学过程的重要环节，是学生开展探究学习、合作学习和自主学习的关键平台，也是评价学生学习水平的重要契机。小组活动评价通过观察、记录和分析学生在学习活动中的表现，对学生的参与意识、合作精神、决策能力、实验操作技能、探究能力、思维水平、对知识的掌握和运用水平、交流表达能力等进行评价。鉴于本章知识抽象性、理论性较强的特点，需设计较多的课堂活动，通过评价学生在活动中的表现，准确掌握学生的学习情况，针对学生学习情况及时调整课堂教学。本章有 7 个“思考与讨论”栏目和 1 个“研究与实践”栏目，都可以将其设计为课堂小组活动。例如：“研究与实践”栏目“制作分子的空间结构模型”可以设计为课堂小组活动，诊断并评价学生在基于杂化轨道理论确定分子或离子空间结构时表现出的模型建构和模型认知水平。对学生在活动中的表现，可分两个层次进行评价：若能正确确定中心原子及其杂化类型，并能据此确定分子或离子的空间结构，可评为满意；若能在制作的模型中体现出不同元素原子半径大小的差异、键长的差异，体现出杂化轨道的形状特点（杂化轨道的电子云集中在某个方向上），并在交流时能对自己的制作成果进行准确而规范的描述，可加分。

# 第三章　晶体结构与性质

## 一、学业要求

（1）知道物质的聚集状态会影响物质的性质，通过改变物质的聚集状态可能获得特殊的材料。

（2）能说出晶体与非晶体的区别；能结合实例描述晶体中微粒排列的周期性规律，认识简单的晶胞，能计算晶胞中所含的原子数。

（3）知道晶体的结构可以通过晶体 X 射线衍射技术进行测定；能说明晶体 X

射线衍射等实验手段在物质结构研究中的作用。

(4) 借助分子晶体、共价晶体、离子晶体、金属晶体等模型认识晶体的结构和性质特点，说明晶体中的微粒及微粒间的相互作用。

(5) 知道金属键的特点与金属某些性质的关系；知道介于典型晶体之间的过渡晶体和混合型晶体是普遍存在的。

(6) 知道配位键的特点，认识简单的配位化合物的成键特征，了解配位化合物的存在与应用。

(7) 能认识到化学已经发展成为实验和理论并重的学科，能欣赏物质结构的研究及其理论发展对化学学科发展的贡献。

## 二、内容分析

“晶体结构与性质”是微观结构与宏观物质产生联系的桥梁，是高中化学知识的重要内容之一，具有一定的抽象性，理论性强，对培养学生的空间想象能力、微观表征思维，以及让学生了解物质结构信息等方面都有重要的作用，在学生构建学科知识体系和提升认知水平上有重要的地位。本章比较全面而系统地介绍了晶体的结构和性质，作为教材的最后一章，与前两章一起遵循“原子—分子—巨分子（晶体、配合物和超分子）”的逻辑顺序，体现了物质结构的层次性。

第一节“物质的聚集状态与晶体的常识”，从人们熟悉的固体出发，把固体分为晶体和非晶体两大类，提出了晶体的特征和晶胞的概念，教科书利用图片、比喻等方式介绍了晶体与晶胞的关系，并通过例子介绍了如何计算晶胞中所含的原子数。随后，教科书通过图片进一步介绍了晶体结构的测定方法——X 射线衍射实验，X 射线衍射实验是区分晶体和非晶体最可靠的科学方法。

第二节“分子晶体与共价晶体”，介绍了分子晶体和共价晶体的结构特征及晶体特性。在陈述分子晶体的结构特征时，以干冰为例，介绍了当分子晶体中分子间作用力只是范德华力时，分子晶体具有分子密堆积特征；同时，教科书以冰晶体为例，介绍了冰晶体里由于存在氢键而使冰晶体的结构具有特殊性。在介绍共价晶体时，可从生活中人们比较熟悉的金刚石入手，通过原子间的相互连接方式认识共价晶体和共价晶体的特性。本节地位比较突出，因为它将初中化学和高中化学必修模块有关碳和硅的知识进行深化，共价键理论在这一节得以充分运用。另外，本节知识对生产、科研具有很好的指导意义，还能培养学生的空间想象能力。

第三节“金属晶体与离子晶体”，首先从“电子气理论”介绍了金属键及金属晶体的特性，对于金属键也只需知道其特点与金属某些性质的关系；接着给出了 $NaCl$ 和 $CsCl$ 两种典型离子晶体的晶胞，讨论了 $NaCl$ 和 $CsCl$ 两种晶体的物理特性，具有较高的熔点和沸点；最后介绍了过渡晶体和混合晶体，旨在让学生了解纯粹的典型晶体是不多的，四种典型晶体都有过渡晶体，然后重点介绍了石墨和硅酸盐晶体。

第四节“配合物与超分子”，介绍了配合物与超分子的结构特征和性质，说明了简单配合物的成键情况，对于配位键，只需要了解其特点、成键特征，知道一些配位化合物。

通过本章的学习，结合前两章已学过的有关物质结构知识，学生能够比较全面地认识物质的结构及结构对物质性质的影响，提高分析问题和解决问题的能力。

第三章栏目设置及使用建议如表 2-4-11 所示。

**表 2-4-11　第三章栏目设置及使用建议**

| 栏目名称 | 栏目内容 | 使用建议 | 页码 |
| --- | --- | --- | --- |
| 科学・技术・社会 | 等离子体；液晶 | 了解新成就，等离子体和液晶及二者的相关应用 | P68 |
| 【实验 3-1】 | 展示并讲解制备晶体的过程 | 通过实验了解晶体的制备方法 | P71 |
| 资料卡片 | 大晶体 | 了解大晶体及其制备方法 | P71 |
| 思考与讨论 | 鉴别假宝玉 | 根据晶体各向异性的特点鉴别假宝石 | P72 |
| 思考与讨论 | 晶胞中原子数目的确定 | 应用均摊法确定晶胞中原子的数目 | P74 |
| 探究 | 准晶 | 查阅资料，了解新成就，撰写小论文 | P74 |
| 练习与应用 | 第一节习题 | 巩固对晶体和晶胞的概念及特性的掌握 | P76 |
| 思考与讨论 | 比较硫化氢和冰的结构 | 观察硫化氢和冰的结构，比较二者性质的异同 | P79 |
| 资料卡片 | 干冰易升华等性质 | 通过实验了解镁与干冰的反应现象 | P80 |
| 科学・技术・社会 | 天然气水合物——一种潜在的能源 | 了解新成就，可燃冰的结构和储藏量 | P80 |
| 思考与讨论 | 什么是共价晶体；解释金刚石、硅、锗熔点和硬度的变化规律 | 了解共价键与共价晶体的关系，能解释影响共价晶体熔点高低的原因 | P82 |
| 资料卡片 | 某些共价晶体的熔点和硬度 | 体会共价晶体熔点与硬度的差别 | P82 |
| 科学・技术・社会 | 金刚石 | 了解天然金刚石和人工金刚石的合成途径 | P83 |
| 练习与应用 | 第二节习题 | 明确规律，准确运用，规范表达，及时评价 | P84 |
| 思考与讨论 | 离子晶体熔点的变化 | 查阅资料，体会离子晶体熔点差别很大 | P88 |

续表

| 栏目名称 | 栏目内容 | 使用建议 | 页码 |
|---|---|---|---|
| 科学·技术·社会 | 离子液体 | 了解展示离子液体的结构和应用 | P88 |
| 资料卡片 | 硅酸盐 | 了解硅酸盐中阴离子的四面体骨架结构——单链、双链 | P91 |
| 科学·技术·社会 | 纳米晶体 | 了解新成就，金属铅的晶粒大小与熔点的关系 | P91 |
| 研究与实践 | 明矾晶体的制备 | 学习用饱和溶液制备大晶体的方法 | P93 |
| 练习与应用 | 第三节习题 | 明确规律，准确运用，规范表达，及时评价 | P94 |
| 【实验 3-2】 | 展示，观察几种固体及其溶液的颜色 | 通过实验了解四水合铜离子的颜色 | P95 |
| 【实验 3-3】 | 演示，硫酸四氨合铜的制备和转化 | 通过实验了解硫酸四氨合铜的制备 | P96 |
| 【实验 3-4】 | 演示，$Fe^{3+}$的检验 | 通过实验了解 $Fe^{3+}$的检验方法 | P97 |
| 【实验 3-5】 | 演示，氯化二氨合银的制备 | 通过实验了解氯化二氨合银的制备 | P97 |
| 资料卡片 | 一种叶绿素的结构 | 了解配合物：一种叶绿素的结构 | P98 |
| 练习与应用 | 第四节习题 | 巩固对配位化合物与超分子的性质特点的掌握 | P100 |
| 整理与提升 | 晶体结构总结 | 构建知识体系，提升学科素养 | P101 |
| 复习与提高 | 全章训练题 | 考查必备知识，测评关键能力 | P102 |
| 实验活动 | 简单配合物的形成 | 学生动手实验，加深对配合物的认识 | P104 |

## 三、学情分析

从知识储备层面看，在前面的学习中，学生已经认识到在原子、分子层次上研究物质的意义，了解了研究物质微观结构的实验方法和手段，以及物质的结构和性质之间的关系，在头脑中已经形成一种从微观结构推断宏观性质的观念。在学习的过程中，学生需要具备一定的三维空间想象力，以及对有关分子的空间结构、化学键理论、金属键、晶胞的认识，知道从哪些角度去认识晶体结构等。

从心理发展层面看，平均年龄大约在 17 岁的高中生的心理、生理都在发展中，并逐渐走向成熟。在这个阶段，他们承受着来自家庭和学校等各方面的压力，影响他们的认知水平的发展与提高。“晶体结构与性质”对于学生而言基本上是全新内容，比较抽象，理论性较强。学生当前阶段抽象思维发展水平较低，在该模块的学习上确实存在一定的困难。若只是把晦涩难懂的理论知识堆积起来，不仅会使学生望而生畏、逐渐丧失学习兴趣，也会导致学生的理解困难，无法落实《课程标准》中的学业要求。教师在教学时要关注学生的认知水平，借助模型实物，让学生体验、感受、辨识和分析推理，这将有效地丰富学生的微观认识。

从学习方式层面看，本章主要有两部分内容，一是对物质聚集状态的认识，二是对晶体结构的认识。前者主要培养的是“宏观辨识和微观探析”的核心素养，后者主要培养的是“模型认知”的核心素养。学生不但要掌握关于物质微观结构的具体知识（如构成物质的微粒、微粒间的作用、各种晶体的性质等），还要形成一种从物质的微观结构推断物质的宏观性质的观念，形成从事物的内在本质着手探测外在表象的思想，以及从事物的相互联系中总结规律、从规律中预测新的知识的能力。这种观念和方法论上的东西，不仅可以迁移到其他学科的学习，还可以为学生以后的科学研究打下基础。学生在学习了立体几何的相关知识后，学生的空间想象力正在向三维空间过渡。在“晶体结构与性质”的学习中，学生需要具备一定的空间想象能力，因此对于那些太过抽象、学生想象不出来的知识，就需要教师借助模型或动画辅助教学。

## 四、教学建议

第一，选用学生熟悉的生活现象、实验事实等素材，激发学生的学习兴趣和热情。例如，在介绍晶体常识时，展示一些日常生活中常见的晶体实物（食盐、蓝矾、明矾、硝酸钾等）、非晶体实物（玻璃、松香，塑料等），引导学生观察各种矿石的彩色图片等。同时，注意选取与生活和科学前沿密切相关的案例，如等离子体、液晶、纳米材料、超分子等，促进学生认识物质结构研究的价值。通过查阅文献、听取专家讲座、观看化学影视资料等多种途径开展教学，开阔学生的视野，激发学生探索物质结构奥秘的热情。

第二，充分发挥多媒体、模型的作用，促进学生对知识的理解。例如，针对分子晶体和共价晶体这些知识，教师可以利用干冰、金刚石的多媒体课件或立体模型，指导学生利用球棍、橡皮泥和牙签等制作冰、干冰、金刚石和二氧化硅的立体模型，让学生主动参与学习活动，认识共价晶体与分子晶体的区别，促进学生对抽象概念的理解。借助模型实物，让学生感受、辨识、体验，提升学生的空间想象能力与模型认知素养，培养学生的“宏观辨识与微观探析”“证据推理与模型认知”等化学学科核心素养。

第三，在讲解时力求形象生动、深入浅出、通俗易懂。“晶体结构与性质”主要讨论晶体结构与性质之间的关系，较为抽象，在化学基本理论的学习与应用上的要求比其他内容要高。例如，学习晶胞时，由于晶胞的概念抽象，学生会遇到一定的困难。教学时以铜晶体和铜晶胞为例，把晶体与晶胞的关系比喻为“蜂室与蜂巢”的关系，既形象又具体，有利于建构晶胞的概念，体会晶胞中粒子与晶胞的关系，助力学生理解晶胞和“均摊法”（“切割法”）等教学内容，提升学生的空间想象能力和运用数学工具解决化学问题的能力。

第四，对知识进行归纳总结，并对知识点进行比较，帮助学生掌握自主建构学科知识体系的能力。在学习完 4 种晶体的结构特点及其性质后，让学生理解晶体类型与性质之间的关系，帮助学生自主建构知识体系，使主干知识网络化、要点知识条目化、核心知识表格化（见表 2-4-12、表 2-4-13）。

**表 2-4-12　要点知识条目化（共价晶体）**

| 物质 | 晶胞示意图 | 结论 |
|---|---|---|
| 金刚石 | 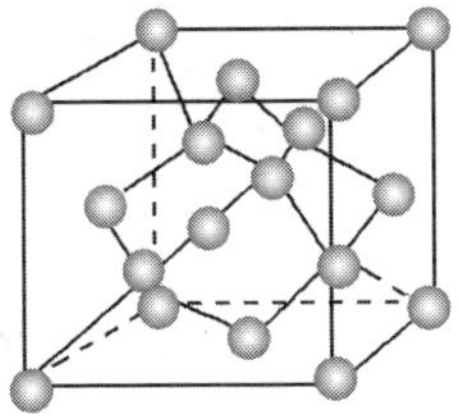 | （1）每个 C 与相邻 4 个 C 以共价键结合，形成正四面体结构<br>（2）键角均为 109°28′<br>（3）最小碳环由 6 个 C 组成且 6 个原子不在同一平面内<br>（4）每个 C 参与 4 条 C—C 键的形成，C 原子数与 C—C 键之比为 1∶2<br>（5）每个晶胞含 8 个 C |
| $SiO_2$ | 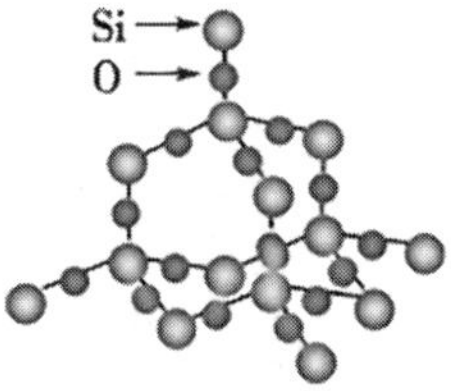 | （1）每个 Si 与 4 个 O 以共价键结合，形成正四面体结构<br>（2）每个正四面体占有 1 个 Si，4 个$\frac{1}{2}$O，$n$（Si）∶$n$（O）=1∶2<br>（3）最小环上有 12 个原子，即 6 个 O、6 个 Si |

**表 2-4-13　核心知识表格化（四种常见晶体）**

| 比较 | 离子晶体 | 共价晶体 | 分子晶体 | 金属晶体 |
|---|---|---|---|---|
| 晶体粒子 | 阴、阳离子 | 原子 | 分子 | 金属阳离子和自由电子 |
| 粒子间作用 | 离子键 | 共价键 | 分子间作用力 | 金属键 |
| 硬度 | 略硬而脆 | 硬度高 | 硬度低 | 一般较高 |
| 熔点、沸点、挥发性 | 部分熔点相对较高、沸点高、一般无挥发性 | 熔点和沸点高，无挥发性 | 低熔点、低沸点、高挥发性 | 一般熔点和沸点较高，但有部分低熔点金属（如 Rb、Cs、Hg） |
| 导热性 | 热的不良导体 | 热的不良导体 | 热的不良导体 | 热的良导体 |
| 导电性 | 固态不良导体，溶于水能导电 | 非导体（Si 为半导体） | 非导体，具有极性键的物质，溶于水后能导电 | 良导体 |
| 机械加工性 | 不良 | 不良 | 不良 | 良 |
| 实例 | 大部分盐类、碱类、低价金属氧化物（NaCl、NaOH、$Na_2O$） | 金刚石、晶体硅、二氧化硅、碳化硅（SiC） | $X_2$、$O_2$、S、$N_2$、P、$CO_2$、$SO_2$，气态氢化物、有机物、酸类 | 各种金属与合金 |

### （一）情境素材建议

结合相关内容，教科书除在正文中直接引入情境外，还利用资料卡片、图片、习题、科学·技术·社会等各种栏目提供了丰富的情境素材，方便教师教学时选择使用。教师在教学时，要利用好这些情境素材，创设问题情景，通过实验事实和数据的对比，引发学生的认知冲突，引导学生进行解释，促使学生反思原有概念模型的局限性，深化对微粒间相互作用模型的认识，培养学生的“证据推理与模型认知”核心素养，如表 2-4-14 所示。

**表 2-4-14　《化学（选择性必修 2）物质结构与性质》第三章情境素材**

| 情境素材内容 | 呈现方式 | 呈现目的 |
| --- | --- | --- |
| 等离子体 | 科学·技术·社会 | 介绍等离子体的概念、性质及其用途 |
| 液晶 | 科学·技术·社会 | 介绍液晶的概念、性质及其用途 |
| 大晶体 | 资料卡片 | 介绍大晶体的应用 |
| X 射线衍射仪 | 正文 | 介绍晶体结构的测定 |
| 天然气 | 科学·技术·社会 | 介绍可燃冰的结构和储藏量 |
| 共价晶体的熔点和硬度 | 资料卡片 | 介绍常见共价晶体的硬度 |
| 金刚石 | 科学·技术·社会 | 介绍金刚石的结构、分类、合成和应用 |
| 离子液体 | 科学·技术·社会 | 介绍离子液体的发现及用途 |
| 硅酸盐 | 资料卡片 | 介绍硅酸盐的阴离子结构 |
| 纳米晶体 | 科学·技术·社会 | 介绍纳米晶体的特性 |
| 叶绿素 | 资料卡片 | 介绍一种叶绿素的结构 |
| 超分子 | 正文 | 介绍超分子的定义及举例 |

### （二）学习活动建议

本章共设置了 5 个演示实验和 1 个实验活动，“简单配合物的制备”是学生必做实验。教师在教学时，要注意紧密联系学生已有的有关物质及其变化的经验与知识，并尽可能利用好已有的实验素材设计实验活动。在实验活动中，教师要引导学生积极探究，让学生主动地解决问题，培养学生的动手能力和实验探究能力，帮助学生得出结论、形成概念。

**【实验 3-1】** 通过碘的升华实验和硫酸铜晶体的制备实验等，帮助学生了解获得晶体的常规途径。① 引导学生观察碘的颜色、光泽和晶体形状。② 按教科书的要求和实验步骤完成实验，注意观察烧杯内物质所发生的变化，表面皿底部生成晶体的形状（现象：烧杯内有紫色蒸气产生，表面皿底部有紫黑色晶体生成）。③ 结合该实验，可以展示从熔融态结晶出来的硫的晶体和从硫酸铜饱和溶液中析出的硫酸铜晶体。让学生总结获得晶体的三种途径：① 熔融态物质凝固；② 凝华；③ 结晶。

介绍配合物理论时，通过 4 个演示实验和 1 个实验活动，介绍一些简单配合物及其成键情况，关注学生在解决问题的过程中的情感体验，注重通过解决问题使学生获取知识、了解科学方法及探索物质结构的价值和意义。

**【实验 3-2】** 分别取少量固体（约 0.1 g）置于 3 mL 的蒸馏水中，通过振荡使其溶解，观察溶液的颜色。观察 $CuSO_4$、$CuCl_2 . 2H_2O$、$CuBr_2$ 等固体及其水溶液颜色，引导学生思考：① 为什么五水硫酸铜是蓝色的而硫酸铜却是白色的？② $Cu^{2+}$ 与 $H_2O$ 是如何结合的？学生通过分析这两个问题，可知天蓝色的物质——四水合铜离子，探究其结构，由孤对电子对和空轨道形成的配位键，引出配位键和配合物的概念。

**【实验 3-3】** 向盛有 4 mL 0.1 mol/L $CuSO_4$ 溶液的试管里滴加几滴 1 mol/L 氨水，会发现溶液中形成沉淀；继续滴加氨水并振荡试管，难溶物溶解，得到深蓝色溶液。向上述溶液中加入极性较小的溶剂（8 mL 95%乙醇），析出深蓝色的晶体。帮助学生理解配位键的强度有大有小，有的配合物很稳定，有的配合物很不稳定。配位键越强，配合物越稳定。$Cu^{2+}$在不同配体之间传递时，由弱配体向强配体的转化，只需加入强配体即可；而由强配体向弱配体的转化，往往要通过对强配体的破坏或强制性的平衡移动才能实现。

**【实验 3-4】** 向盛有少量 0.1 mol/L $FeCl_3$ 溶液（或任何含有 $Fe^{3+}$溶液）的试管中加入 1 滴 0.1 mol/L 硫氰化钾溶液，生成了血红色的配离子 $[Fe(SCN)]^{2+}$，可以检验是否存在 $Fe^{3+}$。

**【实验 3-5】** 向盛有 4 mL 0.1 mol/L NaCl 溶液的试管里滴加几滴 0.1 mol/L $AgNO_3$ 溶液，产生难溶于水的白色 AgCl 沉淀；再滴入 1 mol/L 氨水，振荡试管，白色沉淀消失，得到澄清的无色溶液。分析产生这种现象的原因，并总结配合物的形成原理和应用，以及哪些金属离子（原子）与哪些分子或离子能形成配合物，有利于学生完成对配合物的模型认知。

本章课时分配建议如下：

| | |
|---|---|
| 第一节　物质的聚集状态与晶体的常识 | 3 课时 |
| 第二节　分子晶体与共价晶体 | 3 课时 |
| 第三节　金属晶体与离子晶体 | 3 课时 |
| 第四节　配合物与超分子 | 2 课时 |
| 实验活动　简单配合物的形成 | 1 课时 |
| 全章复习 | 2 课时 |

## 五、评价建议

由于此部分内容较抽象，教师在此过程中可从学生的整体发展出发，兼顾认知、情意和技能，进行整体学习评价。要创新学生评价方式、评价内容、评价标准及评价工具，真正发挥评价的教育功能和导向功能。教师通过教育评价和学力评价相结合、教师评价和学生自评相结合、过程性评价和结果性评价相结合、测定评价和问题评价相结合，做好核心知识、关键能力和学科素养等方面的评价。

## （一）核心知识评价

根据教科书章、节、点的知识分布，将核心知识及其对应的评价要求进行整合，形成核心知识评价细目表，如表 2-4-15 所示。

表 2-4-15 核心知识评价细目表

| 节 | 知识单元 | 核心知识 | 评价要求 | | | |
|---|---|---|---|---|---|---|
| | | | 了解 | 理解 | 应用 | 评价 |
| 第一节 物质的聚集状态与晶体的常识 | 物质的聚集状态 | 物质三态相互转化 | √ | | | |
| | | 晶态和非晶态 | | √ | | |
| | | 等离子体和液晶 | √ | | | |
| | 晶体和非晶体 | 晶体和非晶体的本质差异 | | √ | | |
| | | 得到晶体的途径 | | √ | | |
| | | 晶体和非晶体的区分方法 | | | √ | |
| | 晶胞 | 概念 | | √ | | |
| | | 结构特点 | | √ | | |
| | | 均摊法计算微粒数 | | | | √ |
| | 晶体结构的测定 | X 射线衍射法 | | | √ | |
| | | 从衍射图获得晶体结构的有关信息 | | √ | | |
| 第二节 分子晶体与共价晶体 | 分子晶体 | 概念 | | √ | | |
| | | 典型的分子晶体 | √ | | | |
| | | 结构特征与性质 | | | √ | |
| | 共价晶体 | 概念 | | √ | | |
| | | 常见的共价晶体 | √ | | | |
| | | 结构特征与性质 | | | √ | |
| 第三节 金属晶体与离子晶体 | 金属晶体 | 概念 | | √ | | |
| | | 金属键 | | √ | | |
| | | 电子气理论及用电子气理论解释金属的性质 | | | | √ |
| | | 金属晶体的通性 | √ | | | |
| | 离子晶体 | 概念 | | √ | | |
| | | 结构特征与性质 | | √ | | |
| | 过渡晶体和混合晶体 | 过渡晶体 | √ | | | |
| | | 混合晶体 | √ | | | |

续表

| 节 | 知识单元 | 核心知识 | 评价要求 | | | |
|---|---|---|---|---|---|---|
| | | | 了解 | 理解 | 应用 | 评价 |
| 第四节<br>配合物<br>与超分子 | 配位化合物 | 配位键的特点 | | √ | | |
| | | 配合物的成键特征 | | √ | | |
| | | 配合物的存在和应用 | | | √ | |
| | 超分子 | 超分子的概念与特性 | √ | | | |
| 实验活动 | 简单配合物的形成 | 配合物的形成 | | | | √ |

## （二）学科素养评价

根据《课程标准》对学习本章内容后所应达到的素养水平要求，分别形成了选修合格要求和普通高中学业水平选择性考试的学科素养评价标准，如表 2-4-16 所示。

**表 2-4-16　学科素养水平要求**

| 节 | 选修合格要求 | 选择考要求 |
|---|---|---|
| 第一节<br>物质的聚集状态<br>与晶体的常识 | 能举例说明物质在聚集态等不同尺度上的结构特点对物质性质的影响；<br>能说明结构研究对于发现、制备新物质的作用；<br>能说出晶体与非晶体的区别 | 认识简单的晶胞；能计算晶胞中所含的原子数；<br>知道晶体的结构可以通过晶体 X 射线衍射技术进行测定；<br>能说明晶体 X 射线衍射等实验手段在物质结构研究中的作用 |
| 第二节<br>分子晶体<br>与共价晶体 | 能介绍几种常见的分子晶体和共价晶体；<br>能比较分子晶体和共价晶体的异同 | 能说明晶体中的微粒及其微粒间的相互作用；<br>掌握干冰和金刚石等晶体的结构特征和特性 |
| 第三节<br>金属晶体<br>与离子晶体 | 知道金属键的特点与金属某些性质的关系；<br>能介绍几种常见的金属晶体和离子晶体；<br>能比较金属晶体与离子晶体的异同 | 借助离子晶体和金属晶体模型认识离子晶体和金属晶体的结构与性质特点；<br>说明晶体中的微粒及其微粒间的相互作用；<br>知道介于典型晶体之间的过渡晶体及混合型晶体是普遍存在的 |
| 第四节<br>配合物<br>与超分子 | 理解配位键的作用、配合物的概念、成键条件和表示方法；<br>认识常见配合物，了解配合物在生活中的应用 | 了解配合物的结构和性质的多样性和复杂性；<br>认识常见配合物，了解配合物在生活中的应用；<br>能认识到化学已经发展成为实验和理论并重的学科；<br>能欣赏物质结构的研究及其理论发展对化学学科发展的贡献 |

### （三）日常行为评价

1. 问答评价

设问、回答、点评是课堂活动的主要方式。教师要面向全体学生，创设真实情境，设置一定梯度的问题。对学生回答问题时的表现评价可遵循“满意”和“加分”原则。例如，讲授配合物时，通过硫酸四氨合铜的制备和转化实验，可设问“不同配体与同一中心离子的配位能力相同吗？从化学实验事实角度出发，解释动态原理过程”。学生能回答不同，可评为满意；能指出配位键的强弱，可加分。学生能根据现象分析出正向转化：$[Cu(H_2O)_4]SO_4 \rightarrow Cu(OH)_2 \rightarrow [Cu(NH_3)_4]SO_4$，可评为满意；学生能指出加入酸后又可发生逆向转化：$[Cu(NH_3)_4](OH)_2 \rightarrow [Cu(H_2O)_4]SO_4$，可评为满意；能解释原因，可加分。

2. 实验探究表现评价

本章实验探究活动比较多，有 5 个演示实验和 1 个实验活动，在实验探究中，可采用满意原则和加分原则评价，以区别评价不同水平层次的学生。例如，第 96 页【实验 3-3】，能准确描述实验现象（滴加氨水后，试管中先出现蓝色沉淀，氨水过量后沉淀逐渐溶解，得到深蓝色的透明溶液。加入 95%乙醇并用玻璃棒摩擦试管壁后，析出深蓝色晶体），可评为满意；能从微观视角解释原因或写出方程式：$Cu^{2+}+2NH_3 \cdot H_2O = Cu(OH)_2\downarrow +2NH_4^+$、$Cu(OH)_2+4NH_3 = [Cu(NH_3)_4](OH)_2$，可加分。学生能准确说出 $[Cu(NH_3)_4]SO_4$ 的内界离子、外界离子、中心离子、配体，可评为满意；能准确说出化学键的种类和强度，可加分。

3. 档案袋评价

档案袋评价是真实性评价的一个典型，在实际评价中已被广泛采用。实施档案袋评价中要关注个体差异，师生共同参与评价内容的设计和档案袋评价标准的制定，激发学生自我反思、自我督导和自我评价的主动学习潜能，力求实现对学生的学习情况做出真实的评价，帮助学生更好地学习知识。

# V《化学（选择性必修3）有机化学基础》

本课程模块设置了“有机化合物的组成和结构”“烃及其衍生物的性质与应用”“生物大分子及合成高分子”3个主题，教科书分别以第一章“有机化合物的结构特点与研究方法”、第二章“烃”、第三章“烃的衍生物”、第四章“生物大分子”、第五章“合成高分子”来呈现。教师通过本课程模块的教学，引导学生建立“组成、结构决定性质”的基本观念，形成基于官能团、化学键、反应类型认识有机化合物的一般思路，了解测定有机化合物结构、探究有机化合物性质、设计有机化合物合成路线的相关知识。同时，教师可培养学生的“宏观辨识与微观探析”“变化观念与平衡思想”“证据推理与模型认知”“科学探究与创新意识”“科学态度与社会责任”等化学学科核心素养。

“有机化学基础”模块共2学分、36学时。该模块内容相对较多，课时相对偏少。

## 第一章　有机化合物的结构特点与研究方法

### 一、学业要求

（1）能辨识有机化合物分子中的官能团，判断有机化合物分子中碳原子的饱和程度、键的类型，分析键的极性。

（2）能依据有机化合物分子的结构特征分析简单有机化合物的某些化学性质。

（3）能辨识同分异构现象，能写出符合特定条件的同分异构体，能举例说明立体异构现象。

（4）能说出测定有机化合物分子结构的常用仪器分析方法，能结合简单图谱信息分析判断有机化合物的分子结构。

（5）能通过复习有机物的基本概念及性质，比较有机物与无机物的差异，为进一步系统学习有机化学奠定基础。

（6）能了解分类思想在有机化学中的体现，进而理解有机化学的学习和研究应遵循由个别到一般、再从一般到个别的哲学思维方法。

### 二、内容分析

本章在学生已初步掌握了有机化学知识的基础上，进一步系统学习有机化合物的结构特点与研究方法，主要学习的内容是有机化学的通识性基础知识，包含有机化合物的分类依据（碳骨架、官能团）、有机物中的共价键、同分异构现象等几个方面，研究有机化合物的步骤和方法（传统方法和仪器分析），形成本章知识体系。这些都是学习后续章节内容的重要基础。

第一章栏目设置及使用建议见表 2-5-1。

**表 2-5-1　第一章栏目设置及使用建议**

| 栏目名称 | 栏目内容 | 使用建议 | 页码 |
|---|---|---|---|
| 思考与讨论 | 能辨识有机化合物分子中的官能团；推测丙烯酸可能具有的化学性质 | 对比推理，迁移运用 | P6 |
| 【实验 1-1】 | 蒸馏水和无水乙醇分别与钠反应 | 演示，认识氢氧键的极性对化学性质的影响 | P7 |
| 思考与讨论 | 从化学键和官能团的角度分析化学变化 | 形成“结构决定性质”的观念 | P8 |
| 思考与讨论 | 戊烷三种同分异构体的比较 | 比较结构上的异同 | P8 |
| 资料卡片 | 键线式 | 感受有机化学的简洁之美 | P10 |
| 科学史话 | 范托夫与碳价四面体学说 | 了解有机化学结构理论发展史 | P10 |
| 练习与应用 | 第一节习题 | 巩固新知，反馈评价 | P11 |
| 探究 | 重结晶法提纯苯甲酸 | 教师演示或学生分组探究 | P14 |
| 科学·技术·社会 | 色谱法 | 了解色谱法的发展和应用 | P16 |
| 科学·技术·社会 | 青蒿素结构的测定 | 了解 X 射线谱在测定分子结构中的应用 | P21 |
| 练习与应用 | 第二节习题 | 巩固新知，反馈评价 | P21 |
| 整理与提升 | 本章归纳总结 | 提炼与结构化核心知识 | P23 |
| 复习与提高 | 本章习题 | 复习巩固，检测反馈 | P25 |

## 三、学情分析

从知识储备层面看，有机物的结构、分类和命名等知识是学习有机化学的基础。在《化学（必修）第二册》的学习中，学生对具体的有机化合物（如甲烷、乙烯、苯、乙醇、乙酸等）已经有了感性认识，因此在本主题中介绍有机化合物的分类、结构就有了一定的基础。但学生学习的难点在于：本主题对有机化合物结构的介绍重点并非具体的有机化合物，而是较抽象或规律性的有机化学基本知识，如有机物中碳原子的成键特点、有机物结构的表示方法、有机官能团的性质、同分异构体的识别等，这些知识是对教学相关内容的一个较大提升。教师要根据学生的实际学习情况，做好知识和能力的铺垫，循序渐进地进行教学。

从心理发展层面看，学生在高二下学期面对繁重的学习任务和高考压力，容易产生紧张焦虑的情绪。而且本主题内容的难度较之前的有机化学基础有了很大的提升，学生容易产生畏缩的想法。教师在教学中要注意控制难度，激发学生的学习兴趣。

从学习方式层面看，教师可利用投影、动画、多媒体等教学手段，演示多种重要的有机化合物的结构简式或者分子模型，让学生了解有机化合物结构的相似性。同时，教师还可引导学生用球棍模型制作 $C_3H_6$、$C_4H_8$、$C_2H_6O$ 的分子模型，找出这些有机物的同分异构体。教师要强调在书写同分异构体时，应考虑三种异构形式——碳架异构、官能团位置异构、官能团异构，学生在书写练习中需掌握书写同分异构体的方法。如果条件允许，教师还可以组织学生到高等院校或科研单位的化学实验室参观，或派遣学生实验小组将参观过程录制后带回，供没有参观化学实验室的学生观看。主要参观内容为质谱、红外光谱、核磁共振谱仪器及其实验操作过程。参观或观看实验录像后，学生分小组交流心得。

## 四、教学建议

1. 重视使用各种实物模型及多媒体、网络等现代技术手段

对于数量庞大的有机物，逐个加以研究是难以实现的，也是不现实的。教学时，教师给出一定数量的、学生比较熟悉或不熟悉的简单有机化合物的结构简式（烃及烃的衍生物），从官能团上对有机物进行分类。教师让学生熟悉并掌握典型的有机物分子，以及典型官能团的结构。同时，教师可利用球棍模型，让学生以小组为单位，动手插接、组装有机物分子模型，并将组装好的有机物分子模型按不同的结构特点进行分类。

教师应引导学生依据有机物分子中碳原子的数目、连接方式（成链或成环），以及决定有机物分子化学性质的官能团的不同，提出有机物分类的几种可行方法，进行充分讨论，在小组之间进行交流与评价，结合学生多种形式的分类（按碳的骨架、按官能团、按碳原子数、按环状或链状、按成环的原子数……），指出各种分类方法的特点，讲清自己的分类依据。通过比较、评价，师生分析何种分类方法更能体现有机物的结构与性质间的关系，从而归纳出常见的两种分类方法。随后，教师指导学生应用分类方法对有机物进行分类练习，反思怎样进行分类能更好地体现出有机化合物结构与性质的关系。

教师要重视信息技术与化学教学的深度融合，在学校校园网上，为学生提供可以进行自主学习活动的网页。学生在教师指导下，明确自主学习的任务，辨认网页中提供的有机化合物分子，哪些属于同分异构体、哪些属于同一种有机化合物、哪些属于同系物，从而认识有机物存在同分异构现象，领会有机物数目繁多的原因。学生可以通过网页进行无纸化练习，可以用鼠标拖动取代基，尝试取代

基与主碳链上碳原子的连接方式，在练习中进一步体会“减碳法”书写同分异构体的基本思路，并掌握书写方法。最终，学生通过在网上点击的形式完成学习任务，并将学生学习及练习情况反馈至网络中心存储，教师利用反馈信息及时对学生的学习情况进行客观评价。

2. 充分挖掘和用好情境素材

① 体现有机结构测定的仪器设备图。如使用李比希法分析碳和氢元素含量的仪器装置与装置的原理，现代仪器分析法的相关设备，典型有机化合物的质谱、红外光谱和核磁共振图谱信息。

② 体现结构与性质关系的典型例证。如分析乙烯、乙醇、乙酸的典型性质及其与分子结构的关系，正丁醇与叔丁醇性质的差异，硬脂酸钠、烷基磺酸钠的结构特点及其乳化作用，反式脂肪酸的结构特征及其对人体健康的影响，构成生命体的氨基酸的手性特征，手性药物“反应停”中的对映异构体。

③ 具有重要应用价值且结构复杂的有机化合物分子结构图。如青蒿素、维生素 $B_{12}$、牛胰岛素、海葵毒素等。

3. 重视开展小组合作学习活动

学生分别组成学习小组，依据碳价四面体理论，运用球棍模型制作有机化合物分子的结构。由两个碳原子开始逐渐递增，当尝试含四个碳原子的有机化合物时，会遇到第四个碳原子连接在哪个碳原子上的问题。从 $C_4H_{10}$ 存在着两种不同的空间结构来理解同分异构现象，认识 $C_4H_{10}$ 的两种同分异构体。通过练习制作 $C_5H_{12}$ 的分子结构模型，进一步巩固同分异构体的概念。在制作过程中小组讨论书写同分异构体的方法，重点讨论如何避免同分异构体的“重写”和“漏写”问题。由小组代表汇报本小组的讨论结果，并进行小组间的互相质疑、补充、完善，最终“研究”出书写同分异构体的方法，在此基础上进一步练习书写 $C_6H_{14}$ 的同分异构体，以提高所学技能。

本章课时分配建议如下：

| | |
|---|---|
| 第一节　有机化合物的结构特点 | 2 课时 |
| 第二节　研究有机化合物的一般方法 | 2 课时 |
| 全章复习 | 1 课时 |

## 五、评价建议

### （一）核心知识评价

根据教科书章、节、点的知识分布，笔者将核心知识及其对应的评价要求进行整合，形成核心知识评价细目表，如表 2-5-2 所示。

表 2-5-2 核心知识评价细目表

| 节 | 知识单元 | 核心知识 | 评价要求 | | | |
|---|---|---|---|---|---|---|
| | | | 了解 | 理解 | 应用 | 评价 |
| 第一节<br>有机化合物的结构特点 | 有机化合物的分类方法 | 依据碳骨架分类 | √ | | | |
| | | 依据官能团分类 | | √ | | |
| | 有机化合物中的共价键 | 共价键的类型 | √ | | | |
| | | 共价键的极性与有机反应 | | | √ | |
| | 有机化合物的同分异构现象 | 构造异构和立体异构 | | | | √ |
| 第二节<br>研究有机化合物的一般方法 | 分离、提纯 | 蒸馏 | | √ | | |
| | | 萃取 | | √ | | |
| | | 重结晶 | | √ | | |
| | 确定实验式——元素分析 | 李比希法 | | | √ | |
| | 确定分子式——质谱法 | 质谱法 | | √ | | |
| | 确定分子结构——波谱分析 | 红外光谱 | | | √ | |
| | | 核磁共振氢谱 | | | | √ |
| | | X 射线衍射谱 | √ | | | |

## (二)学科素养评价

根据《课程标准》对学习本章内容后所应达到的素养水平要求，分别形成选修合格要求和普通高中学业水平选择性考试的学科素养评价标准，如表 2-5-3 所示。

表 2-5-3 学科素养水平要求

| 节 | 选修合格要求 | 选择考要求 |
|---|---|---|
| 第一节<br>有机化合物的结构特点 | 能辨识常见有机化合物分子中的碳骨架和官能团；<br>能概括常见有机物中碳原子的成键类型；<br>能从烷烃、烯烃的同分异构体的书写方法，推导并掌握书写其他有机物同分异构体的方法；<br>能运用化学符号表征物质的变化；<br>能说明化学变化的本质特征和变化规律 | 能依据有机化合物的分子结构描述或预测有机化合物的性质和在一定条件下可能发生的化学变化；<br>能预测有机化合物的性质；<br>能选择直观的表征方式描述和说明化学变化的本质与规律；<br>能基于物质性质提出物质在生产、生活和科学技术等方面应用的建议和意见；<br>能根据有机化合物官能团的结构特点解释有机化合物的性质 |

续表

| 节 | 选修合格要求 | 选择考要求 |
|---|---|---|
| 第二节<br>研究有机化合物的一般方法 | 能掌握蒸馏、重结晶、萃取等分离和提纯方法的原理、适用范围、仪器选用、操作步骤及注意事项等；<br>能了解元素分析及相对分子质量的测定方法，会根据有机化合物元素含量及相对分子质量确定分子式；<br>能了解红外光谱、核磁共振氢谱的原理，会读图识图 | 能针对不同的分离提纯对象选择最佳的分离提纯方法；<br>能针对某些分离提纯工艺中存在的问题提出处理或解决问题的具体方案；<br>能对有机物分子结构中的“异常”现象与已有结论进行反思、质疑和做出新的设想，并进一步付诸实施 |

### （三）日常行为评价

1. 实验探究表现评价

本章实验探究活动主要有 2 个：第一个实验中，除了教材列举的蒸馏水和乙醇外，教师还可增加乙酸与金属钠的反应，全面比较不同分子组成中羟基活泼性的不同；第二个实验中利用重结晶法提纯苯甲酸，有条件的学校可以在趁热过滤粗苯甲酸时改用抽滤装置，以提高过滤的速度，减少苯甲酸的损耗等。在实验探究中，教师可采用满意原则和加分原则评价，以区别评价不同水平层次的学生。

2. 课堂学习表现评价

课堂学习表现评价主要评价学生在课堂教学活动中的学习状态，包括学习行为、思维状态和目标达成情况等，通常采用课堂观察、课堂提问与点评、练习与作业、学生参与教学活动的表现记录、课后交流等方式实施评价。如在探究钠分别与水和乙醇反应快慢的实验中，对反应现象进行观察并思考这些现象背后的合理解释，能否清晰、流畅表达自己的观点和见解，能否提出有探究价值的问题，以及课堂参与小组合作学习、与老师和同学平等对话交流等方面的具体表现等。

3. 纸笔测试

学生化学学科核心素养水平检测一般通过纸笔测试实现。纸笔测试包括诊断性纸笔测试和形成性纸笔测试。如在学习第一章有机化合物的结构特点与研究方法前，可先根据学业要求或质量标准编制试题，检测学生《化学（必修）第二册》中有机化学知识的掌握情况，为教师精准施教提供依据。纸笔测试可以是随堂检测反馈、章节练习、期中期末考试等形式，其目的都是及时了解学生的学习情况。

# 第二章　烃

## 一、学业要求

（1）能写出乙烯、乙炔、苯和甲苯的结构简式和名称；能写出烯烃和炔烃官能团的结构简式和名称。

（2）能写出己烷同分异构体的结构简式，并用系统命名法命名；能写出戊炔属于炔烃同分异构体的结构简式，加深对位置异构的认识；能写出丁烯的顺反异构，进一步认识立体异构。

（3）能够列举乙烯、乙炔、苯和甲苯的主要物理性质，能描述烷烃、烯烃的同系物的熔点、沸点和密度随相对分子质量增大的变化规律。

（4）能描述甲烷、乙烯、乙炔、苯和甲苯的重要反应，并书写相应的化学方程式。

（5）能基于化学键的特点分析甲烷和苯的取代反应、乙烯和乙炔的加成、加聚反应，能用事实说明甲苯中甲基与苯环的相互影响。

（6）能分析和推断乙烷、丙烯和1-丁炔的化学性质，书写相应的化学方程式，能基于官能团与化学键的特点，分析和推断含有典型官能团的有机物化学性质。

（7）能根据反应规律和有关信息书写相应的化学方程式。

（8）能根据结构单元完成烷烃的推断，能根据被酸性高锰酸钾溶液氧化后生成的酮和羧酸推测烯烃的结构，能根据加氢得到的烷烃结构推测炔烃的结构。

（9）能基于烃的物理性质及所含典型官能团的化学性质设计物质鉴别、烃中官能团的检验等简单实验方案。

（10）能结合真实情境中的应用实例［如汽油燃烧、聚氯乙烯合成、导电高分子开发和梯恩梯（TNT）运用等］开展研究与实践活动，说明烃及其化合物在生产、生活中的应用，以及其对社会发展的价值，感受化学的应用价值。

（11）能参与PX项目、环境保护等与烃性质应用相关的社会性议题的讨论，并做出有科学依据的判断、评价和决策。

## 二、内容分析

烃是有机化学中的基础物质。本章既是对第一章学习内容的具体化，又是学习烃的衍生物的基础。本章在学习必修课程的甲烷和乙烯的基础上，进一步学习烷烃、烯烃、炔烃和芳香烃4类有机物的结构、性质、转化及应用，同时使第一章中比较概念化的知识内容在具体物质的学习中得到拓展和提升。

本章物质按饱和度从高到低、结构从简单到复杂依次展开。本章共分三节，第一节中的“烷烃”属于饱和烃，核心内容是烷烃的结构、性质及烷烃的命名。饱和碳的四个单键伸向四面体四个顶点方向，碳碳单键成链可看作一切链状有机物的母体。烷烃的氯代属于取代反应，明白取代反应也是理解有机物衍生关系的基础。对烷烃进行系统命名是研究有机物的基础，也是区分同分异构体的有效手段。第二节中的“烯烃　炔烃”在复习烯烃典型代表物乙烯的基础上，将内容提升到对烯烃的学习，体现官能团对有机物化学性质的决定作用。由介绍因碳碳双键共平面不能绕键轴旋转因而可形成顺反异构，开启学生对有机化学立体异构的认识。同时，本节对炔烃的典型代表物乙炔从组成、结构、性质、转化及应用进行了全方位的探究，建立了研究有机物的常规模式。第三节中的“芳香烃”通过实验让学生得出结论：高度不饱和的苯不具有不饱和烯烃、炔烃典型的性质，不能被酸性高锰酸钾溶液氧化，不能与溴的四氯化碳溶液发生加成反应。教材选择将甲苯定为苯的同系物的代表物，通过实验比较苯和苯的同系物的性质差异，让学生领悟有机化合物分子中基团之间存在相互影响。

教材介绍了烷烃、烯烃、炔烃和芳香烃中代表物的组成和结构特点，并比较了这些有机化合物的组成、结构和性质的差异。教材突出了结构分析对化学性质学习的指导作用，从碳原子的杂化方式及形成共价键的类型方面对典型烃进行分子结构分析。教材通过具有相同官能团有机化合物化学性质的类比和具有不同官能团有机化合物化学性质的对比，让学生认识官能团对有机化合物性质的决定作用，同时了解官能团的相互影响。结合有机化合物的性质，学生进一步学习了取代反应、加成反应和加聚反应等有机反应，为后续学习各章内容奠定了基础。教材介绍了几种重要的烃在日常生活、有机合成和化工生产中的重要作用，并结合生产、生活实际了解某些烃对环境和健康可能产生的影响，关注烃类有机化合物的安全使用。

第二章栏目设置及使用建议如表 2-5-4 所示。

**表 2-5-4　第二章栏目设置及使用建议**

| 栏目名称 | 栏目内容 | 使用建议 | 页码 |
|---|---|---|---|
| 思考与讨论 | 烷烃的结构简式 | 规范书写结构简式 | P28 |
| 思考与讨论 | 烷烃的性质 | 类推同系物性质，规范书写有机方程式 | P29 |
| 思考与讨论 | 同分异构体的书写及命名 | 体会碳架异构的降序原则和位置异构的对称性原则，同时加强对命名规范性的要求 | P32 |
| 练习与应用 | 第一节习题 | 巩固对烷烃的结构、性质及同分异构体判断的掌握 | P32 |
| 思考与讨论 | 烯烃的化学方程式 | 认识不对称加成，体会衍生关系 | P35 |
| 资料卡片 | 二烯烃 | 认识两个相同官能团的各自独立及相互影响，了解竞争反应的条件干预 | P36 |
| 探究 | 乙炔的化学性质 | 演示，体会有机化学中研究有机物的基本方法 | P37 |
| 资料卡片 | 氧炔焰 | 介绍乙炔的用途之一 | P39 |
| 思考与讨论 | 炔烃同分异构，加氢产物推炔烃 | 加深对位置异构的理解 | P40 |

续表

| 栏目名称 | 栏目内容 | 使用建议 | 页码 |
|---|---|---|---|
| 科学·技术·社会 | 导电高分子 | 培养学生敢于对“异常”现象反思、质疑和重新设想并付诸实践的科学探究的创新意识 | P40 |
| 研究与实践 | 乙烯的生产和应用 | 指导学生完成研究，形成理论联系实际的观念，培养学生的社会责任感 | P41 |
| 练习与应用 | 第二节习题 | 巩固对烯烃炔烃的结构、性质及结构推断的掌握 | P42 |
| 【实验 2-1】 | 苯的性质 | 演示，认识不同于不饱和烯（炔）烃的性质并解释 | P43 |
| 资料卡片 | 苯的磺化 | 强调苯分子等芳香烃化合物里的氢原子被硫酸分子里的磺酸基所取代，体会物质之间的衍生关系对性质的影响 | P45 |
| 科学史话 | 凯库勒和苯的分子结构 | 学习科学家孜孜以求的科学态度及献身科学的精神，认识苯环非单、双键相间的又一证据 | P45 |
| 【实验 2-2】 | 苯和甲苯的性质 | 演示，透过现象看物理性质和化学性质 | P46 |
| 思考与讨论 | 苯和甲苯性质的异同 | 引导学生从相似性中找结构共性，从结构中找现象相异的原因 | P47 |
| 思考与讨论 | 甲苯的反应及其与苯的对比 | 扩展学生对取代反应的认识，进一步感受基团相互作用对化学性质的影响 | P48 |
| 资料卡片 | 稠环芳香烃——萘、蒽 | 介绍芳香烃的另一种结构特征 | P48 |
| 练习与应用 | 第三节习题 | 巩固对芳香烃的结构及性质的掌握 | P48 |
| 整理与提升 | 本章知识总结 | 组成—结构—性质—转化规律 | P50 |
| 复习与提高 | 本章习题 | 巩固对烃的结构、性质及转化的掌握 | P51 |

## 三、学情分析

从知识储备层面看，学生通过高中化学必修课程的学习，已经掌握甲烷和乙烯的结构及性质，学习了烃的概念。通过学习第一章的内容，学生对有机化合物的分子结构及分类有了一定的了解，这为帮助学生建立“结构决定性质”的观点奠定了基础。《化学（选择性必修 3）有机化学基础》的深度、广度明显增强，由描述性知识向推理性知识发展，要求从物质类别角度探究有机物性质、研究化学键与化学反应的关系，学生会有一个学习的适应过程。

从心理发展层面看，高中生通过学习必修课程的内容，逐渐适应高中学习环境。学生经过第一章的学习，既会有步入有机化学殿堂、认识分子结构之美的喜悦，也会因有机物种类繁多、结构复杂产生不同程度的担心和学习心理上的畏难情绪。因此，教师在教学中一定要注意控制难度，及时帮助“学困生”克服学习困难。

从学习方式层面看，高中生经过化学必修课程的学习，已逐渐适应高中化学学习方式，能在老师指导下安排自己的学习，但还有部分学生学习主动性不强，没有形成自己的学习方法。教师要及时指导学生管理学习，合理分配时间，安排好预习、练习、复习等自我消化、自我调整的时间，强化基础知识，指导知识运用的方法和技巧，培养其举一反三的能力。

## 四、教学建议

1. 重视教学情境创设，激发兴趣，促进学习

真实的 STSE 问题和化学史等，都是有价值的情境素材。例如，在烷烃的教学中，教师可提供“页岩油气的开采和利用”素材，使学生产生学好化学报效国家的想法，指出页岩油气的主要成分是各种烷烃，引入新课的学习。教师通过“开采时混入的水如何除去”“如何从页岩油气中分离出液化石油气、汽油、石蜡等产品”等一系列问题激发学生的探究兴趣，使学生从生活世界走进化学世界。“丁烷是如何从油料作物种子中提取油脂的?”“汽油、柴油作为动力燃料有什么差异?”“蜡染中蜡的作用是什么?”“新鲜果蔬表面涂蜂蜡保鲜安全吗?”设计这些真实问题，促使学生查阅文献、设计探究方案和讨论交流，并在这一过程中体会化学科学的社会价值，增强学生学好化学、用化学知识造福人类的信念。

教科书除在正文中直接引入情境外，还利用资料卡片、练习与应用、研究与实践等各种栏目提供了丰富的情境素材。教师在教学时应合理选择使用创设情境，激发学生的学习兴趣和学习欲望。

2. 紧扣有机结构特点，类比推理，迁移提高

学生在必修课程中已经学习了甲烷、乙烯的结构和性质。教师可先通过 PPT 或立体模型展示甲烷、乙烯的结构，通过实验录像再现甲烷、乙烯的燃烧，以及它们与溴的四氯化碳溶液和酸性高锰酸钾溶液的反应，复习再现甲烷、乙烯的结构和性质。

根据“结构决定性质”的基本观点，教师首先提示讨论甲烷和烷烃，以及乙烯和烯烃的结构相似性，进而使学生通过甲烷的性质推出烷烃的基本性质和反应规律，通过乙烯的性质推出烯烃的基本性质和反应规律。

然后，教师要求学生完成《化学（选择性必修 3）有机化学基础》第 32 页“思考与讨论”中的表格对比，再完成相关反应的化学方程式的书写练习，帮助学生掌握烷烃、烯烃的性质和反应规律，强调烯烃的反应实质是碳碳双键官能团的反应，明白取代反应和加成反应中断键和成键的部位。

以从乙烯的聚合反应迁移至异丁烯的聚合反应为例：

$$nCH_2=CH_2 \longrightarrow \text{-}[CH_2-CH_2]_n\text{-}$$

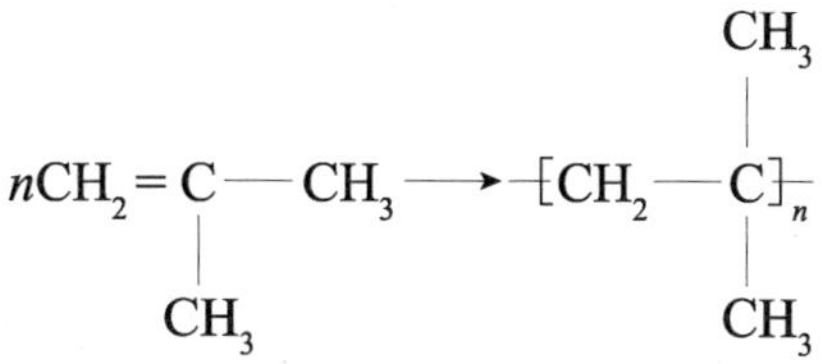

首先，让学生观察讨论上述两个化学方程式。两个化学方程式的相同点：反应前都有碳碳双键，反应后都变成了碳碳单键。两个化学方程式的不同点：异丁烯有甲基，乙烯没有。其次，让学生观察讨论两个反应中乙烯、异丁烯发生变化之处。两个化学方程式的变化点：双键消失。两个化学方程式的不变点：异丁烯中的甲基没有变。两个化学方程式的联系：异丁烯就相当于乙烯中同一碳上的两个氢原子被甲基所取代。通过讨论、对比的方式，教师可帮助学生理解碳碳双键决定烯烃的化学性质，理解烯烃反应的实质就是碳碳双键官能团的变化，从而将乙烯的性质迁移到烯烃的性质。

前两节的教学重点之一都是帮助学生将甲烷、乙烯的结构和性质迁移至烷烃和烯烃，形成从个别到一般的思维方法。

3. 重视实验（活动）探究，归纳比较，深化思维

情景创设：用多媒体课件展示乙烷和乙烯分子的立体结构模型。

活动探究：让学生分组插接乙烷、乙烯的球棍分子模型。

对比思考：如果将乙烷、乙烯的立体分子模型沿碳碳键轴的方向旋转，有什么不同？

（学生很容易发现乙烷的单键很容易旋转，而乙烯的双键不能旋转）

活动探究：将乙烯分子中的两个不同碳上的一个氢原子分别用甲基取代，看能否得到几种不同结构的分子？

（乙烯的双键不容易旋转，学生很容易就能插出两种不同结构的分子模型）

总结巩固：展示学生们插出的两种不同结构的分子模型，讲解顺反异构，并用计算机课件展示顺反异构体的球棍模型和空间充填模型，使学生加深对产生顺反异构条件的理解。值得教师注意的是，烯烃的顺反异构学习难度相对较大，在教学中只要求讨论教科书中的有关内容，不宜扩展。

【实验 2-2】　苯和甲苯对比实验

运用实验教学策略，感受基团之间存在相互影响，感受条件（溶剂、反应条件）不同产物不同。

活动探究：讨论对比苯和甲苯结构的相似点和不同点，实验探究苯、甲苯分别与溴的四氯化碳溶液、高锰酸钾酸性溶液的反应，思考有机化合物基团间的相互影响。

通过活动探究，总结苯和甲苯结构及性质比较，如表 2-5-5 所示。

**表 2-5-5　苯和甲苯结构及性质比较**

| 分类 | | 苯 | 甲苯 |
|---|---|---|---|
| 分子式 | | $C_6H_6$ | $C_7H_8$ |
| 结构简式 | |  | 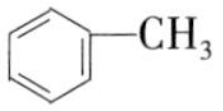 |
| 结构相同点 | | 都含有苯环 | |
| 结构不同点 | | 苯环上没有取代基 | 含—$CH_3$ |
| 分子间的关系 | | 结构相似，组成相差 $CH_2$，互为同系物 | |
| 物理性质 | | 无色液体，比水轻，不溶于水 | |
| 化学性质 | 溴（$CCl_4$） | 不反应 | 不反应 |
| | $KMnO_4$（$H_2SO_4$） | 不反应 | 被氧化，溶液褪色 |

总结讲解：甲苯发生取代反应时取代基的定位效应。甲苯被氧化的原因是苯环与甲基之间的相互电子效应，使甲基变得活泼。

本章课时分配建议如下：

第一节　烷烃　　2 课时

第二节　烯烃　炔烃　　2 课时

第三节　芳香烃　　2 课时

本章复习　　1 课时

## 五、评价建议

### （一）核心知识评价

根据教科书章、节、点的知识分布，笔者将核心知识及其对应的评价要求进行整合，形成核心知识评价细目表，如表 2-5-6 所示。

**表 2-5-6　核心知识评价细目表**

| 节 | 知识单元 | 核心知识 | 评价要求 | | | |
|---|---|---|---|---|---|---|
| | | | 了解 | 理解 | 应用 | 评价 |
| 第一节　烃 | 烷烃的结构与性质 | 烷烃的概念和存在 | √ | | | |
| | | 烷烃组成和结构上的相似点 | | √ | | |
| | | 烷烃的化学性质（燃烧、氯代） | | | √ | |
| | | 烷烃同系物物理性质规律 | | √ | | |
| | 烷烃的命名 | 烷烃的同分异构体的物理性质差异 | √ | | | |
| | | 烷烃命名的原则和步骤 | | | √ | |
| | | 己烷同分异构体书写和命名 | | | | √ |
| | | 丁基同分异构体书写 | | | √ | |

续表

| 节 | 知识单元 | 核心知识 | 评价要求 | | | |
|---|---|---|---|---|---|---|
| | | | 了解 | 理解 | 应用 | 评价 |
| 第二节 烯烃 炔烃 | 烯烃的结构与性质 | 烯烃的分子结构 | | √ | | |
| | | 烯烃的物理性质规律 | √ | | | |
| | | 烯烃的化学性质（氧化反应） | | | √ | |
| | | 烯烃的化学性质（加成、加聚反应） | | | | √ |
| | 烯烃的立体异构 | 烯烃的立体异构 | | √ | | |
| | | 1，3-丁二烯的1，2-加成和1，4-加成 | | √ | | |
| | 炔烃 | 乙炔的物理性质及变化规律 | √ | | | |
| | | 乙炔的结构 | | √ | | |
| | | 乙炔的实验室制取和除杂 | | | √ | |
| | | 乙炔的化学性质（氧化、加成和加聚） | | | √ | |
| | | 乙炔的应用 | √ | | | |
| | | 炔烃的位置异构 | | | √ | |
| | | 炔烃的化学性质 | | √ | | |
| 第三节 芳香烃 | 苯 | 苯的物理性质及应用 | √ | | | |
| | | 苯的分子结构 | | √ | | |
| | | 苯的化学性质（取代、加成） | | | | √ |
| | 苯的同系物 | 概念和通式 | √ | | | |
| | | 常见部分苯的同系物物理性质对比 | √ | | | |
| | | 苯环上的溴代、硝化和催化加氢 | | √ | | |
| | | 苯环和烷基的相互作用 | | | | √ |
| | | 稠环芳香烃 | √ | | | |

## （二）学科素养评价

根据《课程标准》对学习本章内容后所应达到的素养水平要求，分别形成选修合格要求和普通高中学业水平选择性考试的学科素养评价标准，如表2-5-7所示。

表 2-5-7　学科素养水平要求

| 节 | 选修合格要求 | 选择考要求 |
| --- | --- | --- |
| 第一节<br>烷烃 | 能从烷烃的微观结构说明烷烃的化学性质共同点；<br>解释烷烃物理性质变化的规律；<br>学会系统命名的步骤，能对简单烷烃进行命名 | 能依据烷烃的微观结构，预测物质的性质和在一定条件下可能发生的化学变化，并评估预测的合理性；<br>能理解系统命名的基本原则，加深对较复杂烷烃同分异构体的认识 |
| 第二节<br>烯烃 炔烃 | 能运用乙烯结构图式描述加成及加聚反应的过程；<br>能从碳碳双键结构说明烯烃化学共性的原因；<br>能解释乙炔化学变化中与碳碳三键的关系；<br>能运用所学知识分析和探讨乙烯的生产与应用对人类的健康、社会可持续发展可能带来的双重影响，并对这些影响从多个方面进行评估；<br>能依据实验方案，组装实验仪器，完成乙炔的实验制取与性质检验，基于实验现象得出结论，提出自己的看法 | 能依据烯烃的微观结构，预测烯烃的性质和在一定条件下可能发生的化学变化；<br>能依据“绿色化学”思想和科学伦理对石化工业进行分析，权衡利弊，做出合理的决策；<br>能依据炔烃的分子结构，预测炔烃在一定条件下可能发生的化学变化；<br>能对实验中的“异常”现象和已有结论进行反思、质疑和做出新的实验设想，并进一步付诸实施 |
| 第三节<br>芳香烃 | 能根据实验现象归纳苯与不饱和烃的性质差异，从苯分子结构说明原因；<br>能分析苯和甲苯的化学性质差异，推出甲基与苯基相互作用影响化学性质，并解释苯的同系物的性质变化 | 能依据苯及其反应的不同特征寻找充分的证据，能解释证据与结论之间的关系；<br>能依据甲苯的分子结构，描述或预测其性质；建构基团间相互影响的认知模型，并能运用模型预测物质性质 |

### （三）日常行为评价

1. 思考与讨论评价

本章教材中有 7 处设置了“思考与讨论”栏目，共提出了 16 个供学生思考与讨论的问题（以“简答”“填表”和“列举”等形式呈现问题）。栏目通过问题设置来创设问题情境，激发学生学习的欲望，强调学生自主思考，并将所思、所想与同伴进行交流与讨论，引导学生改变学习方式、进行自我反思评价。栏目不仅能让学生巩固所学的知识与技能，让其在问题解决过程中掌握学习方法和训练思维，同时也能给学生提供体验与实践、合作与交流等机会。

本栏目的学习历程是“问题→思考→交流→结论和体验”。第一阶段是思考栏目提出的问题，强调学生自主思考。注意观察学生能否迅速进入思考状态、能否顺利解决问题。思考是否需要提供知识上的铺垫、是否需要将问题再分解、是否需要揭示问题和已学知识及经验之间的内在联系。

第二阶段要求学生与小组同学交流，将自己得到的结论和形成的观点与其他同学交流、讨论。如果不能达成共识，将产生新的问题进入新一轮的“交流与讨论”，直至达成新的共识，顺利完成“获取结论和体验”的最终阶段。教师认真观察学生活动的表现和内容，对活动过程中观察到的好的现象、听取到的有独到的见解等应给予充分肯定、表扬与鼓励；对活动中不好的表现、错误的答案要及时予以纠正；对不完善的内容则要及时予以补充。

2. 练习与应用评价

教材栏目“练习与应用”是每节知识学习完后针对本节知识的一个测评习题。题目形式主要是选择题、填空题、问答题等，部分题目除能让学生巩固新知外，还能培养学生的问题解决能力、小组合作能力、交流能力等。

如第一节“烷烃”课后“练习与应用”第5题：下列物质中，与2，2-二甲基丁烷互为同分异构体的是（　　）。

A. 2-甲基丁烷　　B. 3-甲基戊烷

C. 2-甲基己烷　　D. 2，2-二甲基丙烷

该题为选择题，学生求解时要抓住同分异构体概念，先写出2，2-二甲基丁烷结构简式，得到其分子式，再分别写出题中四个选项的结构简式，得到它们的分子式，最后与题干的分子式进行比较，找出分子式相同的物质，确立选项B符合题意。此思路紧扣概念，由名称反推结构再定组成，虽按部就班，但相关知识掌握应用到位，可评为满意。若有学生抓住题中所有物质都为烷烃，只要碳原子数相同，氢原子数必然相同，直接写出碳架异构体，比较碳原子数相同物质，确立符合选项，体现出思维的灵活性，教师应指出其思维优点并加分。若学生从名称出发，抓住题干“二甲、丁”计6个碳原子，并分别推出A、B、C、D四个选项中碳原子数依次为5、6、7、5。这种思路避开具体的结构书写，确立正确选项，体现了思维的敏捷性，可将其思维结构向学生分析清楚，并予以高度肯定。

求解选择题要求能识别陷阱，排除干扰因素，寻找解题的依据。答题时一般可采用直选法、推理法、比较筛选法、淘汰选择法、综合分析法等，通过速解、巧解，培养学生思维的敏捷性。

3. 作业批改评价

课后作业是巩固和消化知识，也是学生行为习惯养成的重要途径。正确评价课后作业，在教学环节中相当重要。如第一节“烷烃”课后“练习与应用”第6题（见教材第33页），该填空题部分空如，一氯代物种数的部分非常客观，易于评价。其他空的问题主观性强，学生作答差异较大，教师可从答案的针对性、前后语言的连贯性、化学用语的规范性、书写的美观性上给予评价。如分子式碳氢原子数正确，可评为满意；元素符号大小得当，下标清晰，书写美观，可加分。又如结构简式书写时碳氢数准确，可评为满意；支链键和碳原子对齐，可评为满意；主链遵循习惯从左到右可加分，书写美观可加分。

课后习题素材的巧妙使用，针对不同层次回答给予恰当评价，对培养学生的核心素养具有重要意义。

# 第三章　烃的衍生物

## 一、学业要求

（1）能了解各类烃的衍生物的概念、官能团及其分类。

（2）能了解其代表物的组成、结构特点和物理性质。

（3）能描述各类烃的衍生物的主要化学性质及相应性质实验现象，能写出相应的反应式，能利用这些化学性质进行物质鉴别。

（4）能辨析几种常见的有机反应类型（取代反应、消去反应、氧化反应）等，并能运用这些反应类型来实现物质间的转化。

（5）能列举烃的衍生物的代表物等有机物在生产、生活中的重要应用。

（6）能基于官能团、化学键的特点与反应规律分析和推断含有典型官能团的有机化合物的化学性质，会书写相应的化学方程式。

（7）掌握有机化学反应的主要类型、原理、应用，初步学习设计合理的有机合成路线。

（8）能初步学会使用逆向合成法合理设计有机合成路线。

（9）能了解有机合成对人们生产、生活的影响。

## 二、内容分析

烃的衍生物是有机化学的重要组成部分。本章共分五节，第一节“卤代烃”是在第二章学习了烃的知识后必然会涉及的内容，卤代烃是重要的化工原料；第二节到第四节介绍了“醇　酚”“醛　酮”和“羧酸　羧酸衍生物”，这 6 类含氧衍生物通过典型代表物的组成和结构特点，介绍各类含氧衍生物的性质和应用。第五节“有机合成”结合实例具体讲述了有机合成的过程和逆合成分析法，并通过逆合成分析复习、巩固烃和烃的衍生物等各类有机物的相互转化。本章内容的选取同样注意了联系生活实际及对学生进行环境和健康教育，主要通过图片把生活的内容与化学知识有机结合，通过一些实践活动了解某些有机物对环境和健康的影响。

此外，教材还设置了两个实验活动：“实验活动 1　乙酸乙酯的制备与性质”“实验活动 2　有机化合物中常见官能团的检验”。

通过本课程模块的学习，学生可建立“组成、结构决定性质”的基本观念，形成基于官能团、化学键与反应类型认识有机化合物的一般思路，了解测定有机化合物结构、探究性质、设计合成路线的相关知识，培养化学学科核心素养。

第三章栏目设置及使用建议如表 2-5-8 所示。

**表 2-5-8　第三章栏目设置及使用建议**

| 栏目名称 | 栏目内容 | 使用建议 | 页码 |
|---|---|---|---|
| 资料卡片 | 卤代烃的命名 | 同于烃类，使用系统命名法命名 | P54 |
| 资料卡片 | 氯乙烷的快速镇痛 | 了解其镇痛原理和生活应用 | P55 |
| 【实验 3-1】 | 溴乙烷的取代反应 | 演示，观察实验现象，分析取代反应原理 | P55 |
| 探究 | 1-溴丁烷的化学性质 | 通过实验，探究溴丁烷发生的取代反应和消去反应 | P56 |
| 科学·技术·社会 | 臭氧层的保护 | 了解“臭氧空洞”的原理，树立环保意识 | P57 |
| 练习与应用 | 第一节卤代烃的习题 | 巩固对卤代烃的性质和有机合成的了解 | P58 |
| 思考与讨论 | 相对分子质量相近的醇与烷烃的沸点比较 | 总结规律，分析原因 | P60 |
| 【实验 3-2】 | 乙醇的消去反应 | 演示，通过实验制取乙烯，探讨乙烯的化学性质 | P61 |
| 思考与讨论 | 溴乙烷和乙醇发生消去反应的异同 | 通过对比，归纳出溴乙烷和乙醇发生消去反应的异同 | P62 |
| 【实验 3-3】 | 乙醇与酸性重铬酸钾反应 | 演示，通过实验现象，分析反应原理 | P62 |
| 资料卡片 | 有些人喝酒后出现昏迷醉酒症状的原因 | 了解酒精在人体内的代谢方式和途径 | P63 |
| 【实验 3-4】 | 苯酚的酸性 | 演示，苯酚中依次加入水、氢氧化钠、盐酸，探讨其酸性 | P64 |
| 【实验 3-5】 | 苯酚的取代反应 | 演示，苯酚的定性检验 | P65 |
| 思考与讨论 | 分子内基团间的相互影响 | 对比苯酚与乙酸的酸性及苯和苯酚发生溴代反应的条件与产物 | P65 |
| 【实验 3-6】 | 苯酚的显色反应 | 演示，在苯酚中滴加氯化铁溶液，观察颜色变化 | P66 |
| 信息搜索 | 酚类废水的危害和工业处理的方法 | 工业生产与环境保护 | P66 |
| 科学史话 | 苯酚的消毒作用 | 认识苯酚的毒性和腐蚀性在医疗中的应用 | P66 |
| 练习与应用 | 第二节醇　酚的习题 | 巩固对醇和酚的化学性质的掌握 | P67 |
| 【实验 3-7】 | 乙醛的银镜反应 | 演示，理解银镜反应的原理，认识醛基的性质 | P69 |

续表

| 栏目名称 | 栏目内容 | 使用建议 | 页码 |
|---|---|---|---|
| 【实验 3-8】 | 乙醛与氢氧化铜反应 | 演示，认识醛基的性质 | P69 |
| 思考与讨论 | 乙醇、乙醛、乙酸三者的转化 | 由三者的转化理解氧化反应、还原反应的特点 | P70 |
| 思考与讨论 | 如何由丙醛制取 1-丙醇或丙酸 | 认识醛与醇、酸的转化关系是由其官能团性质决定的，建立结构决定性质的观念 | P71 |
| 信息搜索 | 安全使用甲醛 | 正确认识化学物质，树立安全意识 | P71 |
| 资料卡片 | 肉桂醛和苯甲醛 | 自然界植物中的醛类物质 | P71 |
| 思考与讨论 | 丙酮与丙醛的关系 | 性质差异及鉴别方法 | P71 |
| 练习与应用 | 第三节醛　酮的习题 | 巩固对醛、酮性质的异同及鉴别的掌握 | P72 |
| 资料卡片 | 乳酸与柠檬酸 | 从官能团认识物质的性质 | P74 |
| 探究 | 羧酸的酸性 | 通过实验比较乙酸、碳酸、苯酚的酸性强弱 | P75 |
| 思考与讨论 | 探讨乙酸与乙醇酯化反应的脱水方式 | 通过设计实验方案来证明乙酸与乙醇酯化反应的脱水方式 | P76 |
| 思考与讨论 | 提高乙酸乙酯产率的措施 | 结合化学反应原理进行说明 | P76 |
| 探究 | 乙酸乙酯的水解 | 探究乙酸乙酯水解的速率与反应条件的关系 | P77 |
| 思考与讨论 | 硬脂酸、油酸分别与丙三醇反应的化学方程式 | 利用酯化反应原理书写化学方程式 | P79 |
| 资料卡片 | 油酸和亚油酸 | 了解油酸和亚油酸的顺式结构 | P80 |
| 思考与讨论 | 比较氨、胺、酰胺和铵盐的不同 | 设计表格对比这四种物质在组成、结构、性质和用途上的不同 | P81 |
| 研究与实践 | 自制肥皂 | 体验化学知识在实际生活中的应用 | P82 |
| 练习与应用 | 第四节羧酸与羧酸衍生物的习题 | 巩固对羧酸与羧酸衍生物的化学性质的掌握 | P83 |
| 资料卡片 | 构建碳骨架的反应 | 学习增长碳链的方法 | P85 |
| 思考与讨论 | 探讨引入常见官能团的方法 | 从官能团转化的角度讨论引入常见官能团的方法 | P86 |

续表

| 栏目名称 | 栏目内容 | 使用建议 | 页码 |
|---|---|---|---|
| 资料卡片 | 官能团的保护 | 以羟基的保护为例来理解官能团保护的方法 | P86 |
| 思考与讨论 | 乙烯制取乙酸 | 以乙烯为原料制取乙酸并比较两条合成线路的产率 | P87 |
| 思考与讨论 | 乙烯合成乙二醇 | 有机合成的路线 | P90 |
| 资料卡片 | 有机合成装置 | 了解有机合成的典型装置和工业化合成装置 | P91 |
| 练习与应用 | 第五节有机合成的习题 | 巩固对有机合成的方法的掌握 | P91 |
| 整理与提升 | 本章知识归纳 | 认识官能团与有机化合物特征性质的关系，认识官能团之间的转化关系 | P93 |
| 复习与提高 | 本章的习题 | 巩固对烃的衍生物的性质、转化、合成的掌握 | P95 |
| 实验活动 1 | 乙酸乙酯的制备与性质 | 学习制备乙酸乙酯的方法；加深对酯化反应和酯的水解的认识 | P98 |
| 实验活动 2 | 有机化合物中常见官能团的检验 | 学习有机化合物中常见官能团的检验；加深对有机化合物中常见官能团性质的认识 | P99 |

## 三、学情分析

从知识储备层面看，学生经过高中化学必修课程的学习，已经了解乙烯、乙醇、乙酸和乙酸乙酯等一些简单的有机化合物及其性质，具备了学习本主题内容的基础知识。学生通过学习本模块主题 1，又对有机化合物的分子结构有了一定的了解，为建立结构决定性质的思想奠定了基础。但由于必修课程中仅直观感性地认识了 4 种有机物，有机化学知识碎片化，缺乏知识的系统性，给学生学习本主题内容增加了困难。选择性必修课程化学教材与必修课程化学教材相比，深度、广度都明显加强，由描述性知识向推理性知识发展。要求从物质类别角度理性认识有机物性质，研究断键与反应的关系，学生会感到暂时的学习不适应。教师要根据学情做好知识和能力的铺垫，循序渐进，组织教学。

从心理发展层面看，学生经过对主题 1 的学习，既有步入有机化学殿堂、认识有机分子结构之美的喜悦，也会因烃的衍生物种类多、结构复杂产生不同程度的忧虑。卤代烃、醇、醛、羧酸、酯和酚知识容量大、难度高，学生容易产生畏难情绪。教师在教学中要注意总结规律、控制难度，同时注意对学生进行心理疏导。

从学习方式层面看，高中生经过化学必修课程的学习，已慢慢适应高中化学的学习方式，能在教师指导下安排自己的学习，但还有部分学生学习主动性不强，没有形成自己的学习方法。教师要及时指导学生管理学习，合理分配时间。同时，教师可根据烃的衍生物的结构特点，强化官能团的作用，培养学生举一反三的能力。

## 四、教学建议

1. 恰当运用教学模型，助力学生掌握烃的衍生物的结构

掌握有机物的结构是学习有机化学的重要环节，教学中要根据教学条件，恰当运用图片、实物模型、三维动画等帮助学生理解烃的衍生物的结构，建立生动、直观的认识，为学习复杂结构的有机物打下基础。通过对烃的衍生物沸点数据的分析处理策略，建立数形关系，比较感受有机物物理性质变化规律，是学生学习理解同类有机物物理性质的一般范式。

2. 紧扣官能团教学，助力学生掌握烃的衍生物的性质

进行烃的衍生物性质教学时，要以解读官能团为核心，以典型代表物的具体反应为要点，通过类比迁移学习系统学习同类有机化合物的性质，由此及彼，由浅入深，举一反三。要分析有机化合物分子中的官能团和化学键的特点，预测可能的断键部位与相应的反应，然后提供反应事实，引导学生通过理论分析和实验探究掌握有机化合物的性质。

进行有机反应的教学时，还要注重化学实验教学，在实验探究的基础上，引导学生从反应物和生成物的官能团转化与断键成键的角度探究反应特征与规律，引导学生利用反应类型的规律判断、说明和预测有机化合物的性质。比较典型的反应有卤代烃的取代反应、醇类的氧化反应和取代反应、醛类的银镜反应和氧化反应、醇与酸的酯化反应等。

3. 注重思维的逻辑性，助力学生掌握有机合成的基本方法

教师在进行有机合成的教学时，要注重培养学生的逻辑思维能力，运用正向思维和逆向思维，设计正向合成和逆向合成的途径。合成素材选取要兼顾目标物的应用价值和对学生思维的挑战性；活动类型要兼顾引导学生关注结构对比、官能团转化和碳骨架构建；通过对合成方案的评价活动，学生体会节约能源、绿色环保等理念。

教师在具体教学中可以介绍有机合成物（如奎宁、超级炸药等）的合成途径及其对人类社会生活发挥的作用，让学生感受有机合成物的重要性，体验逆合成分析法在合成中的重要性。通过选择苯甲酸苯甲酯多条合成路线中的最佳合成路线，从“选择反应合理化、操作安全可靠化、原料廉价绿色化、试剂催化剂无害化、原子经济性”等多维度对不同的设计进行评价，展示优选合成路线的方法，强调“绿色合成”理念，为学生在今后工作中树立可持续发展理念打下基础。促进学生“证据推理与模型认知”“科学探究与创新意识”“科学态度与社会责任”等化学学科核心素养的发展。

本章课时分配建议如下：

第一节　卤代烃　　1课时
第二节　醇　酚　　2课时
第三节　醛　酮　　2课时
第四节　羧酸　羧酸衍生物　　2课时
第五节　有机合成　　3课时
实验活动1　乙酸乙酯的制备与性质　　1课时
实验活动2　有机化合物中常见官能团的检验　　1课时
本章复习　　2课时

## 五、评价建议

### （一）核心知识评价

根据教科书章、节、点的知识分布，笔者将核心知识及其对应的评价要求进行整合，形成核心知识评价细目表，如表2-5-9所示。

**表2-5-9　核心知识评价细目表**

| 节 | 知识单元 | 核心知识 | 评价要求 | | | |
|---|---|---|---|---|---|---|
| | | | 了解 | 理解 | 应用 | 评价 |
| 第一节 卤代烃 | 卤代烃 | 卤代烃的概念、分类、命名 | | √ | | |
| | | 卤代烃的物理性质及递变规律 | | √ | | |
| | 溴乙烷 | 溴乙烷的物理性质 | √ | | | |
| | | 溴乙烷的化学性质 | | | √ | |
| 第二节 醇　酚 | 醇 | 醇的概念、分类、命名 | √ | | | |
| | | 醇的物理性质及递变规律 | √ | | | |
| | | 醇的化学性质 | | | √ | |
| | 酚 | 酚的概念 | √ | | | |
| | | 苯酚的物理性质 | √ | | | |
| | | 苯酚的化学性质 | | | √ | |
| 第三节 醛　酮 | 乙醛 | 乙醛的物理性质及结构 | √ | | | |
| | | 乙醛的化学性质 | | | | √ |
| | 醛类 | 其他醛类的化学通性 | | | √ | |
| | | 甲醛、苯甲醛的性质及用途 | | √ | | |
| | 酮 | 酮的概念、结构 | √ | | | |
| | | 丙酮的物理性质、化学性质 | | √ | | |
| | | 酮的用途 | √ | | | |

续表

| 节 | 知识单元 | 核心知识 | 评价要求 | | | |
|---|---|---|---|---|---|---|
| | | | 了解 | 理解 | 应用 | 评价 |
| 第四节<br>羧酸<br>羧酸衍生物 | 羧酸 | 羧酸的分类 | √ | | | |
| | | 甲酸、苯甲酸、乙二酸等常见酸的性质及用途 | | | √ | |
| | | 羧酸的物理性质及递变规律 | √ | | | |
| | | 羧酸的化学性质 | | | | √ |
| | 羧酸衍生物 | 酯的性质 | | | √ | |
| | | 油脂的性质 | | √ | | |
| | | 酰胺的性质 | | √ | | |
| 第五节<br>有机合成 | 有机合成的主要任务 | 构建碳骨架 | | | √ | |
| | | 引入官能团 | | | √ | |
| | 有机合成路线的设计与实施 | 有机合成过程示意图 | | √ | | |
| | | 乙二酸二乙酯的合成 | | | | √ |
| 实验1 | 乙酸乙酯的制备与性质 | 用2 mL乙醇、0.5 mL浓硫酸和2 mL乙酸制备乙酸乙酯 | | | | √ |
| 实验2 | 有机化合物中常见官能团的检验 | 烯烃：向1-己烯加入溴水和酸性高锰酸钾溶液 | | | | √ |
| | | 卤代烃：向1-溴丁烷中依次加入2 mL 5%的氢氧化钠溶液、稀硝酸、硝酸银2%溶液 | | | | √ |
| | | 酚：向苯酚中加入饱和溴水和氯化铁溶液 | | | | √ |
| | | 醛：向2 mL 10%氢氧化钠溶液中依次加入5%硫酸铜溶液和0.5 mL乙醛溶液 | | | | √ |

## （二）学科素养评价

根据《课程标准》对学习本章内容后所应达到的素养水平要求，分别形成选修合格要求和普通高中学业水平选择性考试的学科素养评价标准，如表2-5-10所示。

**表 2-5-10　学科素养评价细目表**

| 节 | 选修合格要求 | 选择考要求 |
| --- | --- | --- |
| 第一节<br>卤代烃 | 能从不同视角对卤代烃的主要变化进行分类；<br>能从官能团卤素原子说明卤代烃的主要性质，并分析性质和用途的关系；<br>能根据官能团对常见卤代烃进行分类；<br>能设计探究 1-溴丁烷化学性质的实验方案，运用不同的反应条件来实现不同类型的反应 | 能从官能团视角对物质及其变化进行分析和推断；<br>能基于“绿色化学”理念设计有机化合物合成的方案，并对方案进行评价和优化；<br>能以卤代烃破坏臭氧层原理来解释为何要实现对臭氧层的保护 |
| 第二节<br>醇　酚 | 能从不同视角对醇和酚进行分类；<br>能从官能团醇羟基和酚羟基说明醇和酚的主要性质，并分析性质和用途的关系；<br>能根据官能团对常见有机物进行分类；<br>能设计探究乙醇和苯酚化学性质的实验，能运用适当的方法控制反应条件并顺利进行实验；<br>能设计检验醇和酚的实验方案 | 能从官能团视角对物质及其变化进行分析和推断；<br>能基于“绿色化学”理念设计有机化合物合成的方案，并对方案进行评价和优化；<br>能结合酚的用途来说明化学科学发展在保障人类健康、环境保护、促进科学发展等方面的重要作用 |
| 第三节<br>醛　酮 | 能从不同视角对醛和酮的主要变化进行分类；<br>能从官能团醛基和酮羰基说明醛和酮的主要性质，并分析性质和用途的关系；<br>能根据官能团对常见有机物进行分类；<br>能设计探究醛和酮化学性质的实验，能运用适当的方法控制反应条件并顺利进行实验；<br>能设计检验醛和酮的实验方案 | 能从官能团视角对物质及其变化进行分析和推断；<br>能基于“绿色化学”理念设计有机化合物合成的方案，并对方案进行评价和优化；<br>能依据“绿色化学”思想分析某些化学产品生产和应用的问题，提出处理和解决化学问题的方案 |
| 第四节<br>羧酸 羧酸衍生物 | 能从不同视角对羧酸和羧酸衍生物主要变化进行分类；<br>能从官能团羧基说明羧酸和羧酸衍生物的主要性质，并分析性质和用途的关系；<br>能根据官能团对常见有机物进行分类；<br>能设计探究羧酸和羧酸衍生物化学性质的实验，能运用适当的方法控制反应条件并顺利进行实验；<br>能设计检验羧酸和羧酸衍生物的实验方案 | 能从官能团视角对物质及其变化进行分析和推断；<br>能基于“绿色化学”理念设计有机化合物合成的方案，并对方案进行评价和优化；<br>能说明化学科学发展在自然资源利用、材料合成、环境保护、保障人类健康、促进科学发展等方面的重要作用 |

续表

| 节 | 选修合格要求 | 选择考要求 |
| --- | --- | --- |
| 第五节<br>有机合成 | 能用不同的方法进行有机合成；能实现官能团之间的转化 | 能基于“绿色化学”理念设计有机化合物合成的方案，并对方案进行评价和优化 |
| 实验活动 1 | 能通过实验强化对乙醇、乙酸主要性质的认识；<br>探究乙酸乙酯制备的实验装置和实验方案的设计，能运用适当的方法控制反应条件并顺利进行实验 | 能通过乙醇与乙酸生成乙酸乙酯，推断出酯化反应的反应机理；<br>能对乙酸乙酯制备的实验方案、实验过程和实验结论进行评价，并提出通过萃取分离产品的方法 |
| 实验活动 2 | 能设计实验检验常见官能团；<br>除了能用化学实验方法，还能用核磁共振氢谱等仪器分析的方法鉴别有机化合物 | 能通过官能团的检验方法推断出其反应机理；<br>能对官能团检验的实验方案、实验过程和实验结论进行评价 |

### （三）日常行为评价

#### 1. 问答评价

教学中教师提问与学生理答是课堂最常用的互动方式，教师应精心设计问题，确保问题的有效性和对学生的素养诊断价值。例如，“与人类生活密切的卤代烃有哪些、其用途是什么、长期接触卤代烃对人体有何危害、对环境有何危害”等问题，解决这些具体的问题需要学生查阅文献、设计方案、实验探究。教师根据学生表现进行及时评价，并调控教学进度。

#### 2. 作业评价

教师在设计试题时，除了要重视核心知识的检验和巩固外，更应注意发挥课堂练习、课后作业和考试对学生化学学科核心素养的诊断与发展功能。如学习苯酚后，可以设计探究性问题：如何从含苯酚的废水中提取苯酚？解决此问题，学生既要考虑苯酚的性质，又要考虑物质的分离提纯，同时该问题还体现了绿色化学的思想。若学生能提出合理的解决方案，可评为满意；若学生能提出合理的解决方案并对废水处理提出建议，具备环保意识，可加分。

#### 3. 实验操作评价

在学生试验中，根据学生对实验参与的积极性和投入程度、实验操作的规范性、对实验现象表述的完整性和科学性等方面对学生进行评价，对于达到基本要求的可评为满意，对于达到较高要求的可加分，以区别评价不同水平层次的学生。

# 第四章　生物大分子

## 一、学业要求

（1）能列举典型糖类物质，能说明单糖、二糖、多糖的区别和联系。

（2）能从官能团典型性质的角度探究葡萄糖的化学性质，能描述淀粉、纤维素的典型性质。

（3）能辨识蛋白质结构中的肽键，能说明蛋白质的基本结构特点，能判断氨基酸的缩合产物、多肽的水解产物。

（4）能分析说明氨基酸、蛋白质与人体健康的关系。

（5）能辨识核糖核酸、脱氧核糖核酸中的磷酯键，能基于氢键分析碱基的配对原理，能说明核糖核酸、脱氧核糖核酸对于生命遗传的意义。

（6）知道糖类在食品加工和生物质能源等方面的应用，认识人工合成多肽、蛋白质和核酸的意义，体会化学科学在生命科学发展中所起的重要作用。

## 二、内容分析

本章是第三章“烃的衍生物”知识的延续和发展，即从单官能团的化合物延续和发展到多官能团的化合物，从小分子延续和发展到高分子。

本章共分三节，第一节“糖类”，重点是认识糖类的组成和性质特点，了解淀粉、纤维素及其与葡萄糖的关系，通过学习能举例说明糖类在食品加工和生物质能源开发上的应用。教材安排了单糖、二糖、多糖的探究实验，目的是使学生进一步体验对化学物质探究的过程，理解科学探究的意义，学习科学探究的基本方法，提高科学探究的能力。第二节“蛋白质”，重点介绍了氨基酸的结构特点和主要化学性质，让学生知道氨基酸和蛋白质的关系，了解氨基酸、蛋白质与人体健康的关系；让学生查阅资料，学会运用比较、分类、归纳、概括等方法对所获信息进行加工，激发学生学习化学的兴趣，感受化学世界的奇妙与和谐。第三节“核酸”，重点介绍了脱氧核糖核酸、核糖核酸的结构特点和生物功能，让学生认识到人工合成多肽、蛋白质、核酸等的意义，体会化学科学在生命科学发展中所起的重要作用。

总之，教材通过安排生物大分子等教学内容，既帮助了学生体会化学在生命科学发展中所起的重要作用，又促进了学生“宏观辨识与微观探析”“科学态度与社会责任”等化学学科核心素养的发展。

第四章栏目设置及使用建议如表 2-5-11 所示。

表 2-5-11　第四章栏目设置及使用建议

| 栏目名称 | 栏目内容 | 使用建议 | 页码 |
|---|---|---|---|
| 【实验 4-1】 | 银氨溶液、新制的氢氧化铜分别与葡萄糖溶液反应 | 演示，可与【实验 3-7】和【实验 3-8】的现象进行比较，得出结论 | P103 |
| 资料卡片 | 葡萄糖的环状结构 | 感受葡萄糖链状和环状结构之间的平衡 | P104 |
| 资料卡片 | 糖类分子与手性 | 感受手性碳原子的魅力 | P104 |
| 资料卡片 | 乳糖 | 知道乳糖发酵产生乳酸 | P106 |
| 探究 | 糖类的还原性 | 自行设计实验方案进行探究 | P106 |
| 科学·技术·社会 | 甜味剂 | 了解食品添加剂，讨论甜味剂的合理使用问题 | P107 |
| 信息搜索 | 甜味剂的使用 | 从分子结构认识甜味剂 | P107 |
| 【实验 4-2】 | 脱脂棉水解产物的定性实验 | 演示，强调要加入过量 NaOH 中和至碱性 | P108 |
| 资料卡片 | 甲壳质 | 认识一种来源丰富的可再生资源 | P109 |
| 科学·技术·社会 | 纤维素与燃料乙醇 | 了解生物质能源的运用 | P110 |
| 练习与应用 | 第一节习题 | 检测巩固，反馈评价 | P110 |
| 思考与讨论 | 推测氨基酸的化学性质 | 突出结构决定性质的观点 | P113 |
| 信息搜索 | 味精 | 了解味精的发现历史，激发民族自豪感 | P113 |
| 资料卡片 | 蛋白质含量的测定 | 掌握一种定量研究方法 | P114 |
| 信息搜索 | 调味品的生产原理及鲜味解释 | 引导学生从结构上解释 | P115 |
| 【实验 4-3】 | 蛋白质的盐析 | 演示，知道蛋白质的盐析是一个可逆过程 | P115 |
| 【实验 4-4】 | 变性 | 演示，知道蛋白质的性质和生理功能发生改变的因素 | P116 |
| 思考与讨论 | 重金属盐中毒的急救和紫外线消毒知识 | 运用化学知识服务社会 | P117 |
| 【实验 4-5】 | 显色反应 | 演示，可用于蛋白质的分析检验 | P117 |
| 科学史话 | 人工合成结晶牛胰岛素 | 树立榜样，自强不息，推动生命科学发展，探索生命奥秘 | P117 |
| 资料卡片 | 烫发的原理 | 知道头发主要由角蛋白组成 | P118 |
| 研究与实践 | 大豆资源的开发和利用 | 认识化学在生物质资源利用和可持续发展领域的重要作用 | P120 |
| 练习与应用 | 第二节习题 | 检测巩固，反馈评价 | P121 |

续表

| 栏目名称 | 栏目内容 | 使用建议 | 页码 |
| --- | --- | --- | --- |
| 思考与讨论 | 腺嘌呤核苷和腺嘌呤核苷酸 | 认识官能团的结构特点 | P123 |
| 资料卡片 | 腺苷三磷酸 | 知道植物光合作用和动物体内食物氧化分解提供能量的机理 | P123 |
| 思考与讨论 | 认识 DNA | 了解 DNA 的结构特点 | P125 |
| 科学·技术·社会 | 聚合酶链反应 | 介绍一种在生物体外扩增 DNA 片段的重要技术 | P126 |
| 练习与应用 | 第三节习题 | 检测巩固，反馈评价 | P126 |
| 整理与提升 | 本章归纳总结 | 提炼并结构化核心知识 | P127 |
| 复习与提高 | 本章复习题 | 检测巩固，提高知识运用能力 | P128 |
| 实验活动 3 | 糖类的性质 | 关注实验细节，规范实验操作，加深对葡萄糖等代表性糖类物质性质的认识 | P130 |

## 三、学情分析

从知识储备层面看，本章是学习第五章合成高分子的前期知识准备，通过淀粉、纤维素、蛋白质等天然高分子的学习，为学习合成高分子做好铺垫。学生对烃的衍生物中各种官能团的结构、性质和反应已经有了一定的认识和理解。例如，对—OH、—CHO、—COOH、—COOR 等官能团的结构，对—CHO 的还原反应、—OH 和—COOH 的酯化反应，以及对取代反应、水解反应等都有了一定的认识，在此基础上学生学习起来就比较轻松，能够较好地构建“结构决定性质，性质反映结构”的基本观念。

从心理发展层面看，在学习本章时，由于第三章“烃的衍生物”涉及的官能团较多，相对集中，运用范围广，学生在短时间内高容量接收和消化这些官能团是有一定困难的。尤其是这些官能团之间的相互关系，学生不太容易熟练掌握，这时从小分子延续和发展到高分子，学生还有可能产生畏惧心理和焦虑情绪。因此，教师要根据学生心理发展情况，一方面注意从小分子慢慢过渡到高分子，做好知识和能力的铺垫，循序渐进，另一方面注意介绍高分子的发展前景，培养学生崇尚科学的意志品质。

从学习方式层面看，从小分子延续和发展到高分子是化学学科核心素养发展的关键环节，需要在此基础上引导学生积极开展建构学习、探究学习和问题解决学习，促进化学学习方式的转变。对生物大分子这些跨学科内容的学习，能够拓展学生的学习思维习惯，应结合具体的生物大分子教学内容的特点和学生认知的实际，引导学生通过小组学习、实验探究、讨论交流等多样化方式解决实际问题。

## 四、教学建议

首先，注重联系生活、生产实际，从实际情境中引入生物大分子，并提出与真实情境相关的问题，使学生通过自然现象、生活和生产事实的解释或实际问题的解决等活动，认识生物大分子的结构、性质及应用。

其次，突出分子结构特征的分析，对生物大分子进行结构分析，引导学生通过结构预测性质或分析解释化学性质，从结构特征认识性质，进一步体会有机化合物结构与性质的关系。

最后，体现与生命科学、材料科学的关系，尽可能联系生命科学、材料科学的学科发展过程及其中的重大事件，并将其作为教学的情境线索或活动素材，使学生在学习生物大分子的过程中体验有机化学作为基础学科对相关学科发展的重要价值。

本章课时分配建议如下：

| | |
|---|---|
| 第一节　糖类 | 2 课时 |
| 第二节　蛋白质 | 1 课时 |
| 第三节　核酸 | 1 课时 |
| 实验活动 3　糖类的性质 | 1 课时 |
| 全章复习 | 1 课时 |

## 五、评价建议

### （一）核心知识评价

根据教科书章、节、点的知识分布，笔者将核心知识及其对应的评价要求进行整合，形成核心知识评价细目表，如表 2-5-12 所示。

**表 2-5-12　核心知识评价细目表**

| 节 | 知识单元 | 核心知识 | 评价要求 | | | |
|---|---|---|---|---|---|---|
| | | | 了解 | 理解 | 应用 | 评价 |
| 第一节<br>糖类 | 单糖和二糖 | 葡萄糖与果糖的组成和性质 | | √ | | |
| | | 蔗糖与麦芽糖的组成和性质 | | √ | | |
| | 多糖 | 淀粉与纤维素的组成和性质 | √ | | | |
| | | 单体与多糖之间的转化 | | | √ | |
| 第二节<br>蛋白质 | 蛋白质 | 氨基酸的结构与性质 | | √ | | |
| | | 肽的结构与性质 | | √ | | |
| | | 蛋白质的结构与性质 | | √ | | |
| 第三节<br>核酸 | 核酸 | 核糖与脱氧核糖的结构与性质；<br>单糖的环状结构 | √ | | | |
| | 核苷酸和核苷 | 水解与缩合聚合 | | | √ | |
| 实验活动 3 | 糖类的性质 | 葡萄糖、蔗糖和淀粉等代表性糖类物质的性质；糖类还原性的检验方法 | | | | √ |

## （二）学科素养评价

根据《课程标准》对学习本章内容后所应达到的素养水平要求，分别形成选修合格要求和普通高中学业水平选择性考试的学科素养评价标准，如表 2-5-13 所示。

**表 2-5-13 学科素养水平要求**

| 节 | 选修合格要求 | 选择考要求 |
| --- | --- | --- |
| 第一节 糖类 | 能认识糖类的组成和性质特点，能正确判断单糖、二糖和多糖；<br>能通过实验探究认识蔗糖、淀粉、纤维素的性质，知道其他常见二糖的性质及其差异 | 能举例说明糖类在食品加工和生物质能源开发上的应用；<br>能了解糖类在生命活动过程中的重要作用，知道糖类在新能源开发中的应用；<br>能掌握纤维素的酯化反应 |
| 第二节 蛋白质 | 能知道甘氨酸、丙氨酸、苯丙氨酸和谷氨酸等常见氨基酸的结构；<br>能了解蛋白质的结构 | 能了解氨基酸的两性、肽键的形成；<br>能了解蛋白质的水解、盐析、变性和显色反应，认识蛋白质检验和提纯的方法，知道酶催化的特点 |
| 第三节 核酸 | 能了解核酸的基本单位是核苷酸，核苷酸是核苷的磷酸酯；<br>能了解核苷酸水解生成磷酸和核苷 | 能知道 DNA 分子中四种碱基的排列顺序即为生物体的遗传密码；<br>能认识核酸对生命活动的意义，体会化学科学在生命科学发展中所起的重要作用 |
| 实验活动 3 | 能解释实验中观察到的现象，并根据实验结果判断三种糖是否属于还原糖 | 能写出蔗糖和淀粉水解反应的化学方程式，并能结合糖类的性质，推测急救患者补充能量时选择葡萄糖的原因 |

## （三）日常行为评价

### 1. 课堂提问与点评

课堂教学中的提问与点评是常态化教学手段，需要教师精心设计，娴熟运用。例如，在学生学习了单糖的性质后，教师做小结时可以提问：果糖是多羟基酮，其结构中不含醛基，为什么也可以发生银镜反应？若学生回答可能在碱性条件下果糖先转变为葡萄糖，再发生银镜反应，可评为满意；若学生回答在碱性条件下果糖和葡萄糖可以通过一定形式相互转化，可加分。

### 2. 练习、作业与考试

教师通过“学与问”，设计练习，让学生对比、分析、比较葡萄糖与乙醛的结构与性质。通过“探究”栏目，教师可要求学生设计简单实验，探究果糖、蔗糖、麦芽糖的性质，培养学生设计实验方案的能力、实验操作能力及观察分析能力。若学生能提出合理的方案并完成实验操作，可评为满意；若学生同时还能提供完整的实验报告，可加分。

# 第五章　合成高分子

## 一、学业要求

（1）能对单体和高分子进行相互推断，能分析高分子的合成路线。

（2）能写出典型的加聚反应和缩聚反应的反应式。

（3）能举例说明塑料、合成橡胶、合成纤维的组成和结构特点，能列举重要的合成高分子化合物，说明它们在材料领域中的应用。

（4）能参与营养健康、材料选择与使用、垃圾处理等相关的社会性议题的讨论，并做出有科学依据的判断、评价和决策。

## 二、内容分析

在学习第四章生物大分子之后，本章通过学习聚合反应（包括加聚反应和缩聚反应），丰富了学生对有机化合物的认识，加深了学生对聚合物的组成及分子结构特点的理解。

本章共分两节，第一节“合成高分子的基本方法”，重点介绍了聚合物的组成及分子结构特点，让学生认识到单体和单体单元（链节）及其与聚合物结构的关系。第二节“高分子材料”，依次介绍了塑料、合成橡胶、合成纤维的组成和结构特点，着重介绍了新型高分子材料的优异性能及其在高新技术领域中的应用。

借助学习有机合成，本章着重提升学生综合运用结构、反应的认识思路，形成有机合成的思路流程，提升其解决综合、复杂问题的能力。这样编排的合成高分子的教材内容，能够较好地帮助学生体会化学学科的重要价值和学科魅力，可培养学生的科学精神与社会责任。

第五章栏目设置及使用建议如表 2-5-14 所示。

**表 2-5-14　第五章栏目设置及使用建议**

| 栏目名称 | 栏目内容 | 使用建议 | 页码 |
|---|---|---|---|
| 科学史话 | 高分子科学的奠基人——施陶丁格 | 感受化学巨匠的贡献，激发学生的学习动力 | P134 |
| 练习与应用 | 第一节习题 | 巩固新知，反馈评价 | P135 |
| 科学·技术·社会 | 聚氯乙烯薄膜能用于食品包装吗? | 了解聚氯乙烯的毒性，不能用聚氯乙烯薄膜生产食品包装材料 | P137 |
| 资料卡片 | 高分子的命名 | 了解命名规则，更好地认识高分子 | P139 |
| 科学·技术·社会 | 可降解高分子 | 多研制可降解高分子，为消除白色污染和减轻温室效应作出贡献 | P139 |
| 【实验 5-1】 | 制取酚醛树脂 | 演示，注意在酸性和碱性催化下产物的不同 | P140 |

续表

| 栏目名称 | 栏目内容 | 使用建议 | 页码 |
|---|---|---|---|
| 思考与讨论 | 了解三类高分子的结构，学会推测和书写未知聚合反应的化学方程式 | 掌握聚合反应规律，学以致用 | P141 |
| 科学·技术·社会 | 高强度芳纶纤维 | 知道高强度合成纤维在高科技领域的运用 | P143 |
| 科学·技术·社会 | 天然橡胶 | 认识几种最常见的天然橡胶 | P145 |
| 思考与讨论 | 顺式、反式聚异戊二烯 | 举一反三，推测未知结构 | P145 |
| 思考与讨论 | 橡胶的硫化工艺 | 知道线型结构转变为网状结构的优点 | P147 |
| 探究 | 高吸水性树脂的吸水性能 | 演示，控制变量进行对比实验，认识高吸水性树脂的高吸水性能 | P147 |
| 研究与实践 | 海水淡化 | 体会科学和技术与社会可持续发展之间的关系，认识化学对社会发展的重要贡献 | P149 |
| 练习与应用 | 第二节习题 | 巩固新知，反馈评价 | P150 |
| 整理与提升 | 本章归纳总结 | 提炼并结构化核心知识 | P152 |
| 复习与提高 | 本章习题 | 复习巩固，反馈评价，提升能力 | P153 |

## 三、学情分析

从知识储备层面看，初中化学介绍了高分子化合物的一般概念，描述了塑料、合成纤维及合成橡胶在生活中的运用；必修课第二册第七章介绍了常见有机化合物的结构、性质和用途，以及高分子单体（乙烯、丙烯）的矿物来源、乙烯和丙烯等的聚合反应和运用；选择性必修 3 前四章较深入地介绍了常见有机化合物与天然高分子化合物的结构、性质和用途。

从心理发展层面看，学生对常见有机化合物与天然高分子化合物的结构、性质和用途有了一定的理解，因此教师可以根据学生的学情安排教学：一方面，在教学中要做好天然高分子化合物到合成高分子的衔接和过渡，做好知识和能力的铺垫，循序渐进；另一方面，要注意提醒学生关注现代高分子材料正向功能化、智能化、精细化方向发展，与能源、国防、航空航天、电子信息、医疗健康和现代农业等领域的需求密切相关。

从学习方式层面看，学生学习本章时已经基本具备聚合物的基础知识，所以本章从较为简单的相对分子质量大小来说明高分子化合物与低分子化合物的区别，以及加成聚合反应与缩聚反应的基本特征，并以典型实例介绍了三大合成材料（塑料、合成纤维、合成橡胶）与功能高分子材料（高吸水性树脂）的合成、性能及应用，学生易懂，学习起来就比较轻松。在此过程中，教师可以引导学生通过小组学习、实验探究、讨论交流等多样化方式解决实际问题。

## 四、教学建议

1. 把握结构特点，理解高分子性质

在学习了纤维素、蛋白质、聚乙烯及聚氯乙烯等有机高分子化合物时，要抓住各有机高分子化合物的结构特点理解和分析其特性，掌握加聚反应和缩聚反应的概念，让学生认识到可以从需求的性能出发设计具有某种功能的高分子化合物，为人类的生活服务，体会合成高分子的重要意义。

2. 注重联系实际，培养社会意识

三大合成材料与学生生活息息相关，教师在教学中应注意联系学生的生活，从身边的常见物质入手，进行课程导入。教学策略侧重于使学生了解高分子合成材料的分类及主要用途；帮助学生了解塑料、合成纤维、合成橡胶中典型代表物的有关聚合反应、结构和性能特点；通过活动课或探究性学习介绍治理“白色污染”的途径和方法，培养学生关注和爱护自然、树立社会责任感、保护环境的意识。

3. 创新教学形式，提高教学效率

本章知识涉及具体物质多而广，教师在教学中可以开展多种形式的教学方式，如开展探究性学习、举行辩论会、撰写探究性学习论文、提交学习日记和实验报告、举办展览等，使学生在具体活动中学习知识。

本章课时分配建议如下：

| | |
|---|---|
| 第一节　合成高分子的基本方法 | 1 课时 |
| 第二节　高分子材料 | 2 课时 |
| 本章复习 | 1 课时 |

## 五、评价建议

### （一）核心知识评价

根据教科书章、节、点的知识分布，笔者将核心知识及其对应的评价要求进行整合，形成核心知识评价细目表，如表 2-5-15 所示。

表 2-5-15　核心知识评价细目表

| 节 | 知识单元 | 核心知识 | 评价要求 | | | |
|---|---|---|---|---|---|---|
| | | | 了解 | 理解 | 应用 | 评价 |
| 第一节 合成高分子的基本方法 | 合成高分子的基本方法 | 有机高分子化合物的链节、聚合度、单体的概念；单体和单体单元（链节）及其与聚合物结构的关系；加聚反应和缩聚反应 | | | √ | |
| | | 聚合反应方程式（特别是缩合、聚合反应方程式）；聚合物结构式，由简单的聚合物结构式分析出它的单体 | | | | √ |

续表

| 节 | 知识单元 | 核心知识 | 评价要求 | | | |
|---|---|---|---|---|---|---|
| | | | 了解 | 理解 | 应用 | 评价 |
| 第二节<br>高分子材料 | 高分子材料 | 塑料、合成橡胶、合成纤维的组成和结构特点 | √ | | | |
| | | 新型高分子材料的优异性能及其在高新技术领域中的应用 | | √ | | |
| | | 三大合成材料 | | √ | | |

## (二) 学科素养评价

根据《课程标准》对学习本章内容后所应达到的素养水平要求，分别形成选修合格要求和普通高中学业水平选择性考试的学科素养评价标准，如表 2-5-16 所示。

**表 2-5-16 学科素养水平要求**

| 节 | 选修合格要求 | 选择考要求 |
|---|---|---|
| 第一节<br>合成高分子的基本方法 | 能描述加聚反应和缩聚反应的含义，知道其在合成高分子中的作用 | 能较全面理解加聚反应、缩聚反应、高分子、单体的含义；<br>能熟练书写常见的加聚反应和缩聚反应方程式，知道聚合反应条件、时间与产品结构有一定的关联性 |
| | 能设计合成简单高分子的路径，具有安全意识和环保意识 | 能根据一定要求设计合成简单高分子的路径；<br>能考虑到反应条件与能源、成本等因素的关系，具有安全意识和环保意识 |
| 第二节<br>高分子材料 | 知道三大合成材料不同类型的结构特点及其性质，并进行实验验证 | 能根据三大合成材料不同类型的结构特点，从微观角度推测或描述其性质，并对常见的材料进行实验验证 |
| | 能列举生物大分子及合成高分子行业发展的重要事件，说明其对推动社会发展的贡献 | 能列举生物大分子及合成高分子行业发展的重要事件，理解其化学原理，说明其对推动社会发展的贡献 |

## (三) 日常行为评价

1. 课堂提问与点评

在讲述合成纤维时，可以通过讨论或辩论，列举纯棉衣物的优点和缺点，再列举免熨烫的涤纶衬衫的优点和缺点，进而采用棉涤织物，达到博采众长的目的。课堂提问时充分利用广泛的生活事例，使学生感到熟悉、亲切、生动，可增强学生的学习兴趣和热情。对学生回答问题采取激励性评价策略，保护学生的参与意识。

2. 档案袋评价

材料代表着生产力的发展水平，历史上的石器时代、陶器时代、青铜器时代、铁器时代，就是以材料作为标志来命名的。教师可以布置开放性作业，请学生查阅资料，研究化学材料的发展与社会发展的关系，写一篇学习体会计入档案袋，将学习体会作为学生综合素质评价的依据之一。

# 第三篇

# 教学示例

# Ⅰ 教学实例

## 实例1 氧化还原反应（第1课时）

### 一、教材分析

本节课为《化学（必修）第一册》第一章“物质及其变化”第三节“氧化还原反应”第1课时，教材首先设置问题情境，从化学反应中氧的得失入手，分析已知氧化还原反应中的化合价变化情况，发现氧化还原反应的共同特征——化合价升降。然后教材从物质的微观结构上分析氧化还原反应发生化合价升降的本质——电子转移（电子得失或电子对偏移），教材编排体现了宏观辨识与微观探析相结合的思想。教材用“双线桥法”描述氧化还原反应的微观过程，成功建构对氧化还原反应的认知模型。最后教材讨论了四种基本反应类型和氧化还原反应的关系，将所学知识纳入已有知识系统中，实现知识的系统建构。氧化剂、还原剂等知识在下一节课学习。

### 二、学情诊断

通过初中阶段的学习，学生从氧的得失角度对氧化还原反应有了初步了解，也学习了四种基本反应类型，但对氧化还原反应的认识还止于表面——从氧的得失单方面判断氧化反应或还原反应。教师在教学中可以从学生的已有知识入手，创设问题情境，采用科学有效的教学手段，由浅入深，引导学生掌握相关知识，构建认知模型，并将所学知识整合融入原有知识系统中。

### 三、教学目标

（1）掌握氧化还原反应的概念，包括其特征和本质。

（2）能用“双线桥法”表示氧化还原反应中电子转移的方向和数目。

（3）知道氧化还原反应和四种基本反应类型的关系。

（4）通过对氧化还原反应宏观特征和微观实质的分析，培养学生宏观辨识与微观探析的素养。

（5）通过对氧化还原反应电子转移的描述，掌握氧化还原反应的认知模型。

（6）通过对氧化还原反应本质的深入理解，增强对自然界对立统一规律的认识。

教学重点：氧化还原反应的特征和本质。

教学难点：氧化还原反应中电子转移的表示。

### 四、教学用品

（1）一个教学PPT文件（含视频、动画、课堂练习题等）。

（2）硫酸铜溶液、铁丝、小试管。

## 五、教学过程

<table>
<tr><th>教学环节</th><th>教学活动</th><th>解读与评价</th></tr>
<tr>
<td>一、创设情境，温故求新</td>
<td>
【创设情境】（教师播放视频或 PPT）<br>
请学生观察实验现象并思考其原因：<br>
① 刚切开的苹果；切开、放置一段时间后的苹果（表面变色）；② 崭新的铁钉、生锈的铁钉；③ 手机及其电池、电动摩托车及其电池。<br>
【回答】<br>
① 苹果表面的物质被空气氧化；② 铁被空气氧化；<br>
③ 化学电池提供能量。<br>
【讲述】要解释上述现象或问题，需要学习一个新的化学概念——氧化还原反应。<br>
【板书】氧化还原反应<br>
【讲解】通过初中的化学知识，我们知道“含氧化合物里的氧被夺去的反应叫还原反应”，“物质与氧发生的反应叫氧化反应”。请大家完成表 3-1-1。<br>
【板演】<br>
表 3-1-1　辨别氧化反应和还原反应
<table>
<tr><td>化学反应</td><td>$2CuO+C \xlongequal{高温} 2Cu+CO_2\uparrow$</td><td>$Fe_2O_3+3CO \xlongequal{高温} 2Fe+3CO_2$</td></tr>
<tr><td>得氧物质发生的反应</td><td></td><td></td></tr>
<tr><td>失氧物质发生的反应</td><td></td><td></td></tr>
<tr><td>元素化合价（金属元素、碳元素）</td><td></td><td></td></tr>
</table>
【提问】上述反应分别是氧化反应还是还原反应？<br>
【回答】部分学生说是氧化反应；部分学生说是还原反应。<br>
【讲解】大家的回答既对又不对，它们有一个共同的名字——氧化还原反应！<br>
在化学反应中，一种物质得到氧发生氧化反应，必然有一种物质失去氧发生还原反应。也就是说，氧化反应和还原反应是在一个反应中同时发生的，这样的反应称为氧化还原反应。
</td>
<td>
【解读】教师通过视频或图片向学生提供基于生活的情境素材，激发学生探究的意识和求知欲望。<br><br>
【评价】学生能正确解释原因，可评为满意。<br><br>
【解读】引入本节课的主题。<br>
【评价】能正确完成表格，可评为满意。<br><br>
【解读】引发思维冲突，激发学习兴趣。<br>
【评价】能积极回答，可评为满意。<br><br>
【解读】承上启下。
</td>
</tr>
</table>

续表

| 教学环节 | 教学活动 | 解读与评价 |
|---|---|---|
| 二、引导探究，发现新知 | **【引导分析】**通过分析化合价我们发现，CuO 中的 Cu 元素失氧后化合价降低为 0 价，同时 C 单质的 C 元素化合价升高为+4 价。$Fe_2O_3$ 与 CO 的反应也同样有元素化合价的升降。<br>从化合价的变化分析，以上反应有共同特征：它们既有化合价的升高，又有化合价的降低，化合价的升降变化存在于同一个化学反应中。<br>**【学习任务】**写出铁丝与硫酸铜溶液反应的化学方程式，分析元素化合价的变化情况。<br>$Fe+CuSO_4 = Cu+FeSO_4$<br>**【提问】**大家想一想，这个反应和以上几个反应有什么共同点和不同点？<br>**【回答】**这几个反应的共同点是元素的化合价都发生了升降。<br>**【讲解】**物质所含元素化合价升高的反应是氧化反应，物质所含元素化合价降低的反应是还原反应。例如，在 Fe 与 $CuSO_4$ 的反应中，Fe 发生了氧化反应，$CuSO_4$ 发生了还原反应。<br>化学反应中有元素化合价发生变化的反应称为氧化还原反应。<br>**【设问】**那么，是什么导致元素的化合价发生变化呢？即氧化还原反应的本质是什么呢？<br>**【回答】**氧化还原反应的本质是电子的得失或偏移。<br>**【讲解】**下面我们以 Na 与 $Cl_2$ 的反应为例进行分析：当发生化学反应时，钠原子失去最外电子层的 1 个电子形成钠离子，最外电子层达到 8 个电子的稳定结构，钠元素的化合价从 0 价升高至+1 价，Na 发生了氧化反应。氯原子得到 1 个电子形成氯离子，最外电子层达到 8 个电子的稳定结构，氯元素的化合价从 0 价降低到−1 价，$Cl_2$ 发生了还原反应（可用图 3-1-1 进行展示）。<br>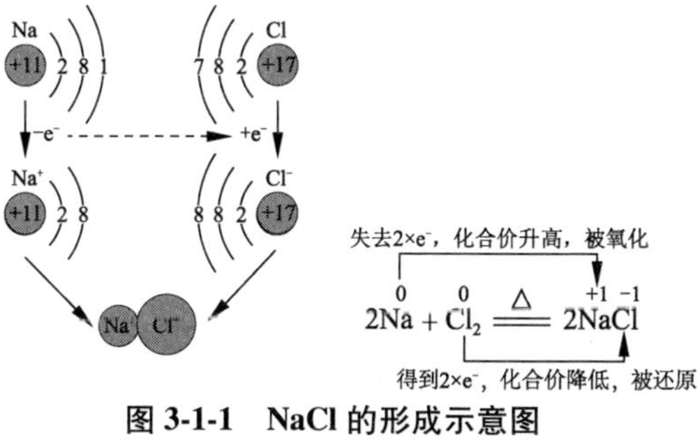<br><br>**图 3-1-1　NaCl 的形成示意图** | **【解读】**通过分析寻找共同特征，发现规律。<br><br>**【解读】**学习拓展到无氧参与的氧化还原反应中。<br><br>**【评价】**能正确回答，可评为满意。<br>**【解读】**从元素化合价升降的角度建构氧化还原反应的概念。<br><br>**【解读】**引发思考。<br>**【评价】**回答“有电子的得失”，可评为满意；回答“有电子对偏移”或“有电子转移”，可加分。<br><br>**【解读】**深化对氧化还原反应本质的探究；要求学生通过自主探究，理解氧化还原反应的特征和实质；从实质上建构氧化还原反应的概念。 |

续表

| 教学环节 | 教学活动 | 解读与评价 |
| --- | --- | --- |
| 二、引导探究，发现新知 | 再以 $H_2$ 与 $Cl_2$ 的反应为例进行分析：发生反应时，氢原子需要得到 1 个电子达到 2 个电子的稳定结构，氯原子也需要得到 1 个电子达到 8 个电子的稳定结构。它们都未能把对方的电子夺取过来，而是双方各以最外层的 1 个电子组成一个共用电子对，这个电子对受到两个原子核的共同吸引，使双方最外电子层都达到稳定结构。因为氯原子对共用电子对的吸引力比氢原子的稍强一些，所以共用电子对偏向于氯原子而偏离于氢原子。因此，氢元素的化合价从 0 价升高到+1 价，$H_2$ 被氧化，发生氧化反应；氯元素的化合价从 0 价降低到-1 价，$Cl_2$ 被还原，发生还原反应。<br>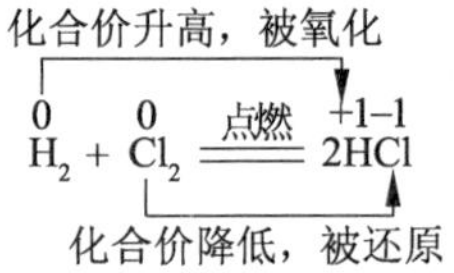<br> |  |
| 三、讨论交流，评价反思 | 【小组交流】阅读教材第 22-25 页，总结氧化还原反应的概念、特征及本质。<br>【核心提示】氧化还原反应中化合价升降与电子转移（电子得失或电子对偏移）的关系是核心知识。<br>【小组汇报】学生分组汇报结论。<br>得氧、失氧→元素化合价升降→电子转移（电子得失或电子对偏移）<br>氧化还原反应的特征是元素化合价升降，本质是电子转移（电子得失或电子对偏移）。<br>【教师讲解】以上用两条带箭头的线表示氧化还原反应中电子转移的方向和数目的方法叫作双线桥法。<br>【课堂练习】完成下列练习，并用双线桥法表示反应。<br>在实验室中制取 $O_2$ 有多种方法，写出下列制取 $O_2$ 反应的化学方程式。<br>（1）以双氧水为原料制取 $O_2$：__________；<br>（2）以氯酸钾为原料制取 $O_2$：__________；<br>（3）以高锰酸钾为原料制取 $O_2$：__________。 | 【解读】引导学生梳理、主动建构氧化还原反应的概念。<br>【解读】核心知识即要点。<br>【评价】能从三个认知层次总结氧化还原反应的概念，可评为满意；能说明氧化还原反应的特征是元素化合价升降，氧化还原反应的本质是电子转移（电子得失或电子对偏移），可加分。<br>【解读】建构双线桥法。<br>【评价】能正确书写化学方程式，并用双线桥法表示其变化，可评为满意；能正确标出化合价变化的数值，可加分。 |

续表

<table>
<tr><th>教学环节</th><th>教学活动</th><th>解读与评价</th></tr>
<tr><td>三、讨论交流，评价反思</td><td>【课堂小结】组织学生进行知识整理。<br>1. 定义<br>2. 规律<br>3. 表示方法<br>【想一想】我们已学习过的 4 种基本化学反应类型与氧化还原反应有什么关系？<br>学生思考后回答（如图 3-1-2 所示）。<br>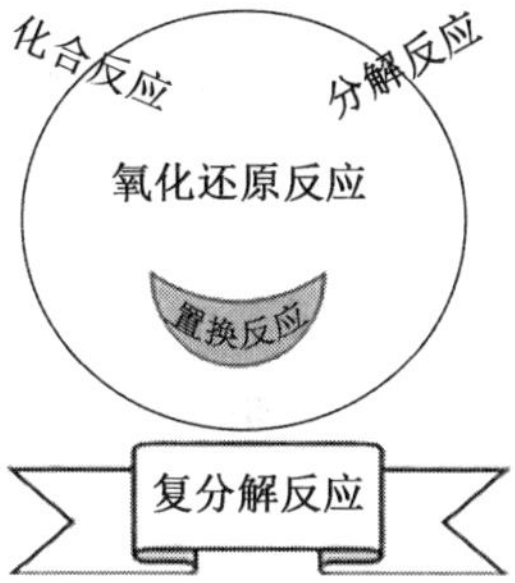<br><br>图 3-1-2　四种化学反应的关系</td><td>【解读】归纳整理，形成系统，使知识结构化，是学习过程的必须阶段。</td></tr>
<tr><td>四、要点整合，练习提高</td><td>【解释】氧化还原反应是一类非常重要的化学反应，我们这节课引入时看到的 3 种情境都发生了氧化还原反应。<br>【作业】查阅资料，了解氧化还原反应在工农业生产和日常生活中的重要应用。完成课后练习第 4 题、第 6 题。</td><td>【解读】建立“新知”与“旧知”的联系，实现学识的增量。<br>【评价】首尾呼应，消除困惑，提高认识。<br>【评价】习题解答正确，了解 3 项氧化还原反应的应用，可评为满意；了解 5 项及以上，可加分。</td></tr>
<tr><td colspan="3">【板书设计】<br>氧化还原反应<br>1. 定义：……<br>2. 特征：……<br>3. 本质：……<br>4. 规律：……<br>失电子，化合价升高，发生氧化反应<br>得电子，化合价降低，发生还原反应<br>5. 表示方法：<br>双线桥法……</td></tr>
</table>

## 六、教学点评

氧化还原反应是中学化学学习的重点和难点，相关概念较多，物质之间关系复杂。由于学生对原子结构的知识理解不深，也没有系统学习化学键的知识，这给学生理解和掌握相关知识带来了困难。本节课基于学生已有的知识，根据氧化反应和还原反应既对立又统一的特点，以建构主义理论为指导，创设问题情境，注重启发学生思维，紧扣核心知识，组织小组探究，帮助学生有效完成了知识建构。具体而言，本节课具有以下特点。

1. 课堂引入和教学注重真实情境的创设

教学引入时播放视频或 PPT：① 切开苹果，观察表面变色；② 观察生锈的铁钉；③ 手机、电动摩托车等靠什么提供能量？这些源于生活的真实情境，为激发学生的学习兴趣提供了帮助，把学生的思维集中到学习任务上，起到了“引人入胜”的效果。在探究铁与硫酸铜的氧化还原反应时，教师别出心裁地设计了演示实验，这既增强了学生的感性认识，又激发了学生的探究欲望，为培养学生宏观辨识与微观探析的素养起到了一定作用。在完成主要的学习任务后，教师通过回顾教学引入时的 3 种情境，首尾呼应，消除困惑，提高认识，体现了执教者高超的课堂驾驭能力。

2. 教学过程注重思维的逻辑性和知识的系统性

本节课的教学分为 4 个环节，包括创设情境温故求新、引导探究发现新知、讨论交流评价反思、要点整合练习提高。课堂教学结构紧凑，各环节转换自然，思维连贯。

如在完成第一环节的教学后，教师首先进行设问：上述几个化学反应分别是氧化反应还是还原反应（思维陷阱）？然后指出：大家的回答既对又不对，它们有一个共同的名字——氧化还原反应！再问：为什么呢？下面我们继续研究。这样自然过渡到下一环节的学习中。

探究核心知识的过程，由浅入深，层层展开。首先从有氧的得失反应入手，分析各物质元素化合价的变化情况，发现其中都有物质元素的化合价升降的现象，而且化合价升降总数相等。然后分析没有氧参与的氧化还原反应，认识氧化还原反应的特征是化合价升降，并得出氧化还原反应的特征性定义。再通过具体案例分析化合价升降的原因是电子的转移（电子得失或电子对偏移），从而认识氧化还原反应的本质是电子的转移，得出氧化还原反应的实质性定义。这样的递进式分析，思维缜密，逻辑性强，形成的知识具有系统性。

3. 教学设计注重“教、学、评”一体化

为落实新课程理念，教师在教学中根据学生的表现进行评价，并主动适时地调控教学过程。从本节课例的“解读与评价”栏目中，可以清楚地看到执教者在落实过程中评价和调控的匠心所在。教学中，教师根据评价的满意原则和加分原则，对学生的学习表现及时进行评价。例如：学生探究分析金属钠与氯气反应和氢气与氯气反应中元素化合价变化情况，得出化学反应中化合价变化的原因。对学生的不同表现给予评价：知道电子转移有两种情况——电子得失或电子对偏移，电子转移是化合价变化的实质，可评为满意；能说明生成物是离子化合物则发生电子的得失转移，生成物是共价化合物则发生共用电子对偏移，可加分。

4. 建议

教学中，教师要根据学生的学情，及时调控教学进度，使全班学生都能达到学业要求。

案例提供：孙　旭（湖北省教育科学研究院）

点评教师：刘四方（宜昌市教育科学研究院）

## 实例 2　物质的量（第 1 课时）

### 一、教材分析

本节课为《化学（必修）第一册》第二章“海水中的重要元素——钠和氯”第三节“物质的量”第 1 课时“物质的量的单位——摩尔”。教材引言从为什么要学习物质的量入手，指出它是联系微观粒子和宏观物质的纽带，说明引入这一物理量的重要性和必要性。教材着重介绍物质的量及其单位、阿伏加德罗常数等基本概念，通过列举事实，类比迁移，让学生知道宏观物质与微观粒子之间存在一定的联系，并以物质的量（$n$）为中心，建立起换算关系：从微观视角建立起物质的量（$n$）、粒子数（$N$）、阿伏加德罗常数（$N_A$）之间的关系，$n=\frac{N}{N_A}$。物质的量属于核心概念，是高中化学学习中重要的工具性内容。建构这一概念，不仅能直接帮助学生掌握本节中的有关摩尔质量、气体摩尔体积、物质的量浓度等概念及其计算，还能引导学生进一步从定量的角度研究物质间发生的化学反应，物质的量在科学中的应用突出了定量研究的重要作用。本课时内容虽然不多，却承载了高中化学定量研究的核心概念。

### 二、学情诊断

对于“物质的量”这一新引入的“量”和“摩尔”这一新引入的“单位”，学生通常会感到陌生且难以理解。学生通过学习和积累生活经验，已经掌握了生活中常用的一些“量”和“单位”，如长度、质量、时间、温度、米、千克等。教师可引导学生采用类比法，即根据两个或两类对象之间的某些属性上相同，推出它们在其他属性上也相同。如物质的量与其他物理量类比、摩尔与其他国际单位类比、集合思想的类比等。运用类比思想阐释物质的量及其单位——摩尔的意义，能够提高这两个概念与其他概念之间的兼容性，有利于学生理解和掌握这两个陌生概念。

本节概念较多，而且都很抽象，理论性较强。限于学生的接受能力，不能要求学生对这部分内容透彻理解，只能要求学生在学习本节知识时，基本理解所学知识。教师在讲述理解难度比较大的一些概念时，如物质的量、阿伏加德罗常数等，应尽量用简洁的语言介绍，尽可能多地利用比喻性描述和直观教具帮助学生理解。

与人教版原教材相比，新教材将物质的量这一难点放在第二章第三节，是为了与第一章中的离子反应及氧化还原反应这些重要的概念“隔离”开来，也是为了分散教学中的难点。

## 三、教学目标

（1）能说出物质的量及单位的含义。

（2）能说出阿伏加德罗常数的含义。

（3）能基于物质的量认识宏观物质的组成，并能运用物质的量及其单位表征物质的微观组成。

（4）能运用物质的量、微粒数之间的相互关系进行简单计算。

（5）知道从定量的角度认识宏观物质和微观粒子的相互关系是研究化学问题的科学方法之一，体会物质的量的概念的意义和价值，以及定量研究对化学科学的重要作用。

教学重点：物质的量及其单位——摩尔的概念；阿伏加德罗常数的运用。

教学难点：物质的量和粒子数之间的转化关系。

## 四、教学用品

（1）一个教学 PPT 文件（含视频、动画、课堂练习题等）。

（2）曲别针 400 枚（盒装 10 小盒，每小盒 20 枚；散装 200 枚）。

## 五、教学过程

<table>
<tr><th>教学环节</th><th>教学活动</th><th>解读与评价</th></tr>
<tr><td>一、创设情境，导入新知</td><td>
【情景导入】曲别针是我们常用的办公用品，现有甲、乙两种包装均为 200 枚的曲别针，其中甲为小盒装，每小盒 20 枚，共 10 小盒；乙为散装，共 200 枚。现请两位同学分别从甲、乙两种包装中取出 100 枚曲别针。谁的速度快？<br>
【提问】为什么从甲中取出快？在上述取出曲别针的过程中体现了一种什么样的转化思想？<br>
【学生讨论交流】化零为整，通常以一定单位数量的集合体来计量。<br>
【追问】生活中还有哪些现象体现了这种思想？填写表 3-1-2：<br>
表 3-1-2　生活中化零为整的现象
<table>
<tr><th>分类</th><th>集团计量购买</th><th>单个计量购买</th><th>单个计量使用</th></tr>
<tr><td>纸张</td><td></td><td></td><td></td></tr>
<tr><td>曲别针</td><td></td><td></td><td></td></tr>
<tr><td>大米</td><td></td><td></td><td></td></tr>
</table>
</td><td>
【解读】创设情景，引导学生关注生活中的计量方式。<br>
【解读】提出问题，引发思考。<br>
【解读】引出“集合体”计量的意义，为学习“集合体”计量微观粒子、引入物质的量打下基础。
</td></tr>
</table>

续表

| 教学环节 | 教学活动 | 解读与评价 |
| --- | --- | --- |
| 一、创设情境，导入新知 | 【学生回答】箱、打、令、包、条、亿、光年……<br>【分析】曲别针、纸张的计数思路是将零散的部分用一个“集合体”来计量，大米的计数思路是将微小的难以在市场上直接称量的米粒集合成大量可称的质量（如 1 斤）或可称量的体积（如 1 升米、1 斗米，升和斗都是古时的量具）。这些现象启示我们，采取化零为整的集合体思想可以为我们的生活提供方便。<br>【设问】那么，化学上可称量（或量取）物质的质量（或体积）与物质所含有的粒子数目存在什么样的关系？<br>【多媒体展示】给出水分子的微观模拟图，一滴水（约 0.05 g）含有的水分子数约为 17 万万亿个。<br>【问题】水分子如此之小且数目巨大，我们又如何“数”水分子呢？<br>【讨论交流】方法一：一个一个数。<br>方法二：采取“集合体”思想计数微观粒子，即将很多粒子视为一个集合体，以此来计量微观粒子。<br>方法三：……<br>【学生困惑】应该选用多少为一个“集合体”的标准来计量微观粒子呢？多大的集合体才是合适的呢？ | 【评价】能举出生活中常见的实例，可评为满意；能运用“集合体”思想合理解释，可加分。<br>【解读】加深对“集合体”计数思想的理解，为“物质的量”的引入进行铺垫。<br>【解读】迁移联系，类比理解。<br>【解读】承上启下。<br>【解读】引导学生将生活经验迁移到化学问题的解决中。<br>【评价】能将“集合体”计数思想引入微观粒子的计量，可评为满意；能提出一种具体的解决方案，如以 1 亿个为单位来计量等，可加分。 |
| 二、类比迁移，学习新知 | 【引导分析】单个原子、分子质量太小，不能称量，但大量微粒集合体却具有可称量的性质。引入一种计量大量微粒“集合体”的物理量，就可以把肉眼看不见的微粒数与宏观可测量的质量或体积等联系起来。这个物理量就是我们本节所要学习的主要内容——物质的量。<br>【板书】一、物质的量<br>定义：物质的量是一个物理量，可以表示含有一定数目粒子的集合体，符号为 $n$。<br>【讲述】“物质的量”是一个专有名词，不能随意改动。<br>【讲述】在科学研究中，由于实践的需要，引入了许多的物理量，物理量均有其相应的单位。（教师用 PPT 展示国际单位制中的一些基本物理量及其单位。）<br>【投影】部分国际单位制中的基本物理量和单位，如表 3-1-3 所示。 | 【解读】认识引入新的物理量——物质的量的必要性。<br>【解读】强调专有名词“物质的量”四个字的不可分割性，它是一个整体。<br>【解读】使学生明确物理量、单位名称及单位符号的区别与联系。 |

续表

<table>
<tr><th>教学环节</th><th>教学活动</th><th>解读与评价</th></tr>
<tr><td>二、类比迁移，学习新知</td><td>
表 3-1-3　部分国际单位制中的基本物理量和单位
<table>
<tr><th>物理量及表示符号</th><th>单位及表示符号</th></tr>
<tr><td>长度（$l$）</td><td>米（m）</td></tr>
<tr><td>质量（$m$）</td><td>千克（kg）</td></tr>
<tr><td>时间（$t$）</td><td>秒（s）</td></tr>
<tr><td>物质的量（$n$）</td><td></td></tr>
</table>
【设问】“物质的量”的单位是什么？请同学们阅读课本。<br>
【指导】指导阅读教材第 49 页第三段内容。<br>
【讲述】1971 年，第十四届国际计量大会确立以“物质的量”作为化学计量的基本物理量，规定用“摩尔”作为计量原子、分子或离子等微观粒子的“物质的量”的单位。<br>
单位：摩尔，简称摩，符号为 mol。<br>
【讲述】单位其实就是一个度量标准，如长度单位米，当我们确定了 1 m 的标准长度，就可以用标准长度度量其他物体的长度了。<br>
【提问】1 摩尔的标准是多少？（即规定多少数目的微粒集合体为 1 mol？）<br>
【讲述】2018 年，第二十六届国际计量大会对“摩尔”这个基本单位进行了重新定义。
</td><td>
【解读】自然过渡到“物质的量”的单位问题。<br><br>
【解读】介绍“物质的量”及单位“摩尔”的由来。<br><br>
【解读】及时呈现规范化的概念。<br><br>
【解读】指向“集合体”标准，回归问题本质。<br>
【解读】过渡到阿伏加德罗常数的学习。
</td></tr>
<tr><td>三、理解概念，方法提炼</td><td>
【阅读并板书】二、阿伏加德罗常数（符号为 $N_A$）<br>
1. 定义：1 mol 任何粒子的粒子数，符号为 $N_A$<br>
2. 单位：$\text{mol}^{-1}$，通常：$N_A \approx 6.02\times10^{23}\ \text{mol}^{-1}$。<br>
【讲述】也就是说，任何 1 mol 物质含有阿伏加德罗常数个微粒。<br>
【小结，用投影展示表 3-1-4 所示内容】<br>
表 3-1-4　阿伏加德罗常数知识点汇总
<table>
<tr><th>物理意义</th><th>物理量名称（符号）</th><th>单位名称（符号）</th><th>单位标准</th></tr>
<tr><td>表示含有一定数目粒子的集合体</td><td>物质的量（$n$）</td><td>摩尔（mol）</td><td>国际上规定，1 mol 粒子的集合体所含粒子数约为 $6.02\times10^{23}$ 个</td></tr>
</table>
【练习】<br>
1. 1 摩尔氢气分子约含______个氢气分子，1 摩尔氢原子约含______个氢原子，1 摩尔氢离子约含______个氢离子。<br>
2. 1 摩尔氢气用符号怎么写？1 摩尔硫酸呢？<br>
【讲述并进行投影】使用物质的量及其单位摩尔时应注意的问题：<br>
1. 对象——微观粒子。对宏观物质没有意义。
</td><td>
【解读】对 1 mol 物质所含微粒数的准确值与近似值表述精准。<br><br>
【解读】帮助学生理解概念，完成概念建构。<br><br>
【评价】能正确理解阿伏德罗常数（$N_A$）的含义，可评为满意；在理解的基础上能用符号表示，可评为加分。<br>
【解读】明确概念的适用范围和规范的表示方法。
</td></tr>
</table>

续表

| 教学环节 | 教学活动 | 解读与评价 |
| --- | --- | --- |
| | 2. 微粒含义——分子、离子、原子、电子或其他粒子及其特定组合。<br>3. 表示方法——在单位后面注明微粒名称或化学式。<br>例：3 mol $Na^+$或 $n$（$Na^+$）= 3 mol<br>4. 友情提示：一般说多少摩尔的物质，通常指构成该物质的微粒。 | |
| 三、理解概念，方法提炼 | **【提出问题】**“物质的量”与物质所包含的微粒数之间有什么关系呢？<br>**【探究活动】**“物质的量”与物质所包含的微粒数之间的关系。<br>**【练习】**<br>1. 3 mol $H_2SO_4$ 中约含有________个 $H_2SO_4$，________ mol H。<br>2. 10 mol $Na^+$中约含有________个 $Na^+$。<br>3. $1.204\times10^{24}$ 个 $H_2O$ 的“物质的量”是______。<br>**【小结】**“物质的量”与粒子数之间的关系（用符号表示）：<br>$n=\frac{N}{N_A}$<br>**【强调】**关系中的粒子数（$N$）指的是该物质的微粒数。<br>**【拓展】**已知任何两个量，可求出第三个量；通常 $N_A$ 是个常数，则有$\frac{n_1}{n_2}=\frac{N_1}{N_2}$。 | **【解读】**承上启下。<br>**【评价】**能理解阿伏加德罗常数的单位（$mol^{-1}$），可评为满意；能应用阿伏加德罗常数进行微粒数与“物质的量”的相互转化计算，可加分。<br>**【解读】**方法小结，拓展归纳总结。 |
| 四、归纳小结，升华认识 | **【小结】**“物质的量”就像一座桥梁，一头“拉着”微观粒子，一头“拽着”宏观物质，将宏观物质与肉眼看不见的微粒紧密联系起来。“物质的量”改变了化学计量的思路和方法，开启了化学定量研究物质及其变化的新视角。<br>**【课后作业】**完成本节第 1 课时的配套练习（基础题和提高题）。 | **【解读】**首尾呼应，加深理解。<br>**【评价】**巩固本节课知识。完成基础题，可评为满意；完成提高题，可加分。 |

**【板书设计】**

一、物质的量

1. 定义：物质的量是一个物理量，可以表示含有一定数目粒子的集合体，符号为 $n$。
2. 单位：摩尔（简称摩），符号为 mol。

1 摩尔粒子集合体所含的粒子数约为 $6.02\times10^{23}$ 个。

二、阿伏加德罗常数（符号为 $N_A$）

1. 定义：1 mol 任何粒子的粒子数，符号为 $N_A$
2. 单位：$mol^{-1}$，通常：$N_A\approx6.02\times10^{23}\ mol^{-1}$
3. 相互关系：物质的量($n$) = $\frac{粒子数(N)}{阿伏加德罗常数(N_A)}$

## 六、教学点评

“物质的量”概念是中学化学重要的学习内容，是最为重要的核心概念之一。由于此概念涉及宏观与微观之间的联系，学生学习时存在一定的难度，这对教师的教学无疑是一个巨大的挑战。纵观本节课的教学设计和课堂教学，具有以下特点。

1. 教学设计富有特色

一是对教材的分析到位。教学设计者在分析教材时，不仅指出了本节课的核心内容，还挖掘了教材所隐含的结构化知识——利用“物质的量”将宏观物质和微观粒子建立起有机的联系，反映了设计者对教材内容的精准把握和对教材编写者意图的深刻理解。二是对学情的诊断到位。教学设计者充分认识“物质的量”概念的抽象性和学生对已有知识“集合体”的认识，提出教师在教学中应尽可能多地利用比喻性描述和直观教具帮助学生建构概念。三是重视对学生的即时评价。教师在教学过程中，要充分考虑学生的认知层次，根据其实际表现，给出“满意或加分”的评价；同时设计有一定梯度和一定思维容量的习题，以检测学生的学习状况，并及时评价，有利于教师根据学情及时调控教学进度。

2. 问题驱动贯穿始终

在教学过程中，教师要始终以问题为导向，将授课内容与核心问题串联起来，从而激发学生探究问题的欲望，启发学生，让学生主动解决问题，掌握解决问题的方法。如课堂引入时从设置的情景中提出的“在取出曲别针的过程中体现了一种什么样的转化思想”问题，简洁明了，却又有一定的思维深度。该问题将“集合体”计算的思想迁移到本节课核心概念“物质的量”的学习上。教师接着追问“生活中还有哪些现象用到了这种思想”，引导学生逐渐发散思维，进而提出“化学上可称量（或量取）物质的质量（或体积）与物质所含有的粒子数目存在什么样的关系”这一核心问题，将学生从浅层的思考逐渐引向深度学习，有效突破难点。

3. 创设情景化难为易

本节课注重创设真实的问题情景，将枯燥的概念教学变得生动有趣。设计者在导入新课程时，以日常所用的办公用品曲别针为例，采用比赛的形式要求学生取出相同枚数的曲别针，比较哪种方式速度快。可以想见，课堂上学生必定会积极思考和争先恐后地回答，这为引入“物质的量”的学习做了充分的铺垫。接着，教师采用多媒体展示水分子的微观模拟图，一滴水（约 0.05 g）含有的水分子数约为 $1.67\times10^{21}$ 个。由先前曲别针的看得见、可计数的情境转变到水分子的看不见、难以计数的情景，进一步聚焦“集合”计数的思想，提出选取“集合”计数的单位来数水分子的方法。至此，“物质的量”概念的引入水到渠成。

4. 结构严谨层次分明

课堂以“创设情境，导入新知（概念导入）→类比迁移，学习新知（概念建构）→理解概念，方法提炼（概念联系）→归纳小结，升华认识（概念升华）”四大板块有序推进，结构严谨，脉络清晰，层次分明，环节紧凑，设计合理。

案例提供：陈依云（宜昌市夷陵中学）
赵　峰（公安县第一中学）
点评教师：刘四方（宜昌市教育科学研究院）
朱敬华（公安县教师发展和教学研究中心）

## 实例3　元素周期律（第1课时）

### 一、教材分析

本节课为《化学（必修）第一册》第四章“物质结构　元素周期律”第二节“元素周期律”第1课时。元素周期律是高中化学课程中的重要知识，是学生宏观辨识与微观探析、证据推理和模型认知等核心素养形成的重要载体。在《课程标准》中，“主题3　物质结构基础与化学反应规律”对元素周期律的要求为：结合有关数据和实验事实认识原子结构、元素性质呈周期性变化的规律，建构元素周期律。以第三周期的钠、镁、铝、硅、硫、氯为例，了解同周期元素性质的递变规律。体会元素周期律对学习元素化合物知识与科学研究的重要作用。学习这部分知识，可以使学生对所学元素化合物等知识进行归纳，从理论上进一步加深理解。同时，作为理论指导，这部分知识也为学生继续学习元素化合物知识打下基础。

### 二、学情诊断

在学习《化学（必修）第一册》第二章和第三章时，学生已经积累了以钠和铁为代表的金属、以氯为代表的非金属元素及其化合物的相关知识。通过学习第四章第一节原子结构与元素周期表，学生进一步理解了“原子结构决定元素的性质”，通过大量例子了解了同主族元素性质的相似性和递变规律，体验了周期表归纳和预测的作用。本节课可以引导学生运用上一节课推导、归纳同主族元素递变规律的方法，结合教材提供的丰富数据和实验，推导、归纳同周期元素的变化规律，进而建构元素周期律。

### 三、教学目标

（1）能说出元素原子的核外电子排布、原子半径和主要化合价呈现周期性变化的具体表现。

（2）能解释同周期元素的金属性和非金属性呈周期性变化的原因，能说出元素周期律的含义。

（3）能通过比较金属单质与水（或酸）反应的难易程度、金属元素的最高价氧化物对应的水化物的碱性强弱来比较元素金属性的强弱。

（4）能通过比较非金属单质与氢气反应的难易程度（或其气态氢化物的稳定性）、非金属元素的最高价氧化物对应的水化物的酸性强弱来比较元素非金属性的强弱。

（5）通过完成相应的同周期元素性质的探究实验，掌握科学探究的基本方法，提升科学探究的能力。

（6）通过体验元素周期律的建构过程，提升学生进行科学探究的兴趣，养成其敢于质疑、勇于创新的精神。

教学重点：元素周期律的含义和实质；元素性质与原子结构的关系。

教学难点：元素周期律的实质。

## 四、教学用具

（1）一个教学 PPT 文件（含视频、动画、课堂练习题等）。

（2）实验用品：试管、试管夹、试管架、量筒、胶头滴管、酒精灯、镊子、砂纸、火柴；镁条、1 mol/L $MgCl_2$ 溶液、1 mol/L $AlCl_3$ 溶液、2 mol/L NaOH 溶液、2 mol/L 盐酸、酚酞溶液。

## 五、教学过程

| 教学环节 | 教学活动 | 解读与评价 |
|---|---|---|
| 一、初探元素周期律 | **【情境导入】**门捷列夫是一位伟大的化学家，他制作了世界上第一张元素周期表，并据此预见了一些尚未发现的元素。1871 年，门捷列夫曾预言，一定存在一种元素，它在元素周期表中紧排在锌的后面，处于铝和铟之间，其可被称为“类铝”，并预测了它的性质。4 年后，法国化学家布瓦博德朗发现了它——镓（Ga），并通过实验证实了门捷列夫的预言。<br>**【提问】**当你看到这则故事后，是否好奇，门捷列夫是怎样如此准确地预测出该元素的？元素性质之间是否有一种内在联系？这种联系是什么？为什么会有这种联系？<br>**【回答】**“紧排在锌的后面，处于铝和铟之间”“类铝”等说明，位置相近的元素结构相似，在性质上有相似性，这可以作为预测镓的依据。<br>**【探究活动】**以教材第 107～108 页的表 4-5 为依据，以原子序数为横坐标，分别以原子核外电子排布、原子半径、主要化合价为纵坐标，描点作图，并归纳最外层电子数、原子半径、主要化合价随原子序数递增的变化规律。 | **【解读】**通过小故事吸引学生的注意，激发学生的学习兴趣，并引入本节课的教学内容。<br>**【评价】**能说出元素性质有相似性，可评为满意；能说出是相近元素，尤其是同周期、同主族的相邻元素性质相似，可加分。<br>**【解读】**让学生学习常用的数据处理方法和表示方式，培养学生分析、处理数据的能力和相互合作的意识，也让学生获得直观形象的感性知识，为归纳元素周期律奠定基础。 |

续表

<table>
<tr><th>教学环节</th><th>教学活动</th><th>解读与评价</th></tr>
<tr><td>一、初探元素周期律</td><td>【小组合作探究】展示图示并回答，得出原子核外电子排布、原子半径、主要化合价的变化随着原子序数递增呈现周期性变化的规律。<br>【小结】随着原子序数的递增，元素原子的核外电子排布、原子半径和主要化合价都呈现了周期性的变化，如表 3-1-5 所示。<br>表 3-1-5　原子序数的周期性变化规律<br>
<table>
<tr><th>原子序数</th><th>电子层数</th><th>最外层电子数</th><th>原子半径的变化（不考虑稀有气体元素）</th><th>最高或最低化合价的变化</th></tr>
<tr><td>1~2</td><td>1</td><td>____</td><td></td><td>+1→0</td></tr>
<tr><td>3~10</td><td>2</td><td>____</td><td>______</td><td>+1→+5，<br>-4→-1→0</td></tr>
<tr><td>11~18</td><td>3</td><td>____</td><td>______</td><td>________</td></tr>
</table>
结论：<br>（1）随着原子序数的递增，元素原子的核外电子排布、原子半径和化合价都呈现______的变化；<br>（2）同一周期元素，电子层数相等，从左往右，最外层电子数逐渐____，最高正价逐渐____，最低负价从第____族开始，从-4 价逐渐递增到-1 价。<br>强调：O、F 元素的最高化合价不等于主族序数。</td><td>【评价】能说出变化规律，可评为满意；能说出会随着原子序数递增呈现周期性变化的规律，可评为加分。<br><br>【解读】帮助学生归纳，完成规律建构。此处对于“O、F 元素的最高化合价不等于主族序数”的强调很有必要，为非金属性强弱判据和应用中 O、F 与同族其他元素不同无最高价含氧酸这一点做好铺垫。</td></tr>
<tr><td>二、再探元素周期律</td><td>【引导分析】元素的化学性质（金属性、非金属性）是否也会随着原子序数的递增而呈现周期性变化呢？<br>【回答】（大部分学生）是；（少数学生）不是。<br>【讲解并播放投影】我们可以用以下方法来判断元素金属性或非金属性的强弱。<br>元素金属性强弱判断依据：<br>（1）单质与水或酸反应置换出氢气的难易程度；<br>（2）最高价氧化物对应的水化物的碱性强弱。<br>元素非金属性强弱判断依据：<br>（1）单质与 $H_2$ 反应的难易程度和反应所生成氢化物的稳定性强弱；<br>（2）最高价氧化物对应的水化物的酸性强弱。<br>【学习任务】学生以第三周期元素为例探究元素金属性的变化规律。<br>【实验探究】分小组实验，探究金属性变化规律。<br>实验一：取一小段镁条，用砂纸除去表面的氧化膜，将其放入试管中。向试管中加入 2 mL 水，并滴入 2 滴酚酞溶液，观察现象。过一会儿，加热试管至液体沸腾，观察现象。</td><td>【解读】引导学生建构判断元素金属性或非金属性强弱的方法。<br>【评价】回答“是”，可评为满意。<br>【解读】培养学生动手实验的能力，提升科学探究素养。</td></tr>
</table>

续表

<table>
<tr><th>教学环节</th><th>教学活动</th><th>解读与评价</th></tr>
<tr>
<td>二、再探元素周期律</td>
<td>实验二：向试管中加入 2 mL 1 mol/L $AlCl_3$ 溶液，然后滴入氨水，直到不再产生白色絮状物质为止。将生成的 $Al(OH)_3$ 沉淀分装在两支试管中，向一支试管中滴加 2 mol/L 盐酸，向另一支试管中滴加 2 mol/L NaOH 溶液，边滴加边振荡，观察现象。<br>实验三：用 2 mL 1 mol/L $MgCl_2$ 溶液代替 $AlCl_3$ 溶液做实验二，观察现象，并进行比较。<br>**【交流与讨论】**实验一现象：滴入酚酞后无明显变化，加热后溶液变红，镁条表面有少量气泡产生，说明镁与冷水反应很微弱，与沸水反应的产物是氢氧化镁和氢气。<br>**【提问】**与钠和水的反应相比，镁和水的反应难易程度如何？<br>**【回答】**镁和水的反应比钠和水的反应困难。<br>**【提问】**说明了什么？<br>**【回答】**说明钠的金属性比镁强。<br>**【交流与讨论】**实验二现象：$Al(OH)_3$既可以溶于盐酸，也可以溶于氢氧化钠溶液。说明 $Al(OH)_3$ 是一种两性氢氧化物。<br>**【交流与讨论】**实验三现象：$Mg(OH)_2$可以溶于盐酸，但是不溶于氢氧化钠溶液。<br>**【提问】**$Mg(OH)_2$是中强碱，而 $Al(OH)_3$ 是两性氢氧化物，你能得出什么结论？<br>**【回答】**镁的金属性比铝强。<br>**【阅读与思考】**阅读探究非金属性变化规律。<br>阅读教材第 109 页表格资料信息（见表 3-1-6），以小组为单位，从信息资料中抽提出有用信息，对比出硅、磷、硫、氯的非金属性强弱。<br>**表 3-1-6　教材第 109 页硅、磷、硫、氯的非金属性**<br>
<table>
<tr><td>非金属元素</td><td>Si</td><td>P</td><td>S</td><td>Cl</td></tr>
<tr><td>最高价氧化物对应的水化物（含氧酸）的酸性强弱</td><td>$H_2SiO_3$（硅酸）弱酸</td><td>$H_3PO_4$（磷酸）中强酸</td><td>$H_2SO_4$（硫酸）强酸</td><td>$HClO_4$（高氯酸）强酸（酸性比硫酸强）</td></tr>
</table>
**【提问】**请小组代表展示本组的讨论结果。<br>**【回答】**根据硅、磷、硫、氯元素的最高价氧化物对应的水化物的酸性逐渐增强，我们归纳出从硅到氯元素的非金属性逐渐增强。<br>**【小结】**将金属与非金属联合起来，总结出第三周期元素在金属性和非金属性方面的递变规律。<br>同一周期元素，从左往右，随着原子序数的递增，元素的金属性逐渐减弱，非金属性逐渐增强。</td>
<td>**【评价】**能按要求完成探究实验，可评为满意；能规范地进行药品取用、滴加、溶液混合与振荡，并随时记录实验现象，可加分。<br>**【解读】**培养学生描述实验现象时“由表及里”的习惯，并指导学生根据金属性判据将实验结论转化成相应的规律。<br>**【评价】**能比较反应的难易程度或者碱性的强弱，可评为满意；能比较元素金属性的强弱，可加分。<br>**【解读】**培养学生阅读资料提取有价值信息的能力。<br>**【评价】**能比较酸性强弱，可评为满意；能比较元素非金属性强弱，可加分。<br>**【解读】**知识总结与深化。</td>
</tr>
</table>

续表

| 教学环节 | 教学活动 | 解读与评价 |
|---|---|---|
| 二、再探元素周期律 | 【提问】请同学们思考一下，这种递变规律的本质是什么？<br>【回答】同一周期元素，从左往右，元素的原子半径逐渐减小，原子核对最外层电子的吸引力逐渐增强，因此元素原子失电子逐渐变得困难，得电子逐渐变得容易，也就是金属性逐渐减弱，非金属性逐渐增强。 | 【评价】能指明与原子半径有关，可评为满意；能指明原子半径影响得失电子的难易程度，可加分。 |
| 三、建构元素周期律 | 【教师投影展示】通过大量事实分析，人们归纳出一条规律：元素的性质随着原子序数的递增而呈现周期性的变化，这一规律叫元素周期律。<br>【提问】从本节课的分析结果来看，是什么原因使得元素的性质呈现周期性的变化呢？<br>【回答】元素性质的周期性变化是元素原子的核外电子排布周期性变化的必然结果。 | 【解读】理解元素周期律的含义。<br><br>【解读】说明元素周期律的实质。<br>【评价】能说出元素性质的周期性变化是元素原子的核外电子排布周期性变化的必然结果，可评为满意。 |

【板书设计】

元素周期律

元素周期律：元素的性质随着原子序数的递增呈周期性变化。

1. 是原子的核外电子排布周期性变化的必然结果。
2. 原子半径的周期性变化（如表 3-1-7 所示）：

表 3-1-7 原子半径的周期性变化

| 原子序数 | 原子半径的变化 |
|---|---|
| 3～9 | 逐渐减小 |
| 11～17 | 逐渐减小 |
| 原因：电子层数相同的元素原子，随核电荷数的增加，原子核对外层电子的引力增大，原子半径呈现出变小的趋势。 | |

3. 主要化合价的周期性变化，如图 3-1-3 所示。

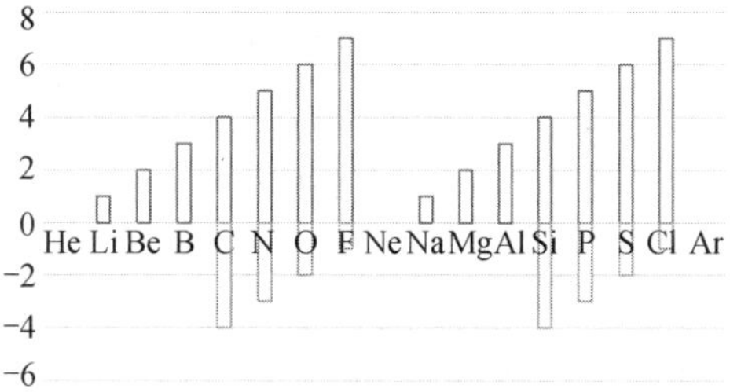


图 3-1-3 元素主要化合价的周期性变化

4. 元素金属性、非金属性的周期性变化：

Na Mg Al Si P S Cl →

以上元素的金属性逐渐减弱，非金属性逐渐增强。

结论：同一周期元素，从左到右，随着原子序数的递增，元素的金属性逐渐减弱，非金属性逐渐增强。

## 六、教学点评

元素周期律是对元素性质呈现周期性变化实质的揭示，必修阶段对元素周期律的学习要求认识元素“位”“构”“性”之间的内在联系，能根据元素“位”“构”的特点预测和解释元素的性质。具体来讲，本节课具有以下特点。

1. 基于数据进行分析探究

教师设计学生自主探究环节，引导学生以教材第107—108页的表4-5为依据，用坐标格子描点作图的方式得出原子核外电子排布、原子半径、元素主要化合价随原子序数递增的变化规律。这种教学设计不仅能让学生厘清知识间的内在逻辑关系，还能培养学生用数据、图表等描述实验证据，并据此进行分析推理，进而形成结论的能力。

2. 注重在实验中学习，主动建构新知

教师依据教材第109页的“探究”栏目，设计学生分组实验：①对比钠、镁单质与水反应的难易程度；②先用$AlCl_3$溶液与足量氨水制备$Al(OH)_3$沉淀，再用$Al(OH)_3$沉淀分别与盐酸、氢氧化钠溶液反应，进而验证$Al(OH)_3$的两性；③用$MgCl_2$溶液代替$AlCl_3$溶液做实验②的对比实验，进而比较$Mg(OH)_2$与$Al(OH)_3$的碱性强弱。教师引导学生动手实验并进行反思、评价、交流，让学生在认识元素化合物性质的同时提升实验探究能力。

3. 引导学生建构“结构决定性质”的认知模型

教师先引导学生思考、讨论并形成结论——随着原子序数的递增，元素原子的核外电子排布、原子半径和主要化合价都呈现出周期性的变化，再通过实验比较、信息资料分析得出同周期元素性质的周期性变化规律，之后引导学生从原子结构的视角解释元素性质呈现周期性变化的原因，进而明确“元素性质的周期性变化是元素原子核外电子排布周期性变化的必然结果”，最终帮助学生建构“结构决定性质”的认知模型。

4. 建议

建议设计课后研究性学习作业，引导学生就周期表、周期律的任意一个实际应用撰写一份调查报告，在主动研究一个问题的过程中提升科学探究的素养。

案例提供：许培林（宜昌市第一中学）
点评教师：宋晓莹（宜昌市第一中学）

# 实例4　二氧化硫的性质（第1课时）

## 一、教材分析

本节课为《化学（必修）第二册》第五章“化工生产中的重要非金属元素”第一节“硫及其化合物”第1课时，是学生在已掌握知识基础上对非金属元素化合物知识体系的进一步完善，为学生后续学习本章内容埋下了伏笔，同时也为今后学生学习化学平衡、电解质溶液打下了基础。因此，它在教材中具有承上启下的作用，是知识过渡的桥梁。

二氧化硫是高中化学众多元素化合物的典型代表，与人们的生活密切相关，教师可通过空气质量报告、用硫黄熏制生姜、用二氧化硫作红酒的防腐剂等将化学与生活联系起来。

## 二、学情诊断

通过初中阶段对碳、二氧化碳等知识的学习，学生对非金属单质和非金属氧化物的性质有了初步了解。高一上学期学生学习了离子反应、氧化还原反应、氯及其化合物和物质结构及元素周期律等内容，对硫和二氧化硫有了更加深刻的认识。所以教师在教学中宜从学生已有的知识入手，创设问题情境，采用科学的教学手段，由浅入深引导学生掌握相关知识，建构认知模型，并使学生能将所学知识整合融入其所构建的知识系统中。

## 三、教学目标

（1）了解二氧化硫的物理性质。

（2）掌握二氧化硫的化学性质。

（3）能从氧化还原反应的视角对二氧化硫的宏观特征和微观实质进行分析，培养学生宏观辨识与微观探析的素养。

（4）理解可逆反应，为培养变化观念与平衡思想打基础。

（5）能运用所学的二氧化硫知识分析讨论生产生活中简单的化学问题（如酸雨防治、环境保护、食品安全等），认识化学对社会可持续发展的贡献。

教学重点：二氧化硫的化学性质。

教学难点：二氧化硫的化学性质。

## 四、教学用品

（1）一个教学 PPT 文件（含视频、图片、课堂练习题等）。

（2）实验试剂与用品：钟罩、酒精灯、试管夹、玻璃棒、试管、水槽、硫磺粉、储气瓶（内装 $SO_2$）、紫色石蕊溶液、酚酞溶液、稀 NaOH 溶液、亚硫酸、澄清石灰水、品红溶液、pH 试纸、酸性 $KMnO_4$ 溶液、溴水、红葡萄酒、红花、绿叶、果皮（青香蕉皮）等。

# 五、教学过程

<table>
<tr><th>教学环节</th><th>教学活动</th><th>解读与评价</th></tr>
<tr>
<td>一、创设情境，导入新课</td>
<td>
【创设情境】如果你到市场上购买银耳或生姜，你将会选择下图中的哪一种？<br>
【图片展示】教师用图片（如图 3-1-4 和图 3-1-5 所示）展示两种外观截然不同的银耳和生姜：一种个体性状干枯、色泽暗淡；另一种个体丰满、色泽鲜亮。<br>
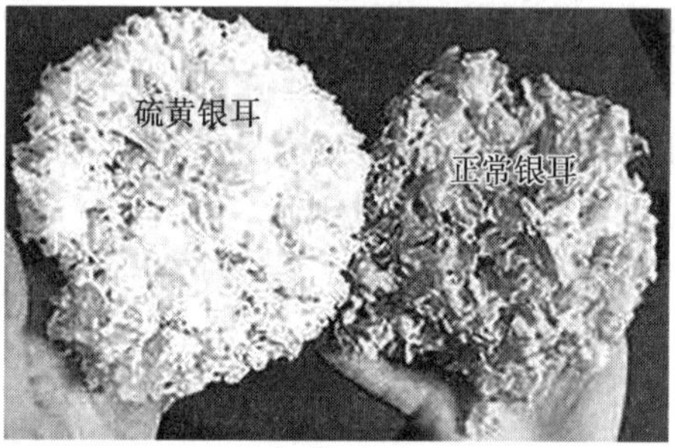

<br>图 3-1-4　正常银耳与硫黄银耳<br>
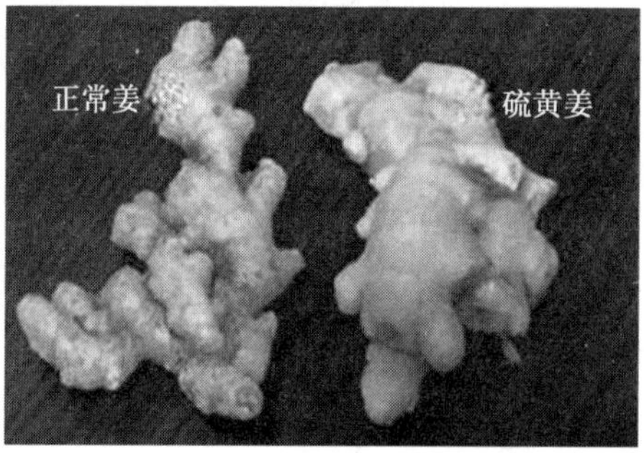

<br>图 3-1-5　正常姜与硫黄姜<br>
【讨论交流】学生大多喜欢品相好的，也有少数学生表示犹豫，理由是第一种可能是用硫黄漂白美化过的。<br>
【质疑探究】不法分子是如何对食品进行“美白”的？<br>
【情景模拟】探究硫燃烧的产物——二氧化硫具有漂白性吗？<br>
操作：在钟罩中预先放入新鲜的红花、绿叶、果皮（青香蕉皮）等各少许，用燃烧匙进行硫的燃烧实验。<br>
现象：一段时间后红花、绿叶、香蕉皮的颜色逐渐变黄变白。<br>
结论：二氧化硫具有漂白性。<br>
【生活应用】二氧化硫为何会成为卫生部门追查的食品安全的头号元凶？购买食品时，我们要擦亮眼睛，辨别哪些食物被硫黄漂白过，从而确保我们餐桌的安全。这节课我们来学习和认识二氧化硫。
</td>
<td>
【解读】通过 PPT 让学生了解生活中的情境素材，激发学生的探究意识和求知欲望。<br>
【评价】能参与讨论积极发言，可评为满意；代表小组分享观念新颖全面，可加分。<br>
【解读】能从化学视角理解食品安全与环境保护等法律法规，关注化学产品和技术在生产生活中应用可能产生的负面影响。
</td>
</tr>
</table>

续表

| 教学环节 | 教学活动 | 解读与评价 |
| --- | --- | --- |
| 二、引导探究，发现新知 | **【板书】**二氧化硫。<br>**【展示】**一个装有 $SO_2$ 气体的矿泉水瓶。<br>（学生通过观察可以得出 $SO_2$ 的颜色、状态。同时，指导学生通过联想火柴燃烧或放鞭炮，得出 $SO_2$ 有刺激性臭味，是一种有毒的气体。）<br>**【分组实验】**向矿泉水瓶中加入五分之一的水，立即旋紧瓶盖，进行振荡。<br>（观察到矿泉水瓶被压瘪了，由此现象可得出 $SO_2$ 易溶于水，进而归纳出 $SO_2$ 的物理性质。）<br>**【师生归纳】**<br>二氧化硫的物理性质：<br>二氧化硫气体无色、易溶于水、有刺激性的气味、易液化，二氧化硫的密度比空气大。<br>**【分组实验】**二氧化硫水溶液的酸性、漂白性。<br>取矿泉水瓶中的液体分别加入 2 支小试管中，第一份用 pH 试纸测定，并滴入紫色石蕊溶液；第二份滴入品红溶液，见图 3-1-6。<br>现象：第一份溶液 $pH<7$，石蕊溶液变红；第二份品红溶液褪色。<br>结论：二氧化硫的水溶液显酸性；能使品红溶液褪色，但不能使石蕊溶液褪色。<br>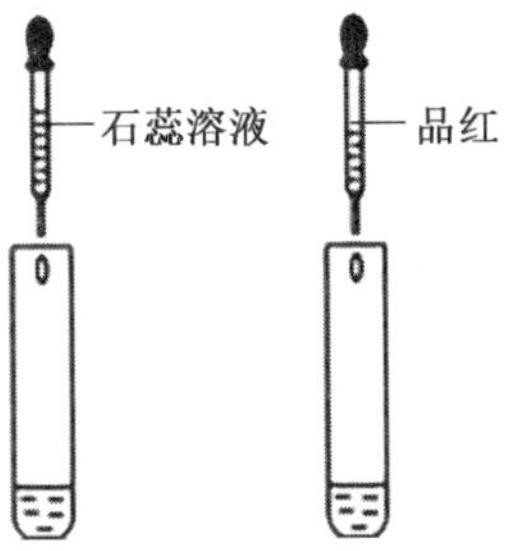<br><br>**图 3-1-6　二氧化硫水溶液的酸性漂白性实验**<br>**【讨论导出】**<br>二氧化硫的化学性质：<br>1. 二氧化硫与水的反应<br>$SO_2+H_2O \rightleftharpoons H_2SO_3$（分析可逆反应特征）<br>2. 二氧化硫的漂白性<br>某些有机色质（含水）$\xrightarrow{SO_2}$褪色$\xrightarrow{\triangle}$复原<br>**【思考交流】**我们已学过的化学物质中还有哪些具有漂白或脱色作用？<br>$Cl_2$、$HClO$、$Na_2O_2$、$H_2O_2$、$O_3$、活性炭等具有漂白或脱色作用。<br>**【实验探究】**二氧化硫的漂白性与氯水的漂白性相同吗？ | **【解读】**通过小组讨论设计实验方案并动手操作完成 $SO_2$ 水溶性的实验并验证其酸碱性和漂白性，培养学生通过实验分析解决问题的能力。<br><br>**【评价】**能设计方案进行试验，可评为满意；方案科学，结论正确，可加分。<br>**【解读】**从特征上认识可逆反应。 |

续表

<table>
<tr><th>教学环节</th><th>教学活动</th><th>解读与评价</th></tr>
<tr>
<td>二、引导探究，发现新知</td>
<td>
设计方案、实验操作、观察现象、推断结论：<br>
表 3-1-8　$SO_2$ 与氯水的漂白性比较
<table>
<tr><th>实验</th><th>现象</th><th>结论</th></tr>
<tr><td>在两份浓氯水中分别滴入石蕊溶液和品红溶液</td><td>溶液均褪色</td><td>氯水漂白范围较二氧化硫广</td></tr>
<tr><td>在盛有已通 $SO_2$ 漂白的品红溶液（无色）的小试管上部放一小片红色花瓣，加热试管</td><td>溶液变红而花瓣变白</td><td>二氧化硫的漂白性不稳定，加热易复原，有一定可逆性</td></tr>
<tr><td>在已使品红溶液褪色的盛氯水的小试管上部放一小片红色花瓣，加热试管</td><td>溶液不变红且花瓣不变白</td><td>氯水的漂白性稳定，加热不复原</td></tr>
</table>
【分析原理】$Cl_2$ 等氧化剂是将物体的有机色素氧化，而使其褪色。物体一旦氧化，很难复原，氧化反应具有不可逆性。而 $SO_2$ 是与某些有机色素化合生成无色的不稳定的化合物，加热或久置分解会恢复原来的颜色，所以 $SO_2$ 的漂白性不稳定。<br>
【生活应用】在工业上使用 $SO_2$ 漂白纸浆、毛、丝、草帽辫等，但一段时间后被漂白的物质又会发黄。<br>
【讨论】由化学式可以看出，$SO_2$ 中 S 处于中间价态+4 价，所以 $SO_2$ 既有氧化性又有还原性（以化合价为主线探究 $SO_2$ 可能具有的性质）。<br>
【探索论证】二氧化硫具有还原性，可设计哪些方案？如何选择试剂？<br>
【交流讨论】选择合适的氧化剂所产生的反应现象明显（如颜色变化等）的氧化还原反应。<br>
方案 1：二氧化硫能否使酸性 $KMnO_4$ 溶液褪色。<br>
方案 2：二氧化硫能否使氯水、溴水溶液褪色。<br>
方案 3：二氧化硫能否使 $FeCl_3$ 溶液褪色，并且可加入 $BaCl_2$ 溶液进一步检验。<br>
方案 4：向二氧化硫水溶液中滴加氯化钡溶液，再滴加过氧化氢溶液，振荡。<br>
……<br>
【分组实验】全班分组，完成四个实验，记录现象，并汇报交流，导出结论：<br>
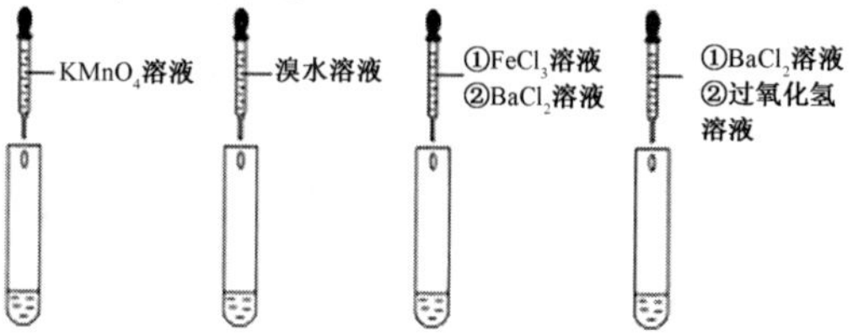

图 3-1-7　$SO_2$ 的还原性实验
</td>
<td>
【解读】深化对漂白原理的探究。要求学生通过自主探究，理解氧化漂白、化合漂白和物理吸附脱色的区别。<br><br>
【评价】能够设计方案进行试验，可评为满意；能结合具体实验说明漂白原理和应用，可加分。<br><br>
【解读】从硫元素价态变化分析 $SO_2$ 既有氧化性又有还原性。理解氧化还原反应的特征和实质。<br><br>
【评价】能够设计方案进行试验，可评为满意；能写出各反应的化学方程式，可加分。
</td>
</tr>
</table>

续表

| 教学环节 | 教学活动 | 解读与评价 |
|---|---|---|
| 二、引导探究，发现新知 | 【归纳小结】<br>二氧化硫的还原性：<br>$2SO_2+O_2 \underset{\triangle}{\overset{催化剂}{\rightleftharpoons}} 2SO_3$<br>$SO_3+H_2O=H_2SO_4$<br>【生产应用】工业上制备硫酸的原理。要求学生课后阅读相关的材料。<br>【演示实验】向 $SO_2$ 的水溶液中滴加 $H_2S$ 溶液。<br>【归纳推断】<br>二氧化硫的氧化性：<br>如 $2H_2S+SO_2=3S+2H_2O$<br>【引导】类比 $CO_2$ 与水的反应，类比 $H_2CO_3$ 的性质，引导学生书写化学方程式，并强调其中的可逆符号。引导学生说出 $H_2SO_3$ 的性质，如具有酸的通性，能与碱反应等。由此总结 $SO_2$ 也是一种酸性氧化物。<br>【归纳小结】<br>二氧化硫具有酸性氧化物的通性：<br>1. 与碱溶液的反应<br>$SO_2+2NaOH=Na_2SO_3+H_2O$<br>$SO_2+Ba(OH)_2=BaSO_3\downarrow+H_2O$<br>$SO_2+Ca(OH)_2=CaSO_3\downarrow+H_2O$<br>2. 与碱性氧化物的反应<br>$SO_2+CaO=CaSO_3$<br>3. 与某些盐的反应<br>$Na_2CO_3+SO_2=Na_2SO_3+CO_2$<br>$NaHCO_3+SO_2=NaHSO_3+CO_2$<br>酸性：$H_2SO_3>H_2CO_3$ | 【解读】类比 $CO_2$ 与水的反应，类比 $H_2CO_3$ 的性质，引导学生书写 $SO_2$ 性质化学方程式，培养学生分析解决问题的能力。<br>【评价】能说出酸性氧化物的通性，可评为满意；能写出具体反应的化学方程式，可加分。 |
| 三、讨论交流，评价反思 | 【思考问题】<br>1. 如何鉴别 $CO_2$ 和 $SO_2$？<br>2. 如何验证 $CO_2$ 气体中是否含有 $SO_2$？如何验证 $SO_2$ 气体中是否含有 $CO_2$？<br>3. 如何除去 $CO_2$ 中的 $SO_2$？<br>【视频展示】$SO_2$ 对环境的危害（1 分钟）：被酸雨侵蚀的植物、石雕像等。<br>【讨论】二氧化硫如何形成酸雨？酸雨有何危害？<br>【思考讨论】二氧化硫有毒，不能用于食品漂白，为什么葡萄酒中有二氧化硫，葡萄酒是否有害健康？<br>【展示】展示红葡萄酒，让学生观察。<br>【问题引导】既然二氧化硫具有漂白性，那么为什么葡萄酒还是红色的呢？ | 【评价】能正确描述探究方案，结论正确，可评为满意；思路清晰、表达流畅，可加分。<br>【解读】增强直观感受，提高对酸雨的认识。<br>【解读】运用创设悖论情景的教学方法，可以激发学生的思考，培养学生的辩证思维，使学生理性看待各种食品添加剂。$SO_2$ 的漂白能力、漂白效果的实验设计有助于学生更严谨地进行思考并培养其创造性思维。 |

续表

| 教学环节 | 教学活动 | 解读与评价 |
| --- | --- | --- |
| 三、讨论交流，评价反思 | **【学生讨论】**<br>——葡萄酒没有褪色可能是 $SO_2$ 的含量太低。<br>——葡萄酒没有褪色可能是 $SO_2$ 不能漂白红葡萄酒。<br>——葡萄酒中加 $SO_2$ 是利用了 $SO_2$ 的还原性。<br>**【实验】**向葡萄酒中通入 $SO_2$ 气体并观察现象。<br>**【资料补充】**通常人们将 $SO_2$ 作为保护剂添加到葡萄酒中，$SO_2$ 能杀死葡萄表皮上的杂菌（$SO_2$ 几乎是酿酒师所能使用的唯一的细菌抑制剂）。同时，它又是一种抗氧化剂，可以保护酒液的天然水果特性，防止酒液老化。欧盟规定干红葡萄酒中 $SO_2$ 的最高含量为 150 mg/L，干白葡萄酒和桃红葡萄酒中 $SO_2$ 的最高含量为 200 mg/L，$SO_2$ 含量只要在规定范围内，就对人体无害。<br>**【归纳小结】**<br>二氧化硫的应用与危害。<br>**【课堂小结】**本节课我们学习了 $SO_2$ 的物理性质和化学性质——还原性、氧化性、漂白性和酸性氧化物的通性，了解了二氧化硫的应用与危害。 | **【评价】**能辩证、理性地看待各种食品添加剂，可评分满意；思路清晰、表达流畅，可加分。<br>**【解读】**在学习过程中必须归纳整理，形成系统，使知识结构化。 |
| 四、要点整合，练习提高 | **【训练测评】**<br>优选习题复习本节课的重点知识——二氧化硫的化学性质。<br>1. 下列变化中，不属于化学变化的是（　　）<br>A. $SO_2$ 使品红溶液褪色<br>B. 氯水使有色布条褪色<br>C. 活性炭使红墨水褪色<br>D. 漂白粉使某些染料褪色<br>2. 下列试剂能用来鉴别 $CO_2$ 和 $SO_2$ 两瓶气体的是（　　）<br>A. 品红溶液　　B. 澄清石灰水<br>C. 氯化钙溶液　　D. 紫色石蕊溶液<br>3. 既能使石蕊溶液变红，又能使品红试液变为无色，还能使溴水褪色的是（　　）<br>A. $Cl_2$　B. $H_2S$　C. $SO_2$　D. $CO_2$<br>4. 下列物质均具有漂白作用，其中与另外三种物质的漂白原理不同的是（　　）<br>A. HClO　B. $H_2O_2$　C. $SO_2$　D. $O_3$<br>5. 下列物质中硫元素只显还原性的是（　　）<br>A. $H_2S$　B. $SO_2$　C. S<br>D. $H_2SO_4$<br>答案：1. C　2. A　3. C　4. C<br>5. A | **【解读】**及时练习，巩固测评，体现教学评一体化。<br>**【评价】**习题解答正确，做对 4 题，可评为满意；做对 5 题，可加分。<br>**【解读】**让学生分组进行角色扮演，解决 $SO_2$ 的环境污染问题，可增强学生的职业意识，培养学生的科学态度和社会责任感。 |

续表

| 教学环节 | 教学活动 | 解读与评价 |
| --- | --- | --- |
| 四、要点整合，练习提高 | **【作业布置】**<br>请学生自行组成小组，每一小组成员分别扮演下列角色中的一种。<br>（1）假如你是化学实验室的老师。<br>（2）假如你是一名农场主。<br>（3）假如你是硫酸生产厂的工程师。<br>（4）假如你是工商局的工作人员。<br>（5）假如你是环保局局长。<br>学生分组查阅资料，了解自己所扮演的角色能为防治 $SO_2$ 的环境污染问题做些什么，整理相关资料，分组进行汇报。 | |

【板书设计】

**二氧化硫**

一、物理性质

无色、易溶于水，有刺激性气味，易液化，密度比空气大。

二、化学性质

1. 与水的反应

$SO_2+H_2O \rightleftharpoons H_2SO_3$（分析可逆反应特征）

2. 漂白性

某些有机色质（含水）$\xrightarrow{SO_2}$褪色$\xrightarrow{\triangle}$复原

3. 还原性

如 $SO_2$ 能使氯水、溴水、酸性 $KMnO_4$ 溶液褪色

$2SO_2+O_2 \underset{\triangle}{\overset{催化剂}{\rightleftharpoons}} 2SO_3$

4. 氧化性

如 $2H_2S+SO_2 = 3S+2H_2O$

5. 具有酸性氧化物的通性

（1）与碱溶液的反应

$SO_2+2NaOH = Na_2SO_3+H_2O$

$SO_2+Ba(OH)_2 = BaSO_3\downarrow+H_2O$

$SO_2+Ca(OH)_2 = CaSO_3\downarrow+H_2O$

（2）与碱性氧化物的反应

$SO_2+CaO = CaSO_3$

（3）与某些盐的反应

$Na_2CO_3+SO_2 = Na_2SO_3+CO_2$

$NaHCO_3+SO_2 = NaHSO_3+CO_2$

三、应用与危害

内容略。

## 六、教学点评

本节课中教师采用联系生产生活实际的实验探究教学模式进行教学，从与人类生存关系最为密切的食品安全这一社会热点问题入手，从学生感兴趣的事物出

发创设问题情景，激发学生对生活中的现象进行探究的兴趣，引导学生将所学的化学知识与解决生活、社会等实际问题结合起来。一是让学生通过实验探究归纳出 $SO_2$ 的性质，了解 $SO_2$ 在生产生活中的用途，体验科学研究的过程、方法；二是引导学生树立良好的食品安全意识、法治意识，增强学生的公民意识和社会责任感；三是让学生认识化学物质对于推动人类社会物质文明发展的作用，认识到若不合理应用化学物质就会损害生命健康，造成环境污染等社会问题，逐步形成合理应用化学物质的科学观。本节课基于学生已有的知识基础，以建构主义理论为指导，创设问题情境，注重思维启发，紧扣核心知识，组织小组探究，帮助学生有效完成知识建构。本节课具体有以下特点：

1. 课堂引入和教学注重真实情境的创设

教师在教学引入时播放视频或 PPT——两种外观截然不同的银耳和生姜，这些源于生活的真实情境，能够激发学生的学习兴趣，使学生将注意力集中在学习任务上，起到了“引人入胜”的效果。在探究 $SO_2$ 的氧化性、还原性、漂白性时，教师别出心裁地设计了小组实验，这既加深了学生的感性认识，又激发了学生的探究欲望，培养了学生“宏观辨识与微观探析”的素养。在完成了主要的学习任务后，教师总结了本节课的内容，首尾呼应，体现了执教者高超的课堂驾驭能力。

2. 教学过程注重思维的逻辑性和知识的系统性

本节课的教学包括创设情境引入新课、引导探究发现新知、讨论交流评价反思、要点整合练习提高等环节。课堂教学结构紧凑，各环节转换自然，思维连贯。对核心知识的探究也是由浅入深，层层展开。思维缜密，逻辑性强，形成的知识具有系统性。

3. 教学设计注重“教、学、评”一体化

在教学中，教师根据学生的表现进行评价，并主动适时地调控教学过程，是落实新课程理念的需要。从本节课的“解读与评价”栏中，可以清楚地感受到执教者在落实过程评价和调控教学过程时所付出的努力。教师在教学中根据评价的满意原则和加分原则，对学生的学习表现进行了即时评价。

4. 建议

教师在教学中要根据学生的学情，及时调整教学进度（特别是在实验探究环节），使每一位学生都能达到学业要求。

案例提供：席瑞华（襄阳市第五中学）

点评教师：方向东（襄阳市第一中学）

## 实例 5　乙烯（第 1 课时）

### 一、教材分析

本节课为《化学（必修）第二册》第七章“有机化合物”第二节“乙烯”

第1课时，教材重点介绍了基本化工原料乙烯，它的产量可以用来衡量一个国家的石油化工发展水平，从乙烯用途的角度激发学生的学习兴趣，着重介绍了乙烯分子的组成和结构、乙烯的性质和重要的有机反应——氧化反应、加成反应、聚合反应。

这部分内容承接了有机化合物中碳原子的成键特点和认识烷烃的基本思路，是不饱和烃教学的开始，在教材结构上有承上启下的功能。结构决定性质，性质反映结构，在讲解乙烯的性质时，教师围绕乙烯的结构展开，强调乙烯分子中碳碳双键有一个键容易断裂的特点，将有利于学生逐步建立合理的微观结构与宏观现象的认知模型。

通过本节课的学习，学生能参与有机化合物性质应用相关的社会性议题的讨论，并做出有科学依据的判断、评价和决策，从而端正自身的科学态度并发展自身的社会责任素养。

## 二、学情诊断

在本节课之前，学生已经通过第七章第一节“认识有机化合物”学习了有机化合物中碳原子的成键特点、烷烃的结构和烷烃的性质。学生能从生活实际出发，认识乙烯的广泛用途，再学习它们的性质，初步掌握如何将理论联系实际。学生学习了碳的四价理论，理解了饱和烃的概念，为本节课不饱和烃的引入做铺垫。

## 三、教学目标

（1）通过实验探究乙烯的主要物理性质和化学性质。

（2）通过以乙烯为例的有机化合物的“存在—结构—性质—用途”的认识过程，建立物质性质与物质用途的联系。

（3）通过建构乙烯球棍模型，强化结构决定性质的思想，领悟内外因的辩证关系；结合加成反应强化对化学反应本质的辩证认识。

（4）初步形成基于宏观现象和化学反应对物质的性质进行预测和检验的认识模型。

（5）通过乙烯性质实验培养学生的安全意识和严谨求实的科学态度，形成探索未知、崇尚真理的意识。

（6）通过对验证乙烯化学性质的实验设计方案的交流与点评，提高学生的科学探究能力。

教学重点：乙烯的结构特点和主要性质。

教学难点：乙烯的加成反应。

## 四、教学用品

（1）一个教学 PPT 文件（含视频、动画、课堂练习题等）。

（2）乙烯的球棍模型、乙烷的球棍模型、导学案（教师版、学生版）。

（3）乙烯的储气瓶、酸性高锰酸钾溶液、溴水、溴的四氯化碳溶液。

（4）生活中常见的聚乙烯材料的用品（管材、无纺布、塑料、泡沫等）。

## 五、教学过程

| 教学环节 | 教学活动 | 解读与评价 |
|---|---|---|
| 一、创设情境，引入课题 | 【情景导入】话题导入：猕猴桃素有“水果之王”的称号，很多人都喜欢吃。当买到硬的猕猴桃时，想要让它尽快变软，该如何实现？<br>【过渡】熟香蕉或苹果能催熟猕猴桃，这是谁的功劳？没错，就是今天的主角——乙烯。 | 【解读】以紧贴本节课主题的生活话题开篇，创设真实情境，引起学生的兴趣，使学生进行思考。 |
| 二、引导总结，发现新知 | 【学生阅读】学生阅读教材的相关内容。<br>【交流】学生总结，交流成果。<br>【讲解】首先，乙烯可以作为植物生长调节剂。农业上使用乙烯气体并不方便，因此有了液体乙烯利。<br>其次，乙烯被称为“石化工业之母”，其产量可用来衡量一个国家的石油化工发展水平。<br>【展示】以乙烯为原料制得的日常生活中的产品。<br>【过渡】要更好地利用乙烯，充分体现它的价值，我们就需要了解它的结构和性质，这样才能学以致用。<br>【观察练习】学生观察乙烯球棍模型，在学案上写出乙烯的结构式、电子式和结构简式，并展示。<br>【展示】教师展示乙烯和乙烷的球棍模型。<br>【观察交流】① 找出乙烯和乙烷在碳碳键上的区别。② 观察乙烯原子共面情况。③ 根据以上信息总结乙烯的结构。<br>【讲述】含有碳碳双键的烃称为烯烃，乙烯是结构最简单的烯烃。<br>【过渡】结构决定性质，乙烯具有乙烷没有的碳碳双键，那么乙烯和乙烷的化学性质有什么区别？ | 【解读】通过阅读课本，引起学生对教材的重视。<br>【评价】考查学生处理信息、整合信息的能力。回答 2 点，可评为满意；对 2 点展开说明，可加分。<br>【解读】利用观察法和对比法，归纳乙烯的结构特点。<br>【评价】诊断并发展学生分析对比的能力和水平。各种化学式书写正确，可评为满意；能全面总结乙烯的结构，可加分。 |
| 三、对比学习，发现新知 | 【板书】氧化反应<br>【任务 1】实验 7-2（1）——乙烯燃烧实验。<br>【观摩交流】根据实验描述乙烯燃烧的现象。<br>【演板】对比乙烷的燃烧反应方程式，书写乙烯燃烧的化学方程式。<br>【讲述】乙烯燃烧，火焰明亮并伴有黑烟。<br>反应方程式注意两点：<br>① 有机反应方程式用“→”而不用“=”；<br>② 遵循质量守恒，反应方程式要配平。<br>【追问】乙烯燃烧伴有黑烟，说明了什么？<br>【学生回答】学生思考并解释该现象的成因。<br>【设问】乙烷不能使酸性高锰酸钾溶液褪色，乙烯呢？<br>【任务 2】实验 7-2（2）——乙烯通入酸性高锰酸钾溶液。<br>【追问】乙烯能使酸性高锰酸钾溶液褪色，说明乙烯发生了什么反应？ | 【解读】通过类比，可以降低学习难度，更利于学生掌握知识。<br>【解读】考查学生的观察能力、语言组织能力。<br>【评价】对物质、现象描述准确，反应式书写规范，可评为满意；用规范的化学语言描述，可加分。 |

续表

| 教学环节 | 教学活动 | 解读与评价 |
| --- | --- | --- |
| 三、对比学习，发现新知 | 【讲解】乙烷不能使酸性高锰酸钾溶液褪色，这是乙烯与乙烷在化学性质上不同的地方。我们可以用酸性高锰酸钾溶液来鉴别乙烷和乙烯。<br>【任务 3】实验 7-3——乙烯通入溴的四氯化碳溶液。<br>【解释】乙烯能使溴的四氯化碳溶液褪色，说明乙烯与溴之间发生了反应。乙烷不能使溴的四氯化碳溶液褪色，因此我们也可以用溴的四氯化碳溶液来鉴别乙烯与乙烷。<br>【提问】乙烯与乙烷性质出现差异的本质原因是什么？<br>【解释】两者的结构不同。因为物质的结构决定了其性质。<br>【素材展示】教师播放乙烯与溴单质的加成反应断键、成键模拟动画资料<br>【观摩】学生仔细观察，从断键、成键的角度理解乙烯与溴发生化学反应的实质。<br>【讲解】乙烯与溴单质反应时，碳碳双键的一个键发生断裂，两个溴原子分别加在两个碳原子上，就形成了产物 1，2-二溴乙烷，它是一种油状液体。<br>【讲解】有机物分子中双键或三键两端的碳原子与其他原子或原子团直接结合成新的化合物的反应，我们称之为加成反应。<br>【练习】加成反应的迁移应用。学生根据加成反应的定义，写出乙烯和氢气、氯化氢、水等发生加成反应的加成产物，并将 PPT 上的 3 个反应方程式补充完整。<br>【讲解】乙烯分子之间也能发生加成反应。<br>【素材展示】播放乙烯分子之间发生加聚反应的动画素材。<br>【活动】学生阅读教材第 68 页，真人模拟加聚反应。<br>【板书】$nCH_2{=}CH_2 \xrightarrow{催化剂} {+}CH_2{-}CH_2{+}_n$<br>【阅读小结】聚合反应、链节、聚合度、单体。<br>【讲授】讲授聚乙烯在日常生活中的应用。<br>【任务 4】知识的迁移应用。<br>【设问】广东、海南地区盛产香蕉，早在 20 世纪 80 年代初，蕉农就想将香蕉运至北方贩卖，可香蕉还没运到北方就全烂掉了，蕉农损失惨重。经过今天的学习，你能为蕉农们提供一个香蕉防腐的好方法吗？香蕉运到目的地后，又如何对香蕉进行催熟，使它能够尽快上市呢？<br>【讨论】学生设计方案。<br>【交流】分享方案，相互评价方案的有效性和可行性。 | 【解读】引出性质差异的矛盾冲突，激发学生探究结构的兴趣。学生需要知道物质鉴别的关键在于实验现象的差异。通过对比学习法，进一步体会“结构决定性质”。<br><br>【解读】制作模拟动画，更加形象、生动，便于理解，可以让学生掌握化学反应的实质是旧键断裂、新键形成。<br><br>【解读】通过设置陌生反应式的书写，检查学生的掌握情况，也是加深学生理解的一种手段。<br>【评价】写对其中 2 个反应式，可评为满意；3 个反应式都写对，可加分。<br><br>【解读】学生通过阅读教材、设计活动方案，理解反应的本质。 |

续表

| 教学环节 | 教学活动 | 解读与评价 |
|---|---|---|
| 三、对比学习，发现新知 | 【任务5】了解乙烯的来源与我国的乙烯工业。<br>【讲授】介绍乙烯主要来自石油，目前以页岩气和煤为原料制取乙烯的技术逐步得到推广，中国以煤制烯烃的新技术居世界领先地位。<br>【素材展示】播放武汉80万吨乙烯项目视频资料，讲述我国乙烯产量在世界上的地位，让学生感受身边的科技成果。<br>【交流】学生分享观看上述视频材料的感想。 | 【评价】能说出用酸性高锰酸钾溶液吸收乙烯的方法；用乙烯催熟香蕉，可评为满意；说出用乙烯利代替气体乙烯催熟，可加分。<br>【解读】通过讲述我国乙烯工业，培养学生的社会责任感；通过讲述武汉乙烯工业，增强学生的主人翁意识；客观分析我国乙烯生产地位，培养学生的民族责任感。 |
| 四、课堂练习 | 1. 通过本节课的学习，请归纳出乙烯的物理性质。<br>2. 你能想出几种方法鉴别甲烷（$CH_4$）和乙烯（$CH_2{=\!=}CH_2$）？<br>3. 在下述反应中，属于取代反应的是________；属于氧化反应的是________；属于加成反应的是________。<br>① 由乙烯制氯乙烷 ② 乙烷在空气中燃烧 ③ 乙烯使溴水褪色 ④ 乙烯使酸性高锰酸钾溶液褪色 ⑤ 乙烷在光照条件下与氯气发生反应<br>4. 通过化学反应既能使溴水褪色，又能使酸性高锰酸钾溶液褪色的是（　　）<br>A. 苯　B. 氯化铁　C. 乙烷　D. 乙烯 | 【解读】根据学生学情设计教学。紧紧围绕课程标准，抓准难度，设计当堂练习，检查巩固新知识。<br>【评价】4道题能做对3道，可评为满意；第1题描述完整准确，可加分；第2题归纳全面准确，可加分。 |

**【板书设计】**

**第二节　乙烯与有机高分子材料**

一、乙烯的用途

1. 乙烯可作为植物生长调节剂。
2. 乙烯可作为石油化工原料。

二、乙烯的物理性质

三、乙烯的结构

分子式：　　　　结构式：　　　　结构简式：

结构特点：碳碳双键，平面结构，所有原子共平面

四、乙烯的化学性质

1. 氧化反应

a. 燃烧

b. 使酸性高锰酸钾溶液褪色

2. 加成反应

$$CH_2=CH_2+Br_2 \longrightarrow CH_2Br—CH_2Br$$

3. 聚合反应

$$nCH_2=CH_2 \xrightarrow{\text{催化剂}} \left[ CH_2—CH_2 \right]_n$$

## 六、教学点评

1. 准确把握学情

在构建乙烯知识体系的同时，重视激发学生的学习兴趣。例如，教师在课题导入时，以学生交流日常“如何催熟猕猴桃”的生活经历开篇，既能引起学生兴趣，又能传授生活小妙招，让学生知晓乙烯的一个用途——水果催熟剂。紧接着教师可继续介绍乙烯的用途，选取的素材均为学生在生活中经常使用或见到的实物，让学生感受化学物质的实际价值，突出乙烯的重要性。

2. 灵活运用对比法进行教学

为突破乙烯的结构特点，教师采取将乙烯与乙烷的球棍模型进行对比分析的方法，进而归纳乙烯的结构特点，为后续教授乙烯的化学性质做铺垫。在乙烯的性质教学中，仍采用将乙烯与已学过的乙烷进行对比的方法，从而突出碳碳双键使得乙烯具有与乙烷不一样的化学性质，体现物质的结构决定性质这一化学思想。

3. 基于学情，多采用迁移重复的教学方法

在讲授乙烯这一新知识时，教师通过不断重复练习来巩固学生的学习成果。例如，根据乙烷的燃烧写出乙烯的燃烧反应方程式；在讲解乙烯与溴单质的加成反应后，立即通过书写乙烯与氢气、氯化氢、水的加成反应方程式来及时巩固学习成果。少变化、多重复的训练方法，对学生巩固知识、加深理解有很大的帮助。

4. 用视频、动画素材代替文字描述，更加形象化、直观化

本节课多次采用视频演示、动画模拟等手段，帮助学生突破难点。在讲授乙烯化学性质的难点——加成反应和加聚反应时，教师采用动画来模拟乙烯旧键断裂和新键形成的过程，结合讲解，更加直观和形象。教师用动画协助学生理解知识，对学生突破乙烯的加成反应这一难点非常重要。

5. 注重培养学生学以致用的能力

教师在讲解乙烯的结构、性质、用途之后，可通过让学生设计如何防止水果腐烂、如何对未成熟水果进行催熟的方案，诊断并培养学生利用所学知识解决实际问题的能力，同时也让学生感受到化学物质及其变化的价值，进一步增强学生合理使用化学品的意识。

6. 教学设计紧紧围绕化学学科核心素养

乙烯是一种重要的基本化工原料，在国民生产生活中占有重要地位，其产量可用来衡量一个国家的石油化工发展水平。如何由乙烯的性质等理论知识迁移到更广阔的应用领域，进而激发学生的责任感、使命感和主人翁意识，本节课从乙烯的来源入手，顺理成章地介绍了武汉 80 万吨乙烯项目，并进一步让学生了解到我国在世界乙烯产能上作出的巨大贡献，了解由我国团队研发的以煤为原料制

烯烃的技术处于世界领先地位，同时也让学生了解到我国与其他国家之间仍存在差距等，逐步让学生领会自己作为祖国未来的栋梁所应承担的责任，激发学生的社会责任感和爱国情怀。

7. 创设真实有效的、生活化的教学情境，引起学生的兴趣和共鸣

比如帮助蕉农防止香蕉腐烂出谋划策，既能让学生相信所学的知识可以服务于生活、生产，也能巧妙地检测教学效果，让学生寓乐于学。

教学设计：汪晓翠（武汉市武汉中学）
教学点评：颜克华（武汉市武昌区教育局教研培训中心）
周　鹏（武汉市武汉中学）

## 实例6　化学品的合理使用（第1课时）

### 一、教材分析

《化学（必修）第二册》第八章“化学与可持续发展”是化学与实际生活联系最密切的一章，涉及资源、能源、材料、环保、健康、安全等。第二节“化学品的合理使用”主要展示了化肥、农药、药物、化学添加剂等化学品的合理使用。本课首先介绍大宗化学品和精细化学品，然后逐一展开对化肥、农药、药物、化学添加剂的介绍与讨论。第一部分以日常生活中常用的含拟除虫菊酯的杀虫气雾剂作为引入素材，了解化肥、农药使用的利与弊，通过具体农药DDT的功与过，留下思考与讨论“农业生产中是否应该继续施用化肥和农药”。第二部分介绍处方药与非处方药、药物的药性原理、如何使用药物、使用药物的利与弊，同时介绍我国科学家屠呦呦运用化学知识在医学方面取得的成就。第三部分以食品配料表为情景素材，对“如何看待食品广告中的零添加和绝对不含防腐剂”展开辨析，重点介绍着色剂、增味剂、膨松剂等食品添加剂。教材的编排体现了学以致用、辩证分析的思想，第三部分的内容将在下一课时学习。

### 二、学情诊断

学生已经具备一定的化学学科基本知识与素养，本节知识层面的学习难度不大，可结合实际生活、应用视频、图片等使学生认识化学在人类发展中的作用，培养学生的辩证思维，树立自觉遵守国家关于化学品应用、食品与药品安全方面的法律法规的意识。

### 三、教学目标

（1）了解化肥、农药在农业生产中的作用，知道其危害。

（2）了解药物的药性原理，知道如何合理用药，培养健康的用药观念。

（3）通过对施用化肥、农药及使用药物利与弊的学习，提升辩证思维。

（4）树立“化学对解决人类发展中的问题”的责任意识。

教学重点：如何施用化肥、农药及其使用的利与弊，如何使用药物及其利

与弊。

教学难点：培养学生的辩证思维，用发展的眼光看问题。

## 四、教学用品

1. 一个教学 PPT 文件（含视频、动画、课堂练习题等）。

2. 药片（胃舒平）、研钵（研杵）、试管、漏斗、铁架台、滤纸、盐酸、NaOH 溶液。

## 五、教学过程

| 教学环节 | 教学活动 | 解读与评价 |
| --- | --- | --- |
| 一、创设情境，引入课题 | 【展示】生活中处处是化学，化学品存在于生活中的每个角落，如满足味觉和视觉的各种食品添加剂，不同功能的化妆品，调节作物生长的磷肥、氮肥，工厂生产的硫酸、氨气、乙烯，杀虫气雾剂中的除虫菊酯……<br>【讲授】上述展示的化学品中，氮肥、磷肥、乙烯、硫酸属于大宗化学品，化妆品、农药、食品添加剂属于精细化学品。所谓大宗化学品一般指用途广泛、生产中化工技术要求高、产量大的产品，通常以煤、石油、天然气、农副产品等为原料加工而来。精细化学品则以大宗化学品为原料进行深加工而成，其产量小、纯度高、附加值高、利润大。生产精细化学品已经成为当代化学工业结构调整的重点之一。<br>【板书】大宗化学品和精细化学品的概念、化学品分类<br>【过渡】这节课我们一起学习农药、化肥的合理施用和药品的合理使用。 | 【解读】播放课件，向学生提供基于生活的情境素材，联想生活中的化学品，为化学品的分类做知识铺垫。<br>【解读】让学生理解大宗化学品和精细化学品的概念，掌握两者的区别。<br>【解读】培养学生获取信息的能力。 |
| 二、活动探究，知识建构 | 【板书】化肥、农药的合理使用。<br>【展示】展示尿素施用的注意事项，以及铵态氮肥硝酸铵的施用方法。<br>【提问】从尿素的施用注意事项和铵态氮肥硝酸铵的施用方法，同学们能否总结出合理施用化肥要考虑哪些问题?<br>【学生活动】回答合理施用化肥要考虑的因素：<br>1. 土壤酸碱性；2. 作物营养状况；3. 化肥本身的性质；4. 施用时间；5. 使用剂量等。<br>【展示】“水华”“赤潮”现象图片。<br>【提问】1. 什么是“水华”“赤潮”现象?这些现象与哪些肥料有关? | 【评价】能正确说出图片包含信息并概括 3 点因素的，可评为满意；概括因素超出 3 点的，可加分。<br>【评价】能完整回答问题的，可评为满意；能回答问题并举例论证的，可加分。 |

续表

<table>
<tr><th>教学环节</th><th>教学活动</th><th>解读与评价</th></tr>
<tr><td>二、活动探究，知识建构</td><td>2. 过度施肥有哪些危害？<br>**【学生活动】**1. 过度施用易溶于水的氮肥、磷肥等，会使这些肥料随着雨水流入河流湖泊，进而造成水体富营养化，藻类疯长，消耗水中溶解的氧，水体变成浑浊绿色，水质恶化。这就是“水华”现象，在海洋中称为“赤潮”。<br>2. 过度施肥会对土壤造成污染，使土壤退化、酸化、板结；对水体、大气环境造成污染；使作物抗病虫害能力减弱。增加农药的使用量，对人体健康不利。<br>**【讲述】**施用化肥是保障农作物增产、减少农作物损失的重要措施。但施用化肥也会对环境、人类自身造成不利影响，因此一定要有针对性，均衡适度地施用化肥。<br>**【视频】**DDT 的功与过。<br>**【提问】**了解了 DDT 的“兴衰史”后，你有什么想法？在农业生产中是否应该继续使用农药呢？<br>**【学生活动】**正反方展开辩论，辩题：农业生产中是否应该继续施用化肥和农药？<br>**【讲述】**农药的使用对于作物病虫害的综合防治具有重要作用，但残留的农药，会污染大气、地表水和地下水，也会破坏自然生态平衡，因此要注意施用的方法、用量和时机，谨慎使用农药。人们早期使用的农药有除虫菊、波尔多液等无机农药，随着农药使用弊端的逐渐暴露及人们对农药的研究越来越多，现已研制出有机氯农药、拟除虫菊酯类等有机合成农药，农药正向着高效、低毒和低残留的方向发展。<br>**【展示】**胃舒平的使用说明书。<br>**【提问】**药品使用说明书向我们展示了哪些方面？你还了解哪些与我们健康息息相关的药品？<br>**【学生阅读】**学生依据以下问题阅读教材：<br>1. 什么是处方药与非处方药？<br>2. 药物的分类方式。<br>3. 药物药性的作用方式有哪些？<br>4. 如何合理使用药物？<br>**【交流】**学生总结，交流成果。<br>**【讲解】**根据同学们的回答做出评价。<br>**【展示】**吸毒的危害、滥用抗生素的危害。<br>**【教师明确】**毒品对个人、家庭、社会的危害极大，一定要远离毒品。同时，我们也应加强身体锻炼，提高自身心理素质和身体素质，根据病情合理使用抗生素，而不能单纯依赖药物。</td><td>**【解读】**总结，指明观点。<br>**【解读】**体会农药对人类发展的利与弊。<br><br>**【解读】**辩论使学生更清楚地认识到使用农药的利与弊，培养学生的语言表达能力和可持续发展意识。<br>**【评价】**能清晰表达观点，可评为满意；能表达观点，并且证据充分，可加分。<br>**【解读】**总结农药使用的利与弊、如何使用农药及农药发展的方向。<br><br>**【解读】**用常用药品引入，激发学生研究化学的兴趣。<br>**【解读】**提高学生的自主学习能力与语言描述能力。<br><br>**【评价】**能正确回答问题，可评为满意；能详尽回答问题，可加分。<br><br>**【解读】**使学生认识毒品的危害，树立自觉遵守国家关于化学品应用、食品与药品安全方面的法律法规的意识。</td></tr>
</table>

续表

| 教学环节 | 教学活动 | 解读与评价 |
|---|---|---|
| 二、活动探究，知识建构 | 【展示】我国科学家屠呦呦因青蒿素的研究获得 2015 年诺贝尔生理学或医学奖。<br>【学生活动】实验探究：设计实验方案验证某种抗酸药的有效成分（胃舒平中氢氧化铝的检验）。<br>【学生活动】分组设计并汇报探究方案和实验结论。<br>【教师活动】听取学生的汇报并进行评价、修正，鼓励大胆设想。<br>【讲解】胃舒平中 $Al(OH)_3$ 的检验，属于物质的验证性实验。根据 $Al(OH)_3$ 的性质，可以设计如下方案：<br>取研细的药片适量于试管中 —加入适量盐酸→ 振荡溶解静置过滤 → 滤液 —逐滴加入NaOH溶液→<br>产生白色絮状沉淀 —继续加入NaOH溶液，振荡→ 沉淀溶解 → 药片中含$Al(OH)_3$ | 【解读】激发学生的探究意识和实验兴趣。<br>【解读】提升学生的动手能力与设计实验能力。<br>【评价】能正确描述探究方案，结论正确，可评为满意；思路清晰、表达清楚流畅，可加分。<br>【解读】将所学检验物质性质的方法应用于实验中，学以致用。 |
| 三、归纳总结，练习提高 | 【小结】化肥、农药、药品对人类社会发展作出了重大贡献，但我们一定要认识它们的利与弊，要科学、安全、有效、合理地使用它们。<br>【练习】课件展示。<br>【作业】查阅资料，设计一幅说明毒品危害的宣传画，并与同学交流。完成课本课后习题。 | 【解读】回顾反思，深化总结。<br><br>【评价】习题解答正确，可评为满意；解答并能正确说出思路，可加分。 |

【板书设计】

**化学品的合理使用**

化学品
- 大宗化学品
- 精细化学品

1. 化肥的合理施用
   - 如何合理施用化肥
   - 施用化肥的利与弊

2. 农药的合理施用
   - 施用农药的利与弊
   - 农药的发展方向

3. 合理用药
   - 处方药与非处方药
   - 药物分类
   - 药物药性作用方式
   - 如何合理用药
   - 滥用药物的危害

## 六、教学点评

《化学药品的合理使用》介绍了如何科学、安全、有效、合理地使用化肥、农药、药品、食品添加剂。基于本节课知识通俗易懂、便于理解的特点，教师挖掘教材情境素材，并根据相关的热点创设情境，充分发挥学生的主观能动性，激发学生学习兴趣，培养学生自主学习能力和运用所学知识解决问题的能力，帮助学生完成知识建构，树立可持续发展的观点。具体来讲，本节课具有以下几个特点：

1. 注重真实情境的创设

整节课大量运用图片或视频素材，如用图片展示各种化学品，直观反映学习内容，将学生的注意力引到学习内容上。每个学习内容或阐明的观点通过图片或视频呈现，过渡衔接自然，将看似独立但又统一的学习内容紧密连接。教师通过视频对比，巧妙地、鲜明地体现了教学内容所体现的辩证思想，有助于培养学生用发展的眼光看问题的意识。

2. 教学注重培养学生的自主学习能力

本节课以教师为主导，以学生为主体，充分培养学生的自主学习能力，主要有：① 展示尿素的使用说明和硝酸铵的发展历程，让学生提炼信息，培养学生获取信息的能力。② 学生自主学习合理用药的部分，并汇报展示所学知识。教师将课堂还给学生，充分发挥学生的主观能动性，培养学生的阅读能力、提取信息能力和文字表达能力。

3. 充分应用辩论，注重实验探究

教师通过视频展现化肥和农药的功与过，设计辩论环节“农业生产中是否应该继续使用化肥和农药”，通过学生之间的辩论，以达成“培养学生可持续发展意识”的素养目标。教师通过课本提出思考与讨论的问题，设计实验方案验证抗酸药的有效成分，使学生将所学知识运用于实验中，体现了“课本到实践”的应用思想，调动了学生的学习积极性。

4. 建议

教师在教学中应注意时间的合理分配，详略得当，让课堂更精彩，让所有学生收获知识，达成学科核心素养的培养目标。

课例提供：黄桃红（黄石市有色第一中学）

点评教师：冯思燕（黄石市教育科学研究院）

# 实例7　化学平衡（第2课时）

## 一、教材分析

本节课为《化学（选择性必修1）化学反应原理》第二章“化学反应速率与化学平衡”第二节“化学平衡”第2课时，教材首先从学生已掌握的知识出发，回顾物质溶解于某种溶剂时存在的限度问题，由溶解平衡导入化学平衡，通过对溶解平衡的理解和迁移，帮助学生建立化学平衡是动态平衡的理念。同时，教材以简单易行且颇具启发性的化学实验引导学生得出化学平衡移动的条件，并依次分析浓度、压强、温度对化学平衡的影响。教材通过设置实验探究栏目增加学生动手的机会，有利于培养学生的科学探究能力和创新意识；溶解平衡、化学平衡概念的建立，有助于学生变化观念与平衡思想的形成；在分析引入化学平衡常数的过程中，通过数据分析、计算得出结论，有助于提升学生的证据推理能力和模型构建能力。本节课结合生活问题，通过实验呈现帮助学生理解浓度、温度、压强变化对化学平衡的影响，最后总结归纳出平衡移动原理。平衡移动原理的应用和平衡常数的概念及相关计算留在下节课讲解。

## 二、学情诊断

学生通过学习《化学（必修）第二册》“化学反应的速率和限度”这一节的知识，已初步建立了化学反应速率、可逆反应的概念，对影响化学反应速率的条件、化学反应限度有了初步的了解。学生通过学习《化学（选择性必修 1）化学反应原理》第二章第一节“化学反应速率”，加深了对化学反应速率概念的理解，并初步学会从宏观和微观视角认知外部因素对化学反应速率的影响。同时，通过对此章“化学平衡”第 1 课时的教学，学生已初步形成化学平衡是动态平衡的意识，对化学平衡的本质特征及影响化学平衡的外部因素也有了一定的认识，但并不清楚或知晓外界条件改变后对化学平衡的影响。所以教师通过探究浓度变化对化学反应速率的影响来解释浓度变化对平衡的影响，进而引导学生归纳平衡移动原理，运用定量分析的方法，找出规律，学会运用化学平衡常数解决相关问题。

## 三、教学目标

（1）能判断温度、浓度和压强对化学平衡的影响，学会判断当外界条件改变时化学平衡的移动方向。

（2）能归纳总结化学平衡移动原理，并能运用该原理解释有关化学现象，揭示化学反应规律。

（3）能依据化学平衡移动原理设计实验，控制化学平衡移动的方向。

（4）通过设计实验、使用传感器采集、分析数据等手段，初步掌握实证研究的方法。

（5）通过设计实验、使用传感器采集、分析数据等手段，帮助学生建立证据、结论之间的逻辑关系，形成“证据推理和模型认知”的素养。

（6）通过认识化学反应速率和化学平衡的调控在生活生产和科学研究领域中的重要作用，感受化学的学科价值和应用价值。

教学重点：外界条件对化学平衡影响的规律。

教学难点：分析平衡移动的一般思路和方法。

## 四、教学用品

（1）一个教学 PPT 文件（含视频、课堂任务等）、学生学案。

（2）实验用品：啤酒、0.1 mol/L $K_2Cr_2O_7$ 溶液、浓硫酸、稀硫酸、NaOH 溶液、冰水、热水、$NaHCO_3$ 固体、$NO_2$ 平衡球、磁力搅拌器、$CO_2$/pH/压强传感器、开盖器。

## 五、教学过程

| 教学环节 | 教学活动 | 解读与评价 |
|---|---|---|
| 一、创设情境，温故求新 | 【引入】上节课我们通过实验探究了化学平衡建立的过程，下面请同学们谈一谈你所了解的化学平衡。<br>【教师板书】影响化学平衡移动的因素。<br>【学生活动】我所了解的化学平衡。<br>【设问】达到化学平衡状态对条件有要求吗？若条件改变，会有什么影响？<br>答：有，化学平衡建立在一定条件下。<br>【过渡】在生活中有没有遇到化学平衡？<br>【创设情境】用开盖器打开啤酒，并将啤酒倒入烧杯中。<br>【学生活动】观察烧杯中有哪些现象？ | 【解读】回顾已学知识，诊断问题和困惑。<br>【评价】能正确描述化学平衡状态的1~2条特征，可评为满意；达到3~4条，可加分。<br>【解读】温故而知新，激发学生的好奇心。<br>【评价】回答有气泡产生，可评为满意。 |
| 二、引导探究，发现新知 | 【反问】为什么会产生泡沫？这个现象说明了什么？<br>（学生思维碰撞）可能从碳酸分解的角度分析，也可能从溶解平衡的角度分析。<br>【讲述】啤酒中的 $CO_2$ 有些是在发酵过程中产生的，有些是后来添加的。打开啤酒时，压强减小，导致化学平衡向气体体积增大方向移动，$CO_2$ 逸出。<br>【演示实验并提问】将盛有啤酒的烧杯放在热水中会有什么现象？学生回答：气泡会增多。<br>【反问】气泡为什么会增多？<br>答：温度升高，$CO_2$ 溶解度降低，导致 $CO_2$ 逸出。<br>【讲述】当压强发生改变或温度发生改变时，啤酒中 $CO_2$ 的溶解平衡受到影响。<br>【教师板书】温度　压强<br>【设问】啤酒中还存在哪些平衡？<br>答：还有下列平衡体系：<br>$CO_2(g) \rightleftharpoons CO_2(aq)$<br>$CO_2+H_2O \rightleftharpoons H_2CO_3$<br>$H_2CO_3 \rightleftharpoons H^++HCO_3^-$<br>【讲述】啤酒的 pH<7。<br>【PPT 展示，学生分组实验】<br>任务1：在啤酒中分别加入 $NaHCO_3$ 固体、稀硫酸、NaOH 溶液等。从定性和定量角度观察、分析实验现象。 | 【解读】承上启下，让学生从化学的角度观察生活中的问题。<br>【解读】帮助学生理解啤酒中存在 $CO_2$ 和逸出 $CO_2$ 的主要原因。<br>【解读】引出温度对化学平衡的影响。<br>【解读】帮助学生透过实验现象分析变化的原因，确定温度会影响化学平衡。<br>【解读】帮助学生理解维持原平衡的条件及外界条件会影响平衡的移动。<br>【解读】继续深入，由溶解平衡过渡到化学平衡，让学生了解啤酒中存在的平衡体系。<br>【解读】分组实验，提升学生的操作能力和观察能力。用 $CO_2$ 传感器定量测定观察示数的变化，记录数据。 |

续表

<table>
<tr><th>教学环节</th><th>教学活动</th><th>解读与评价</th></tr>
<tr>
<td>二、引导探究，发现新知</td>
<td>
表 3-1-9　啤酒中存在平衡体系的实验探究
<table>
<tr><td colspan="2">实验编号</td><td>1</td><td>2</td><td>3</td></tr>
<tr><td colspan="2">试剂</td><td>$NaHCO_3$ 固体</td><td>稀硫酸</td><td>NaOH 溶液</td></tr>
<tr><td rowspan="2">现象</td><td>定性</td><td></td><td></td><td></td></tr>
<tr><td>定量</td><td></td><td></td><td></td></tr>
<tr><td colspan="2">结论</td><td></td><td></td><td></td></tr>
</table>
<br>
【提问】为什么加入 $NaHCO_3$ 固体或稀硫酸时 $CO_2$ 会增多，而加 NaOH 溶液时 $CO_2$ 会减少？<br>
【学生思考回答】（教师听取并进行评价、修正，鼓励学生大胆表述。）<br>
【讲述】浓度会影响化学平衡。<br>
【教师板书】浓度<br>
【设问】除啤酒外，可乐、雪碧也存在类似的平衡。<br>
【视频】可乐遇上曼妥思。<br>
【表述】啤酒的成分比较复杂，改变外界条件可能会产生安全问题。我们要注意啤酒不能在冰箱中冷冻，也不能在阳光下暴晒。
</td>
<td>
【评价】能正确表述实验现象，可评为满意；能绘出正确图像，可加分。<br>
【评价】能正确分析其中一组现象的产生原因，可评为满意；能正确分析两组及以上现象的产生原因，可加分。<br>
【解读】加深化学与生活的联系，体现学科价值，激发学生兴趣。<br>
【解读】结合学科知识，加强安全教育。
</td>
</tr>
<tr>
<td>三、讨论交流，评价反思</td>
<td>
【表述】浓度、温度、压强是影响化学平衡的因素，其他平衡是否也遵循同样的规律？<br>
【PPT 展示】<br>
任务 2：设计实验方案，如何使平衡发生移动。<br>
$\underset{\text{橙色}}{Cr_2O_7^{2-}}+H_2O \rightleftharpoons \underset{\text{黄色}}{2CrO_4^{2-}}+2H^+$<br>
【提问】设计实验方案使平衡发生移动，采用什么方法？<br>
【学生分组讨论】分组汇报探究实验方案。<br>
教师听取并进行评价、修正，鼓励学生展示自己所在小组的实验方案。<br>
【提问】设计实验方案的思路是怎样的？为什么加酸，或加碱，或加 $K_2Cr_2O_7$ 固体？<br>
答：考虑浓度变化影响化学平衡。<br>
【提问】实验方案的设计原则是什么？<br>
【PPT 展示】问题：1. 如何设计实验方案进行探究？<br>
2. 设计实验方案的原则是什么？<br>
【学生回答】① 寻找影响因素；② 控制变量；③ 增加对照实验。<br>
教师听取回答，对不正确的地方进行修正、引导，并对学生的表现进行评价。
</td>
<td>
【解读】帮助学生进一步理解外部因素对平衡的影响，提升解决问题的能力，同时为总结归纳平衡移动原理奠定基础。<br>
【解读】提升学生的实验设计能力和综合运用知识能力。<br>
<br>
【评价】能正确说出一种方法，可评为满意；能正确说出两种及以上方法，可加分。
</td>
</tr>
</table>

续表

<table>
<tr><th>教学环节</th><th>教学活动</th><th>解读与评价</th></tr>
<tr>
<td>三、讨论交流，评价反思</td>
<td>

**【学生分组实验】**

**表 3-1-10　酸碱性对化学平衡的影响**

<table>
<tr><th>实验编号</th><th>实验方案</th><th>实验现象</th><th>实验结论</th></tr>
<tr><td>1</td><td>滴加 5~10 滴浓硫酸</td><td></td><td></td></tr>
<tr><td>2</td><td>滴加 5~10 滴<br>6 mol/L NaOH 溶液</td><td></td><td></td></tr>
<tr><td>3</td><td>空白实验</td><td></td><td></td></tr>
</table>

学生完成实验，并用 pH 传感器定量测量，观察示数的变化，记录数据。<br>
**【小组汇报】**学生分组汇报并解释实验结果产生的原因。教师听取学生的汇报，对不正确的地方进行修正、引导，并对学生的表现进行评价。<br>
**【表述】**加酸使化学平衡逆向移动，加碱使化学平衡正向移动，都是浓度变化导致溶液颜色变化。如果改变温度，同样会使平衡发生移动，溶液颜色发生改变。下面我们接着研究外界条件对以下平衡的影响。<br>
**【PPT 展示】**<br>
任务 3：要使以下平衡发生移动，可采用什么方法？<br>
$\underset{\text{红棕色}}{2NO_2}(g) \rightleftharpoons \underset{\text{无色}}{N_2O_4}(g)$　　$\Delta H=-56.9\ kJ/mol$<br>
**【演示实验】**$NO_2$ 球分别浸泡在冰水和热水中，观察颜色变化。学生描述现象并解释原因。

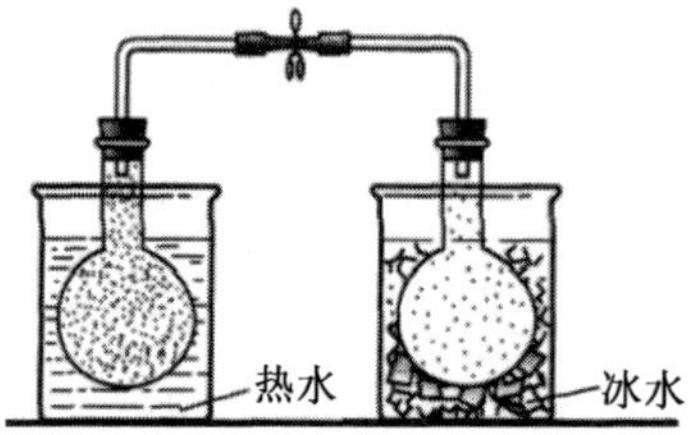


**图 3-1-8　将 $NO_2$ 球浸泡在冰水和热水中**

**【核心提示】**其他条件不变，升高温度，平衡向吸热方向移动；降低温度，平衡向放热方向移动。<br>
**【提问】**把 $NO_2$ 放在一个密封的注射器中，压缩体积，颜色会有什么变化？<br>
**【演示实验】**挤压装有 $NO_2$ 的注射器，并用压强传感器测量。
</td>
<td>
**【解读】**深化学生理解，提升学生运用知识解决问题的能力。<br>
**【评价】**能正确说出理由，可评为满意。<br>
**【解读】**让学生理解设计实验方案的思路和所遵循的一般原则。<br><br>
**【评价】**能得到正确现象，可评为满意；能解释原因，可加分。<br><br>
**【解读】**使学生充分理解外部因素对化学平衡的影响。<br><br>
**【解读】**提高学生的实验观察能力和文字表达能力及解决问题能力。<br>
**【评价】**能表述升高温度平衡向生成 $NO_2$ 的方向移动，可评为满意；能表述升高温度平衡向吸热方向移动，可加分。
</td>
</tr>
</table>

续表

| 教学环节 | 教学活动 | 解读与评价 |
|---|---|---|
| 三、讨论交流，评价反思 | 实验装置如图 3-1-9 所示。<br>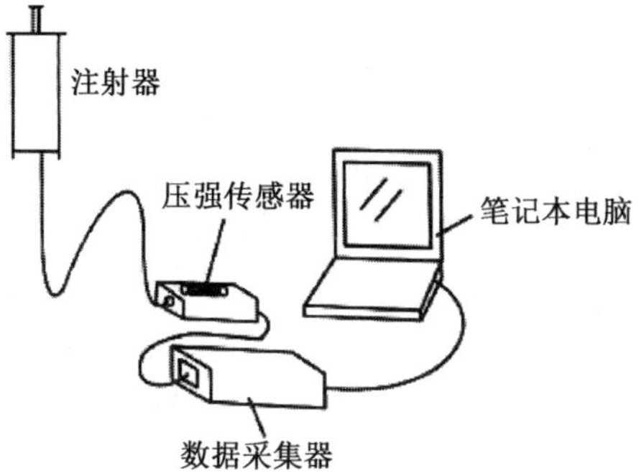<br><br>**图 3-1-9　压强变化测量装置**<br>**【提问】**通过实验，观测数据，可得到图 3-1-10，大家思考一下是什么原因？<br>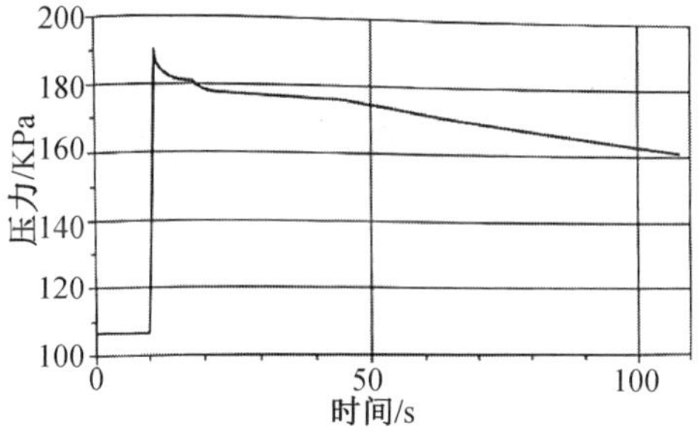<br><br>**图 3-1-10　气体压强的变化曲线图**<br>将 20 mL 新制 $NO_2$ 气体迅速压缩至 10 mL，气体压强的变化曲线如图 3-2-3 所示。<br>教师听取学生的答案，对不当之处进行修正、引导，并对学生进行评价。<br>**【核心提示】**其他条件不变，增大压强，化学平衡向气体体积减小的方向移动；降低压强，化学平衡向气体体积增大的方向移动。<br>**【提问】**浓度、压强、温度会影响化学平衡，如果增大反应物的浓度，平衡会向哪个方向移动？<br>**【学生回答】**教师听取回答，对不正确的地方进行修正、引导，并对学生的表现进行评价。<br>**【核心提示】**其他条件不变，增大反应物的浓度，化学平衡正向移动；降低反应物的浓度，化学平衡逆向移动。 | **【解读】**为引导学生归纳平衡移动原理搭脚手架，帮助学生理解压强对平衡的影响。<br><br>**【解读】**提升学生分析图像的能力。<br><br>**【评价】**解释正确，可评为满意；解释准确全面，可加分。<br><br>**【评价】**解释正确，可评为满意。 |

续表

| 教学环节 | 教学活动 | 解读与评价 |
| --- | --- | --- |
| 四、要点整合，练习提高 | 【课堂小结】组织学生整理知识。<br>化学平衡移动原理：<br>如果改变影响化学平衡的一个条件（如温度、压强及参加反应的物质的浓度），化学平衡将向着能够减弱这种改变的方向移动。<br>教师听取回答，对不正确的地方进行修正、引导，并对学生的表现进行评价。<br>【教师板书】化学平衡移动原理<br>【讲述】在以下化学平衡体系中加水，化学平衡会怎样移动？<br>$CrO_7^{2-}+H_2O \rightleftharpoons 2CrO_4^{2-}+2H^+$<br>加水会导致反应物和生成物的浓度同时减少，因此利用化学平衡移动原理是无法解释的，所以下节课我们还会继续深入学习多因素变化后平衡移动方向的判断方法。<br>【作业】查阅资料，了解平衡移动原理在生产和生活中的应用。完成课后练习第 6 题、第 7 题。 | 【评价】基本正确，可评为满意；回答比较全面，可加分。<br>【解读】归纳整理，形成系统，使知识结构化。<br><br>【解读】帮助学生理解化学平衡移动原理的适用范围，了解其局限性，同时引出后续的课程内容，激发学生的好奇心。<br><br>【评价】一题正确，可评为满意；两题都正确，可加分。 |

【板书设计】

第三节　影响化学平衡移动的因素

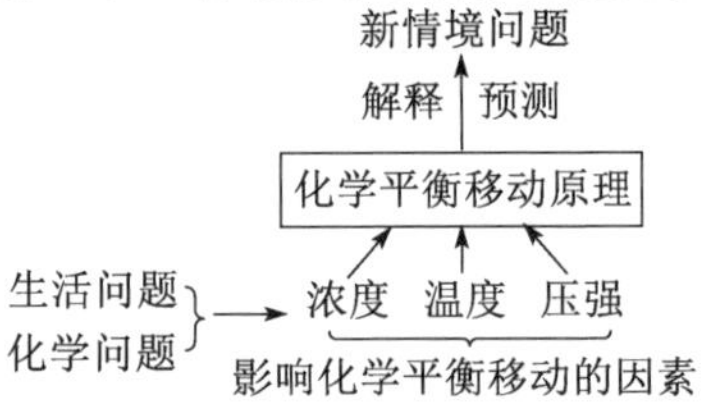


## 六、教学点评

化学平衡是中学化学学习的基本理论之一，同时也是学生后续学习电离平衡、水解平衡等理论知识的重要基础。该部分内容抽象，理论性强，学生只能凭思考、想象学习，难度较大。本节课以建构主义理论为指导，基于学生已有的知识基础，以生活中的素材设置真实情境，通过实验探究、图表分析让学生由感性认识升华到理性认识，通过问题引导、教师启发、小组讨论帮助学生有效完成知识建构。具体来讲，本节课具有以下特点：

1. 课堂教学注重真实情境创设，体现化学学科价值

教学以“开启啤酒”的方式引入本节课的教学，“开启啤酒”是人们生活中十分常见的事实，但它所涉及的学科知识却很少引起人们的思考。教师通过这一真实情境的创设，很快就将学生的注意力引入课堂，将学生的思维集中到学习任务上，起到了“引人入胜”的效果。后续教学紧紧以本节课的核心知识为中心，通过改变压强、温度等因素引起啤酒的变化，让学生了解到压强、温度是影响溶

解平衡的因素。接着教师又通过“任务 1”让学生动手实验，增加了实验体验，从定性和定量的角度，通过实验现象和数据分析得出压强、温度、浓度会使化学平衡产生移动，这提升了学生的思维品质，使其从感性认识升华到理性认识，同时培养了学生的科学素养。

2. 教学设计注重信息技术和数字化资源的使用

教师在进行本节课的教学时使用了多种教学手段，如实验（分组、演示）、PPT 展示、手持技术等，有效提高教学过程的科学含量，有助于提升学生的科学品质。

教师在第二环节教学中，设置了“任务 1”和“任务 2”，在每个任务中通过分组实验，分别从定性和定量的角度进行实验，将传统实验和现代技术融合，运用现代技术激发学生学习化学的兴趣。教师在第三环节教学中，通过演示实验和手持技术得到的图像，以实验数据推理分析得出压强会影响化学平衡的移动，帮助学生提升了理性思维和“证据推理和模型认知”素养。

3. 关注学情，适时适度评价，激发学生潜能

教师在课堂教学中以学生为主体，重视学生的课堂反馈和学习表现，能适时根据学生的表现进行评价，并主动及时地调控教学过程，是落实新课标理念的需要。从本节课例的“解读与评价”栏中，人们可以清楚地感受到授课教师在落实过程评价和调控教学过程中付出的努力。在教学中，教师根据评价的满意原则和加分原则，对学生的学习表现及时给予评价。教师在教学中能根据不同组别完成不同实验操作，适时给予不同要求的评价，使评价更加合理有效。

4. 建议

教学中，教师要根据学生的学习情况，及时调整教学进度，使全班学生都能达到学业要求。

案例提供：韩富军（武汉市教育科学研究院）
点评教师：李继华（孝感市第一高级中学）

## 实例 8　原电池（第 1 课时）

### 一、教材分析

本节课为《化学（选择性必修 1）化学反应原理》第四章“化学反应与电能”第一节“原电池”第 1 课时，进一步介绍了带有“盐桥”的复杂原电池的组成和工作原理。教材通过对原电池中闭合电路形成过程的分析，引出半电池、盐桥、内电路、外电路等概念，从而进一步提高学生对原电池构成和工作原理的认识、应用。教材编排体现了宏观辨识与微观探析相结合的思想，实现了知识的系统建构。

### 二、学情诊断

学生在高一年级已完成必修课程中“主题 3：物质结构基础及化学反应规

律”的学习，知道了化学反应可以实现化学能与其他能量形式的转化，了解了单液原电池的原理，初步理解了电极的概念，并能够对电极反应产物进行判断，但不了解单液电池和双液电池的异同，不会设计原电池，未掌握原电池的微观实质。教师在教学时应从学生已掌握的知识入手，创设问题情境，采用科学的教学手段，循序渐进，引导学生掌握新知识，构建相关认知模型，并将所学知识结构化。

## 三、教学目标

（1）进一步掌握原电池的概念和原电池的工作原理，对原电池的形成条件产生更完整的认识。

（2）通过比较分析单液电池和双液电池的异同，知道盐桥的作用。

（3）能根据氧化还原反应设计简单的原电池。

（4）通过对原电池的宏观特征和微观实质的分析，培养学生宏观辨识与微观探析的素养。

（5）通过对原电池电流形成过程的探究，认识到微粒运动（导线中电子和溶液及盐桥中阴阳离子的运动）和物质变化（电极反应）的内在联系，建构原电池的双液电池模型。

（6）通过对双液电池本质的深入理解，渗透对立统一的辩证唯物主义思想。

教学重点：单液电池和双液电池的异同。

教学难点：设计简单的原电池。

## 四、教学用品

（1）一个教学 PPT 文件（含视频、动画、课堂练习题等）。

（2）实验用品：锌片、铜片、1 mol/L $CuSO_4$ 溶液、灵敏电流表、导线、烧杯、胶头滴管、温度计、石墨棒、铁棒、盐桥。

## 五、教学过程

| 教学环节 | 教学活动 | 解读与评价 |
| --- | --- | --- |
| 一、创设情境，温故求新 | **【设问】**同学们，大家观察一下讲台上放的物品，说说它们是做什么用的？（切开的半个橙子、导线连接石墨电极的 LED 灯）<br>**【讲授】**LED 灯对微弱的电流比较敏感，可用来测电流。今天老师就用它来进行一个非常有趣的实验。<br>**【演示实验】**演示橙子原电池，提示学生注意观察现象（如图 3-1-11 所示）。 | **【解读】**通过实验，向学生提供基于生活的情境素材，激发学生的探究意识和求知欲望。 |

续表

| 教学环节 | 教学活动 | 解读与评价 |
| --- | --- | --- |
| 一、创设情境，温故求新 | 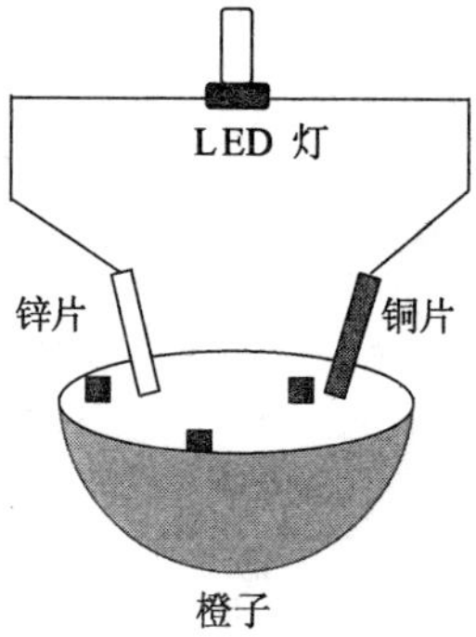<br><br>图 3-1-11　橙子原电池<br>**【学生观察】**<br>**【设问】**大家观察到了什么现象？在刚才的实验中 LED 灯发光说明导线中有什么？ | **【评价】**能正确回答现象并说明原因，可评为满意；回答细节全面、规范，可加分。 |
| 二、设计实验，发现问题 | **【学习任务 1 】**模型建构——单液原电池<br>首先请学生根据反应：$Zn + CuSO_4 = ZnSO_4 + Cu$ 设计一个原电池，并进行实验。<br>实验用品：锌片、铜片、1 mol/L $CuSO_4$ 溶液、灵敏电流表、导线、烧杯、胶头滴管、温度计。<br>**【学生实验】**用上述药品和仪器组装原电池（如图 3-1-12 所示），记录实验现象（注意观察锌片表面、温度计读数和电流表的读数变化）。<br>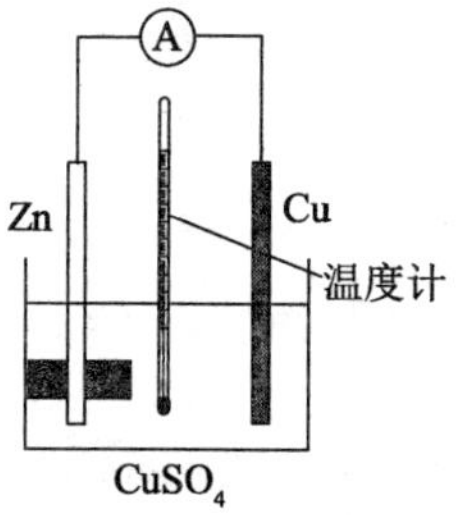<br><br>图 3-1-12　Cu-Zn-$CuSO_4$ 原电池实验<br>**【学生完成“思考与交流”】**<br>① 写出正负极的电极反应方程式，并分析反应类型。<br>② 在实验装置图上画出外电路电子的流动方向，内电路阴阳离子的移动方向。<br>③ 这种正负极浸入同一电解质溶液的电池称为单液原电池。请结合实验现象分析单液电池效率低的原因，并尝试提出解决方案。 | **【解读】**通过 Cu-Zn-$CuSO_4$ 原电池实验，发现单液原电池能量转化率低的问题。体验探究过程，培养学生科学探究与创新意识的素养。<br>**【评价】**能正确设计原电池，可评为满意；能正确用以上药品和仪器组装原电池并进行实验，可评为满意；记录实验现象细节全面，可加分。<br>**【解读】**复习巩固氧化还原反应知识，逐步引出原电池工作原理，为后续双液原电池的设计分析奠定理论基础。 |

续表

<table>
<tr><th>教学环节</th><th>教学活动</th><th>解读与评价</th></tr>
<tr><td>二、设计实验，发现问题</td><td>【学生小组讨论】得出该电池效率较低的原因是 Zn 与 $CuSO_4$ 溶液直接接触。<br>【小结】① 单液原电池电池效率不高的原因：Cu-Zn-$CuSO_4$ 单液原电池，锌片直接与 $CuSO_4$ 溶液接触发生置换反应，部分化学能直接转化为热能，导致电能损失；同时锌片与表面析出的铜形成原电池反应，导致部分电子不从导线通过，电流发生衰减，电池效率不高。<br>② 设计高效率的原电池的关键点：避免氧化剂和还原剂直接接触，要让氧化反应和还原反应在不同区域进行。</td><td>【评价】正确规范写出电极反应方程式与类型，可评为满意；画图正确，可评为满意；<br>分析原因正确，提出解决方案的思路清晰，表达清楚流畅，可加分。<br>【解读】通过对原电池的宏观和微观分析，培养学生宏观辨识与微观探析的素养；通过小组讨论，培养学生的合作精神。</td></tr>
<tr><td>三、实验探究，学习新知</td><td>【学习任务 2】模型建构——双液原电池<br>【设疑】如何避免氧化剂和还原剂直接接触？<br>【学生提出】能否把锌电极与 $CuSO_4$ 溶液分在两个不同的区域。<br>【学生活动】以 $Zn+Cu^{2+} \xlongequal{} Zn^{2+}+Cu$ 反应为例，设计一个新的实验装置，使氧化反应和还原反应分别在不同的区域进行。<br>【探究实验】设计装置并进行实验（见图 3-1-13）。发现该装置不能构成原电池。<br>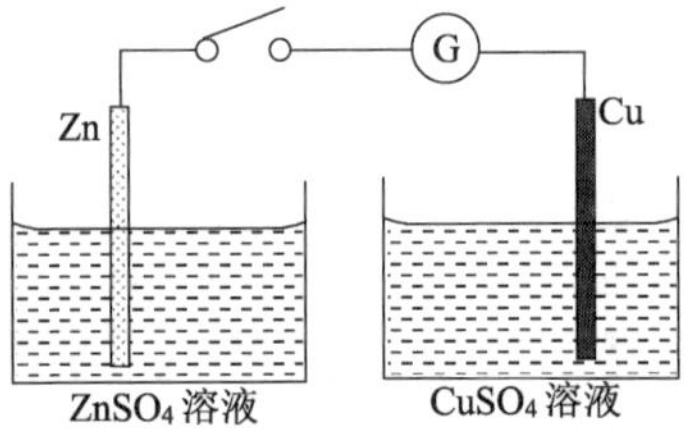<br><br>图 3-1-13　探究双液原电池的工作原理<br>【学生小组讨论】<br>图 3-1-13 的实验装置闭合开关后电流表指针为何不发生偏转？分开的装置如何构成闭合回路？可以采用什么材料使图 3-1-13 的装置连成通路？<br>【教师启发】这里需要连通的是内电路，应该考虑形成离子通路，不考虑用导线连接，应该用电解质溶液连接。但是有什么方法可以将溶液固定起来呢？<br>【学生阅读课本】发现课本介绍固定电解质溶液用盐桥——U 形管内装着含琼胶的 KCl 饱和溶液。<br>【教师小结】盐桥中通常装有含琼胶的 KCl 饱和溶液。琼胶的作用：防止管中溶液流出；$K^+$ 和 $Cl^-$ 能在琼胶内自由移动。</td><td>【解读】通过教师设疑，引导学生一步步解决问题。<br>【评价】能正确设计装置并进行实验，可评为满意；能分析不能构成原电池的原因，并提出合理解决方案，可加分。<br>【解读】让学生观察并思考问题，最后师生共同小结，从而突破难点。</td></tr>
</table>

续表

<table>
<tr><th>教学环节</th><th>教学活动</th><th>解读与评价</th></tr>
<tr><td>三、实验探究，学习新知</td><td>【实验】学生使用浸有饱和 KCl 溶液的滤纸搭桥做实验。<br>【实验结果】长滤纸浸泡 KCl 溶液后，使滤纸两端分别与两杯溶液接触，电流表指针发生偏转。<br>【设疑】盐桥的优势在哪里？<br>【学生回答】避免 $Cu^{2+}$ 直接在 Zn 的表面得到电子被还原。<br>【教师小结】这样的原电池叫作双液原电池。有如下优点：可防止化学能转化为热能，提高化学能转化为电能的效率。</td><td>【评价】能正确完成盐桥实验，可评为满意；能正确分析盐桥的优势，可加分。<br><br>【解读】学生经历“Cu－Zn（$CuSO_4$ 溶液）”原电池装置到“Cu－Zn（盐桥）”原电池装置改进的分析过程，体验探究过程，培养学生科学探究与创新的素养。</td></tr>
<tr><td>四、动画突破，微观探析</td><td>【学习任务 3】从微观认识盐桥（见图 3-1-14）的作用。<br>
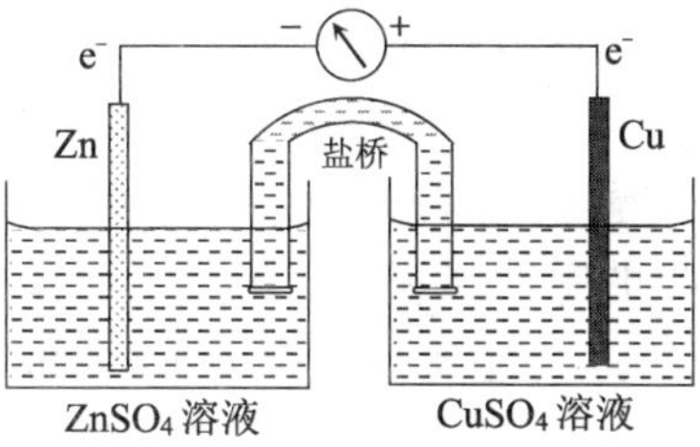

<br>图 3-1-14　盐桥的作用<br>【动画】呈现双液原电池中电子流动的方向和离子移动的方向。<br>【学生观看动画】回答电子流动方向、溶液和盐桥内部离子移动的方向。<br>【设疑】为何盐桥中 $K^+$ 和 $Cl^-$ 能在琼胶内定向移动？<br>【小结】盐桥的作用：阴阳离子的定向移动使溶液保持电中性，提供持续稳定的电流，这种作用称为“平衡电荷”的作用。</td><td>【解读】从微观的角度深入认识盐桥的作用，培养学生宏观辨识与微观探析的素养。<br>【评价】能正确分析盐桥 2 点及以上优势，可加分。</td></tr>
<tr><td>五、要点整合，练习提高</td><td>【课堂小结】组织学生整理知识，归纳双液原电池的构成条件。<br>① 一般把氧化剂和还原剂分别置于不同的烧杯中。<br>② 根据电极材料确定电解质溶液。为保证电极材料不与电解质溶液直接反应，一般把电极和电极对应的盐溶液放在一起。<br>③ 插入盐桥连成通路。<br>【作业】<br>利用如下仪器与用品，组建新的双液原电池。<br>实验用品：1 mol/L $ZnCl_2$ 溶液、1 mol/L $Zn(NO_3)_2$ 溶液、1 mol/L NaCl 溶液、6 mol/L NaOH 溶液、1 mol/L $CuSO_4$ 溶液、石墨棒、铁棒、灵敏电流计、盐桥、烧杯、导线等。</td><td>【解读】归纳整理，形成系统，使知识结构化。<br>【评价】思考并根据所学内容进行课堂小结；归纳出 2 项，可评为满意；归纳出 3 项，可加分。<br>【评价】习题解答正确，可评为满意；提出解决方案的思路清晰，表达清楚流畅，可加分。</td></tr>
</table>

续表

| 教学环节 | 教学活动 | 解读与评价 |
|---|---|---|
| 【板书设计】<br>第一节　原电池（第1课时）<br>1. 原电池定义<br>2. 单液原电池构成及电池效率不高的原因<br>3. 双液原电池构成及盐桥的作用 | | |

## 六、教学点评

双液原电池认知模型历来是中学化学的重难点内容，其知识抽象程度较高，教学中要求学生形成新的包含电极反应、电极材料、离子导体、电子导体的电化学体系的认知模型，有一定的挑战性。本节课基于学生已掌握的知识，以建构主义理论为指导，创设问题情境，注重实验探究，重视证据推理，组织小组讨论，帮助学生有效完成了相关知识的建构。具体来讲，本节课具有以下特点：

1. 课堂引入和教学注重真实情境的创设

教学引入时教师设计了橙子原电池的实验，通过该实验，向学生提供基于生活的情境素材，激发学生的探究意识和求知欲望。教师在学习任务中将一系列实验逐步加深变形，既增强了学生的感性认识，又激发了学生探究知识的欲望，为培养学生宏观辨识与微观探析的素养起到一定作用。教师采用实验探究的形式，通过层层设问，充分发挥教师主导、学生主体的作用，结合实验提出假设，验证假设，突破教学重难点，体现了执教者高超的课堂驾驭能力。

2. 教学过程高度注重学科核心素养培养

本节课的教学分为5个环节，包括“创设情境、温故求新”“设计实验，发现问题”“实验探究，学习新知”“动画突破，微观探析”“要点整合，练习提高”。课堂教学结构设计紧凑，层层递进，前后连贯。

教师设计“思考与交流”，要求学生在实验装置图上画出外电路电子的流动方向和内电路阴阳离子的移动方向。在温习旧知识中让学生复习微观本质，学习新知识时又通过动画突破从微观的角度深入认识盐桥的作用，高度关注了“宏观辨识与微观探析”学科核心素养的培养。

教师安排单液原电池实验、双液原电池实验，组建新的双液原电池实验，探究由浅入深，由旧启新，层层展开。教师结合实验提出假设，验证假设，突破教学重难点，组织学生开展分析解释、推论预测、设计评价等学习活动，高度关注“科学探究与创新意识”学科核心素养的培养。

教师指导学生观察和记录实验细节，包括注意观察锌片表面、温度计读数和电流表的读数变化。然后由具体到抽象，由特殊到一般，引导学生从能量变化和氧化还原反应两个方面认识到微粒运动和物质变化的内在联系，建构原电池双液电池新的认知模型，使学生实现认识上质的飞跃，高度关注了“证据推理与模型认知”学科核心素养的培养。

3. 教学设计注重“教、学、评”一体化

在教学中，教师根据学生的表现进行各种形式评价，是落实新课程理念的需要。从本节课例的“解读与评价”栏中，人们可以清楚地看到执教者的评价功底和调控能力。教师在教学中，根据评价的“满意原则和加分原则”，及时对学生的学习表现给予准确的评价。例如：正确规范写出电极反应方程式与类型，可评为满意；画图正确，可评为满意；分析原因正确，提出解决方案的思路清晰，表达清楚流畅，可加分。

建议：教学中教师要根据学生的学情，采取各种措施，防止两极分化，使全班学生发挥出最大潜能。

案例提供：刘艳玲（武汉市第十九中学）

点评教师：万长江（武汉市武钢三中）

## 实例 9　原子结构（第 1 课时）

### 一、教材分析

《化学（选择性必修 2）物质结构与性质》第一章“原子结构与性质”第一节“原子结构”在学生已有原子结构知识的基础上，首先构建核外电子的能层和能级的概念，然后从构造原理和能量最低原理介绍核外电子排布式，图文并茂地描述了原子光谱、基态、激发态、电子云和原子轨道、电子自旋等概念与实验事实，系统而深入地引入了泡利原理、洪特规则、能量最低原理，为学生全面描述核外电子的运动状态奠定坚实的理论基础。本节共分 4 课时。第 1 课时完成“能层和能级、构造原理和电子排布式”的教学。本节新概念多，内容抽象，教师在教学中从内容到教学形式要注重激发和保持学生的学习兴趣，注意培养学生的空间想象能力、分析推理能力、抽象思维能力及模型认知能力。这既有利于深入探究原子结构的微观状态，也有利于培养学生的“宏观辨识与微观探析”“证据推理与模型认知”等核心素养。

### 二、学情诊断

鉴于学生已在高中必修第一册第四章“物质结构 元素周期律”掌握了部分原子结构知识，本节教学注意引导学生将已有的知识与新知识建立联系。对原子结构的认识是一个由浅入深逐步递进的过程，教材把构造原理看作一个经验规律，直接给出了原子核外电子排布顺序，目的是要求学生通过学习构造原理及核外电子排布式内容，深入研究原子结构理论，加深其对所学规律的理解。

### 三、教学目标

（1）深入认识原子核外电子的分层排布规律。

（2）了解原子核外电子的能层分布及其能量关系，理解原子结构的构造原理。

（3）能用符号表征原子核外的不同能层、能级。

（4）从光谱事实出发，认识原子核外电子的运动状态和原子轨道。

（5）能总结出基态原子的电子排布式，学会书写 1~20 号元素原子核外电子排布式。

（6）通过学习原子结构模型建立的历史，认识原子结构理论发展的过程是一个逐步深入完善的过程，激发学生探索未知、崇尚真理的意识。

教学重点：对能层和能级的认识。

教学难点：构造原理和基态原子核外电子排布式的书写表达。

## 四、教学用品

一个教学 PPT 文件（含视频、动画、课堂评价练习等）。

## 五、教学过程

<table>
<tr><th>教学环节</th><th>教学活动</th><th>解读与评价</th></tr>
<tr><td>一、创设情境，温故求新</td><td>【引入】化学变化的最小微粒是原子。选择性必修教材结合原子结构模型发展史，通过已知的原子核外电子排布规律和 Na 原子结构示意图进一步研究原子结构中未知的秘密。<br>【PPT 展示】向学生讲解原子结构模型的发展史如表 3-1-11 所示。<br>表 3-1-11　原子结构模型的发展史
<table>
<tr><th>序号</th><th>模型名称</th><th>结构模型</th><th>时间</th><th>科学家</th><th>内容与观点</th></tr>
<tr><td>1</td><td>实心原子模型</td><td></td><td>1803 年</td><td>道尔顿</td><td>近代原子说物质，认为：物质由原子组成，且原子为实心球体，不能分割；同种分子的质量和性质相同</td></tr>
<tr><td>2</td><td>“葡萄干布丁”模型</td><td></td><td>1904 年</td><td>汤姆生</td><td>原子是一个正电荷均匀分布的粒子，电子镶嵌其中并中和正电荷，使原子呈电中性，原子是可以再分的</td></tr>
<tr><td>3</td><td>核式原子模型</td><td></td><td>1911 年</td><td>卢瑟福</td><td>原子由原子核和核外电子组成；原子核带正电荷，位于原子的中心并几乎集中了原子的全部质量；电子带负电荷，在原子核周围空间作高速运动</td></tr>
</table></td><td>【解读】引入教学。<br>【解读】让学生充分体会科学家们的思考轨迹，从而认识原子结构理论的发展是一个逐步深入完善的过程，并激发学生的探究意识和求知欲望，培养其科学探究与创新意识的核心素养。</td></tr>
</table>

续表

<table>
<tr><th>教学环节</th><th>教学活动</th><th>解读与评价</th></tr>
<tr><td>一、创设情境，温故求新</td><td>
<table>
<tr><th>序号</th><th>模型名称</th><th>结构模型</th><th>时间</th><th>科学家</th><th>内容与观点</th></tr>
<tr><td>4</td><td>电子分层模型</td><td></td><td>1913 年</td><td>玻尔</td><td>电子在原子核外一定轨道上绕核做高速运动</td></tr>
<tr><td>5</td><td>量子力学模型（电子云模型）</td><td></td><td>1926 年</td><td>薛定谔</td><td>电子云模型中的电子在原子核外很小的空间内做高速运动，其运行没有固定的规律，接近近代人类对原子结构的认识，属于分层排布</td></tr>
</table>
【PPT】原子核外电子排布规律：<br>(1) 核外电子总是尽量优先排布在能量较低的电子层，然后由内向外，依次排布在能量逐步升高的电子层上；<br>(2) 原子核外各电子层最多容纳 $2n^2$ 个电子；<br>(3) 原子最外层电子数目不能超过 8 个（K 层为最外层时，不能超过 2 个电子）；<br>(4) 次外层电子数量不能超过 18 个（K 层为次外层时，不能超过 2 个），倒数第三层电子数目不能超过 32 个。<br>说明：以上规律是互相联系的，不能孤立地理解。当 M 层是最外层时，最多可排 8 个电子；当 M 层不是最外层时，最多可排 18 个电子。<br>【提问】请写出 O、Na、K 原子结构示意图。<br>【讲解】根据电子层模型，原子可分为原子核和核外电子两部分，而核外电子可分层排布。为什么会有这样的规律？</td><td>【解读】进行 PPT 展示，复习原子核外电子排布规律。<br>【评价】能准确写出 O、Na、K 原子结构示意图，可评为满意。<br>【解读】承上启下。</td></tr>
<tr><td>二、引导探究，认识新知</td><td>【讲解】多电子原子的核外电子处在原子核的引力场中，分别在能量不同的区域内运动，这种不同的区域称为电子层（$n$）即能层。电子总是尽可能先从内层排起，当第一层充满后再依次填充下一层。由内而外电子层可以分为第一、二、三、四、五、六、七层……<br>【设问】第一、二、三、四、五、六、七电子层的符号分别表示为__________。能量从低到高的顺序是__________。<br>【归纳】由内而外可以分为能层（电子层）第一、二、三、四、五、六、七层……<br>能层符号　K、L、M、N、O、P、Q……<br>能量由低到高────────────────→<br>$E(K)<E(L)<E(M)<E(N)<E(O)<E(P)<E(Q)$</td><td>【解读】在复习电子层的基础上，引入能层、能级的概念。</td></tr>
</table>

续表

<table>
<tr><th>教学环节</th><th>教学活动</th><th>解读与评价</th></tr>
<tr>
<td>二、引导探究，认识新知</td>
<td>【猜想】Na 原子核外有 11 个电子，K 层有 2 个电子，L 层共有 8 个电子，M 层有 1 个电子。K、L、M 电子能量不同，L 层上 8 个电子的能量完全相同吗？<br>【讲解】在多电子的原子中，同一个能层的电子，能量也可能有差别。根据能量的不同把同一个能层分成不同能级。这就好比能层是楼梯，能级是楼梯的台阶。<br>【板书】能层和能级<br>能层：电子层。<br>能级：同电子层中的能量还有差别，可理解为电子亚层。<br>【强化】能级符号规定为：s、p、d、f……任一能层的能级总是先从 s 能级开始。<br>【设问】在每一个能层中，各能级序号应如何排列？<br>【讲解】在每一个能层中，各能级符号的顺序是：ns、np、nd、nf……（n 代表能层）。<br>【设问】每一能层有什么相应的能级类型？<br>【学生】每一能层的能级类型为：<br>第一层　1 个　s<br>第二层　2 个　s　p<br>第三层　3 个　s　p　d<br>第四层　4 个　s　p　d　f<br>……<br>结论：能层序数 = 能级数<br>【强化】任一能层的能级总是先从 s 能级开始，且该能层的能级数等于该能层序数。<br>【设问】如何在表达上区别不同能层的 s 能级？<br>【PPT 展示】归纳能层、能级的符号的关系见表 3-1-12。<br>表 3-1-12　能层、能级的符号的关系
<table>
<tr><th rowspan="2">电子层 n</th><th rowspan="2">能量符号</th><th colspan="3">能级</th></tr>
<tr><th>能级种类</th><th>能级符号</th><th>能级数目</th></tr>
<tr><td>n = 1</td><td>K</td><td>s</td><td>1s</td><td>1</td></tr>
<tr><td rowspan="2">n = 2</td><td rowspan="2">K</td><td>s</td><td>2s</td><td rowspan="2">2</td></tr>
<tr><td>p</td><td>2p</td></tr>
<tr><td rowspan="3">n = 3</td><td rowspan="3">M</td><td>s</td><td>3s</td><td rowspan="3">3</td></tr>
<tr><td>p</td><td>3p</td></tr>
<tr><td>d</td><td>3d</td></tr>
<tr><td>⋮</td><td>⋮</td><td>⋮</td><td>⋮</td><td>⋮</td></tr>
</table>
【提问】如何将各能级按能量大小排序？</td>
<td>【解读】猜想引起好奇心。<br>【解读】将“能层”比喻为“楼梯”、“能级”比喻为“楼梯的台阶”，有利于学生理解。<br>【解读】用符号表示各能级，引导学生推断各能级的能量大小、能级的序数、能级类型、不同能层的能级表达方法。<br>【解读】总结出“能层序数 = 能级数”的规律，并对应各能层最多容纳的电子数，找出 s、p、d、f 能级能容纳的电子数。培养学生逻辑推理、归纳总结能力。</td>
</tr>
</table>

续表

<table>
<tr><th>教学环节</th><th>教学活动</th><th>解读与评价</th></tr>
<tr>
<td>二、引导探究，认识新知</td>
<td>
【整理归纳】<br>
① 能量依次升高，即在第 $n$ 层中，不同能级的能量大小顺序是 $E(ns)<E(np)<E(nd)<E(nf)$ ……<br>
② 不同能层，能级符号相同时，$n$ 越大，能量越高，即 $E(1s)<E(2s)<E(3s)<E(4s)$ ……<br>
【设问】不同能级上最多容纳的电子数是多少？<br>
【强化】各能级最多容纳的电子数为以 s、p、d、f……排序的自然数 1、3、5、7……的 2 倍。<br>
【设问】不同能层中的相同类型的能级中最多所能容纳的电子数是否相同？<br>
【归纳】相同。即 1s、2s、3s、4s 最多容纳 2 个电子；2p、3p、4p、5p、6p 最多容纳 6 个电子。<br>
【PPT 展示】整理归纳各能层最多容纳的电子数，见表 3-1-13。<br>
表 3-1-13　各能层最多容纳的电子数
<table>
<tr><td>能层（n）</td><td>一</td><td colspan="2">二</td><td colspan="3">三</td><td colspan="4">四</td><td>五</td><td>六</td><td>七</td><td>…</td></tr>
<tr><td>能层符号</td><td>K</td><td colspan="2">L</td><td colspan="3">M</td><td colspan="4">N</td><td>O</td><td>P</td><td>Q</td><td>…</td></tr>
<tr><td>能级符号</td><td>1s</td><td>2s</td><td>2p</td><td>3s</td><td>3p</td><td>3d</td><td>4s</td><td>4p</td><td>4d</td><td>4f</td><td>…</td><td>…</td><td>…</td><td>…</td></tr>
<tr><td>能级最多电子数</td><td>2</td><td>2</td><td>6</td><td>2</td><td>6</td><td>10</td><td>2</td><td>6</td><td>10</td><td>14</td><td>…</td><td>…</td><td>…</td><td>…</td></tr>
<tr><td>最多容纳的电子数</td><td>2</td><td colspan="2">8</td><td colspan="3">18</td><td colspan="4">32</td><td>50</td><td>72</td><td></td><td></td></tr>
</table>
【讲解】科学家依据大量的光谱事实得出了能级填充顺序的经验原理——构造原理。<br>
【板书】三、构造原理与电子排布式。<br>
【讲解】构造原理：电子大多是按能级顺序填充的，要求先填满前面的一个能级再依次填入后面一个新能级。构造原理是书写基态原子电子排布式的依据。电子排布式：用核外电子分布的能级及各能级上的电子数来表示电子排布的式子。<br>
【讲解】以 Al 原子为例，其电子排布式为：$1s^22s^22p^63s^23p^1$。将阿拉伯数字写在能级符号前表示能层数，将阿拉伯数字标在能级符号右上角表示该能级上排布的电子数，整合在一起就是完整的电子排布式。<br>
【练习】写出下列原子电子排布式。<br>
Li、Mg、S。<br>
【提问】根据钾原子结构示意图判断钾原子的电子排布式是 $1s^22s^22p^63s^23p^63d^1$ 还是 $1s^22s^22p^63s^23p^64s^1$？<br>
【回答】钾原子的电子排布式是 $1s^22s^22p^63s^23p^64s^1$。<br>
【提问】第 19 个电子为什么排在 4s 能级，而不排在 3d 能级上？<br>
【讲解】能级的顺序并不是完全按能层由低到高排布的，中间会出现能级交错。
</td>
<td>
【评价】能准确将各能级按能量大小排序，可评为满意；能流利讲述，可加分。<br>
【解读】根据大量的光谱学实验，1936 年德国科学家马德隆发表了以原子光谱事实为依据的完整的构造原理。完整的构造原理体现了化学家们的智慧。<br>
【解读】原子光谱、基态与激发态放在第 2 课时学习。<br>
【解读】学习书写电子排布式的方法。<br>
【评价】能正确写出电子排布式，可评为满意。<br>
【解读】这节课只要求学生能按构造原理写 1～20 号基态元素原子电子排布式。
</td>
</tr>
</table>

续表

| 教学环节 | 教学活动 | 解读与评价 |
| --- | --- | --- |
| 二、引导探究，认识新知 | 【PPT 展示】构造原理（见图 3-1-15）<br>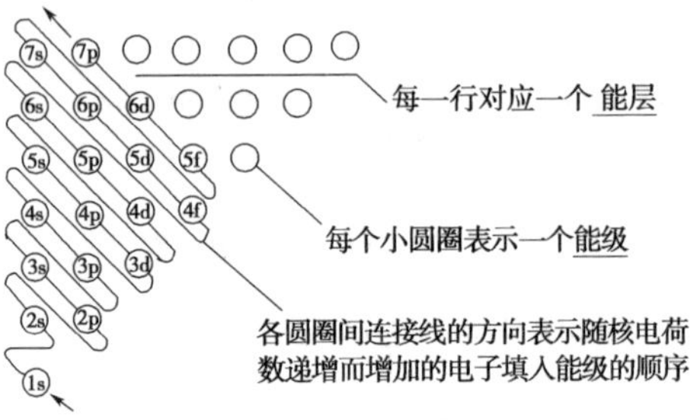<br><br>图 3-1-15　构造原理<br>【讲解】“回形针式”的构造原理揭示了原子核外电子的能级分布。从中可以发现，不同能层的能级有交错现象，如 $E$（3d）>$E$（4s）、$E$（4d）>$E$（5s）、$E$（5d）>$E$（6s）等。 | 【解读】通过观察钾原子的原子结构示意图，发现其与能层、能级排列的冲突，引发学生思考，引入能级交错和构造原理。<br>【解读】初步接触能级交错，但不需要写出 20 号以后元素基态原子的电子排布式，这个部分下节课再深入。 |
| 三、讨论交流，评价提高 | 【升华思考】再次回到原子核外电子排布规律，解释原子最外层最多容纳电子数为什么是 2 或 8?<br>【归纳】由于能级交错，$E_{(n-1)d}>E_{ns}$，多余电子不是填入（$n$−1）d，而是首先形成新的电子层，填入 $ns$ 轨道中，最外层由 $ns$、$np$ 组成，当 $ns$ 和 $np$ 全充满时，最多容纳 8 个电子。<br>【推广】根据构造原理，只要知道原子序数，就可以写出几乎所有基态元素原子的电子排布式（包括原子结构示意图）。 | 【评价】运用构造原理分析原子核外电子排布规律。能正确描述、分析方案，结论正确，可评为满意；思路清晰、表达清楚流畅，可加分。 |
| 四、整合观念，形成思路 | 【思维导图】<br>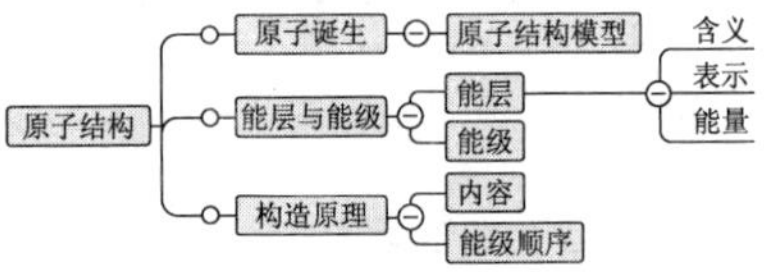<br> | |
| 五、问题解决，及时评价 | 1. 下列各能层中不包含 d 能级的是（　　）<br>A. N　　B. M　　C. L　　D. O<br>答案：C<br>2. 下列原子轨道中，可容纳电子数最多的是（　　）<br>A. 5d　　B. 6p　　C. 4f　　D. 7s<br>答案：C<br>3. 下列各原子或离子的电子排布式错误的是（　　）<br>A. $K^+$　$1s^22s^22p^63s^23p^6$　　B. F　$1s^22s^22p^5$<br>C. $S^{2-}$　$1s^22s^22p^63s^23p^4$<br>D. Ar　$1s^22s^22p^63s^23p^6$<br>答案：C | 【解读】通过基础性作业诊断和评价学生对原子结构能层、能级的理解。<br>【评价】正确完成第 1、2 题，可评为满意；正确完成第 1～3 题，可加分。 |

续表

| 教学环节 | 教学活动 | 解读与评价 |
| --- | --- | --- |
| 【板书设计】<br>第一节　原子结构与性质（第 1 课时）<br>一、原子模型的发展历程<br>二、能层和能级<br>三、构造原理和电子排布式 | | |

## 六、教学点评

本节课是《化学（选择性必修 2）物质结构与性质》第一章第一节“原子结构”的第 1 课时，涉及新概念多，内容抽象枯燥，是高中化学教学中的难点。良好的教学开端，有利于激发学生从结构角度研究化学的兴趣，有利于学生克服畏难情绪，增强学生的学习信心。本课引导学生进一步探究原子核外电子排布规律，层层探究能层、能级、构造原理、核外电子排布式等概念，为后续章节内容的学习奠定基础，注意培养学生的空间想象能力、分析推理能力、抽象概括能力和模型认知能力。总体来说，本节课有以下的特点：

1. 教材处理智慧化，围绕教学目标实施教学

教材作为重要的教学资源，凝聚了编写者对教育的认识、对化学的理解，教师要深入钻研教材，理解教学内容，理解和尊重编写者的编写意图，准确把握教学目标。同时，教师还要利用好教材提供的问题、情景和思路，根据学生的实际情况，灵活地使用教材；对确定的教学目标做到心中有数，在课堂教学过程中，引导学生在知识技能的学习中全面落实教学目标。本节课只围绕能层、能级、构造原理和核外电子排布式等几个核心概念组织教学，原子光谱、基态、激发态、电子云等概念与实验事实设置在第二课时，这样安排有利于降低教学难度，构建高效课堂。紧紧围绕核心概念的教学，有利于学生思维的完整性和连贯性。通过创设“原子结构模型的发展史”的教学情境，学生可以充分体会科学家们的思考轨迹，培养化学核心素养。

2. 教学设计结构化，围绕素养发展实施教学

化学核心素养的发展是一个自我构建、持续进步的过程，教师应该根据化学核心素养的内涵及其进阶性，立足于学生的已有经验，对教学内容进行结构化设计，使得教学过程合乎学生素养的发展和认知规律的发展。结构化是实现知识向素养转化的有效途径，结构化水平直接决定着素养发展水平。基于新课标教学内容结构化的明确要求，本课例按照“创设情境，温故求新→引导探究，认识新知→讨论交流，评价提高→整合观念，形成思路→问题解决，及时评价”程序，注重知识的逻辑性，引导学生层层深入探究。学生通过必修模块的学习，已经解决了“核外电子排布是什么规律”的问题，本节要解决“为什么是这种核外电子排布规律”的问题。本课例将原子结构示意图与电子排布式精准结合，可以丰富学生

对原子结构的认知体系。同时，教材在复习电子层的基础上，引入能层的概念。在多电子的原子中，教师根据能量的差别，分成能级，引导学生推断各能级的能量大小、能级的序数、能级类型、不同能层的能级表达方法。教材通过熟知的钾原子的原子结构示意图，发现能层、能级排列的冲突，引发学生深入思考，自然引出能级交错和构造原理，利于学生正确书写基态原子的电子排布式。

3. 学生活动问题化，围绕主动学习实施教学

《课程标准》强调培养学生的学习品质和积极主动的学习态度，关注学生的学习兴趣和经验，倡导主动参与、乐于探究，尊重学生的学习意愿，给学生充足的自主探究、自主发现的时间和空间，要基于学生的兴趣和需要，由他们自己来选择，用自己的眼睛去发现问题，依靠自己的能力和潜力去探究解决问题。本节课的内容抽象、枯燥，要进行有效的学生活动有一定难度。在本节课的教学过程中，教师降低了问题的难度，放慢了教学的进程，通过一系列启发性、项目式问题，让学生动手参与练习，将新课程倡导的“教、学、评”一体化理念落实在表现评价、提问与点评、作业练习等评价活动中，将评价贯穿学生活动的全过程，对学生的实际表现进行分层评价，有利于激励不同层次的学生。

4. 建议

鉴于学习内容的特点，教师可以在课前推荐一些易于理解的科普性材料供学生阅读，教学过程中教师还可以进一步丰富教学素材，增强教学的趣味性和思想性，课后可以再推荐专业性强一点的材料供学生拓宽视野，以利于后续课程的教学。

案例提供：徐俊琼（武汉市第十一中学）

点评教师：张修林（湖北省水果湖高级中学）

## 实例10　配合物（第1课时）

### 一、教材分析

本节课为《化学（选择性必修2）物质结构与性质》第三章“晶体结构与性质”第四节“配合物与超分子”的第1课时，内容分3个部分，第一部分介绍配位键的概念和形成条件，第二部分介绍简单配合物的形成，第三部分介绍配合物的应用。

第一部分，教材首先设置真实问题情境，通过“无水硫酸铜是白色的，$CuSO_4 \cdot 5H_2O$ 晶体却是蓝色的”“硫酸铜溶液呈天蓝色”这些宏观证据制造认知冲突，再通过一组对比实验使学生在微观上体会到可能是 $Cu^{2+}$ 与 $H_2O$ 结合形成的离子呈天蓝色，$Cu^{2+}$ 与 $H_2O$ 之间可能存在较大的作用力，进而引出配位键概念。内容编排体现了宏观辨识与微观探析相结合的思想。同时，教材用球棍模型表征了 $[Cu(H_2O)_4]^{2+}$ 中的化学键，帮助学生进一步理解配位键的本质。

第二部分，在配位键的概念形成后，教材进一步通过 3 个实验，一方面从明线出发，突出介绍了 3 种简单配合物的制备和性质，建构配合物的认知模型，突出了“物质结构与性质”这一主题；另一方面从暗线出发，让学生认识到配位键不仅能存在于金属离子与某些分子间，也能存在于金属离子与某些离子间，加深学生对配位键本质和配合物理论的理解，从而利于学生将配位键和配合物自然地纳入已有知识系统中，实现知识的结构化，更新学生的知识结构。

第三部分，教材介绍了配合物广泛存在于自然界中，并举例说明了配合物在生产、生活、科学研究等方面的广泛应用，同时配以“资料卡片”拓宽学生的视野。

## 二、学情诊断

在学习本节内容前，学生通过分子结构的学习掌握了共价键知识，一般共价键的形成方式是成键双方原子各提供一个单电子，而形成共价键还有其他方式，学习配位键能提升学生对共价键的认识。学生还通过分子结构的学习，掌握了杂化轨道理论。这些都是学习配位键和配合物理论的必备基础。但因本节内容非常抽象，所以教学中可以多运用实验探究和多媒体辅助教学让学生感受典型配合物的形成过程，体验配合物中中心离子和配体间的作用。

## 三、教学目标

（1）理解配位键的作用、配合物的概念、成键条件和表示方法。

（2）了解配合物的结构和性质的多样性和复杂性。

（3）认识常见配合物，了解配合物在生活中的应用，激发学生学习化学的积极性。

（4）通过铜离子的变色实验，学生体验配合物中中心离子和配体间的作用，感受动态平衡移动，提升思维迁移能力。

（5）通过制备硫酸四氨合铜的实验，学生感受典型配合物的形成过程，培养勇于质疑、善于分析的思维品质。

教学重点：配位键作用和配合物的结构。

教学难点：配合物中中心离子和配体间的作用。

## 四、教学用品

（1）一个教学 PPT 文件（含视频、动画、图片和课堂作业等）。

（2）实验用品：$CuSO_4$、$CuCl_2$、$CuBr_2$、NaCl、$K_2SO_4$、KBr 等固体，1 mol/L 氨水、95% 乙醇、0.1 mol/L $CuSO_4$ 溶液、0.1 mol/L $FeCl_3$ 溶液、0.1 mol/L KSCN 溶液、0.1 mol/L NaCl 溶液、0.1 mol/L $AgNO_3$ 溶液、0.1 mol/L $H_2SO_4$ 溶液、足量的蒸馏水。

（3）仪器：点滴板 1 块、试管架 1 个、试管若干、胶头滴管若干、小烧杯 2 个、药匙若干、玻璃棒 1 支。

## 五、教学过程

| 教学环节 | 教学活动 | 解读与评价 |
| --- | --- | --- |
| 一、创设情境，引入教学 | **【创设情境】** 播放 PPT（展示溶有金的王水溶液）并据此讲述玻尔溶解金奖章的故事，引入主题。<br>**【讲述】** 玻尔巧用王水溶解金生成了可溶于水的配合物。什么是配合物？ | **【解读】** 通过 PPT 向学生提供真实的情境素材，将化学知识融入历史故事，激发学生的学习兴趣和探究意识，引发学生对科学家的崇敬之情和爱国情怀。<br>**【解读】** 引入教学。 |
| 二、实验探究，学习新知 | **【引导分析】** 如果取少量硫酸铜固体溶于水，再向硫酸铜水溶液中逐滴加入氨水直至过量，会发现什么实验现象？最终产物是什么？<br>**【学生活动】** 讨论以下两个问题，进行实验探究、分析作答。<br>1. 为什么五水硫酸铜是蓝色而硫酸铜是白色？<br>2. $Cu^{2+}$ 与 $H_2O$ 是如何结合的？<br>**【实验探究 1】** 完成课本 95 页实验 3-2。<br>**【结论】**<br>配位键：<br>① 定义：电子对给予——接受键。<br>② 形成条件：成键原子一方提供孤电子对，另一方提供空轨道形成的共价键。<br>③ 表示方法：A→B（A 是提供孤电子对的原子，B 是接受孤电子对或提供空轨道的原子）。<br>**【演示】** 动画视频：$NH_4^+$形成<br>**【讲述】** 配位键同样具有饱和性和方向性。一般来说，多数过渡金属的原子或离子形成配位键的数目是基本不变的，如 $Ag^+$一般形成 2 个配位键。<br>**【学生活动】** 阅读教材并思考：$NH_4Cl$ 和 $[Cu(H_2O)_4]SO_4$ 哪种是配位化合物？<br>**【结论】**<br>配位化合物：<br>① 定义：把金属离子（或原子）与某些分子或离子（称为配体）以配位键结合形成的化合物称为配位化合物，简称配合物。<br>**【讲述】** ② 组成结构：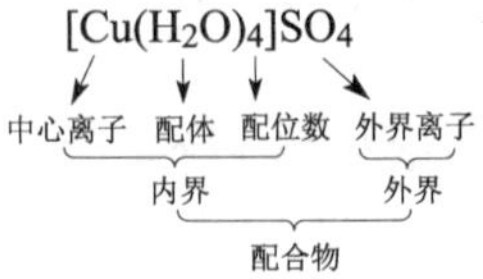 | **【解读】** 提出具体实例，并提出具体探究的问题，引导学生思考的方向。<br>**【解读】** 通过对比实验培养学生的思维方法，引导学生认识配位键形成的本质。<br>**【评价】** 能根据现象说明①②③溶液呈天蓝色，可评为满意；能从微观视角说明 $Cu^{2+}$与 $H_2O$ 结合成的离子或水合铜离子呈天蓝色，其他离子没有颜色，可加分。<br>**【解读】** 能根据 $H_3O^+$ 的形成提出 $[Cu(H_2O)_4]^{2+}$ 中 $Cu^{2+}$ 与 $H_2O$ 的结合方式，可评为满意；能说出配位键的定义、形成条件，可加分。<br>**【解读】** 从本质上定义配位键。<br>**【解读】** 加深对配位键的理解。<br>**【评价】** 回答正确，可评为满意；能说明理由，可加分。<br>**【解读】** 明确配合物的概念。<br>**【解读】** 介绍配合物的组成。 |

续表

| 教学环节 | 教学活动 | 解读与评价 |
| --- | --- | --- |
| 二、实验探究，学习新知 | 配位化合物溶于水易电离为内界配离子和外界离子，那内界配离子中的中心离子和配体间能否离解呢？<br>**【学生活动】**思考以下三个问题，分组完成实验探究 2 和实验探究 3：硫酸四氨合铜的制备和转化，仔细观察现象、小组讨论回答。<br>**【实验探究 2】**完成课本第 96 页实验 3-3。<br>注意：(1) 硫酸铜溶液约取 4 mL；(2) 取用氨水要迅速；(3) 逐滴滴加氨水至过量。<br>**【讲解】**结构测定的实验证明，无论在深蓝色的透明溶液中，还是在析出的深蓝色的晶体中，呈深蓝色都是由于存在 $[Cu(NH_3)_4]^{2+}$。<br>该实验说明硫酸四氨合铜中化学键的种类和强度。<br>**【强调】**$NH_3$ 分子中氮原子的孤电子对进入 $Cu^{2+}$ 的空轨道，$Cu^{2+}$ 与 $NH_3$ 分子中的氮原子通过共用氮原子提供的孤电子对形成配位键。配离子 $[Cu(NH_3)_4]^{2+}$ 可表示为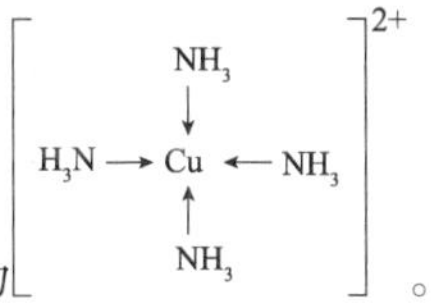。<br>**【实验探究 3】**将实验 3-3 最后一步，改为一个对比试验：滴加 $H_2SO_4$ 溶液，观察现象。<br>不同配体与同一中心离子的配位能力相同吗？<br>从化学实验事实角度出发，解释动态原理过程。<br>**【讲解】**稳定性：配位键的强度有大有小，有的配合物很稳定，有的很不稳定。配位键越强，配合物越稳定。$Cu^{2+}$ 与不同配体结合时，由弱配体向强配体转化，只需加入强配体即可；而逆向的转化，往往通过对强配体的破坏或强制性的平衡移动才能实现。 | **【解读】**引导学生明确内外界间离子键的断裂和内界中配位键的强度。<br>**【解读】**带着感知硫酸四氨合铜的体验目标，完成硫酸四氨合铜的制备。<br>**【评价】**准确描述实验现象，可评为满意；能从微观视角解释原因或写出方程式，可加分。<br>**【评价】**能准确说出 $[Cu(NH_3)_4]SO_4$ 的内界离子、外界离子、中心离子、配体，可评为满意；能准确说出化学键的种类和强度，可加分。<br>**【解读】**通过增补对比实验，学生理解配离子中存在离解平衡，发展学生“变化观念与平衡思想”素养。<br>**【评价】**准确描述实验现象（滴加 $H_2SO_4$ 溶液后，颜色变为天蓝色），可评为满意；能从微观视角解释原因或写出方程式：$[Cu(NH_3)_4](OH)_2+3H_2SO_4 = CuSO_4+2H_2O+2(NH_4)_2SO_4$，可加分。<br>**【评价】**能回答出不同，可评为满意；能指出配位键的强弱，可加分。<br>**【评价】**能根据现象分析出正向转化：$[Cu(H_2O)_4]SO_4 \rightarrow Cu(OH)_2 \rightarrow [Cu(NH_3)_4]SO_4$，加入硫酸后，又可发生逆向转化：$[Cu(NH_3)_4](OH)_2 \rightarrow [Cu(H_2O)_4]SO_4$，可评为满意；能解释原因，可加分。 |

续表

| 教学环节 | 教学活动 | 解读与评价 |
| --- | --- | --- |
| 三、归因分析，建构模型 | 【提问】如何检验 $Fe^{3+}$？<br>【学生活动】阅读课本第 97 页，讨论以下两个问题，进行以下实验探究、分析作答。<br>1. 观察实验现象，分析产生这种现象的原因，并总结配合物的形成原理和应用。<br>2. 哪些金属离子（原子）与哪些分子或离子能形成配合物？<br>【实验探究 4】学生分组完成课本第 97 页实验 3-4 和实验 3-5。<br>【结论】播放《配合物模型认知》微课<br>1. 配合物的组成<br>(1) 中心离子（原子）是提供空轨道接受孤电子对的离子（原子），一般都是带正电荷的阳离子。许多过渡金属元素的离子对多种配体具有很强的结合力，因此其多为过渡金属元素的离子。<br>(2) 配体是提供孤电子对的阴离子或分子，配体中直接同中心离子（原子）配位的原子叫作配位原子。配位原子必须是含有孤电子对的原子，如 $NH_3$ 中的 N 原子等。<br>(3) 配位数是直接与中心离子（原子）形成的配位键的数目。<br>2. 形成配合物的原理<br>形成配合物的中心离子（原子）必须存在空轨道，配体一般都存在着孤电子对。当配体接近中心离子（原子）时，为了增加成键能力，中心离子（原子）用能量相近的空轨道杂化，配体的孤电子对填到中心离子（原子）已杂化的空轨道中形成配离子。配离子的立体构型、配位数及稳定性等主要决定于杂化轨道的数目和类型。内界配离子中中心离子和配体间通常不能电离。<br>3. 配合物的应用<br>当配合物形成时，会因结构改变引起性质改变：<br>(1) 颜色的变化：当简单离子形成配离子时，常会发生颜色变化。我们可根据颜色变化判断配离子是否生成，也可用于简单离子的检验等。<br>(2) 溶解度的变化：一些难溶于水的金属氯化物、溴化物、碘化物、氰化物可以依次溶解于过量的 $Cl^-$、$Br^-$、$I^-$、$CN^-$ 和氨中，形成可溶性的配合物，这种方法常应用于生产中物质的分离和提纯等。 | 【解读】将教材实验内容设计为问题，引导学生温故知新，逐步建立配合物的认知模型。<br><br>【评价】能解释配合物的形成，可评为满意；能举例配合物在生产生活等方面的应用，可加分。<br>【评价】能说出常见金属离子有 $Fe^{3+}$、$Ag^+$、$Cu^{2+}$、$Zn^{2+}$、$Cr^{3+}$ 等，常见配体有分子（$NH_3$、$H_2O$、CO 等）、离子（$Cl^-$、$OH^-$、$CN^-$、$SCN^-$ 等），可评为满意。<br>【解读】建立配合物的组成、形成原理与应用间的关联，形成配合物的认知模型，培养学生“宏观辨识与微观探析”素养。 |

续表

<table>
<tr><th>教学环节</th><th>教学活动</th><th>解读与评价</th></tr>
<tr><td>四、归纳整理，形成方法</td><td>【学生活动】分析配位键与非极性键、极性键的区别与联系。<br>【结论】配位键与非极性键、极性键的区别与联系（见表 3-1-14）。<br>表 3-1-14　配位键与非极性键、极性键的区别与联系
<table>
<tr><td rowspan="2">类型比较</td><td colspan="3">共价键</td></tr>
<tr><td>非极性键</td><td>极性键</td><td>配位键</td></tr>
<tr><td>本质</td><td colspan="3">相邻原子间的共用电子对（电子云重叠）与原子核间的静电作用</td></tr>
<tr><td>成键条件（元素种类）</td><td>成键原子得、失电子能力相同（同种非金属）</td><td>成键原子得、失电子能力差别较小（不同非金属或少数金属与非金属）</td><td>成键原子一方有孤电子对（配体），另一方有空轨道（中心离子）</td></tr>
<tr><td>特征</td><td colspan="3">有方向性、饱和性</td></tr>
</table></td><td>【评价】能说出配位键的本质，可评为满意；能说出特征，可加分。<br>【解读】建立新知与旧知的联系，更新知识结构。配位键中的共用电子对是由成键单方提供的，而其他共价键的共用电子对是由成键双方提供的。这正是理解配位键的本质和形成条件的关键和难点。</td></tr>
<tr><td>五、问题解决，及时评价</td><td>【学生活动】<br>1. 阅读课本第 98 页“资料卡片”，指出图 3-43 中的配位键、配位原子和配位数。<br>2. 玻尔溶金原理：$Au+HNO_3+4HCl$ ══ $H[AuCl_4]+NO+2H_2O$，分析 $H[AuCl_4]$ 和抗癌药物［顺铂 $Pt(NH_3)_2Cl_2$］的中心离子、配位体和配位数。<br>3. 向下列配合物的水溶液中加入 $AgNO_3$ 溶液不能生成 AgCl 沉淀的是（　　）<br>A. $[Co(NH_3)_4Cl_2]Cl$　　B. $[Co(NH_3)_3Cl_3]$<br>C. $[Co(NH_3)_6]Cl_3$　　D. $[Co(NH_3)_5Cl]Cl_2$</td><td>【解读】问题解决，诊断学生对配合物认知模型的运用水平。<br>【评价】正确完成第 1、2 题，可评为满意；正确完成第 3 题，可加分。</td></tr>
<tr><td>六、作业设计，诊断反馈</td><td>【基础性作业】<br>完成课本第 100 页“练习与应用”1~7 题。<br>【拓展性作业】<br>1. 完成课本第 100 页“练习与应用”第 9 题。<br>2. 查阅资料，整理配合物在生产生活等方面的应用，用图文并茂的形式制作一篇电子文档上交。</td><td>【解读】通过基础性作业诊断和评价学生对配位键本质的理解与对配合物认知模型的运用水平；通过拓展性作业拓宽学生视野，诊断并发展学生对化学学科价值的认识水平。</td></tr>
</table>

续表

| 教学环节 | 教学活动 | 解读与评价 |
|---|---|---|
| 【板书设计】<br>第四节　配合物与超分子<br>一、配合物<br>1. 配位键：<br>① 定义<br>② 形成条件<br>③ 表示方法<br>2. 配位化合物：<br>① 定义<br>② 组成<br>③ 稳定性<br>④ 应用 | | |

## 六、教学点评

配位键和配合物都是抽象的概念，是高中化学学习中的难点内容。本节课基于学生对化学键和杂化轨道理论的认识，根据物质的结构决定性质这一化学的核心观念，创设真实的问题情境，并用对比实验探究的方法，引导学生突破难点，自我建构对配位键本质和配合物形成条件的认识。具体来说，本节课有以下特点：

1. 制造认知冲突，激发学生好奇心

教师在教学引入时呈现的 PPT、历史故事都源于生活且是学生熟悉的真实情景：① 为什么无水硫酸铜是白色的，但五水硫酸铜晶体却是蓝色的？② 历史故事：物理学家玻尔利用什么原理巧用王水溶解金生成了无色溶液？不仅如此，所选素材及后续对比实验中硫酸铜溶液也呈现蓝色，与学生已有的认识发生冲突（铜离子呈天蓝色），激发了学生的好奇心。在配合物的认知模型建立后，教师又引导学生回到这个情景问题中来，首尾呼应，使学生顿时豁然开朗，获得了成功的喜悦，让学生体会到化学学科的价值，激发了学生学习化学的热情。教师还通过熟悉的历史故事引发了学生对科学家的崇敬之情和对祖国的热爱，培养了学生的“科学精神与社会责任”核心素养。

2. 利用思维的可视化设计，引导学生自我建构知识体系

本节教学最大的挑战是对配合物中的中心离子和配体间作用的理解，为突破这一难点，教师设置了 3 组实验对比，通过对比，学生更直观生动地体验到了配合物结构和性质的多样性和复杂性，也由此建构了配合物理论模型。这种对比设计实现了思维的“可视化”，降低了知识的抽象性，使学生能顺利地实现新知的自我建构，培养了学生“证据推理与模型认知”核心素养。尤其是通过铜离子的变色实验，从实验事实出发，从感性认知开始，学生体验了配合物中的中心离子和配体间的作用。教师还通过增补对比实验，经过实验过程的逻辑分析，引领

学生参与教学活动，使学生理解 $Cu^{2+}$ 与不同配体之间形成的配离子中存在离解平衡，培养了学生“变化观念与平衡思想”核心素养。

3. 注重知识的发展逻辑，引导学生逐步深入

在学生认识配位键的本质后，教师及时组织了“归因分析，建构模型”这一环节的教学，引导学生分析配位键与配合物形成间的联系，从而帮助学生构建了配合物的“认知模型”，不仅使学生认识到了配位键这一知识的功能价值，还帮助学生进一步巩固了“结构决定性质”这一化学核心观念，培养了学生“宏观辨识与微观探析”核心素养。

配位键是一种特殊的共价键，与已经学过的极性键、非极性键两种作用相比，有何区别和联系呢？这是学生此时会产生的疑问。于是，教师及时组织“归纳整理，形成方法”的教学环节，教学的逻辑性清晰自然。教师直接利用表格对比形式进行归纳整理，帮助学生实现了知识的结构化。

4. 重视学生活动设计，关注日常学习评价

教师不仅在教学中设计了专门的课内反馈评价环节“问题解决，及时评价”，而且通过多个学生活动将评价贯穿教学的全过程，这一意图从教学设计的“解读与评价”栏中清晰可见。教师将活动表现评价、提问与点评、作业练习等评价方式结合起来，积极实践新课程倡导的“教、学、评”一体化理念。

教师还遵循了评价的满意原则和加分原则，对学生的实际表现进行分层评价，这有利于激励不同层次的学生。例如实验探究 1 活动对学生的不同表现给予了不同的评价：能根据现象说明①②③溶液呈天蓝色，可评为满意；能从微观视角说明 $Cu^{2+}$ 与 $H_2O$ 结合成的离子或水合铜离子呈天蓝色，其他离子没有颜色，可加分。这两种层次的评价其实都具有激励作用，关注的不同学生都能获得发展。

5. 建议

由于配合物理论非常抽象，教师在教学中要根据学情适当降低问题的难度，同时利用实验探究体验和多媒体辅助教学，使学生更容易理解难度高的知识。

案例提供：邓丽娟（武汉四中）<br>点评教师：朱旋农（湖北省鄂南高级中学）

## 实例 11　烷烃（第 1 课时）

### 一、教材分析

本节课为《化学（选择性必修 3）有机化学基础》第二章“烃”第一节“烷烃”第 1 课时，教材充分考虑了必修课程中有机化学的知识基础，注重知识的衔接与提升。在必修模块的教学中，教师已经介绍了甲烷的结构和性质，但没有涉及有机物类别的概念、同系物的概念及同系物间性质的关系。本节课的主要

任务是完成知识迁移，从对学过的代表物甲烷的认识推广到对烷烃的认识，将知识提升到类别的高度。

教材首先通过“思考与讨论”的表格复习烷烃的结构简式、分子式、碳原子的杂化方式、分子中共价键的类型，总结它们在组成和结构上的相似点，为从结构的相似过渡到性质的相似做铺垫；其次通过第二个“思考与讨论”引导学生从已掌握的甲烷的性质推测烷烃的性质，目的是巩固必修课程中有机化学的相关知识，有意识地强调结构与性质的关系，以及比较、归纳方法在有机物类别学习中的重要性；最后讨论同系物的概念及烷烃物理性质（主要是状态、沸点和相对密度）的规律性变化。教材的编排体现了“证据推理与模型认知”的思想，实现了对烷烃的结构、化学性质、物理性质认知模型的建构。烷烃的命名、烷烃同分异构体的书写等知识在下节课学习。

## 二、学情诊断

通过初中阶段及高一必修课程的学习，学生对有机化合物有了初步了解，并接触了一些简单的有机反应，但必修课程相对简单，合格考要求较低，因此部分学生错误地认为高中化学比较简单，在学习此部分知识时不够认真。所以教师在教学中要从学生已有知识入手，创设问题情境，采用科学有效的教学手段，由浅入深地引导学生掌握相关知识，构建认知模型，整合已掌握的知识，并将其融入原有知识体系中。

## 三、教学目标

（1）了解烷烃的结构特点，掌握烷烃的主要化学性质。

（2）了解同系物的概念。

（3）了解烷烃物理性质的规律性变化。

（4）通过烷烃的物理性质对比分析，学会用数据对物质的物理性质进行归纳与论证。

（5）通过烷烃相关反应的成键断键分析，建立“结构决定性质”的观念。

（6）了解生活中常见的烷烃，感受化学就在我们的身边。

教学重点：烷烃的结构特点和主要化学性质。

教学难点：烷烃的结构与化学性质的关系。

## 四、教学用品

（1）一个教学 PPT 文件（含动画、课堂练习题等）。

（2）甲烷、乙烷和丙烷分子的球棍模型和空间填充模型。

## 五、教学过程

<table>
<tr><th>教学环节</th><th>教学活动</th><th>解读与评价</th></tr>
<tr>
<td>一、创设情境，温故求新</td>
<td>
【创设情境】播放视频或 PPT：① 液化天然气运输；② 可燃冰<br>
【讲述】甲烷是我们每天生活必备的燃料，是最简单的有机物，是烷烃的代表物，今天就让我们从甲烷走进烷烃的世界，去学习烷烃的结构和性质。高一时我们学习了甲烷的有关知识，请回忆你所学过的知识，完成表 3-1-15。<br>
【学生板演】<br>
表 3-1-15　甲烷的结构特点
<table>
<tr><th></th><th>甲烷</th></tr>
<tr><td>结构简式</td><td></td></tr>
<tr><td>空间构型</td><td></td></tr>
<tr><td>C 的杂化方式</td><td></td></tr>
<tr><td>共价键类型</td><td></td></tr>
</table>
【学生分组活动】搭建几种简单烷烃的球棍模型，并与教材第 28 页图 2-1 对照，完成表 3-1-16。<br>
表 3-1-16　烷烃的结构特点
<table>
<tr><th>名称</th><th>结构简式</th><th>分子式</th><th>通式</th><th>C 的杂化方式</th><th>共价键类型</th></tr>
<tr><td>甲烷</td><td></td><td></td><td rowspan="5"></td><td></td><td></td></tr>
<tr><td>乙烷</td><td></td><td></td><td></td><td></td></tr>
<tr><td>丙烷</td><td></td><td></td><td></td><td></td></tr>
<tr><td>丁烷</td><td></td><td></td><td></td><td></td></tr>
<tr><td>戊烷</td><td></td><td></td><td></td><td></td></tr>
</table>
【教师板书】烷烃的结构和性质。<br>
【提问】大家想一想，这几种烷烃结构上有什么共同点？<br>
【回答】与甲烷的结构相似，C 都采取 $sp^3$ 杂化，以伸向四个顶点方向的 $sp^3$ 杂化轨道与其他的 C 或 H 成键；碳原子通过单键与四个原子结合，即碳能结合的原子达到最多，每个碳原子都为饱和碳，故又称为饱和烃。<br>
【过渡】物质的结构决定性质，烷烃的结构相似，那么它们的性质也应该相似。
</td>
<td>
【解读】通过 PPT，向学生提供基于生活的情境素材，激发学生的探究意识和求知欲望。<br>
【解读】引入课题。<br><br>
【评价】能正确书写结构简式、回答空间构型、C 的杂化方式和共价键类型，可评为满意；结构简式书写规范美观，可加分；C 的杂化方式和共价键类型回答全面、准确，可加分。<br><br>
【解读】培养空间想象力，引导学生从甲烷的正四面体结构出发去理解烷烃的空间结构。<br>
【评价】通式书写正确，可评为满意；规范、完整，可加分。<br>
【评价】答出 C 都采取 $sp^3$ 杂化，可评为满意；答出碳结合四个原子或饱和，可加分。<br>
【解读】承上启下。
</td>
</tr>
</table>

续表

<table>
<tr><th>教学环节</th><th>教学活动</th><th>解读与评价</th></tr>
<tr>
<td>二、引导探究，发现新知</td>
<td>
请回忆甲烷的性质（见表 3-1-17）：<br>
**【回答】**<br>
**表 3-1-17　甲烷的性质**
<table>
<tr><th>性质</th><th>甲烷</th></tr>
<tr><td>色、味、态</td><td></td></tr>
<tr><td>溶解性</td><td></td></tr>
<tr><td>燃烧</td><td></td></tr>
<tr><td>与酸性高锰酸钾溶液</td><td></td></tr>
<tr><td>与强酸、强碱溶液</td><td></td></tr>
<tr><td>与氯气（光照）</td><td></td></tr>
</table>
**【思考与讨论】**<br>
根据甲烷的性质推测烷烃可能具有的性质（见表 3-1-18）。<br>
**【学生板演】**<br>
**表 3-1-18　烷烃的性质**
<table>
<tr><th>颜色</th><th>溶解性</th><th>可燃性</th><th>与酸性高锰酸钾溶液</th><th>与溴的四氯化碳溶液</th><th>与强酸、强碱溶液</th><th>与氯气（光照）</th></tr>
<tr><td></td><td></td><td></td><td></td><td></td><td></td><td></td></tr>
</table>
**【学习任务】**书写烷烃完全燃烧的方程式。<br>
① 辛烷（$C_8H_{18}$）；② $C_nH_{2n+2}$<br>
**【提问】**该反应属于什么反应类型？<br>
**【回答】**氧化还原反应。<br>
**【讲解】**有机反应是针对有机物而言的，有机物被氧气氧化，所以称为氧化反应。<br>
**【学习任务】**书写乙烷与氯气生成一氯乙烷的反应方程式。<br>
**【设问】**大家想一想，这个反应和学过的无机反应类型一样吗？<br>
**【结论】**不一样，大多数无机反应为离子反应，该反应大多数为分子反应。<br>
**【小组探究】**指出上述反应的反应类型。<br>
**【核心提示】**从分子断键和成键及有机物的变化上定义。<br>
**【提问】**什么是取代反应？<br>
**【回答】**有机分子里的某些原子或原子团被其他原子或原子团所替代的反应叫作取代反应。
</td>
<td>
**【解读】**复习旧知识，为后面的新知识做铺垫。<br>
**【评价】**能正确回答物质的前两个物理性质，可评为满意；正确判断能否发生化学反应，可评为满意；正确描述实验现象，可加分。<br>
**【解读】**建立新知识与旧知识的联系，实现学识的增量。<br>
**【评价】**能正确书写化学方程式，可评为满意。<br>
**【解读】**引导学生从有机物价态的变化，确定化学反应类型。<br>
**【评价】**能正确书写有机物的结构简式及反应产物，可评为满意；书写规范、工整，可加分。<br>
**【解读】**引导学生从有机物组成的变化，确定反应类型。
</td>
</tr>
</table>

续表

| 教学环节 | 教学活动 | 解读与评价 |
|---|---|---|
| 二、引导探究，发现新知 | 【小组探究】乙烷与氯气在光照条件下反应可能产物的分子式。<br>【提示】烷烃和甲烷一样，在光照条件下的取代反应是一个复杂的反应。<br>【学生板演】$C_2H_5Cl$　$C_2H_4Cl_2$　$C_2H_3Cl_3$　$C_2H_2Cl_4$　$C_2HCl_5$　$C_2Cl_6$　HCl<br>【提问】反应所生成的产物的结构简式又该如何写？<br>【回答】$C_2H_5Cl$ 中 Cl 连在任一碳上；$C_2H_4Cl_2$ 中 Cl 连在同一碳或不同碳上；$C_2H_3Cl_3$ 中 3 个 Cl 连在同一碳或有 1 个 Cl 在另一碳上；$C_2H_2Cl_4$ 中 H 连在同一碳或不同碳上；$C_2HCl_5$ Cl 中 H 连在任一碳上。<br>【思考与交流】阅读、分析表中数据，制作分子中碳原子数与沸点或相对密度变化的曲线图。<br>【学习任务】绘制烷烃碳原子数与沸点或相对密度变化曲线图。<br>【小结】教师呈现部分学生的曲线图，展示图 3-1-16 和图 3-1-17。<br>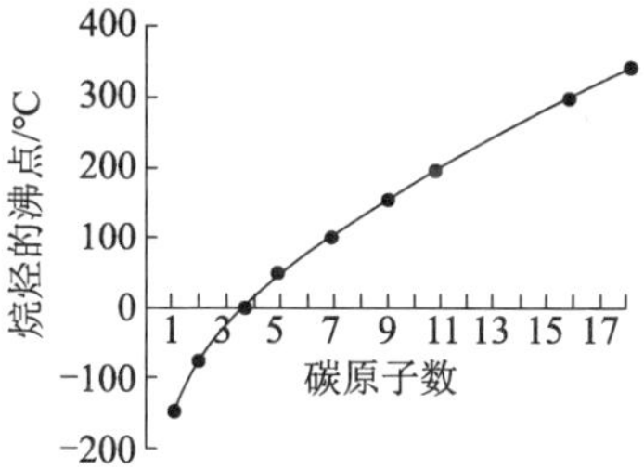<br><br>图 3-1-16　烷烃的沸点随碳原子数变化曲线<br>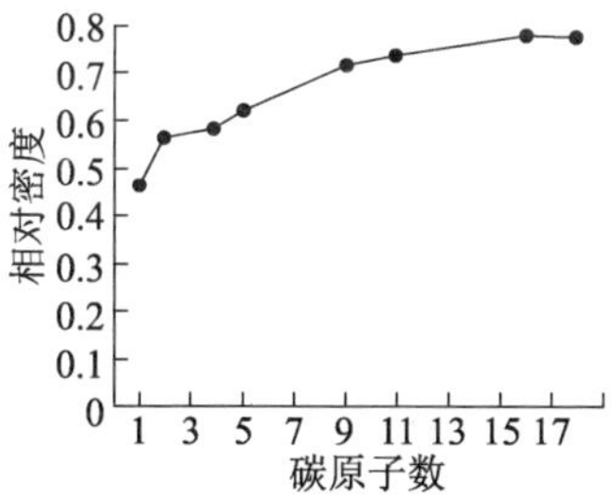<br><br>图 3-1-17　烷烃的相对密度随碳原子数变化曲线<br>【学习任务】分析所绘制曲线图，寻找烷烃的沸点、相对密度变化规律，阐述结论。<br>【结论】烷烃的物理性质随着分子中碳原子数的递增，呈现规律性变化，沸点逐渐升高，相对密度逐渐增大，常温下的存在状态由气态逐渐过渡到液态、固态。 | 【解读】从本质上定义取代反应，学生更容易掌握自己得出的定义。<br>【评价】能完整、正确书写产物的分子式，可评为满意。<br>【解读】顺势延伸，完成思考与讨论的问题。<br>【评价】能正确、完整、不重复书写产物同分异构体的结构简式，可加分。<br>【评价】曲线变化正确，可评为满意；先描点后连线，可加分；曲线圆滑，可加分。<br>【评价】学生能答出随碳原子数增多而升高（或增大），可评为满意；回答准确完整且语言简练，可加分。<br>【解读】认识规律、运用规律帮助学生学习同一类物质的性质。 |

续表

| 教学环节 | 教学活动 | 解读与评价 |
|---|---|---|
| 二、引导探究，发现新知 | **【教师板书】**随着分子中碳原子数的递增，烷烃的沸点逐渐升高，相对密度逐渐增大。<br>**【讲解】**像甲烷、乙烷、丙烷这些结构相似、分子组成上相差一个或若干个“$CH_2$”的化合物互称为同系物。<br>**【设问】**互为同系物的有机物，分子式和相对分子质量上有什么特点？我们高一时学过的有机物哪些互为同系物？ | **【解读】**引导学生深入思考，加深对概念的理解。 |
| 三、讨论交流，评价反思 | **【小组汇报】**分子式符合同一个通式；相对分子质量相差 14 的整数倍。<br>环丙烷与环丁烷、甲醇与乙醇、乙烯与丙烯（√）<br>乙烯与环丙烷、异戊烷与新戊烷（×）<br>教师听取汇报并进行评价、修正，鼓励学生大胆发言。<br>**【提问】**互为同系物的有机物要满足什么条件？<br>**【回答】**① 结构相似；② 组成上相差一个或若干个“$CH_2$”。 | **【评价】**能正确归纳，可评为满意；举例丰富，表达清楚流畅，可加分。 |
| 四、要点整合，练习提高 | **【课堂小结】**组织学生进行知识整理。<br>1. 烷烃的结构特点。<br>2. 烷烃的化学性质及从微观上分析反应的本质及反应的类型。<br>3. 烷烃的物理性质及变化规律。<br>4. 同系物。<br>**【练习】**写出丙烷与氯气反应生成一氯代物的方程式。<br>**【作业】**查阅资料，了解烷烃在工农业生产和日常生活中的重要应用；完成课后练习。 | **【解读】**归纳整理，形成系统，使知识结构化。<br>**【评价】**能正确书写化学反应方程式，可评为满意；书写规范、美观，可加分。<br>**【评价】**习题解答正确，了解烷烃的应用 3 项，可评为满意；了解 5 项及以上，可加分。 |

**【板书设计】**

**第一节　烷烃**

1. 结构特点：$sp^3$ 杂化、4 个单键、饱和
2. 化学性质：不与强酸强碱反应；不能使 $KMnO_4$（$H^+$）溶液、溴水褪色

① 氧化反应
② 取代反应

3. 物理性质：随着分子中碳原子数的递增，烷烃的沸点逐渐升高，相对密度逐渐增大
4. 同系物：① 结构相似；② 物质的组成结构相差一个或若干个“$CH_2$”

## 六、教学点评

本节课基于学生已有的知识基础，以建构主义理论为指导，创设问题情境，注重思维启发，紧扣核心知识，组织小组探究，帮助学生有效完成了知识建构。具体来讲，本节课具有以下特点：

1. 课堂引入和教学注重真实情境的创设

能源是经济生活的命脉，能源的稳定与安全是我国面临的重大课题，材料是人类发展的重要标志，也是人类发展成果的重要体现。PPT 展示这些生活中的真实情境，能激发学生的学习兴趣，使学生专注于学习任务。

在讲解物理性质时，教师利用烷烃的沸点和相对密度数据表，引导学生分析、处理数据，并从数据中获取知识，形成结论，对培养学生证据推理与模型认知的核心素养起到了一定作用。

在教学过程中，教师通过讲授回应课程引入时的三种情境，能消除学生的困惑，提高学生的认识，引导学生学以致用，这体现了执教者高超的课堂驾驭能力。

2. 教学过程注重学生学习方法的培养

通过课本提供的烷烃物理性质数据，教师引导学生分析、处理数据，得到烷烃沸点和相对密度的变化规律，掌握归纳推理形成结论的方法。

通过由烷烃的结构相似到烷烃的性质相似的推理分析过程，学生掌握“结构决定性质，性质反映结构”的有机化学基本学习方法。

通过由甲烷到烷烃的学习，学生掌握烷烃的结构特征、物理性质及其化学性质。通过初步体会有机化学“代表物→同类别物质”的学习方法，教师可培养学生的知识迁移能力，让学生体会分类学习的优越性。

通过对乙烷与氯气的取代反应方程式的书写及断键、成键过程的分析，学生掌握取代反应的实质，初步学会分析有机物的结构特点，掌握认识有机化学反应的方法。

3. 教学设计注重“教、学、评”一体化

在教学中，教师根据学生的表现进行评价，并主动适时地调控教学过程，是落实新课程理念的需要。从本节课例的“解读与评价”栏中，人们可以清楚地看到执教者在落实过程评价和调控时的匠心所在。教师在教学中，根据评价的满意原则和加分原则，对学生的学习表现给予了即时评价。教师在学生通过作图展示数据处理结果时，对学生的不同表现给予评价：图形变化趋势正确，可评为满意；图形圆滑、横纵坐标或两条线指示准确，可加分。教师给出客观的评价能让学生看清位置、明白差距，激发学生的学习动力，帮助学生找到学习的方向。

案例提供：杨　玲（荆门市龙泉中学）
刘　袁（荆门市龙泉中学）
点评教师：李华斌（荆门市龙泉中学）
刘正雄（荆门市教研室）

# 实例12　醛　酮（第1课时）

## 一、教材分析

本节课为《化学（选择性必修3）有机化学基础》第三章“烃的衍生物”第三节“醛　酮”第1课时，在学习了卤代烃、醇、酚的基础知识后，进一步学习醛和酮的结构与性质及其应用，是第二章烃的知识过渡到烃的衍生物的提升和拓展。学生已经掌握了乙醇的结构和性质，以及羟基官能团的结构特点及其在化学反应中可能发生的变化，因此教学的重点是在帮助学生对比羟基和醛基官能团结构的基础上，推测乙醛可能具备的化学性质，再通过实验，探究乙醛的化学性质，体现“结构决定性质，性质反映结构”的学科思想。最后，课程通过总结醛基的结构和性质，将结论迁移到醛类化合物，帮助学生掌握醛基发生氧化反应、还原反应的基本规律。

## 二、学情诊断

（1）知识基础：学生初步接触了一些烃的衍生物（如卤代烃、乙醇、乙酸），对有机物的官能团决定其性质有一定的了解和认识。

（2）生活基础：甲醛还可以作为防腐溶液来使用，也就是医学中的福尔马林。多数学生都知晓福尔马林有防腐、杀菌的作用，一般用来保存生物标本。

（3）心理基础：本课时设计的实验探究让学生通过自主探究实验、类比推理、探究学习、迁移提高，在复习乙醇的结构和性质的基础上，通过PPT、立体模型展示乙醛的结构，对比乙醇和乙醛的结构，预测乙醛的化学性质，符合学生的思维特点和认知发展规律。

## 三、教学目标

（1）能学会研究醛基官能团的结构特点及其化学性质。

（2）能掌握羟基和醛基、乙醇和乙醛的结构与性质的差别。

（3）能注意乙醇和乙醛之间的联系，掌握醇和醛之间官能团转化的基本规律，学会用变化的观点思考问题。

（4）能从乙醛的结构和性质迁移到醛类化合物，能从官能团的视角建立模型认知思维。

教学重点：乙醛的结构特点和主要化学性质。

教学难点：乙醛与银氨溶液、新制 $Cu(OH)_2$ 反应的化学方程式的正确书写。

## 四、教学用品

（1）一个教学PPT文件（含视频、动画、课堂练习题等）。

（2）实验用品：2% $AgNO_3$ 溶液、2%氨水、5% $CuSO_4$ 溶液、10% NaOH 溶液、乙醛、试管、试管夹、烧杯、热水、胶头滴管、酒精灯等。

## 五、教学过程

| 教学环节 | 教学活动 | 解读与评价 |
|---|---|---|
| 一、创设情境，温故求新 | 【创设情境】用图文的形式介绍福尔马林，它有防腐、杀菌的作用，一般用来保存生物标本，主要成分是甲醛。<br>【问题引导】前面学习了乙醇的知识，乙醇在加热和用 Cu 催化剂的条件下，可生成什么物质呢？写出该化学反应的化学方程式。 | 【解读】通过 PPT，向学生提供基于生活的情境素材，激发学生的探究意识和求知欲望。<br>【解读】承上启下。 |
| 二、引导探究，发现新知 | 【引导分析】第三节　醛　酮<br>一、乙醛<br>1. 乙醛的结构<br>分子式：$C_2H_4O$　结构式：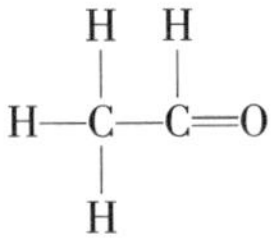<br>结构简式：$CH_3CHO$<br>官能团：—CHO 醛基（展示乙醛的分子比例模型）<br>2. 乙醛的物理性质<br>展示一瓶乙醛溶液，打开瓶盖，让学生观察乙醛溶液的色、态，嗅一下气味。<br>3. 乙醛的化学性质<br>加成反应（碳氧双键上的加成）<br>【设问】哪位同学能说出乙烯和 $H_2$ 的加成反应是怎样发生的？<br>【学生活动】思考，描述乙烯和氢气加成时是乙烯结构双键中的一个键断裂，加上两个氢原子。<br>【思维提升】引导学生得出结论：在醛基的碳氧双键中，氧原子的电负性较大，碳氧双键中的电子偏向氧原子，使氧原子带部分负电荷，碳原子带部分正电荷，从而使醛基具有较强的极性。<br>【结论】乙醛还能与 HCN 等几种极性试剂发生加成反应。<br>二、氧化反应<br>【探究学习】根据“结构决定性质”的观点，首先提示讨论乙醛的结构特点，推测乙醛可能具备的化学性质，然后开展实验探究，探究乙醛的还原性。（开展分组实验）<br>三、银镜反应<br>【演示实验 3-7】在此过程中，师生共同研读实验步骤，注意引导学生认真观察，了解银氨溶液的配制、银镜反应的条件和现象。小组讨论小结实验现象，书写反应的化学方程式。<br>实验现象：反应生成的银附着在试管壁上形成光亮的银镜。 | 【解读】通过分析寻找共同特征，发现醛基发生加成反应的特点。<br>【解读】学习拓展到醛基能与 HCN 等极性试剂发生加成反应。<br>【评价】能正确书写醛基的结构简式，可评为满意；能正确写出银镜反应方程式，可加分。<br>【评价】能正确书写反应方程式，可评为满意；能从 C ═O 双键的极性分析—H 和—CN 连接的位置，可加分。<br>【解读】探究乙醛与银氨溶液、新制 $Cu(OH)_2$ 反应的实验现象和反应规律。 |

续表

| 教学环节 | 教学活动 | 解读与评价 |
| --- | --- | --- |
| 二、引导探究，发现新知 | 化学方程式：$CH_3CHO+2[Ag(NH_3)_2]OH \xrightarrow{\triangle} CH_3COONH_4+2Ag\downarrow+3NH_3+H_2O$<br>**【分析总结】**结合分组实验情况，和学生一起分析实验成功和失败的原因，引导学生得出实验成功要点：<br>(1) 为使生成的银能很好地附着在试管壁上，可先在试管中加入 NaOH 溶液，加热煮沸 1 min，以除去试管壁上的油污，确保使用洁净的试管；<br>(2) 硝酸银溶液要新配制的，放置太久或酸性太强的硝酸银溶液都会使实验效果不佳；<br>(3) 加氨水要使最初生成的沉淀刚好溶解。<br>四、乙醛被新制的 $Cu(OH)_2$ 氧化<br>**【演示实验 3-8】**引导学生认真观察，了解乙醛发生此反应的条件和现象。<br>$CH_3CHO+2Cu(OH)_2+NaOH \xrightarrow{\triangle} CH_3COONa+Cu_2O\downarrow+3H_2O$<br>**【分析总结】**结合分组实验情况，和学生一起分析实验成功和失败的原因，引导得出实验成功要点：<br>乙醛与新制 $Cu(OH)_2$ 反应，需要在较强的碱性条件下进行。因此，NaOH 的用量要比 $CuSO_4$ 的用量多。<br>**【迁移提高】**根据乙醛的反应规律：在一定温度和催化剂存在的条件下，乙醇也能被空气中的氧气氧化成乙酸。<br>**【思考与讨论】**根据乙醇、乙醛和乙酸三者之间的转化关系，请结合具体反应，以及三者的分子结构和官能团的变化情况，谈谈有机反应中的氧化反应和还原反应的特点。 | **【解读】**通过实验，验证醛基的还原性。<br>**【评价】**实验操作正确，可评为满意；能得到正确的实验现象——银镜或者砖红色沉淀，可加分。<br>**【解读】**配制银氨溶液时，在硝酸银溶液滴加氨水的过程中，应先产生白色略带棕色的沉淀，然后再继续滴加氨水使沉淀溶解；若溶液始终澄清，则说明药品的浓度、用量有问题，或试剂放置太久，不宜再用。<br>**【解读】**试剂要用新制的 $Cu(OH)_2$，否则 $Cu(OH)_2$ 悬浊液会因吸收空气中的 $CO_2$ 转化为碱式碳酸铜而影响实验效果。 |
| 三、讨论交流，评价反思 | **【科学探究】**分析上述两个实验的共同点是什么？说明乙醛有什么性质？如何检验醛基？<br>**【小组汇报】**学生分组汇报探究方案、实验现象和结论。<br>教师听取汇报并进行评价、修正，鼓励学生大胆设想。<br>**【实验结论】**乙醛具有还原性，可以用银镜反应来检验。 | **【评价】**能正确分析上述两个实验的共同点，可评为满意；能正确描述探究方案且结论正确，可加分。 |
| 四、要点整合，练习提高 | **【课堂小结】**组织学生进行知识归纳和整理，引导学生得出结论。<br>乙醛的主要化学性质：<br>① 乙醛能和氢气等几种极性试剂发生加成反应。<br>② 乙醛能被弱氧化剂氧化，更能被强氧化剂氧化。 | **【解读】**建立新知与旧知的联系，实现学识的增量。<br>**【评价】**首尾呼应，消除困惑，加深认识。 |

续表

| 教学环节 | 教学活动 | 解读与评价 |
|---|---|---|
| | **【板书设计】**<br>**第三节　醛　酮**<br>一、乙醛<br>1. 乙醛的结构<br>分子式：$C_2H_4O$　结构式：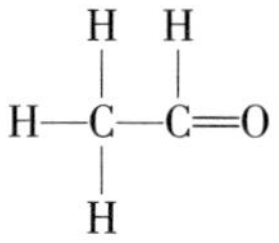<br>2. 乙醛的物理性质<br>3. 乙醛的化学性质<br>（1）加成反应<br>①催化加氢（还原反应）<br>②可与 HCN 发生加成反应<br>（2）氧化反应<br>①银镜反应<br>$CH_3CHO+2[Ag(NH_3)_2]OH \xrightarrow{\triangle} H_3COONH_4+2Ag\downarrow+3NH_3+H_2O$<br>②被新制的 $Cu(OH)_2$ 氧化<br>$CH_3CHO+2Cu(OH)_2+NaOH \xrightarrow{\triangle} CH_3COONa+Cu_2O\downarrow+3H_2O$<br>③ 被 $O_2$ 氧化<br>$2CH_3CHO+O_2 \longrightarrow 2CH_3COOH$ | **【解读】**课堂板书要简洁明了、突出要点，忌面面俱到、杂乱无章。 |

## 六、教学点评

1. 课堂引入和教学注重真实情境的创设

教师在教学设计时可以高效地利用教科书、课外资料、生动的录像和图片，充分调动学生已有的生活经验，如学生对甲醛、乙醛的感性认识，以及烃的衍生物中已有的醛类、醇类知识，进行类推、延伸、替代、变换、重组、迁移等思维方式的训练，使学生的思维对象由烃自然地过渡到含有官能团的化合物，形成完整、系统的知识体系。

2. 教学过程注重思维的逻辑性和知识的系统性

在无机化学中，是通过化合价的变化，或者说是通过原子电子的得失来判断氧化还原反应的。而在有机化学中，通常是以组成中氢原子或氧原子数目的变化来判断氧化还原反应的。在有机化学反应中，加氧去氢为氧化，去氧加氢为还原。在乙醛与氢气的加成反应转变为乙醇的反应中，乙醛中羰基的碳氧双键断开，每个原子上各连接一个氢原子，属于加氢反应，也是还原反应。结合乙醛的结构特点，从得失氧或得失氢的角度，分析分子结构中哪些部位易发生反应，乙醛能被氧化生成乙酸，也能被还原生成乙醇，说明乙醛既有还原性又有氧化性，根据乙醛发生氧化、还原反应的条件可以得出乙醛还原性强而氧化性弱的结论。

3. 教学设计注重“教、学、评”一体化

教师在教学中根据学生的表现进行评价，主动适时地调控教学过程，是落实新课程理念的需要。通过课堂内的实验探究，学生能够认识和体会乙醇、乙醛、乙酸性质的研究过程，理解醛基的结构，可评为满意；知道醛基的性质和用途，通过演示实验来证明葡萄糖的还原性，可评为加分。通过教学与讨论，学生能够对比、分析、比较乙醛的结构与性质，还能设计实验，探究乙醛的性质，以及进一步氧化的条件，需要表扬鼓励。教师在教学过程中，强调学生的参与性和实践性，让学生参与知识探索、发现与形成的全过程，并通过体验与感受（体会），建构属于自己的认知体系。同时，教师通过手脑并用的探究活动，让学生学习科学知识，掌握学习方法，加深学生对科学的理解，使学生体验探究科学知识的乐趣。

4. 建议

教师应创设化学就在身边的学习氛围，从学生已掌握的知识出发，尽量结合生活生产实际，让学生充分体会生活中处处有化学，掌握化学知识的重要性。教师还应鼓励学生主动参与实验探究活动，并对学生的实验探究过程进行评价，增强学生参与实验的积极性。

案例提供：齐　婷（襄阳市第四中学）

点评教师：方向东（襄阳市第一中学）

# Ⅱ 评价案例

## 案例 1 评价实验：配制一定物质的量浓度的溶液

| | |
|---|---|
| 目的 | 1. 练习容量瓶的使用方法。<br>2. 熟练掌握称量、溶解、搅拌等实验基本操作。<br>3. 用两种方法练习配制一定物质的量浓度的溶液。<br>4. 加深对物质的量浓度概念的认识。<br>5. 培养学生科学探究的素养，体会过程评价中的满意原则和加分原则。 |
| 情境 | 信息：<br>配制 100 mL 1.00 mol/L NaCl 溶液。<br>实验仪器及用品：容量瓶（100 mL）、烧杯、玻璃棒、胶头滴管、量筒（或移液管）、药匙、滤纸、托盘天平（或分析天平）。<br>实验试剂：蒸馏水、NaCl。 |
| | 问题：<br>（1）什么叫物质的量浓度？配制一定物质的量浓度的 NaCl 溶液需要知道哪些量？<br>（2）直接用溶质和溶剂配制与用物质的量浓度较高的溶液稀释配制，其实验原理有何不同？<br>（3）如何正确称取一定质量的 NaCl 固体？如何正确量取一定体积的蒸馏水？<br>（4）为什么要用蒸馏水洗涤烧杯内壁和玻璃棒 2~3 次，并将洗涤液也都注入容量瓶？<br>（5）你能分析配制溶液过程中实际浓度偏高或偏低的原因吗？ |
| 分析 | 本实验活动包括两个配制实验：直接用溶质和溶剂配制；用物质的量浓度较高的溶液稀释配制。前一种根据 $c=n/V$ 可知，需要知道 NaCl 的物质的量和溶液的体积，NaCl 的物质的量则可通过计算换算成所需 NaCl 的质量，用天平称取 NaCl。溶液的体积可通过一定规格的容量瓶来准确限定。后一种将已知物质的量浓度加水稀释成目标物质的量浓度的溶液，由于稀释前后溶质的物质的量不变，可通过关系式 $c_1 \cdot V_1 = c_2 \cdot V_2$ 计算确定。<br>在配制溶液的过程中，操作要规范。实验结果偏大或偏小是操作的不规范性导致溶质质量或溶剂量或溶液体积的变化。例如，在称量固体时，物品与砝码放反；量取液体体积时，仰视或俯视刻度线；搅拌时造成液滴溅出；将烧杯中溶解后的液体转入容量瓶后未洗涤烧杯、玻璃棒或洗涤液未转入容量瓶；定容时仰视或俯视刻度线；定容时加水超过了刻度线，又用滴管吸出部分液体；定容摇匀后发现液面下降又加水至刻度线；用内壁有水的量筒量取液体；等等。 |
| 说明 | 本实验属于定量实验，步骤多，使用仪器多，对学生的动手操作能力要求较高，常规的实验操作涉及多方面：固体物质的称量、用量筒或移液管量取一定体积的液体、溶解搅拌、液体的转移、胶头滴管的使用、洗涤、容量瓶的使用等，对学生的思维能力和实验动手能力都是一个考验。 |

续表

<table>
<tr><th colspan="2">活动表现与评价</th></tr>
<tr><th>学生活动</th><th>表现评价</th></tr>
<tr><td>1. 配制 100 mL 1.00 mol/L NaCl 溶液实验的操作步骤如下：<br>（1）计算。所需 NaCl 固体的质量 $m=$________ g。<br>（2）称量。在天平上称量出所需 NaCl 固体的质量。<br>（3）配制溶液。<br>① 溶解。将称好的 NaCl 固体放入烧杯中，再向烧杯中加入 40 mL 蒸馏水，搅拌溶液后，使 NaCl 固体完全溶解。<br>② 转移。将烧杯中的溶液沿玻璃棒注入 100 mL 容量瓶。<br>③ 洗涤。用少量蒸馏水洗涤烧杯内壁和玻璃棒 2～3 次，并将洗涤液也都注入容量瓶。轻轻摇动容量瓶，使溶液混合均匀。<br>④ 定容。继续向容量瓶中加入蒸馏水，至刻度线以下 1～2 cm 时，改用胶头滴管滴加蒸馏水，直至液面与刻度线相切。<br>⑤ 摇匀。盖好容量瓶塞，反复上下颠倒，摇匀。<br>（4）装瓶贴签。将配制好的溶液倒入试剂瓶中，贴好标签备用。<br>2. 用 1.00 mol/L NaCl 溶液配制 100 mL 0.50 mol/L NaCl 溶液，配制步骤同上。</td><td>计算公式、结果正确，可评为满意。<br>称量、量取液体、溶解操作正确，可评为满意；溶解搅拌时未有液体溅出、未听见叮当声，可加分。<br>能正确使用玻璃棒引流，可评为满意。<br>洗涤次数足够，洗涤液未洒出，可评为满意。<br>胶头滴管使用正确，可评为满意；滴加量恰好，可加分；读数正确，可评为满意。<br>摇匀动作正确，可评为满意；无液体从瓶口渗出，可加分。<br>标签试剂名称、化学式、物质的量浓度标注准确，可评为满意；书写规范、工整，可加分。</td></tr>
<tr><td colspan="2">配制溶液的操作步骤见图 3-2-1。<br>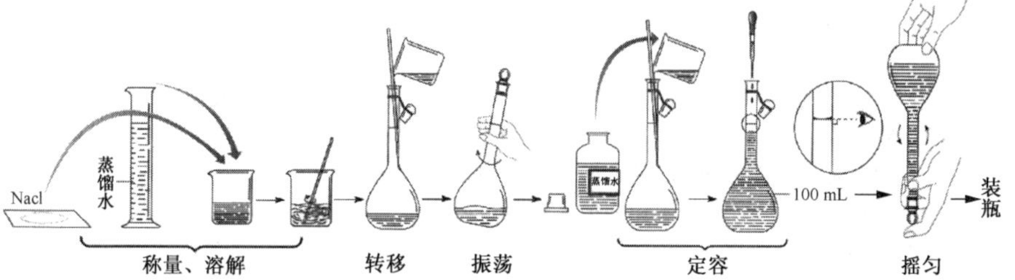

<br>图 3-2-1　配制溶液的步骤</td></tr>
<tr><th colspan="2">总体评价</th></tr>
<tr><td colspan="2">能通过小组合作学习与同学合作完成上述实验操作，可认为达到学业质量水平 2 的要求，可评为满意；能依据方案独立操作完成上述实验并得到合格的溶液，可认为达到学业质量水平 3 的要求，可加分；能对配制过程中的“异常”现象（如最终配制浓度的偏大或偏小）进行反思、质疑，找到实验操作的不当之处并加以改进实施，可加分。</td></tr>
</table>

## 案例 2　评价实验：探究同周期、同主族元素性质的递变

<table>
<tr><td>目的</td><td>通过实验加深对同周期、同主族元素性质递变规律的认识；体会元素周期表和元素周期律在学习元素化合物知识中的作用；运用过程评价中的满意原则和加分原则，对学生在本项活动中的表现进行恰当评价。</td></tr>
<tr><td rowspan="2">情境</td><td>信息：<br>以第三周期和第ⅦA 族元素为例，探究同周期、同主族元素性质的递变。<br>实验仪器及用品：试管、试管夹、试管架、量筒、胶头滴管、酒精灯、白色点滴板、镊子、砂纸、火柴。<br>实验试剂：镁条、新制氯水、溴水、NaBr 溶液、NaI 溶液、$MgCl_2$ 溶液、$AlCl_3$ 溶液、1 mol/L NaOH 溶液、酚酞溶液。</td></tr>
<tr><td>问题：<br>（1）为什么可以通过卤素单质之间的置换反应来证明卤族元素的非金属性强弱？为什么卤族元素的非金属性会有这样的递变性？<br>（2）为什么要用新制的氯水进行实验？<br>（3）为什么可以通过对比钠、镁与水的反应来比较钠和镁的金属性强弱？为什么钠元素的金属性强于镁元素？<br>（4）为什么可以通过对比 $Mg(OH)_2$、$Al(OH)_3$ 的碱性强弱来比较镁和铝的金属性强弱？为什么镁元素的金属性强于铝元素？为什么同周期元素的金属性会有这样的递变性？<br>（5）通过以上实验，你能得出什么结论？你对原子结构与元素性质的关系及元素周期表（律）有什么新的认识？</td></tr>
<tr><td>分析</td><td>同主族的卤族元素氯、溴、碘随着核电荷数的递增，原子核最外层电子数不变，电子层数增加，原子半径逐渐增大，得电子能力逐渐减弱，卤素单质的氧化性逐渐减弱，卤族元素的非金属性逐渐减弱。通过卤素单质之间的置换反应可以证明卤素单质的氧化性由强到弱依次为 $Cl_2$、$Br_2$、$I_2$，进而说明卤族元素的非金属性由强到弱依次为氯、溴、碘。<br>同周期的金属元素钠、镁、铝随着核电荷数的递增，原子核外电子层数不变，最外层电子数增加，原子半径逐渐减小，失电子能力逐渐减弱，金属单质的还原性、最高价氧化物的水化物的碱性逐渐减弱，金属元素的金属性逐渐减弱。钠单质与水的反应比镁单质的更容易、更剧烈，说明钠单质的还原性更强，钠元素的金属性更强。$Mg(OH)_2$ 只能溶于盐酸而不能溶于 NaOH 溶液，说明 $Mg(OH)_2$ 只有碱性；$Al(OH)_3$ 既能溶于盐酸又能溶于 NaOH 溶液，说明 $Al(OH)_3$ 是两性氢氧化物，铝元素虽然是金属元素，但已表现出一定的非金属性，进而说明镁元素的金属性更强。<br>综合以上实验结果可知：同周期元素从左到右，金属性逐渐减弱，非金属性逐渐增强；同主族元素从上到下，非金属性逐渐减弱，金属性逐渐增强。原子结构决定了元素的性质，元素周期律是元素的原子核外电子排布周期性变化的必然结果。<br>新制氯水中的 HClO 不稳定，容易分解，进而使得新制氯水中的氯气分子被消耗。因此，氯气分子参加反应的实验中需要使用新制氯水。</td></tr>
</table>

续表

| 活动表现与评价 | |
|---|---|
| 学生活动 | 表现评价 |
| 实验1：在点滴板的3个孔穴中分别滴入3滴NaBr溶液、NaI溶液和新制氯水，然后向NaBr溶液和NaI溶液中各滴入3滴新制氯水。观察颜色变化，并与氯水的颜色进行比较。写出反应的化学方程式。说明实验须使用新制氯水的原因。 | 操作正确，现象明显，准确记录溶液的颜色变化，可评为满意。<br>化学方程式书写正确，可评为满意；能正确书写离子方程式，可加分。<br>能准确说明使用新制氯水的原因，可加分。 |
| 实验2：在点滴板的2个孔穴中分别滴入3滴NaI溶液和溴水，然后向NaI溶液中滴入3滴溴水。观察颜色变化，并与溴水的颜色进行比较。写出化学反应方程式。 | 操作正确，现象明显，准确记录溶液颜色变化，可评为满意。<br>化学方程式书写正确，可评为满意；能正确书写离子方程式，可加分。 |
| 实验3：设计实验比较并探究钠和镁的金属性强弱。<br>第一步：写出钠与水反应的实验操作过程、实验现象和化学方程式。<br>第二步：设计实验比较镁与冷水、热水的反应，观察并记录实验现象。<br>第三步：通过对比钠、镁与水的反应，比较钠和镁的金属性强弱。 | 表述准确、方程式书写正确，可评为满意。<br>能设计实验方案，选择合适的实验仪器及装置，安全、顺利地完成实验，并基于实验现象进行分析并得出结论，可评为满意。<br>能独立完成实验，对实验中的某些现象［如$Mg(OH)_2$悬浊液能使酚酞试液变红等］提出疑问并探究原因，可加分。 |
| 实验4：设计实验比较并探究镁和铝的金属性强弱。<br>第一步：设计$MgCl_2$、$AlCl_3$分别与NaOH反应的实验，观察并记录实验现象。写出相应的化学方程式和离子方程式。<br>第二步：通过对比$MgCl_2$、$AlCl_3$分别与NaOH的反应，比较$Mg(OH)_2$、$Al(OH)_3$的碱性强弱，进而比较镁和铝的金属性强弱。 | 表述准确、方程式书写正确，可评为满意。<br>能设计实验方案，选择合适的实验仪器及装置，安全、顺利地完成实验，能基于现象进行分析并得出结论，可评为满意。<br>能独立完成实验，对实验中的某些现象［如$Al(OH)_3$不溶于氨水等］提出疑问并探究其原因，可加分。<br>能准确说明“构”“位”“性”关系及元素周期表、元素周期律在学习元素化合物知识中的重要作用，可评为满意。 |
| 总体评价 | |
| 学生能在教师指导下完成实验1~4，可评为满意；学生能独立完成实验1~4，并给出正确的描述或解释，可加分。 | |

# 案例 3　评价实验：用化学沉淀法去除粗盐中的杂质离子

**目的**

熟练掌握溶解、过滤、蒸发的基本操作方法；理解每次所加除杂试剂必须过量的原因；掌握确定试剂的使用顺序。

建构用化学沉淀法除去可溶性杂质离子的一般思维模型，培养学生科学探究的素养，体会过程评价中的满意原则和加分原则。

**情境**

信息：

海水晾晒后所制得的盐叫粗盐，粗盐中除了主要成分 NaCl 以外，还有不溶性杂质（如泥沙）和可溶性杂质 $CaCl_2$、$MgCl_2$ 及一些硫酸盐，试用化学方法对粗盐进行提纯。

实验仪器及用品：托盘天平、药匙、量筒、烧杯、玻璃棒、铁架台、三角漏斗、滤纸、蒸发皿、酒精灯、火柴、坩埚钳、石棉网。

实验试剂：粗盐、蒸馏水、$BaCl_2$ 溶液、NaOH 溶液、$Na_2CO_3$ 溶液。

问题：

（1）如何除去粗盐中的泥沙等不溶性杂质？

（2）粗盐中可溶性的杂质离子有哪些？要使杂质离子转化为沉淀，如何选择对应的除杂试剂？

（3）如何确定除杂试剂（$BaCl_2$ 溶液、NaOH 溶液、$Na_2CO_3$ 溶液、稀盐酸）的添加顺序？

（4）用化学沉淀法除杂的一般思维模型是什么？

**分析**

本实验首先要从定性上确定加入何种试剂才能将杂质离子转化为沉淀，其次要从定量上考虑加入试剂的量，尽可能将杂质离子转化为沉淀。含有多种杂质离子时，还要考虑加入试剂的先后顺序，设计实验方案时要考虑周全，实验方案的可行性反映了学生思维的缜密性和科学性，实验操作步骤较多，有一定的操作难度。本实验除杂原理如下：

**表 3-2-1　除去杂质离子的实验步骤**

| 实验顺序 | 杂质离子 | 加入试剂 | 离子方程式 |
|---|---|---|---|
| 1 | $SO_4^{2-}$ | $BaCl_2$ 溶液 | $Ba^{2+}+SO_4^{2-}=BaSO_4\downarrow$ |
| 2 | $Mg^{2+}$ | NaOH 溶液 | $Mg^{2+}+2OH^-=Mg(OH)_2\downarrow$ |
| 3 | $Ca^{2+}$ | $Na_2CO_3$ 溶液 | $Ca^{2+}+CO_3^{2-}=CaCO_3\downarrow$ |
| | $Ba^{2+}$ | | $Ba^{2+}+CO_3^{2-}=BaCO_3\downarrow$ |
| 4 | $OH^-$ | 稀盐酸 | $OH^-+H^+=H_2O$ |
| | $CO_3^{2-}$ | | $CO_3^{2-}+2H^+=H_2O+CO_2\uparrow$ |
| 5 | $H^+$（HCl） | 蒸发时，HCl 挥发 | |

（备注：加入试剂的实验顺序 1 和 2 可对调）

本实验是物质检验、分离和提纯的操作实验，既有定性检验，又有定量控制（沉淀完全），对实验操作要求较高。尤其是沉淀试剂的选择与添加顺序，对学生的思维能力和实验动手能力均有所考验。

续表

| 活动表现与评价 | |
|---|---|
| 活动表现 | 评价 |
| 该实验的操作步骤如下：<br>1. 溶解。称取一定质量的粗盐加入盛有一定体积水的烧杯中，边加边用玻璃棒搅拌，直到粗盐不再溶解为止。<br>2. 过滤。制作过滤器，将烧杯中的悬浊液过滤。<br>3. 沉淀杂质离子。向滤液中依次加入过量的 $BaCl_2$ 溶液、NaOH 溶液、$Na_2CO_3$ 溶液，用玻璃棒搅拌使之充分反应，再过滤。<br>说明：判断杂质离子沉淀完全的方法：静置，向上层清液中继续滴加所加试剂，如果溶液不变浑浊，说明已完全除去沉淀，所加试剂已过量。<br>4. 调 pH。向滤液中加入稀盐酸至没有气泡冒出为止。<br>5. 蒸发。将步骤 4 所得溶液转入蒸发皿中加热，同时用玻璃棒不断搅拌。待出现固体时，停止加热，利用余温蒸干滤液。待冷却后，即得纯净的食盐晶体。 | 称量、量取液体、溶解操作正确，可评为满意。<br>过滤操作符合“一贴二低三靠”要求，可评为满意；一次性成功，滤液无浑浊，操作规范、流畅，可加分。<br>能够找准所加试剂，写出对应的离子方程式，可评为满意；能确定试剂的添加顺序并能解释原因，可加分。<br>知道加入盐酸的目的，可加分。<br>操作正确，能得到晶体，可评为满意；蒸发无飞溅、时间控制好、食盐晶体白细干燥，可加分。 |
| 总体评价 | |
| 能通过小组合作学习基本完成以上实验方案的设计和操作，可评为满意；能准确表征离子反应，设计合理的实验方案，独立完成实验，可加分；能提出用化学沉淀法除去可溶性杂质离子的一般思维模型，可加分。 | |

## 案例 4　评价实验：中和反应反应热的测定

| | |
|---|---|
| 目的 | 1. 掌握反应热测量的实验方法，理解定量实验操作的关键。<br>2. 掌握中和反应反应热测量和计算的方法。<br>3. 应用过程评价中的满意原则和加分原则有效评价学生的实验活动。 |
| 情境 | 信息：<br>测定盐酸与 NaOH 溶液中和反应的反应热。<br>实验仪器及用品：简易量热计、玻璃搅拌器、温度计、烧杯、量筒、胶头滴管、滤纸。<br>实验试剂：0. 50 mol/L 盐酸、0. 55 mol/L NaOH 溶液、蒸馏水。 |
| | 问题：<br>（1）测定中和反应的反应热时，应该测量哪些数据？<br>（2）如何依据数据计算反应热？<br>（3）为了提高测定数据的准确度，应该采取哪些措施？ |

续表

<table>
<tr><td>分析</td><td>通过测量反应物盐酸和氢氧化钠溶液的起始温度、反应后体系的最高温度，利用 $Q=cm\Delta t$ 计算出该反应的热量变化；再依据中和反应反应热的含义，计算生成 1 mol $H_2O$ 的能量变化，得出的数值即为中和反应反应热的测量数据。<br>在测量实验中，用量一定要准确，实验操作一定要规范。对比测量数据和中和反应反应热的理论数值，可从溶液用量、温度测量、仪器隔热效果、搅拌等因素寻找误差产生的原因。<br>本实验是定量实验，对于学生的动手操作能力要求较高；测量数据并进行数据的正确运算，能很好地检测学生的思维能力。</td></tr>
<tr><td colspan="2">活动表现与评价</td></tr>
<tr><td>学生活动</td><td>表现评价</td></tr>
<tr><td>【实验测量】<br>请按照下列步骤，用简易量热计测量盐酸与 NaOH 溶液反应前后的温度，见图 3-2-2。<br>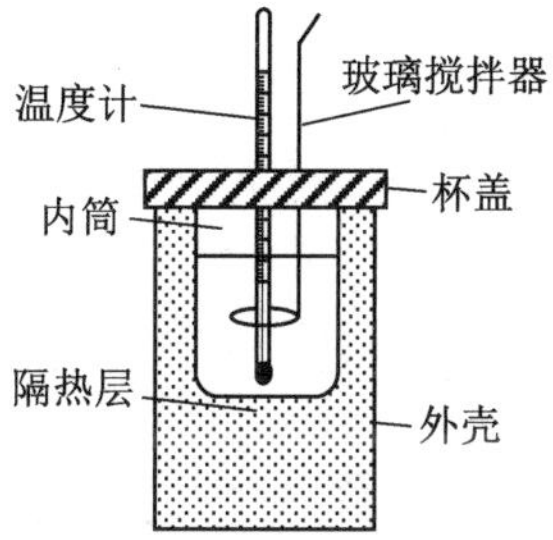<br><br>图 3-2-2　简易量热计示意图<br>（1）反应物温度的测量。<br>① 用量筒量取 50 mL 0.50 mol/L 盐酸，打开杯盖，倒入量热计的内筒中，盖上杯盖，插入温度计，测量并记录盐酸的温度（数据填入表格）。用水把温度计上的酸冲洗干净，擦干备用。<br>② 用另一个量筒量取 50 mL 0.55 mol/L NaOH 溶液，用温度计测量并记录 NaOH 溶液的温度（数据填入表格）。<br>（2）反应后体系温度的测量。<br>打开杯盖，将量筒中的 NaOH 溶液迅速倒入量热计的内筒中，立即盖上杯盖，插入温度计，用搅拌器匀速搅拌。密切关注温度变化，将最高温度记为反应后体系的温度（$t_2$）。<br>（3）重复上述两个步骤各两次。<br>【数据处理】<br>（1）取盐酸温度和 NaOH 溶液温度的平均值记为反应前体系的温度（$t_1$）。计算温度差（$t_2-t_1$），将数据填入表格。<br>（2）取三次测量所得温度差的平均值作为计算依据。<br>（3）根据温度差和比热容计算反应热。<br>【问题和讨论】<br>在上述过程中提高测定反应热准确度的措施有哪些？</td><td>能依据图示安装好实验装置，可评为满意；安装过程中能关注温度计和玻璃搅拌器的正确位置，可加分。<br>溶液量取、温度测量的实验操作正确，可评为满意；量筒、温度计数据读取规范正确，可加分。<br>能正确组装实验仪器，能与同学合作完成实验操作，可评为满意；能独立完成实验、记录实验数据，可加分。<br>能正确处理数据，正确计算出中和反应的反应热，可评为满意；能对实验中的“异常”现象做出合理解释，并能提出新的实验设想，可加分。</td></tr>
</table>

续表

| 总体评价 |
| --- |
| 在实验探究过程中，关注学生自主参与的程度。能小组合作完成实验探究，正确认识和把握数据测量的准确性，正确计算中和反应的反应热，可评为满意；能独立完成实验探究，对提高数据测量的准确度提供合理的方案，对实验中的“异常”现象进行反思，可加分。 |

## 案例 5　评价实验：探究沉淀转化的条件

| | |
| --- | --- |
| 目的 | 1. 通过设计沉淀相互转化的实验方案并动手实验验证，培养学生的科学探究素养。<br>2. 应用过程评价中的满意原则和加分原则有效评价学生实验活动。 |
| 情境 | 信息：<br>探究 AgCl、AgBr、AgI 沉淀相互之间的转化，得出沉淀转化的一般条件。<br>实验试剂：0.1mol/L $AgNO_3$ 溶液、0.1mol/L NaCl 溶液、0.1mol/L KI 溶液、0.1mol/L $Na_2S$ 溶液。<br>实验仪器：试管、胶头滴管。 |
| | 问题：<br>（1）查阅教材部分酸、碱和盐的溶解性表（20℃），请问表格中的“溶、微、挥”还有一个短横线“—”分别表示什么？<br>（2）“不”溶的 AgCl 是否也能溶解一点？<br>（3）向 AgCl 悬浊液（$Cl^-$过量）中加入 KI 溶液，产生黄色 AgI 沉淀，怎样解释反应现象？溶液中的 $Ag^+$从何而来？<br>（4）向 AgI 悬浊液中加入 $K_2S$ 溶液，产生黑色 $Ag_2S$ 沉淀，怎样解释反应的现象？溶液中的 $Ag^+$从何而来？ |
| 分析 | 本实验对实验操作的要求较高，学生需要设计实验方案并进行实验，难度较大，对其思维能力和实验动手能力都是较大考验。从定性到定量，是平衡移动知识深入分析与应用的必然。实验通过创设情境，引入溶度积 $K_{sp}$，为全面解决水溶液中的离子平衡问题提供了重要的分析工具。沉淀试剂的选择与加入顺序，对学生技能实践能力具有考查作用。 |

| 活动表现与评价 | |
| --- | --- |
| 学生活动 | 表现评价 |
| 该实验的操作步骤如下：<br>【步骤 1】设计实验方案<br>要探究 AgCl、AgBr、AgI 沉淀之间能否转化，先要制得三种沉淀，然后将制得的沉淀分别与另外两种沉淀对应的阴离子的可溶性盐反应。例如：先用少量 $AgNO_3$ 溶液与过量 NaCl 溶液反应制 AgCl 沉淀，然后分别向沉淀中加 KI 溶液、$Na_2S$ 溶液。<br>【步骤 2】实验验证<br>① 用胶头滴管取少量 0.1mol/L $AgNO_3$ 溶液，逐滴加入 0.1mol/L NaCl 溶液，至不再产生沉淀，将所制备的 AgCl 沉淀分别置于两支试管，一支滴加 0.1mol/L KI 溶液，另一支滴加 0.1mol/L $Na_2S$ 溶液，观察并记录现象。 | 实验方案正确，可评为满意；实验方案注意到制备沉淀时 $AgNO_3$ 不能过量，可加分。<br>能够找准所加试剂，写出对应的离子方程式，可评为满意；能确定试剂的加入顺序并解释原因，可加分。<br>基本能够完成实验，实验现象记录正确，可评为满意；实验操作流畅规范，现象记录精炼准确，可加分。 |

续表

| | |
|---|---|
| ② 用胶头滴管取少量 0.1mol/L $AgNO_3$ 溶液，逐滴加入 0.1mol/L KI 溶液，至不再产生沉淀，将制备的 AgCl 沉淀分别置于两支试管，一支滴加 0.1mol/L NaCl 溶液，另一支滴加 0.1mol/L $Na_2S$ 溶液，观察并记录现象。<br>③ 用胶头滴管取少量 0.1mol/L $AgNO_3$ 溶液，逐滴加入 0.1mol/L $Na_2S$ 溶液，至不再产生沉淀，将制备的 AgCl 沉淀分别置于两支试管，一支滴加 0.1mol/L KI 溶液，另一支滴加 0.1mol/L NaCl 溶液，观察并记录现象。<br>【步骤 3】归纳沉淀转化的条件<br>根据上面的实验，结合 AgCl、AgBr、AgI 的溶解度，得出沉淀转化的条件：一般来说，溶解度小的沉淀容易转化为溶解度更小的沉淀。 | 结论准确，可评为满意；表述结论时语言准确精练，可加分。 |
| 总体评价 | |
| 能通过小组合作学习完成以上实验方案的设计和操作，可评为满意；能准确表征沉淀溶解平衡，解释和预测方案的合理性，独立完成实验，可加分；能提出沉淀剂的选择、形成沉淀和沉淀完全的条件的一般思维模型，可加分。 | |

## 案例 6　评价“思考与讨论”：怎样解释元素的最高价氧化物的水化物的酸性在周期表中的递变规律?

| | |
|---|---|
| 目的 | 1. 通过对元素的电负性与物质性质的关系分析，评价学生的“宏观辨识与微观探析”素养水平，以及其模型建构与模型认知能力。<br>2. 应用过程评价中的满意原则和加分原则评价学生“思考与讨论”活动。 |
| 情境 | 信息：<br>解释元素的最高价氧化物的水化物的酸性在周期表中的递变规律。 |
| | 问题：<br>1. 按照酸碱电离理论分析物质的电离情况，归纳出酸的定义，找出强酸和弱酸的区别，提出产生酸性差异的原因；<br>2. 分析第三周期元素的最高价氧化物的水化物的酸性的递变规律和第三周期元素的电负性的递变规律，归纳物质酸性强弱与元素电负性之间的规律；<br>3. 已知 $HClO_4$ 是强酸，试判断 $HIO_4$ 是否一定是强酸，并解释原因；<br>4. 已知氟元素的电负性最大，能否预测氟化氢也为强酸，请解释原因。 |
| 分析 | “电负性”为理解元素的性质及其周期性变化提供了工具。比较有关物质的酸性强弱是学生应该重点关注的问题之一，同周期元素的最高价氧化物对应的水化物的酸性从左往右逐渐增强，同周期元素的电负性从左往右也逐渐增大。同时，同主族元素的最高价氧化物的水化物的酸性自下而上逐渐增强，同主族元素的电负性自下而上也逐渐增大。酸性强弱是宏观表现，如何通过构建模型解释元素的电负性与物质酸性之间的内在联系，以及对宏观和微观间的这种双向关系的分析和运用，能很好地诊断、评价学生的实际学习情况，培养学生“宏观辨识与微观探析”的学科核心素养。 |

续表

| 活动表现与评价 | |
|---|---|
| 学生活动 | 表现评价 |
| 1. 学生通过列举实例进行分析（证据推理）<br>书写第三周期元素和卤族元素的最高价氧化物的水化物的化学式。根据已掌握的知识，识别其中的酸性物质并写出电离方程式。根据电离的共性，归纳出酸的定义。根据已知的酸性强弱的事实，分析强酸和弱酸的区别，发现物质释放氢离子能力的差异性，分析后找出产生酸性差异的原因。 | 能写出相关的化学式和电离方程式，找到酸电离的共性，可评为满意；能列出强酸和弱酸，并从电离角度分析区别，找出产生酸性差异的原因，可加分。 |
| 2. 学生分析事实和数据，发现规律（模型建构）<br>查询第三周期元素的电负性数据，根据物质酸性强弱事实和电负性有关数据，归纳第三周期元素的最高价氧化物的水化物的酸性的递变规律和第三周期元素的电负性的递变规律，找到最高价氧化物对应的水化物的酸性和中心原子元素的电负性之间的关系，构建分析模型。含氧酸的结构共性可以表示为：R—O—H，若元素 R 的电负性越大，吸引氧元素的电子能力就会越强，导致 O—H 的极性增强，越容易断开，在水分子作用下电离出氢离子越容易，酸性越强。 | 能发现最高价含氧酸的酸性和中心原子的电负性之间的关系，可评为满意；能构建分析的理论模型，可加分。 |
| 3. 学生运用规律解决问题（模型认知）<br>查询第ⅦA 族元素的电负性数据，应用 2 中总结出的规律，判断出 $HClO_4$ 和 $HIO_4$ 的酸性强弱，强化同主族元素的最高价氧化物对应的水化物的酸性递变规律。$HIO_4$ 的酸性相对于 $HClO_4$ 弱，但不能就此下结论认为 $HIO_4$ 是弱酸。 | 能应用模型比较高氯酸和高碘酸的酸性强弱，可评为满意；能运用规律准确判断高碘酸的强弱，可加分。 |
| 4. 学生基于作用本质进行比较与分析（评价水平）<br>由于氢氟酸（HF）是氢化物，而不是元素的最高价氧化物对应的水化物，所以 2 中的规律，所构建出来的模型并不能分析氢氟酸（HF）的酸性，可以通过构建新的模型（R—H）来分析。 | 能发现模型的适用范围，可评为满意；能构建新的模型来进行分析，可加分。 |
| 总体评价 | |
| 学生能借助具体实例发现影响物质酸性强弱的相关因素，且能根据该元素最高价的氧化物对应的水化物的酸性和元素的电负性的递变规律，构建解决问题的模型，可评为满意；学生能在新情境中运用该规律进行分析解释，并能在运用中发现模型的适用范围，进而构建新的模型，可加分。 | |

## 案例 7　评价“思考与讨论”：怎样解释卤素单质从 $F_2$ ~ $I_2$ 熔点和沸点越来越高？

| | |
|---|---|
| 目的 | 1. 通过对分子间范德华力的认识及其与物质性质的关系分析，评价学生“宏观辨识与微观探析”的素养水平，以及其“模型建构与模型认知”的素养水平。<br>2. 应用过程评价中的满意原则和加分原则评价学生“思考与讨论”活动。 |

续表

**情境**

信息：

$F_2 \sim I_2$ 的熔点和沸点如表 3-2-2 所示。

**表 3-2-2　解释卤素单质的熔点和沸点**

| 单质 | 熔点/ ℃ | 沸点/ ℃ |
|---|---|---|
| $F_2$ | −219.6 | −188.1 |
| $Cl_2$ | −101.0 | −34.6 |
| $Br_2$ | −7.2 | 58.8 |
| $I_2$ | 113.5 | 184.4 |

问题：

1. 通过宏观现象说明分子之间存在一定的作用力，并比较分子间作用力与共价键的强弱；
2. 分析上面表格中的数据，归纳分子间作用力的大小与相对分子质量间的规律；
3. 已知 $SiCl_4$、$CCl_4$ 都是由分子构成的物质，试判断通常状况下 $SiCl_4$ 的稳定存在状态是否为气态，并解释；
4. 常温状态下，$H_2$ 的化学性质很稳定，但 $H_2$ 的沸点却很低，这是为什么？

**分析**

分子间作用力是微观结构层次的问题。一方面，它影响着由分子构成的物质的一些宏观性质，如熔点和沸点等；另一方面，它的存在和大小又能通过宏观现象或性质得到反映和体现。

**活动表现与评价**

| 学生活动 | 表现评价 |
|---|---|
| 1. 学生通过举例进行分析（证据推理）<br>列举一些宏观现象或性质，推理得出分子间的确存在某种作用，且这种作用比化学键弱。例如：$I_2$ 升华时，仅仅只是将分子间的距离扩大，并没有破坏分子内的共价键（因为 $I_2$ 分子依然存在），但需要外部加热，由此可知 $I_2$ 分子间存在一定的作用力，且这种作用力比化学键弱。 | 能列举现象或性质，推理说明分子间存在某种作用，可评为满意；能进一步通过对比推理得出这种作用比化学键弱，可加分。 |
| 2. 学生分析表格数据，发现规律（模型建构）<br>卤素单质分子组成和结构相似；数据显示，卤素单质随其相对分子质量的增大，熔沸点逐渐升高，据此可以推知分子间作用力逐渐增强，从而找到分子间作用力与分子相对分子质量的关系。 | 发现分子间作用力随相对分子质量增大而增大这一规律，可评为满意；能注意到此规律适用条件是“分子的组成结构相似”，可加分。 |
| 3. 学生运用规律解决问题（模型认知）<br>这是对所总结出的规律的运用，学生知道 $CCl_4$ 是常用的液态溶剂，根据这个规律可知，$SiCl_4$ 与 $CCl_4$ 组成结构相似，相对分子质量更大，分子间作用力更强，熔点和沸点更高，且通常状况下不会是气态。 | 能正确说出 $CCl_4$ 通常状况下的状态，可评为满意；能运用规律准确推断 $SiCl_4$ 在通常状况下的状态不可能为气态，可加分。 |
| 4. 学生基于作用本质和强弱比较分析（评价水平）<br>$H_2$ 的化学稳定性是分子内共价键很强的缘故，而其沸点低是分子间作用力很弱的缘故，需要区分两种作用力，以及它们与物质不同性质间的关系。 | 能正确区别两种作用的不同存在，可评为满意；能正确建立起两种作用分别与物质不同性质间的联系，可加分。 |

续表

| 总体评价 |
|---|
| 学生能借助具体实例认识到分子间存在作用力，且能借助表格中的数据发现范德华力与相对分子质量间关系的规律，可评为满意；能在新情境中运用该规律进行分析解释，并能在运用中与化学键等作用进行区分、选择、评价，可加分。 |

## 案例8　评价设计方案：利用逆推法设计苯甲酸苯甲酯的合成路线

| | |
|---|---|
| 目的 | 1. 熟练掌握官能团之间的转化。<br>2. 初步掌握有机物逆合成法的思维方法并能选择合成路线，培养学生逻辑思维能力和信息迁移能力。<br>3. 应用过程评价的满意原则和加分原则评价学生“设计方案”活动。 |
| 情境 | 信息：<br>苯甲酸苯甲酯（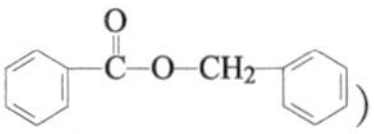）存在于多种植物香精中，可用作香料的溶剂。此外，苯甲酸苯甲酯具有杀灭虱、蚤和疥螨的作用，且不刺激皮肤，可用于治疗疥疮。请尝试设计利用常见烃类物质制取苯甲酸苯甲酯的合成路线。<br>已知：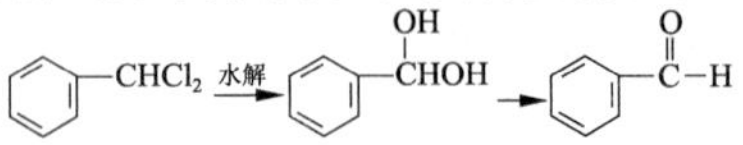 |
| | 问题：<br>1. 怎样制备有机化合物乙酸乙酯？<br>2. 常见烃和烃的衍生物的官能团的转换关系有哪些？<br>3. 你能设计出多少条合成路线？你认为哪条合成路线是最佳路线？ |
| 分析 | 苯甲酸苯甲酯的合成可以采用逆向合成法，酯类一般由酸与醇合成，可以逆推出苯甲酸苯甲酯可以由苯甲酸和苯甲醇合成。然后分析常见的引入羧基和羟基的方法，结合所给信息，可以设计相应合成路线。再根据有机合成的原则，选择最优合成路线。 |
| 说明 | 本节内容综合性较强，对学生要求较高，学生必须在熟练掌握各类有机物的结构、性质及转换关系的基础上，才能初步学习设计合理的有机合成路线，这对学生的逻辑思维能力及信息迁移能力都是一个考验。 |

续表

| 活动表现与评价 | |
|---|---|
| 学生活动 | 表现评价 |
| 该合成路线设计步骤如下：<br>1. 逆推思路<br>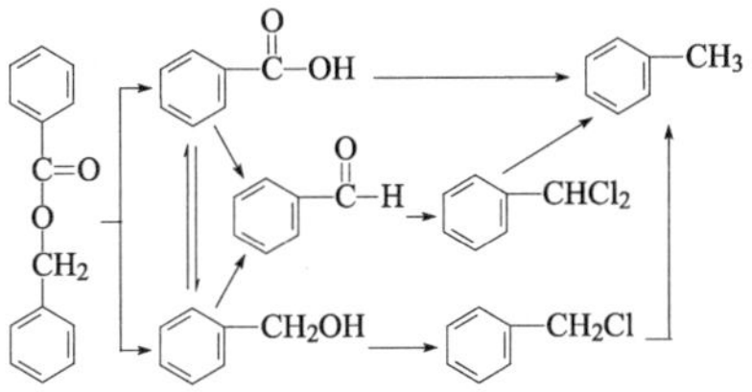<br>2. 合成路线的设计<br>①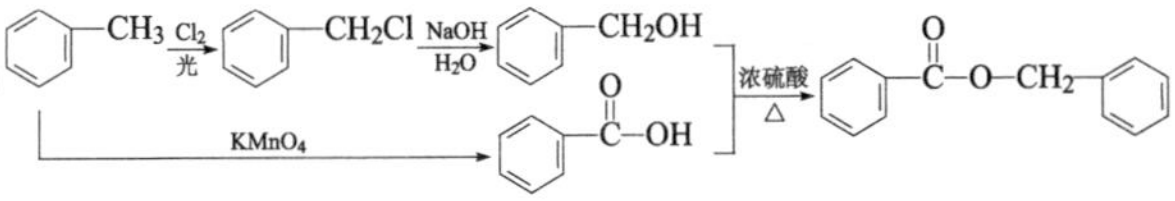<br>②<br>③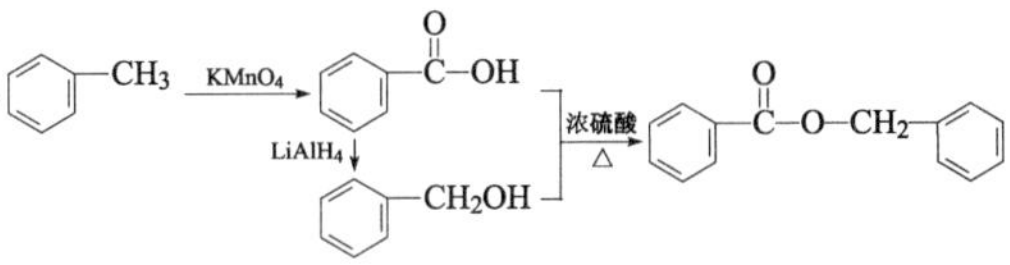<br>④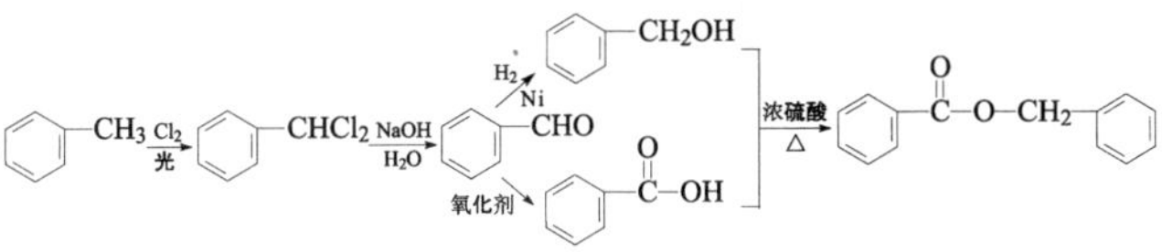<br>3. 合成路线的优选<br>选择合成路线的基本原则：<br>① 符合化学原理；<br>② 操作安全，步骤简单；<br>③ 符合绿色合成思想：原子经济性、原料绿色化、试剂和催化剂无公害性。<br>已知：$LiAlH_4$ 价格较为昂贵，且要求无水操作，成本高。<br>【分析】<br>路线②和路线④制备苯甲酸的步骤多，成本较高，而且使用了较多的氯气，不利于保护环境。<br>路线③的步骤少，但所用还原剂 $LiAlH_4$ 价格昂贵，而且要求无水操作，成本高。<br>路线①由甲苯制备苯甲酸和苯甲醇，然后由它们所发生的酯化反应制备苯甲酸苯甲酯，是比较合理的实验室合成路线。 | 能准确逆推出每步物质，可评为满意；能快速找出多种逆推路线，可加分。<br><br>能设计出一条合成路线，并正确写出每步反应条件，可评为满意；能设计多条合成路线，并正确写出每步反应条件，可加分。<br><br>能比较几条合成路线，选出最优合成路线，可评为满意；能准确、简洁表述几种合成路线的优势和劣势，可加分。 |

续表

| 总体评价 |
| --- |
| 学生能通过小组合作学习基本完成以上合成路线的设计，可评为满意；能准确表述合成路线，书写反应方程式，解释和预测合成路线的合理性，选出最优合成方案，可加分。 |

## 案例 9　评价试题解答：典型有机化合物的性质及其转化

| | |
| --- | --- |
| 目的 | 1. 考查乙烯、乙醇、乙酸等典型有机物的性质和转化关系。<br>2. 使用赋分的方式对学生答题情况进行定量评价。 |
| 试题 | 已知 A 可以作水果的催熟剂，D 是食醋的主要成分。相关的转化关系如下：<br>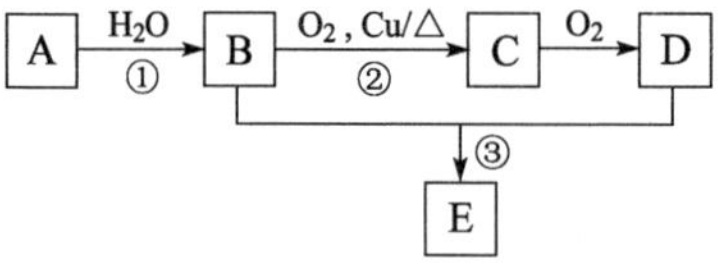<br><br>请回答下列问题：<br>（1）A 的结构简式为____________________。<br>（2）反应①的反应类型是____________________。<br>（3）B 中官能团的名称为____________________。<br>（4）C 的名称是____________________。<br>（5）反应③的化学方程式为____________________。 |
| 评分标准 | （1）$CH_2=CH_2$（2 分）<br>（2）加成反应（2 分）<br>（3）羟基（2 分）<br>（4）乙醛（2 分）<br>（5）$CH_3CH_2OH + CH_3COOH \underset{\triangle}{\overset{浓硫酸}{\rightleftharpoons}} CH_3COOCH_2CH_3 + H_2O$（2 分）<br>说明：本题共 10 分，得 6 分为合格；得 9 分及以上为优秀。 |
| 分析 | 本题以乙烯和乙酸的用途创设试题情境，以典型有机物之间的转化关系构筑框图，考查结构简式的书写、有机化学反应类型的判断、有机物官能团的名称、物质的推断、化学反应方程式的书写等，着力考查学生的理解与辨析能力、分析与推测能力。以乙烯和乙酸的用途为解题突破口，结合题干框图可推知 A 为乙烯、B 为乙醇、C 为乙醛、D 为乙酸、E 为乙酸乙酯。试题将课程标准要求掌握的几种常见有机物通过转化关系一网打尽，完美体现了命题要求的基础性、综合性和应用性。试题要求学生能从不同视角对典型的物质及其主要变化进行分类；能从构成物质的微粒、化学键、官能团等方面说明常见物质的主要性质，能分析物质性质与用途的关系。 |

续表

| 解答与评价 | |
|---|---|
| 学生活动 | 定量评价 |
| （1）书写为“$CH_2=CH_2$”<br>书写为“$CH_2CH_2$”或“$C_2H_4$” | 理解了题干信息并正确表达，得 2 分；<br>说明学生没有理解结构简式概念，得 0 分。 |
| （2）书写为“加成反应”<br>书写为“加成”<br>书写为“加层”或“加层反应” | 理解了加成反应的概念，得 2 分；<br>未理解“加成”为动词，得 0 分；<br>有错别字，未理解“加成”的意义，得 0 分。 |
| （3）书写为“乙醛” | 掌握了乙醇催化氧化，得 2 分。 |
| （4）准确写出反应方程式<br>将“$\xrightleftharpoons[\triangle]{\text{浓硫酸}}$”写成“$\xrightleftharpoons[\triangle]{\text{浓 }H_2SO_4}$”<br>缺少或写错了反应条件<br>缺“$H_2O$”或结构式错误 | 掌握了酯化反应原理，得 2 分；<br>均符合有机反应书写要求，得 2 分；<br>对酯化反应需要条件认识不足，得 1 分；<br>未掌握有机物结构式，忽略了小分子，得 0 分。 |

## 案例 10　评价试题解答：基于证据推理的物质的检验

| | |
|---|---|
| 目的 | 通过对物质成分的检验，培养学生基于证据进行推理的能力，重点考查 $CO_3^{2-}$ 和 $Cl^-$ 的检验方法及离子反应的有关知识。 |
| 试题 | 某白色粉末中可能含有硝酸钡、氯化钙、碳酸钾，为检验其成分，现进行以下实验：<br>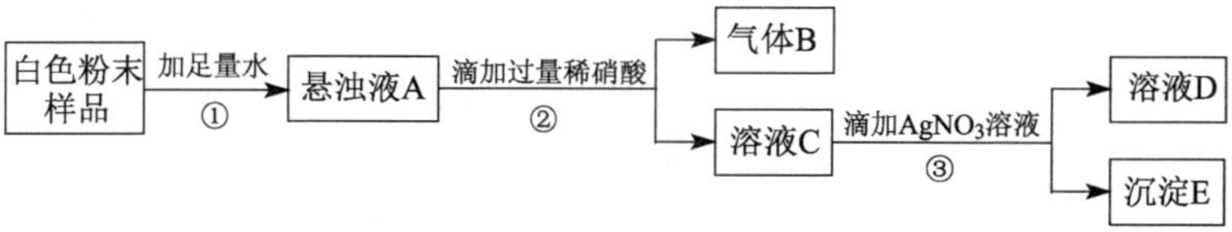<br><br>（1）上述实验中，为加速样品的溶解，步骤①中常采用的操作方法是________；步骤③中的操作是________，所用到的玻璃仪器有烧杯、玻璃棒和________。<br>（2）写出硝酸钡、氯化钙、碳酸钾中任意一种物质的电离方程式：____________。<br>（3）根据上述实验现象，可判断原白色粉末中①肯定含有____________（填化学式）；②可能含有____________（填化学式）。<br>（4）依次写出肯定发生反应的离子方程式：____________________。<br>（5）方法感悟：在检验物质时，要分析物质的________和________，据此选择恰当的试剂加入，根据实验现象得出结论。 |

续表

| | |
|---|---|
| 评分标准 | （1）搅拌（或振荡）（1分）过滤（1分）漏斗（1分）<br>（2）$Ba(NO_3)_2 = Ba^{2+} + 2NO_3^-$（或 $CaCl_2 = Ca^{2+} + 2Cl^-$ 或 $K_2CO_3 = 2K^+ + CO_3^{2-}$）（1分）<br>（3）①$K_2CO_3$ 和 $CaCl_2$（2分）<br>②$Ba(NO_3)_2$（1分）<br>（4）$Ca^{2+}+CO_3^{2-} = CaCO_3\downarrow$　$CaCO_3+2H^+ = Ca^{2+}+H_2O+CO_2\uparrow$<br>$Ag^++Cl^- = AgCl\downarrow$（每个2分）<br>（5）组成（1分）性质（1分）<br>说明：本题满分15分，得9分为及格，得11分为良好，得13分及以上为优秀。 |
| 分析 | 本题重点考察 $CO_3^{2-}$ 和 $Cl^-$ 的性质及检验方法，巧妙设置问题考查学生能力。第（1）问的目的是从实验基本操作层面考查学生的动手实践能力；第（2）问表面上看是考查电离方程式的书写，实际上还承载有第（4）问检测结果的原因分析，即对于离子方程式不能书写的同学是否因电离方程式不能书写而导致，便于教师分析学生对相关知识的掌握情况；第（3）问考查学生综合分析问题和解决问题的能力；第（5）问是考查学生反思感悟归纳总结物质检验、分离时的核心思路和基本方法。 |

解答与评价

| 学生解答 | 表现评价 |
|---|---|
| （1）正确答案："搅拌"或"振荡""过滤""漏斗"等。<br>错误答案：填写"震荡"、"过虑"等。 | 知道实验基本操作方法，化学专有名词或动词书写正确，得1分；<br>填写错误的名词或动词，得0分。 |
| （2）书写为 $Ba(NO_3)_2 = Ba^{2+}+2NO_3^-$<br>或 $CaCl_2 = Ca^{2+}+2Cl^-$<br>或 $K_2CO_3 = 2K^++CO_3^{2-}$<br>化学式书写错误；或离子符号书写错误；或未予配平。 | 能用符号表示物质的组成，理解电离方程式的概念及书写方法，正确书写电离方程式，得1分；<br>不能从电离的角度理解盐的组成，不能用符号正确表示物质组成和化学反应，得0分。 |
| （3）填写为① $K_2CO_3$ 和 $CaCl_2$<br>② $Ba(NO_3)_2$<br>化学式书写错误；或①空物质判断填写错误。 | 能用符号表示物质的组成，能依据题目所给信息和离子检验方法，基于证据推理，得出正确结论，第①空填写完整且正确得2分，只写1种且正确得1分；第②空正确得1分，错误得0分。 |
| （4）书写为 $Ca^{2+}+CO_3^{2-} = CaCO_3\downarrow$<br>$CaCO_3+2H^+ = Ca^{2+}+H_2O+CO_2\uparrow$<br>$Ag^++Cl^- = AgCl\downarrow$<br>符号书写错误或未配平<br>未注明"↓"或"↑" | 理解离子反应的概念及实质，理解离子方程式的书写规则，能正确书写，每个2分；<br>未理解，离子方程式得0分；<br>符号表达正确，但信息不完整，属于细节遗漏，扣1分。 |
| （5）组成性质（或性质组成）<br>其他答案 | 能从组成和性质的视角总结提炼物质检验的核心思路和一般方法，每空得1分；<br>不能正确归纳提炼，得0分。 |

# 案例 11　评价试题解答：无机物制备的工艺流程类试题

**目的**

1. 考查金属及其化合物的性质、化学实验基本操作和化学反应原理，重点考查学生的综合迁移能力。

2. 使用赋分的方式对学生的答题情况进行定量评价。

**试题**

（15 分）某油脂厂废弃的油脂加氢镍催化剂主要含金属 Ni、Al、Fe 及其氧化物，还有少量其他不溶性物质。采用如下工艺流程回收其中的镍制备硫酸镍晶体（$NiSO_4 \cdot 7H_2O$）：

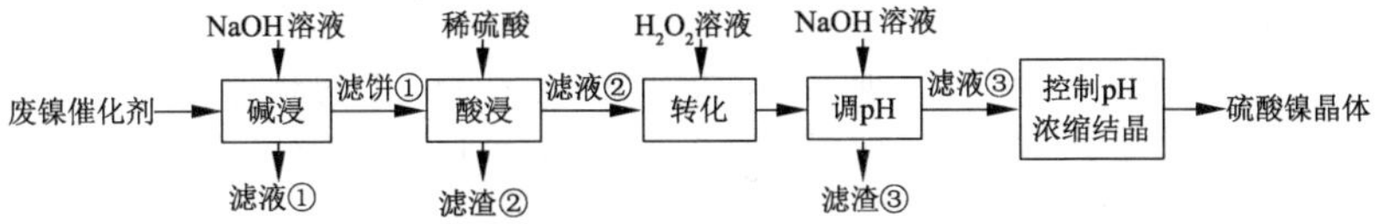


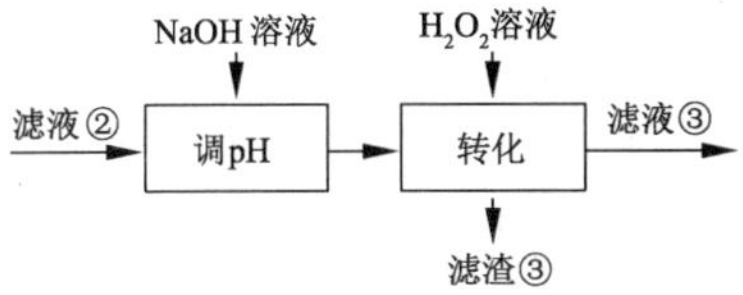


常温下，溶液中金属离子开始沉淀和完全沉淀的 pH 如表 3-2-3 所示：

**表 3-2-3　溶液中金属离子开始沉淀和完全沉淀的 pH**

| 金属离子 | $Ni^{2+}$ | $Al^{3+}$ | $Fe^{3+}$ | $Fe^{2+}$ |
|---|---|---|---|---|
| 开始沉淀时（$c$=0.01mol/L）的 pH | 7.2 | 3.7 | 2.2 | 7.5 |
| 沉淀完全时（$c=1.0\times10^{-5}$mol/L）的 pH | 8.7 | 4.7 | 3.2 | 9.0 |

请回答下列问题：

（1）“碱浸”中 NaOH 的两个作用分别是________。为了回收金属，用稀硫酸将“滤液①”调为中性，生成沉淀。写出该反应的离子方程式________________。

（2）“滤液②”中含有的金属离子是________。

（3）“转化”中可替代 $H_2O_2$ 的物质是__________。若工艺流程改为先“调 pH”后“转化”，即

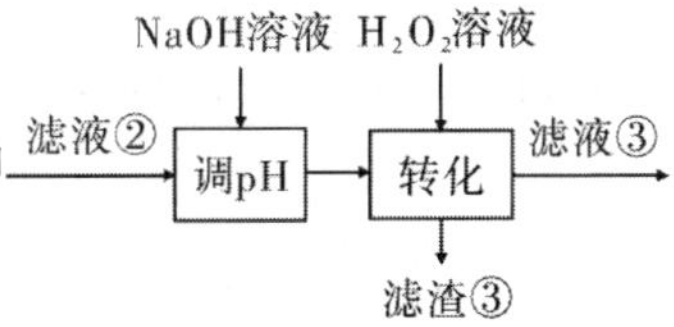


，“滤液③”中可能含有的杂质离子为________。

（4）利用上述表格数据，计算 $Ni(OH)_2$ 的 $K_{sp}$ =________（列出计算式）。如果“转化”后的溶液中 $Ni^{2+}$ 浓度为 1.0mol/L，则“调 pH”应控制的 pH 范围是________。

（5）硫酸镍在强碱溶液中用 NaClO 氧化，可沉淀出能用作镍镉电池正极材料的 NiOOH。写出该反应的离子方程式________。

（6）将分离出硫酸镍晶体后的母液收集、循环使用，其意义是______________。

续表

| | |
|---|---|
| 评分标准 | （1）除去油脂、溶解铝及其氧化物（2分）<br>$Al(OH)_4^-+H^+ = Al(OH)_3\downarrow+H_2O$（或 $AlO_2^-+H^++H_2O = Al(OH)_3\downarrow$）（2分）<br>（2）$Ni^{2+}$、$Fe^{2+}$、$Fe^{3+}$（2分）<br>（3）$O_2$ 或空气（1分）$Fe^{3+}$（1分）<br>（4）$0.01\times(10^{7.2-14})^2$ [或 $10^{-5}\times(10^{8.7-14})^2$]（2分）3.2~6.2（2分）<br>（5）$2Ni^{2+}+ClO^-+4OH^- = 2NiOOH\downarrow+Cl^-+H_2O$（2分）<br>（6）提高镍回收率（1分） |
| 分析 | 本题以废弃油脂为原料制备硫酸镍晶体设置情境，以工艺流程题呈现。考查化学语言与概念、物质转化与应用，要求学生能认识离子反应和氧化还原反应的本质并对常见物质及其变化进行描述和符号表示；考查化学变化与规律，要求学生能根据化学平衡原理，用数据、符号等对化学平衡的变化过程进行综合表示；考查化学实验与探究，要求学生能对实验方案、实验过程和实验结论进行评价和优化，能分析评估物质转化过程对环境和资源利用的影响。试题着力考查学生的理解与辨析能力、分析与推测能力、归纳与论证能力等。<br>（1）“碱浸”时 NaOH 溶液能与 Al、$Al_2O_3$、油脂反应。因此，NaOH 溶液的作用是除去油脂、溶解铝及其氧化物；“滤液①”中含有 $NaAlO_2$，加稀 $H_2SO_4$ 生成沉淀的离子方程式为：$Al(OH)_4^-+H^+ = Al(OH)_3\downarrow+H_2O$（或 $AlO_2^-+H^++H_2O = Al(OH)_3\downarrow$）。<br>（2）“酸浸”时，“滤饼①”的主要成分（Ni、Fe 及其氧化物）与稀 $H_2SO_4$ 发生的反应有：$Fe+2H^+ = Fe^{2+}+H_2\uparrow$、$Ni+2H^+ = Ni^{2+}+H_2\uparrow$、$Fe_2O_3+6H^+ = 2Fe^{3+}+3H_2O$、$NiO+2H^+ = Ni^{2+}+H_2O$ 等，因此“滤液②”中含有的金属离子是 $Ni^{2+}$、$Fe^{2+}$、$Fe^{3+}$。<br>（3）“转化”中 $H_2O_2$ 溶液的作用是氧化 $Fe^{2+}$，且不引入杂质。能够起到相同作用的是 $O_2$ 或空气。因为 $Ni^{2+}$ 开始沉淀时的 pH 小于 $Fe^{2+}$，若先“调 pH”，则 $Fe^{2+}$ 未沉淀除去，后“转化”得到的“滤液③”中可能含有 $Fe^{3+}$。<br>（4）由 $Ni^{2+}$ 开始沉淀时（$c$=0.01mol/L）的 pH=7.2，可得 $K_{sp}[Ni(OH)_2] = c(Ni^{2+})$<br>$c^2(OH^-) = 0.01mol/L\times(10^{7.2-14}mol/L)^2$。或由 $Ni^{2+}$ 沉淀完全时（$c=1.0\times10^{-5}mol/L$）的 pH=8.7，可得 $K_{sp}[Ni(OH)_2] = c(Ni^{2+})\cdot c^2(OH^-) = 1.0\times10^{-5}mol/L\times(10^{8.7-14}mol/L)^2$；“调 pH”应使 $Fe^{3+}$ 沉淀完全并除去，且 $Ni^{2+}$ 不沉淀。1.0mol/L 的 $Ni^{2+}$ 开始沉淀时：$c(OH^-) = \sqrt{\frac{K_{sp}[Ni(OH)_2]}{c(Ni^{2+})}} = \sqrt{\frac{0.01\times(10^{7.2-14})^2}{1.0}}mol/L = 10^{-7.8}mol/L$，$pH=-\lg\frac{10^{-14}}{10^{-7.8}}=6.2$，又由 $Fe^{3+}$ 沉淀完全时 pH=3.2，因此应控制的 pH 范围是 3.2~6.2。<br>（5）$NiSO_4$ 被 NaClO 氧化为 NiOOH，NaClO 被还原为 NaCl，反应的离子方程式为：$2Ni^{2+}+ClO^-+4OH^- = 2NiOOH\downarrow+Cl^-+H_2O$。<br>（6）分离出 $NiSO_4\cdot7H_2O$ 后的母液是 $NiSO_4$ 的饱和溶液，母液收集、循环利用，可以提高镍回收率。 |

续表

| 解答与评价 | |
|---|---|
| 学生解答 | 定量评价 |
| （1）第1空书写“除去油脂、溶解铝及其氧化物”<br>漏写“除去油脂”或漏写“溶解氧化物”<br>第2空书写“$Al(OH)_4^-+H^+ = Al(OH)_3\downarrow+H_2O$”<br>或“$AlO_2^-+H^++H_2O = Al(OH)_3\downarrow$” | 正确理解工业中“碱浸”的作用，得2分。<br>从题目中获取信息的能力和综合分析问题的能力不足，得1分。<br>正确分析出滤液①中含有的离子，得2分。 |
| （2）书写“$Ni^{2+}$、$Fe^{2+}$、$Fe^{3+}$”<br>书写“$Ni^{2+}$、$Fe^{2+}$” | 理解金属及氧化物与酸的反应，得2分。<br>未理解铁及氧化物与酸的反应，得1分。 |
| （3）第1空书写“$O_2$或空气”<br>第2空书写“$Fe^{3+}$” | 理解氧化还原反应原理，得1分。<br>理解调节pH除杂的作用，得1分。 |
| （4）第1空书写<br>“$0.01\times(10^{7.2-14})^2$［或$10^{-5}\times(10^{8.7-14})^2$］”<br>第2空书写“3.2~6.2”或“3.2<pH<6.2”<br>书写“3.2~7.2” | 掌握$K_{sp}$计算，得2分。<br>直接书写计算结果或计算式错误，得0分。<br>理解$K_{sp}$的含义及沉淀溶解平衡的计算，得2分。<br>对$K_{sp}$和pH的含义没有理解到位，得0分。 |
| （5）书写<br>“$2Ni^{2+}+ClO^-+4OH^- = 2NiOOH\downarrow+Cl^-+H_2O$” | 掌握了陌生氧化还原方程式的书写，得2分。<br>无“↓”，得1分。<br>化学式错误或未配平，得0分。 |
| （6）书写“提高镍回收率”<br>书写“废物利用” | 理解化工中提高物质回收率的原则，得1分。<br>没有充分理解循环利用的原理，得0分。 |

# 参考文献


［1］中华人民共和国教育部．普通高中化学课程标准：2017 年版［M］．北京：人民教育出版社，2018.

［2］教育部基础教育课程教材专家工作委员会．普通高中化学课程标准（2017 年版）解读［M］．北京：高等教育出版社，2018.

［3］国务院办公厅关于新时代推进普通高中育人方式改革的指导意见［EB/OL］．（2019-06-11）［2023-09-20］．https：//www. gov. cn/gongbao/content/2019/content_ 5404151. htm.

［4］林崇德．构建中国化的学生发展核心素养［J］．北京师范大学学报（社会科学版），2017（1）：66-73.

［5］单旭峰．基于高考评价体系的化学科考试内容改革实施路径［J］．中国考试，2019（12）：45-52.

［6］湖北省教育科学研究院．湖北省中小学学科课程实施指导意见（试行）高中分册．［M］．武汉：湖北教育出版社，2020.

［7］（美）国家研究理事会．美国国家科学教育标准［M］．戢守志，金庆和，梁静敏等译. 北京：科学技术文献出版社，1999.

［8］王祖浩．对我国高中化学课程标准实施和修订的审视［J］．基础教育课程，2013（Z1）：57-66.

［9］王后雄．新理念化学教学论［M］．2 版. 北京：北京大学出版社，2015.

［10］林崇德，胡卫平．思维型课堂教学的理论与实践［J］．北京师范大学学报（社会科学版），2010（1）：29-36.

［11］夏建华．数字化实验与中学化学教学深度融合［M］．合肥：安徽教育出版社，2016.

［12］王奕标．透视翻转课堂：互联网时代的智慧教育［M］．广州：广东教育出版社，2016.

# 后 记

在编委会的统筹规划下，研究团队20多人以实证调研为基础，广泛参考国内外文献，历经三年精心打磨，通过数十次集中研讨与分组撰写，终成此书。

**【教学概览】**由华中师范大学李佳教授执笔；

**【教学指导】**按教材体系分章编写，人员如下：

必修课程：第一章　宜昌市教育科学研究院刘四方；第二章　宜昌市第一中学付全新；第三章　公安县教师发展和教学研究中心朱敬华；第四章　宜昌市第一中学宋晓莹；第五章　襄阳市第五中学席瑞华；第六章　湖北省蒲公英教育发展有限公司汪毅；第七章　武汉市教育科学研究院吴明好；第八章　黄石市有色第一中学冯思燕；

选择性必修1：第一章　武汉市武昌区教育局教研培训中心颜克华；第二章　孝感市第一高级中学李继华；第三章　武汉市第四中学丁莹；第四章　武汉市武钢三中万长江；

选择性必修2：第一章　湖北省水果湖高级中学张莉波；第二章　武汉市江汉区教育局教研培训中心彭伟桥；第三章　湖北省鄂南高级中学朱旋农；

选择性必修3：第一章　荆门市东宝中学李支平；第二章　荆门市龙泉中学李华斌；第三章　荆门市教学研究室（荆门市教育科学研究所）赵杏芳；第四、五章　襄阳市第一中学方向东。

**【教学示例】**精选各模块典型案例，附有案例提供者及点评专家名单。

本书出版得到了湖北省教育科学研究院、湖北省朱旋农名师工作室、湖北省付全新名师工作室的大力支持和江苏大学出版社编辑团队的专业指导。在前期研究工作中，湖北省武昌实验中学汪拥军、湖北省黄冈中学熊全告、襄阳市教育科学研究院李斌、荆州市教育科学研究院王贵等多位专家也提供了宝贵的意见。值此本书付梓之际，一并表示最诚挚的感谢！

本书编委会

二〇二四年九月